Introducción a Jung

Introducción a Jung

Edición a cargo de
POLLY YOUNG-EISENDRATH, Universidad de Vermont
TERENCE DAWSON, National University, Singapur

★

traducción de
Silvia Horvath Alabaster

CAMBRIDGE
UNIVERSITY PRESS

PUBLICADO POR *THE PRESS SYNDICATE OF THE UNIVERSITY OF CAMBRIDGE*
The Pitt Building, Trumpington Street, Cambridge, United Kingdom

CAMBRIDGE UNIVERSITY PRESS
The Edinburgh Building, Cambridge CB2 2RU, UK
http://www.cup.cam.ac.uk
40 West 20th Street, New York, NY 10011-4211, USA
http://www.cup.org
10 Stamford Road, Oakleigh, Melbourne 3166, Australia
Ruiz de Alarcón, 13, 28014 Madrid, España

Título original: *The Cambridge Companion to Jung* (ISBN ed. rústica: 0 521 47889 8)
publicado por Cambridge University Press
© Cambridge University Press 1995

Edición española como *Introducción a Jung*
Primera edición 1999
© de la traducción, Silvia Horvath Alabaster
© Cambridge University Press, Sucursal en España, 1999
ISBN 84 8323 048 8 rústica

Quedan rigurosamente prohibidas, sin la autorización escrita de los titulares del copyright, bajo las sanciones establecidas en las leyes, la reproducción total o parcial de esta obra por cualquier medio o procedimiento, comprendidos la reprografía y el tratamiento informático, y la distribución de ejemplares de ella mediante alquiler o préstamo público.

Maquetado en *Bembo* 11 pt, en QuarkXPress™ por YELTES, Soluciones Gráficas.
Impreso en España por C+I, S.L.
Depósito legal: M-10.265-1999

Introducción a Jung

Publicado por THE PRESS S
The Pitt Building, Trumpi

CAMB
The Edinburgh
http
40 West 20th Stre

10 Stamford Road
Ruiz de Ala

Título original: *The Cambridge C
publicado p
© Camb

Edición espa
Pri
© de la traduc
© Cambridge Unive
ISBN

Quedan rigurosamente prohibidas,
bajo las sanciones establecidas en
por cualquier medio o
y el tratamiento inform
mediante

Maquetado en *Bembo* 11 pt, e
Impres
Depó

Índice

Lista de colaboradores   7

Prólogo a la edición española   11

Prólogo   13

Agradecimientos   19

Nota sobre la Obra Completa *de Jung*   20

Cronología   21

Introducción: Jung y los posjunguianos, *Andrew Samuels*   39

I. Las ideas de Jung y su contexto

1. *El contexto histórico de la psicología analítica,* Claire Douglas   57
2. *Freud, Jung y el psicoanálisis,* Douglas A. Davis   81
3. *La psique creativa: principales aportaciones de Jung,* Sherry Salman   103
4. *La creación psíquica de imágenes: un puente entre sujeto y objeto,* Paul Kugler   127

II. La psicología analítica en la práctica

5. *La escuela junguiana clásica,* David L. Hart   147
6. *La escuela arquetipal,* Michael Vannoy Adams   161
7. *La escuela evolutiva,* Hester McFarland Solomon   183
8. *Transferencia y contratransferencia,* Christopher Perry   211
9. *Mi ánima y yo: a través del oscuro espejo de la interfaz junguiana/freudiana,* Elio J. Frattaroli   239
10. *El caso Joan: enfoques clásico, arquetipal y evolutivo*   269
    Enfoque clásico, John Beebe   272
    Enfoque arquetipal, Deldon McNeely   284
    Enfoque evolutivo, Rosemary Gordon   299

III. La psicología analítica en la sociedad

11	*Género y contrasexualidad: la contribución de Jung y su desarrollo posterior*, Polly Young-Eisendrath	313
12	*Análisis junguiano del Odiseo de Homero*, Joseph Russo	335
13	*Jung, la literatura y la crítica literaria*, Terence Dawson	355
14	*Jung y la política*, Lawrence R. Alschuler	389
15	*Jung y la religión: el sí-mismo en oposición*, Ann Ulanov	407

Apéndices

La obra de Carl Gustav Jung	433
Bibliografía en español de Jung	441
Glosario	443
Índice alfabético	450

Colaboradores

MICHAEL VANNOY ADAMS. Doctor en Filosofía, *C.S.W.*, *Senior Lecturer* en estudios psicoanalíticos en la New School for Social Research de Nueva York, ciudad donde también ejerce como psicoterapeuta en consulta privada. Pertenece al cuerpo docente del Object Relations Institute for Psychotherapy and Psychoanalysis y es Investigador Honorario del Centre for Psychoanalytic Studies de la Universidad de Kent. Es autor de *The Multicultural Imagination: «Race», Color, and the Unconscious* (1996).

LAWRENCE R. ALSCHULER. *Professor* de Ciencias Políticas en la Universidad de Ottawa, Canadá, donde da clases sobre economía política del Tercer Mundo. Estudió durante cuatro años en el Instituto C.G. Jung de Zúrich, y uno de sus campos de interés es la psicología de la opresión y la liberación. Ha escrito sobre el papel de las multinacionales en el Tercer Mundo y sobre el pensamiento político de Rigoberta Menchú, así como sobre Jung y el taoísmo.

JOHN BEEBE. Psiquiatra, ejerce como analista junguiano en San Francisco. Es el editor para Estados Unidos del *Journal of Analytical Psychology*, y editor del *The San Francisco Jung Institute Library Journal*. Es autor, asimismo de *Integrity in Depth* (1992).

DOUGLAS A. DAVIS. Doctor en Filosofía. *Professor* de Psicología en el Haverford College de Pensilvania. Sus intereses académicos incluyen la historia del psicoanálisis, la biografía de Freud y el papel de la cultura en el desarrollo de la personalidad. Es presidente de la Society for Cross-Cultural Research y autor, junto a Susan Schaefer Davis, de *Adolescence in a Moroccan Town: Making Social Sense* (1989).

TERENCE DAWSON. *Lecturer* en literatura inglesa y europea en la Universidad Nacional de Singapur. Ha publicado artículos sobre la novela del siglo XIX y, con Robert S. Dupree, ha coeditado *Seventeenth-Century English Poetry: The Annotated Anthology* (1994).

CLAIRE DOUGLAS. Doctora en Filosofía, psicóloga clínica. Ejerce como analista junguiana en Malibú, California; es miembro de la Society of Jungian Analysts of Southern California. Es autora de *The Woman in the Mirror* (1990) y de *Translate this Darkness: The Life of Christiana Morgan* (1993). Ha preparado la edición de *C.G. Jung: The «Visions Seminars»*, de próxima publicación (Princeton University Press).

ELIO J. FRATTAROLI. Doctor en Medicina. Ejerce como psiquiatra y psicoanalista en su consulta privada de Filadefia. Es además *assistant professor* de práctica clínica en psiquiatría en la Universidad de Pensilvania y miembro del cuerpo docente del Institute of the Philadelphia Association for Pshichoanalysis. Ha escrito y participado en conferencias sobre Shakespeare y el psicoanálisis, sobre filosofía psicoanalítica y sobre epistemología. Actualmente trabaja en un libro, *Healing the Soul in the Decade of the Brain*.

ROSEMARY GORDON. Doctora en Filosofía. Ejerce como analista junguiana en su consulta privada de Londres. Es analista didacta de la Society of Analytical Psychology y miembro honorario del Centre for Psychoanalytic Studies de la Universidad de Kent. Fue editora del Journal of Analytical Psychology entre 1986 y 1994. Ha publicado, entre otros, *Dying and Creating: A Search for Meaning* (1978) y *Bridges: Metaphor for Psychic Processes* (1993).

DAVID L. HART. Doctor en Filosofía, graduado del Instituto C.G. Jung de Zúrich, es además Doctor en Psicología por la Universidad de Zúrich. Ejerce como analista junguiano en el área de Boston y ha escrito y pronunciado innumerables conferencias, especialmente sobre la psicología de los cuentos de hadas.

PAUL KUGLER. Doctor en Filosofía. Ejerce como analista junguiano en su consulta privada en East Aurora, Nueva York. Es autor de numerosos trabajos que abarcan desde el psicoanálisis contemporáneo al teatro experimental y el posmodernismo. Su publicación más reciente es *Supervision: Jungian Perspectives on Clinical Supervision* (1995). Es presidente de la Inter-Regional Society of Jungian Analysis.

Colaboradores

DELDON ANNE McNEELY. Doctora en Filosofía, analista junguiana y fisioterapeuta con especial interés por la danza, ejerce en Lynchburg, Virginia. Graduada en la Inter-Regional Society of Jungian Analysis, es autora de *Touching: Body Therapy and Depth Psychology* (1987), *Animus Aeternus: Exploring the Inner Masculine* (1991), y de un libro de próxima publicación sobre el arquetipo del Pícaro y lo Femenino.

CHRISTOPHER PERRY. Analista didacta de la Society of Analytical Psychology y de la British Association of Psychotherapists, y miembro titular de la Group Analytic Society de Londres. Es autor de «Listen to the Voice Within: A Jungian Approach to Pastoral Care» (1991) y de varios artículos sobre psicología analítica y análisis grupal. Ejerce en consulta privada y es profesor en diversos cursos de formación psicoterapéutica.

JOSEPH RUSSO. *Professor* de estudios clásicos en el Haverford College, Pensilvania, donde dicta cursos sobre mitología y folclore, así como sobre literatura y civilizaciones griega y latina. Ha escrito artículos sobre la épica de Homero, la poesía lírica griega y los proverbios y otras formas de sabiduría de la antigua Grecia; es asimismo coautor del *Commentary to Homer's «Odyssey»* (1988).

SHERRY SALMAN. Doctora en Filosofía. Ejerce como analista junguiana en la ciudad de Nueva York y en Rhinebech, Estado de Nueva York. Desarrolla una intensa actividad como escritora, profesora y conferenciante sobre psicología junguiana. Es miembro del cuerpo docente y supervisora del C.G. Jung Training Institute de Nueva York.

ANDREW SAMUELS. Analista didacta de la Society of Analytical Psychology de Londres, donde tiene su consulta privada, y asesor científico de la American Academy of Psychoanalysis. Sus trabajos incluyen *Jung and the Post-Jungians* (1985), *The Father* (1985), *The Plural Psyche* (1989), *Psychopathology* (1989) y *The Political Psyche* (1993). Es editor de la nueva versión de *Reflexiones sobre la historia actual* de Jung.

HESTER McFARLAND SOLOMON. Analista didacta y supervisora de la Jungian Analytic Section of the British Association of Psychotherapists; de 1992 a 1995 fue presidenta de la Junta de esta asociación y presidenta del Jungian Training Committee entre 1988 y 1992. Actualmente preside el Association's Ethics Committee. Es autora de varios trabajos que investigan las similitudes y diferencias existentes en los desarrollos teóricos y clínicos de la psicología analítica y el psicoanálisis.

ANN BELFORD ULANOV. Doctora en Filosofía y en Humanidades. Christiane Brooks Johnson Professor de psiquiatría y religión en el Union Theological Seminary de Nueva York, donde también es supervisora del Instituto C.G. Jung. Sus numerosos libros incluyen *The Wizard's Gate: Picturing Consciousness* y *The Female Ancestors of Christ*, y autora, junto con su esposo Barry Ulanov, de *Religion and the Unconscious* y *Transforming Sexuality: The Archetypal World of Anima and Animus*.

POLLY YOUNG-EISENDRATH. Doctora en Filosofía. Ejerce como psicóloga y analista junguiana en Burlington, Vermont, donde es *clinical associate professor* en psiquiatría en la Universidad de Vermont. Se ha dedicado a la investigación y a la escritura, y sus últimos libros son *You're Not What I Expected: Learning to Love the Opposite Sex* (1993), *The Resilient Spirit: Transforming Suffering into Insight and Renewal* (1996) y *Gender and Desire* (1997).

Prólogo a la edición española

Esta obra, que viene a sumarse a la *Guía de Freud* publicada en 1996 por esta misma editorial, tiene para el lector de habla hispana un valor añadido respecto a la original inglesa. Valor directamente proporcional a la diferencia existente entre el volumen de títulos de Jung y de autores junguianos publicados en inglés y en nuestra lengua. Baste señalar que la primera edición internacional de la Obra Completa de Carl Gustav Jung fue *Collected Works of C. G. Jung*, cuya publicación se inicia en 1953, cuando Jung contaba 78 años, y concluye en 1979, dieciocho años después de su muerte[1].

Por eso, junto a la oportunidad que señalan los responsables de este libro en su Prólogo, es provechoso resaltar algunas de las carencias informativas específicas de nuestra área lingüística que una obra de este carácter ayuda a paliar en gran medida.

En primer lugar, la posibilidad de familiarizarse con los veinte volúmenes que constituyen la *Obra Completa* de Jung. Para facilitar este aspecto se añade un apéndice, inexistente en la edición inglesa de este libro, con el contenido pormenorizado de cada uno de aquellos volúmenes, en la traducción propuesta por la Fundación Carl Gustav Jung de España, encargada actualmente de la edición de esta *Obra Completa* en nuestro idioma.

En segundo lugar, frente al desconocimiento casi absoluto en español del desarrollo de la psicología analítica y sus corrientes, el lector encontrará cumplida información al respecto a lo largo de este libro, en cuya Introducción Andrew Samuels orienta el conjunto de los trabajos que componen un volumen divulgativo que huye de la vulgarización.

La lectura de estos trabajos ayuda a comprender la feracidad que encierra la obra de uno de los fundadores de la psicología profunda, más allá de contradicciones, carencias y vaguedades que hoy podemos captar con mayor precisión, como bien prueba la obra de los autores posjunguianos.

---

[1] La edición alemana, *Gesammelte Werke*, se inicia en 1958 y concluye en 1994.

Introducción a Jung

Esa riqueza de contenidos permite que se produzca, como en el mismo Jung, una continua conexión entre ámbitos conceptuales y disciplinas académicas hacia una imagen integrada de la psique humana, una psicología que intenta evitar tanto los reduccionismos, groseros o sutiles, como las fantasías desbocadas que brotan del sufrimiento cotidiano. Sufrimiento que, como psicoterapia, la psicología analítica se propone paliar y transformar.

Así, en tercer lugar, el lector estará capacitado para establecer las conexiones y diferencias existentes entre las dos corrientes originarias de la psicología profunda actual, fundamento de toda psicoterapia dinámica: el psicoanálisis clásico inaugurado por Freud y la psicología analítica de Jung. Como las dos serpientes que abrazan el caduceo de Hermes, ambas antropologías, de forma complementaria, ayudan al desorientado hombre de esta época histórica a agudizar su mirada para percibir la naturaleza evanescente de la omnipresente psique y entender sus transformaciones en la vida de individuos y comunidades históricas.

Si en nuestra área el conocimiento del psicoanálisis clásico, tanto profesional como intelectualmente, es cada vez más amplio, libros como el que ahora sale a la luz abre puertas que eran desconocidas o se consideraban cerradas para siempre.

Enrique Galán Santamaría

Miembro fundador y actual Presidente de la Fundación Carl Gustav Jung de España.
Miembro fundador de la Sociedad Española de Psicología Analítica.

Prólogo

La publicación de un libro como éste antes de final de siglo resultaba inevitable, ya que los hallazgos del psiquiatra suizo Carl Jung, uno de los fundadores del psicoanálisis, constituyen una de las manifestaciones más significativas de nuestro tiempo. Muchas de sus ideas anuncian los temas que centran el interés intelectual y sociocultural de nuestro actual periodo «posmoderno». Los individuos descentrados, las realidades múltiples, la función de los símbolos, el carácter prioritario de la interpretación humana (como nuestra única forma de conocer la «realidad»), la importancia del desarrollo adulto, el autodescubrimiento espiritual y la necesidad de recurrir a perspectivas multiculturales, son todas cuestiones que se encuentran en los escritos de Jung.

No obstante, es también necesario reconocer que el entusiasmo despertado por sus atrevidas y preclaras ideas se ha visto empañado por extensas críticas contrarias. En el ámbito personal, se le ha acusado de misticismo de culto, sexismo, racismo, antisemitismo y mala conducta profesional. En cuanto a sus teorías, sus críticos han insistido en caracterizar su enfoque como ambiguo, anticuado y arraigado en categorías de sesgo cultural como «masculino» y «femenino» y conceptos vagos como la «Sombra» y el «Viejo Hombre Sabio», y han sido condenadas por su esencialismo, elitismo, individualismo a ultranza, reduccionismo biológico y razonamiento ingenuo acerca del género, la raza y la cultura.

Aun así, los analistas y estudiosos que se han interesado profesionalmente por las ideas de Jung han insistido en que sus teorías básicas constituyen una de las aportaciones más notables e influyentes del siglo XX, y que proporcionan un medio valiosísimo para descifrar no solo los problemas sino también los desafíos que afrontamos como individuos y como miembros de nuestra respectiva sociedad, o sociedades. Sus teorías nos permiten acceder a los múltiples niveles existentes tanto en nuestra propia realidad interna como en la del mundo que nos rodea. Sus ideas han ejercido además una profunda influencia en otras disciplinas, desde la antropología y los estudios religiosos, hasta la crítica literaria y los estudios culturales.

El hecho de que existan criterios tan radicalmente diferentes sobre Jung y su trabajo se debe en parte a que tanto sus seguidores como sus críticos se han ocupado en exceso de su vida personal y su figura. Hay que destacar que, al margen de la relación que pueda existir entre sus ideas y su propia constitución psicológica, el valor de las mismas, o su falta de valor, debe ser considerado de forma independiente. Nadie es perfecto, y Jung tampoco lo fue. Lo que debe ser evaluado no es el hombre sino sus ideas y su aportación. En 1916 comenzó a utilizar el nombre de «psicología analítica» para describir su forma personal de psicoanálisis. Es hora de prestar atención a la evaluación de su legado.

Desde la muerte de Jung en 1961 los interesados en la psicología analítica —incluyendo a profesionales del campo de la salud, la literatura, la teología y la sociocultura— han respondido a las acusaciones hechas contra Jung, y al hacerlo han revisado radicalmente muchas de sus ideas básicas. Se oye con demasiada frecuencia el rótulo genérico de «junguiano» para describir toda idea cuyos orígenes puedan rastrearse hasta él. Esto da origen a malentendidos. Todavía no se comprende plenamente que los estudios junguianos no constituyen una ortodoxia. La teoría de la «psicología analítica» ha avanzado mucho en los últimos treinta años.

Hace ya tiempo que existe la necesidad de contar con un estudio que permita destacar la originalidad, complejidad y visión de la psicología analítica y que ponga en evidencia el potencial de algunos de los principales hallazgos de Jung. Al mismo tiempo, sería imposible hacerlo hoy día sin referirse también a los logros de quienes han estado a la vanguardia de los desarrollos recientes en psicología analítica convirtiéndola en la disciplina vital y pluralista que es actualmente.

Este es el primer estudio específicamente pensado para servir de introducción crítica al trabajo de Jung, tomando en cuenta su influencia tanto en el campo de la psicoterapia como en el de otras disciplinas. Está dividido en tres partes principales. La primera sección ofrece un panorama académico del trabajo del propio Jung. La segunda se ocupa de las principales tendencias que se han desarrollado en la práctica clínica posjunguiana. Y la tercera evalúa la influencia y aportaciones de Jung y los posjunguianos en el marco del debate cultural contemporáneo. Sobre todo, este volumen pretende afirmar que, en el ámbito del psicoanálisis, la psicología analítica constituye un desarrollo vivo, crítico, pluralista y en evolución permanente. Actualmente se lleva a cabo una saludable revisión de las teorías originales de Jung y se exploran nuevas

Prólogo

ideas y métodos no solo en la psicoterapia, sino en el estudio de una gran variedad de otras disciplinas, desde la mitología a la religión, y desde los estudios sobre el género a la literatura y la política.

Los editores planteamos a los autores la siguiente pregunta: «¿Cómo contempla las ideas de Jung y de los posjunguianos respecto al interés contemporáneo por el posmodernismo, el género, la raza, la cultura y los descubrimientos actuales en su propio campo de estudio o práctica profesional?». En este libro lo prioritario consiste en identificar cuáles son aquellos aspectos de la psicología analítica que deben acompañarnos en la entrada al próximo milenio, y por qué. Uno de nosotros es analista junguiano e investigador en Psicología (Young-Eisendrath); el otro es profesor de Literatura inglesa en una universidad (Dawson). Ambos hemos prestado gran atención a los ataques contra Jung, respondiendo a los mismos no solo como académicos responsables, sino como seres humanos que utilizan cotidianamente la psicología analítica con personas concretas. Nuestro respeto y dedicación a las ideas de Jung no hos ha cegado ante el hecho de que algunas de las cosas que dijo y escribió, así como partes de su teoría clínica y cultural, necesitan ser revisadas. Fue con esta orientación y estos antecedentes como pedimos a los diferentes autores que, al tratar sus temas respectivos, además de aplicar un enfoque exhaustivo y dinámico fuesen cuidadosamente críticos.

Introducción

En la Introducción, el analista junguiano Andrew Samuels comienza con una breve valoración de la obra de Jung antes de definir las tres distintas «escuelas» —o, en realidad, *enfoques*— de la psicología analítica contemporánea: clásica, arquetipal y evolutiva. También presenta un modelo interpretativo para poner de manifiesto el equilibrio entre diferencias y similitudes en las formas en que dichas escuelas articulan la teoría y la práctica clínica.

Las ideas de Jung y su contexto

Esta sección presenta la vida y los hallazgos de Jung en el contexto de sus influencias personales e históricas. Se ocupa especialmente de su relación con Sigmund Freud y del debate filosófico que rodea la cuestión de los «universales» o principios originarios (arquetipos, en el caso de Jung). La sección comienza con un detallado informe histórico sobre las principales fuentes de influencia en el pensamiento de Jung, escrito por la analista junguiana Claire Douglas. A continuación, el profesor de psicología Douglas Davis nos ofrece una provocativa interpretación psicoanalítica de la relación entre Freud y Jung. La analista junguiana Sherry Salman da cuenta después de los principales aportes de Jung al psicoanálisis y la psicoterapia contemporáneos. Señalando cómo y por qué motivos decimos que Jung fue preclaro, Salman ofrece un retrato de las ideas de Jung con relación a la actual teoría de las «relaciones objetales» y otras teorías psicodinámicas y de la personalidad. Por último el filósofo y analista junguiano Paul Kugler contrasta los principales hallazgos de Jung en el contexto del debate posmoderno, en especial aquellas cuestiones que surgen de la tensión existente entre deconstrucción y esencialismo. Kugler rastrea la evolución de la «imagen» en el desarrollo del pensamiento occidental, demostrando que el enfoque de Jung resuelve una dicotomía básica que atraviesa la filosofía occidental.

La psicología analítica en la práctica

Esta sección está especialmente dedicada a cuestiones referidas a la práctica clínica, particularmente en relación con el carácter plural de la psicología analítica en sus tres corrientes: clásica, arquetipal y evolutiva. El analista junguiano David Hart, que estudió con Jung en Zúrich, abre el debate con un interesante estudio de los principales supuestos del enfoque clásico, originalmente conocido como la escuela de Zúrich. A continuación, Michael Vannoy Adams, director de un programa de Estudios Psicoanalíticos de posgrado, ofrece un informe histórico y fenomenológico del enfoque arquetipal, revelando cómo ha evolucionado la atención concedida a lo «imaginal». Posteriormente, la analista junguiana Hester Solomon brinda un análisis teórico y clínico de los componentes del enfoque evolutivo, antes conocido como «escuela de Londres».

A continuación se incluye el capítulo escrito por el analista junguiano Christopher Perry sobre la comprensión clínica de la transferencia y la contratransferencia, tanto en el trabajo de Jung como en la práctica posjunguiana. El analista de formación freudiana clásica Elio Frattaroli nos habla después de las diferencias y puntos comunes existentes entre el pensamiento junguiano y el freudiano. Su presentación adopta la forma de un diálogo imaginario entre un analista freudiano y otro junguiano acerca de cómo se aproximan y se distancian estas dos corrientes en la práctica psicoanalítica contemporánea.

Esta segunda sección concluye con un experimento estimulante: la interpretación de un mismo caso según los enfoques de cada una de las tres escuelas de psicología analítica. Los analistas junguianos John Beebe, Deldon McNeely y Rosemary Gordon acercan sus respectivos puntos de vista sobre la forma en que los enfoques clásico, arquetipal y evolutivo podrían comprender y trabajar con una mujer que presenta una disfunción alimentaria.

La psicología analítica en la sociedad

Esta sección se ocupa de cuestiones sociales más amplias, poniendo de manifiesto de qué forma Jung y otros autores de la psicología analítica han contribuido a los estudios en gran cantidad de disciplinas. Concretamente, varios de estos ensayos establecen parámetros para llevar a cabo la revisión de la teoría junguiana a la luz de la crítica positiva de sus matices potencialmente elitistas, sexistas o racistas. La analista junguiana Polly Young-Eisendrath abre la sección con un capítulo sobre género y contrasexualidad, investigando el potencial de la teoría de Jung para analizar los fenómenos de proyección e identificación proyectiva tal como se producen entre los sexos. Le sigue un capítulo sobre mitología escrito por el profesor Joseph Russo, quien desarrolla un análisis junguiano del carácter de Odiseo a fin de revelar la naturaleza del héroe como pícaro. Luego, Terence Dawson, experto en literatura inglesa y europea, investiga la forma en que las ideas de Jung pueden contribuir al debate literario. Señala la importancia de identificar al protagonista efectivo de una obra literaria y ofrece una teoría sobre historia de la literatura basada en las ideas de Jung acerca de la retirada de las proyecciones. En el siguiente capítulo, Lawrence Alschuler, profesor de ciencias políticas, intenta desvelar si la psicología de Jung puede contribuir a la agudeza del análisis político. Alschuler resuelve parcialmente la cuestión investigando la psicología política del propio Jung. Por último, Ann Ulanov, analista junguiana y profesora de Estudios Religiosos, muestra cómo las ideas de Jung han sido fundamentales para moldear la búsqueda espiritual contemporánea, ayudándonos a afrontar el derrumbe de las tradiciones religiosas occidentales.

Todas estas cuestiones son motivo de vivos debates entre los profesionales y clientes de la psicología analítica, incluyendo a psicoterapeutas de formaciones muy diversas y a estudiosos de disciplinas radicalmente diferentes, así como a estudiantes y licenciados, de hecho, incluye a todos los interesados en la historia cultural. Nuestro objetivo ha sido presentar los enfoques más recientes de la psicología analítica de una manera atractiva, elaborada pero fácilmente accesible.

Introducción a Jung es un libro concebido como herramienta, por lo que su diseño permite leerlo de forma parcial o discontinua; y es, al mismo tiempo, la fascinante historia de la psicología analítica, que abarca un espectro amplio de actividades y enfoques críticos, poniendo de manifiesto múltiples visiones y niveles de significado. Cada sección tiene entidad propia, y cada ensayo es completo en sí mismo, aun cuando algunos de los últimos capítulos dan por supuesta una cierta familiaridad con ciertos términos junguianos, presentados histórica y detalladamente en la primera sección. Deseamos sinceramente que este volumen se convierta en una fuente útil para futuros estudios y debates.

Manifestamos nuestro profundo agradecimiento a todos los colaboradores por compartir con nosotros sus originales y atractivos enfoques, así como a los miembros de sus respectivos «grupos de apoyo» dentro y fuera del campo de la psicología analítica. Asimismo agradecemos a Gustav Bovensiepen, Sonu Shamdasani y David Tacey, quienes por diversas razones no han podido participar en este trabajo, y a Susan Ang, que nos ayudó a preparar el índice. Nos sentimos orgullosos de haber participado en este proyecto. Los resultados nos confirman que, con la evolución y la revisión continuas de las ideas de Jung, la psicología analítica puede ofrecer un aporte fundamental al psicoanálisis del próximo siglo.

Agradecimientos

Por conceder su autorización para citar fuentes previamente publicadas, damos las gracias a:

Harvard University Press por fragmentos extractados de: *The Complete Letters of Sigmund Freud to Wilhem Fliess, 1887-1904*, traducido y editado por Jeffrey Moussaieff Masson, Belknap Press de Harvard University Press, Cambridge, Massachusetts, © 1985 y al abrigo de la Convención de Berna de Sigmund Freud Copyrights Lda., © 1985 Jeffrey Moussieff Masson por cuestiones editoriales y de traducción.

Routledge, por fragmentos extractados de: C.G. Jung, *The Collected Works*, 20 vols., editado por H. Read, G. Adler, M. Fordham y W. McGuire, 1953-1995; Sigmund Freud y C.G. Jung, editado por W. McGuire, *The Freud/Jung Letters*, 1974; C.G. Jung, editado por J. Jarrett, *The Seminars, II: el «Zarathustra» de Nietzsche*, 1988, C.G. Jung, editado por G. Adler, *Letters*, 2 vols. 1973 y 1975.

Princeton University Press por fragmentos extractados de: C.G. Jung, *The Collected Works*, 20 vols., editado por H. Read, G. Adler, M. Fordham y W. McGuire, 1953-1995; Sigmund Freud y C.G. Jung, editado por W. McGuire, *The Freud/Jung Letters*, 1974; C.G. Jung, editado por J. Jarrett, *The Seminars, II: el «Zarathustra» de Nietzsche*, 1988, C.G. Jung, editado por G. Adler, *Letters*, 2 vols., 1973 y 1975.

Columbia University Press por citas extractadas de Peter l. Rudnytsky, *Freud and Oedipus,* © 1987 Columbia University Press.

Chatto y Windus por fragmentos extractados de Sigmund Freud y C.G. Jung, editado por W. McGuire, *The Freud/Jung Letters,* 1974.

NOTA SOBRE LA OBRA COMPLETA DE JUNG

A lo largo de esta *Introducción a Jung*, OC remite a: *Collected Works of C. G. Jung*, 20 vols., H. Read, Michael Fordham y Gerhard Adler (eds.), (trad. i. de R.F.C. Hull), Londres, Routledge & Kegan Paul, Princeton University Press, Princeton, Nueva Jersey, 1953-1977.

Los títulos en español se deben a la próxima publicación de la *Obra Completa* de Jung en nuestro idioma por Editorial Trotta.

Cronología

Jung fue un autor prolífico, y los trabajos que se mencionan en este resumen cronológico de su vida son producto de una cuidadosa selección. En la mayor parte de los casos se trata de artículos que fueron primero publicados en revistas psiquiátricas. Su reputación e influencia crecieron a partir de 1916, año en que comenzaron a publicarse recopilaciones de sus artículos. Las fechas indicadas corresponden en su mayoría a dicha publicación original, generalmente en alemán, aunque se han traducido los títulos.

I. Los primeros años

1875 *26 de julio.* Nace en Kesswil, cantón de Thurgau, Suiza. Su padre, Johann Paul Achilles Jung, es el pastor protestante de Kesswil; su madre, Emilia Preiswerk, es hija de una familia adinerada de Basilea.

1879 La familia se muda a Klein-Hüningen, cerca de Basilea.

1884 *17 de julio.* Nace su hermana, Johanna Gertrud (fallecida en 1935).

1886 Estudia en el Basel Gymnasium.

1888 El padre de Jung se convierte en capellán del Hospital Mental Friedmatt de Basilea.

1895 *18 de abril.* Jung ingresa en la Facultad de Medicina de la Universidad de Basilea. Un mes más tarde se incorpora a la asociación de estudiantes, la *Zofingiaverein*.

1896 *28 de enero.* Muere su padre.
Entre noviembre de 1896 y enero de 1899, pronuncia cinco conferencias en la Sociedad Zofingia (OC, A).

1898 Participa en un grupo interesado en las capacidades mediúmnicas de su prima Helene Preiswerk, de quince años de edad. Sus apuntes serán la base de su siguiente disertación (v. **1902**).

1900 Termina sus estudios de medicina y decide ser psiquiatra; cumple el primer periodo del servicio militar.

II. El joven psiquiatra en Burghölzli

Aproximadamente dos años después de acceder a su cargo en la clínica Jung comienza a experimentar con la asociación de palabras (1902-1906). Pide a los pacientes que expresen su asociación inmediata a una palabra-estímulo. El propósito es revelar que incluso una pequeña demora en responder a una palabra en particular refleja un aspecto de un *complejo*: Jung fue el primero en utilizar este término en su sentido actual. Continuó desarrollando el experimento de asociación hasta 1909, aplicándolo intermitentemente a sus pacientes a lo largo de toda su vida. Aún hoy día se utilizan variantes del mismo. Sus descubrimientos le acercaron a las ideas que entonces desarrollaba Freud.

1900 *11 de diciembre.* Asume sus funciones como médico asistente de Eugen Bleuler en Burghölzli, la Clínica Psiquiátrica del cantón de Zúrich, que era a la vez hospital universitario de investigación.

1902 Se publica su tesis, «Acerca de la psicología y patología de los llamados fenómenos ocultos» (OC 1,1). Es un anticipo de algunas de sus ideas posteriores, especialmente: *a)* que lo inconsciente es más «sensible» que lo consciente; *b)* que una perturbación psicológica posee un significado teleológico, y *c)* que lo inconsciente produce espontáneamente material mitológico.

Viaja a París durante el semestre de invierno 1902-1903, para estudiar psicopatología teórica con Pierre Janet en la Salpêtrière.

1903 *14 de febrero.* Se casa con Emma Rauschenbach (1882-1955), hija de un poderoso industrial de Schaffhausen.

III. Los años psicoanalíticos

El encuentro de Jung con el neurólogo austriaco Sigmund Freud (1856-1939), fundador del psicoanálisis, fue sin duda el principal acontecimiento de sus años tempranos. Freud era autor (con Josef Breuer) de *Estudios sobre la histeria*, que incluye el historial del caso de «Anna O.» (1895), de *La interpretación de los sueños* (1900), *El chiste y su relación con lo inconsciente*, el «caso Dora» y *Tres ensayos para una teoría sexual* (todos en 1905). El *psicoanálisis*, término que acuñara en 1896, se refiere a un método de tratamiento que consiste en dejar que los pacientes hablen sobre sus problemas para reconciliarse con ellos a la luz de las observaciones del analista. Freud trabajó principalmente con pacientes neuróticos. La pregunta que se hacía Jung, quien había incluido citas de *La interpretación de los sueños* en su tesis (publicada en 1902) era: ¿podría utilizarse el psicoanálisis con el mismo éxito con los pacientes psicóticos que él atendía en Burghölzli?

Años de concordancia

1903 Jung y Bleuler comienzan a interesarse seriamente en las ideas de Sigmund Freud: es el primer paso hacia la internacionalización del psicoanálisis.

1904 *17 de agosto.* Sabina Spielrein (1885-1941), joven de origen ruso, es ingresada en Burghölzli: es la primera paciente que Jung trata de histeria utilizando técnicas psicoanalíticas.
26 de diciembre. Nace Agatha, su hija mayor.

1905 Es promovido a Jefe de Servicio en Burghölzli.
Se le designa *Privatdozent* (profesor sin sueldo) de psiquiatría en la Universidad de Zúrich.
Sabina Spielrein, aún bajo supervisión de Jung, se inscribe como estudiante de medicina en la Universidad de Zúrich, graduándose en 1911.

1906 *8 de febrero.* Nace Anna, su segunda hija.
Escribe *Sobre la psicología de la* dementia praecox*: un ensayo* (OC 3, 1). Esta obra constituye una extensión fundamental del trabajo de Freud.
Comienza su correspondencia con Freud, que vive en Viena.
Se publican las autoconfesiones de las fantasías de una joven americana (Miss Frank Miller, «Algunas Instancias de Imaginación Creativa Subconsciente»). El análisis extenso de este artículo finalmente precipitó su separación de Freud, aunque no se sabe si Jung lo había leído con anterioridad a 1910, año del cual datan sus primeros trabajos sobre el mismo.

1907 *1 de enero.* En una carta a Jung, Freud le describe como el «colaborador más hábil que se me ha unido hasta el momento».
3 de marzo. Jung visita a Freud en Viena. Desarrollan rápidamente una estrecha amistad profesional. Pronto resulta evidente que Freud considera a Jung como su «heredero».

1908 *16 de enero.* En la conferencia «El contenido de las psicosis» (OC 3, 2) Jung analiza y es analizado por Otto Gross.
27 de abril. Se lleva a cabo en Salzburgo el Primer Congreso de Psicología Freudiana (a menudo llamado «Primer Congreso Internacional de Psicoanálisis»). Jung presenta la «teoría freudiana de la histeria» (OC 4, 2).
Compra unos terrenos en Küsnacht, sobre el lago de Zúrich, y encarga la construcción de una gran casa de tres plantas.
28 de noviembre. Nace su único hijo varón, Franz.

1909 *Marzo.* Se publica el primer número del *Jahrbuch für psychoanalytische und psychopathologische Forschungen*, (órgano del movimiento psicoanalítico) del cual Jung es editor.
Renuncia a su puesto en la Clínica Psiquiátrica Burghölzli y se muda a su nueva casa en Küsnacht, donde vivirá el resto de su vida. Ahora sus ingresos provienen de su consulta privada.
Es el momento más intenso de su relación con Sabina Spielrein, que dura desde 1909 hasta 1910.
6 al 11 de septiembre. Viaja a la Universidad de Clark en Worcester, Massachusetts, con Freud. Ambos reciben el *honoris causa* el día 11.
Se produce el primer experimento registrado con imaginación activa.
Octubre. Jung escribe a Freud: «la arqueología, o mejor dicho, la mitología, me ha atrapado», la mitología le absorbe hasta el final de la Primera Guerra Mundial.
Escribe «El significado del padre para el destino del individuo» (OC 4, 14).

1910 *Finales de enero.* Jung pronuncia una conferencia para estudiantes de ciencias: se trata de lo que posiblemente constituye su primera formulación pública que más tarde se convertirá en su concepto de lo inconsciente colectivo.
30-31 de marzo. Se lleva a cabo en Núremberg el Segundo Congreso Internacional de Psicoanálisis. Jung es elegido Presidente Permanente (renunciaría en 1914).
Verano. Dicta en la Universidad de Zúrich un primer curso de conferencias sobre «Introducción al Psicoanálisis».
Escribe «El método de asociación» (OC 2, 10).
20 de septiembre. Nace su tercera hija, Marianne.

Cronología

1911 *Agosto.* Se publica la primera parte de *Transformaciones y símbolos de la libido*: la obra no presenta grandes disidencias con la ortodoxia psicoanalítica del momento.
Agosto. Pronuncia la conferencia «Psicoanálisis de un niño» en Bruselas.
Se inicia su relación con Toni Wolff.
29 de noviembre. Sabina Spielrein lee su artículo «Sobre la transformación» en la Sociedad Vienesa de Freud; el trabajo completo, «La destrucción como causa del llegar a ser», se publica en el *Jahrbuch* en 1912: en él se anuncian tanto el concepto de «deseo de muerte» de Freud, como los conceptos de Jung sobre «transformación»; fue, sin lugar a dudas, una gran influencia para ambos; ella se convirtió en analista freudiana y continuó escribiéndose con Jung hasta principios de la década de los años veinte. Luego regresó a Rusia, donde, probablemente, la fusilaron los alemanes en julio de 1942.

Años de disenso

1912 Escribe «Nuevos rumbos de la psicología» (OC 7, 3).
Febrero. Termina «El Sacrificio», última sección de la segunda parte de *Transformaciones y símbolos de la libido*. Freud se siente disgustado con lo que Jung le cuenta sobre sus descubrimientos; su correspondencia comienza a reflejar la tensión creciente entre ambos.
25 de febrero. Jung funda la Sociedad de Intereses Psicoanalíticos, primer foro de debate de su propia versión del psicoanálisis.
Escribe «Acerca del psicoanálisis» (OC 4, 8)
Septiembre. Pronuncia unas conferencias en la Universidad Fordham de Nueva York sobre «La teoría del psicoanálisis», que establecen sus diferencias con Freud: *a)* la idea de que la represión no da cuenta de todos los estados; *b)* el hecho de que las imágenes inconscientes pueden tener un significado teleológico, y *c)* que la libido, denominada por él «energía psíquica», no es exclusivamente sexual.
Septiembre. Se publica la segunda parte de *Transformaciones y símbolos de la libido*, donde Jung propone que las fantasías incestuosas tienen un sentido más simbólico que literal.

1913 Se produce la ruptura con Freud. La separación afecta profundamente a Freud; Jung está destrozado. El estrés resultante contribuye a un colapso nervioso que amenazaba producirse ya desde 1912, cuando comenzó a tener sueños catastróficos muy vívidos y visiones en estado de vigilia. Renuncia a su cargo en la Universidad de Zúrich, supuestamente porque su consulta privada ha aumentado mucho, pero más probablemente debido a su propio estado de salud. Durante esta época se instalan en Zúrich los filántropos norteamericanos Edith y Harold McCormick. Ella se analiza con Jung y se convierte en la primera de varios patrocinadores ricos y muy generosos.

IV. Inicios de la psicología analítica

Durante la mayor parte de la Primera Guerra Mundial Jung luchaba con su propio agotamiento nervioso. Buscó el apoyo de Toni Wolff (que había sido su paciente entre 1910 y 1913) para ayudarle a superar este difícil periodo, que duró aproximadamente hasta 1919 (su relación íntima con Toni Wolff continuó hasta la muerte de ésta en 1953). Si bien produce relativamente pocos trabajos nuevos, se dedica a consolidar algunos de sus hallazgos anteriores. Le costaba encontrar un nombre adecuado para su versión del psicoanálisis. Entre 1913 y 1916 la llamaba simultáneamente «psicología compleja» y «psicología hermenéutica», hasta que finalmente se decidió por «psicología analítica».

1913 Se publica *Ensayo de exposición de la teoría psicoanalítica* (OC 4, 9) y «Aspectos generales del psicoanálisis» (OC 4, 10).
1914 Renuncia a la presidencia del Congreso Internacional de Psicoanálisis.
Comienza la Primera Guerra Mundial.
1916 Funda el Club Psicológico de Zúrich: los McCormick ofrecen la generosa donación de propiedades, y el club se convierte de forma gradual en un foro para conferenciantes invitados de diferentes disciplinas, así como el foro para los propios seminarios y conferencias de Jung.
Su reconocimiento internacional aumenta con las traducciones

inglesas de Beatrice Hinkle de *Transformaciones y símbolos de la libido* con el título *Psycology of the Unconscious* (OC, B) y *Collected Papers of Analytical Psychology*, que incluye los artículos más importantes escritos por Jung hasta ese momento (OC 8).

Escribe «La estructura de lo inconsciente» (OC 7, 4) donde utiliza por primera vez los términos «inconsciente personal», «inconsciente colectivo» e «individuación».

Escribe «La función transcendente» (OC 8, 2).

Comienza a interesarse en los escritos de autores gnósticos y, tras una experiencia personal con la imaginación activa, escribe *Siete sermones a los muertos*.

1917 Escribe «Sobre la psicología de lo inconsciente» (OC 7, 1).

1918 Identifica por primera vez al sí-mismo como meta del desarrollo psíquico.

Escribe «Sobre lo Inconsciente» (OC 10, 1).

Termina la Primera Guerra Mundial.

Cumple un nuevo periodo de servicio militar.

1919 Escribe «Instinto e Inconsciente» (OC 8, 6), donde por primera vez utiliza el término *arquetipo*.

v. La psicología analítica y la individuación

En 1920 Jung tenía cuarenta y cinco años de edad. Había superado una difícil crisis de la «mitad de la vida» mientras su reputación internacional seguía aumentando. Durante los cinco años siguientes viajó mucho, sobre todo para visitar pueblos «primitivos». Fue también durante este periodo cuando comenzó a retirarse a Bollingen, un segundo hogar que se había construido (v. *infra*).

Años de viajes

1920 Visita Argelia y Túnez.

1921 Se publica *Tipos psicológicos* (OC 6, 1), obra en la que desarrolla sus ideas sobre la existencia de dos «actitudes» (extraversión/introversión) y cuatro «funciones» (pensamiento/sentimiento y sensación/intuición), y se refiere por primera vez al sí-mismo como objetivo del desarrollo psíquico.

1922 Compra unos terrenos aislados a orillas del lago de Zúrich, a unos cuarenta km al este de su casa de Küsnacht y a un par de km de una aldea llamada Bollingen.
Escribe «Sobre la relación de la psicología analítica con la obra de arte poética» (OC 15, 6).

1923 Muere su madre.
Jung aprende a cortar y artesonar piedra y, con muy poca y ocasional ayuda profesional, comienza a construir una segunda casa compuesta de una sólida torre; posteriormente le agrega un vestíbulo, otra torre y un anexo; no instala teléfono ni luz eléctrica. La llama simplemente «Bollingen» y durante el resto de su vida se retira a este lugar en busca de tranquilidad y renovación. Comienza a tallar piedra con objetivos más terapéuticos que artísticos.
Julio. Viaja a Polzeath, Cornualles, para dictar un seminario en inglés sobre «Las relaciones humanas y el proceso de individuación».
Richard Wilhelm dicta conferencias en el Club Psicológico.

1924 Visita Estados Unidos y viaja con amigos para conocer Taos y a los pueblos de Nuevo México. Queda impresionado por la sencillez de los indios pueblo.

1925 *23 de marzo al 16 de julio.* Dicta un curso en Zúrich sobre «Psicología Analítica» (OC Seminarios 3) consistente en dieciséis conferencias-seminario.
Viaja a Londres.
Julio-Agosto. Dicta un seminario sobre «Sueños y simbolismo» en Swanage, Inglaterra.
Participa de un safari en Kenia, donde permanece varias semanas con los Elgeyo del Monte Elgon.
Escribe «El matrimonio como relación psicológica» (OC 17, 8).

1926 Regresa de África pasando por Egipto.

Reformulación de los objetivos de la psicología analítica

Se pueden señalar cuatro características de este periodo: *1)* se produce la primera de las cuatro fructíferas colaboraciones con Richard Wilhelm, perteneciente a otra disciplina, quien le introduce a la alquimia china; *2)* a partir de lo anterior surge en Jung un profundo interés por la alquimia *occidental*; *3)* se publica el primer trabajo importante escrito en inglés por un analista influido por Jung; *4)* recurre cada vez con mayor frecuencia a los seminarios como medio de difusión de sus ideas.

1927 Viaja a Darmstadt, Alemania, para pronunciar una conferencia en la «Escuela de Sabiduría» del Conde Hermann von Keyserling. Escribe «La estructura del alma» (OC 8,7) y «La mujer en Europa» (OC 10, 6) y la introducción a *The Inner World of Childhood* (revisado en 1965), de Frances Wickes, primer trabajo de importancia de un analista inspirado por las ideas de Jung.

1928 Escribe *Las relaciones entre el yo y lo inconsciente* (OC 7, 1).
«Sobre la energética del alma» (OC 8, 1).
«El problema anímico del hombre moderno» (OC 10, 4).
«El significado de lo inconsciente para la educación individual» (OC 17, 6).
7 de noviembre. Comienza el seminario sobre «Análisis de sueños» que dura hasta el 15 de junio de 1930 (OC Seminarios 1).
Se publican otras dos traducciones al inglés de obras de Jung que contribuyen a reforzar su prestigio en Estados Unidos y en Inglaterra: *1) Contributions to Analytical Psychology* (Nueva York y Londres), una selección de sus artículos más importantes y recientes, y *2) Dos escritos sobre psicología analítica* (OC 7).

1929 Escribe el «Comentario» a la traducción de Richard Wilhelm del clásico chino *El Secreto de la Flor de Oro* (OC 13, 1).
Escribe «Paracelso» (OC 15, 1), el primero de sus ensayos sobre alquimia occidental. Pide la colaboración de Marie-Louise von Franz, entonces joven estudiante y ya diestra en el conocimiento de latín y griego; ella continuará colaborando con Jung en sus investigaciones sobre alquimia durante el resto de su vida.

1930 Se convierte en Vicepresidente de la Sociedad Médica General de Psicoterapia.
Escribe «El punto de inflexión de la vida» (OC 8, 16).
«Psicología y Poesía» (OC 15, 7).
Inicia en Zúrich dos series de seminarios: *1)* «La psicología de la individuación» (el «seminario alemán») entre el 6 de octubre de 1930 y el 10 de octubre de 1931, y *2)* «La interpretación de las visiones» (el «seminario de las visiones»), desde el 15 de octubre de 1930 al 21 de marzo de 1934 (OC Seminarios 1).

1931 Escribe «Psicología analítica y cosmovisión» (OC 8, 14) y «Metas de la Psicoterapia» (OC 16, 4).

1932 Escribe «Sobre la relación de la psicoterapia con la dirección espiritual» (OC 11, 7).

«Sigmund Freud como fenómeno histórico-cultural» (OC 15, 3).

«*Ulises*: un monólogo» y «Picasso» (OC 15, 8 y 9).

Recibe el Premio Literario de la ciudad de Zúrich.

3 a 8 de octubre. J. W. Hauer dicta un seminario sobre Kundalini Yoga en el Club Psicológico de Zúrich. Hauer acababa de fundar el Movimiento Alemán de la Fe, destinado a promover una perspectiva religiosa y una religión enraizada en «la profundidad biológica y espiritual de la nación alemana», como opuesta al cristianismo, que consideraba excesivamente semita.

Desde el 12 de octubre. Jung dicta cuatro seminarios semanales sobre «Un comentario psicológico sobre el Kundalini Yoga» (OC Seminarios 1).

1933 Comienza a dar conferencias en la Eidgenössische Technische Hochschule (EHT) de Zúrich.

Asiste por primera vez a un encuentro «Eranos» en Ascona, Suiza, donde presenta un trabajo llamado «Acerca de la empiria del proceso de individuación» (OC 9/1, 11). *Eranos* (del griego «celebración compartida») fue el nombre escogido por Rudolf Otto para los encuentros anuales llevados a cabo en casa de Frau Olga Froebe-Kapteyn, cuyo objetivo original era explorar los vínculos entre el pensamiento de Oriente y Occidente. A partir de 1933, estos encuentros ofrecieron a Jung la oportunidad de discutir nuevas ideas con una gran variedad de pensadores, incluyendo entre otros a Heinrich Zimmer y Martin Buber.

Es elegido presidente de la Sociedad Médica General de Psicoterapia, que poco después pasa a ser supervisada por el nazismo.

Se convierte en editor de la revista de la Sociedad: *Zentralblatt für Psychotherapie un ihre Grenzgebiete*, Leipzig (renuncia en 1939).

La obra *Modern Man in Search of a Soul* (Nueva York y Londres) nueva colección de artículos, se convierte rápidamente en una introducción estándar a las ideas de Jung.

VI. Nuevas ideas sobre imágenes arquetípicas

En julio de 1933, cuando los nazis tomaron el poder, Jung tenía cincuenta y ocho años de edad. Cuando la guerra terminó ya frisaba los setenta. Fueron tiempos tensos y difíciles, incluso en la Suiza neutral. Después de que los nazis llegaran al poder, la Sociedad Internacional Médica General de Psicoterapia, de la que Jung era presidente, decidió excluir a los miembros judíos del grupo alemán. Se criticó a Jung por no haber presentado su renuncia, aunque él alegó que su intención era asegurar que los judíos de otros grupos pudieran conservar su titularidad, participando de los debates profesionales. Comenzaron a surgir las acusaciones de antisemitismo, incluso a pesar del apoyo de sus amigos, colegas y estudiantes judíos. La ascensión del nazismo y la guerra subsiguiente constituyen el trasfondo de su gradual elaboración de la teoría de las imágenes arquetípicas.

Mientras Europa se desliza hacia la guerra

1933 20 *de octubre*. Comienza el seminario sobre «Psicología moderna», que continúa hasta el 12 de julio de 1935.
1934 Es el fundador y primer presidente de la Sociedad Internacional Médica General de Psicoterapia.
2 *de mayo*. Comienza el seminario «Sobre el Zaratustra de Nietszche»: son ochenta y seis sesiones, hasta el 15 de febrero de 1939 (OC Seminarios 2).
Se celebra el II Encuentro Eranos, donde presenta «Sobre los arquetipos de lo inconsciente colectivo» (OC 9/1, 1).
Escribe «Consideraciones generales sobre la teoría de los complejos» (OC 8, 3).
«Acerca de la situación actual de la psicoterapia» (OC 10, 8).
«La aplicabilidad práctica del análisis de los sueños» (OC 16, 11).
«Del devenir de la personalidad» (OC 17, 7).
1935 Es nombrado profesor titular de la EHT.
Funda la Sociedad Suiza de Psicología Práctica.
Se celebra el III Encuentro Eranos, donde presenta «Símbolos oníricos del proceso de individuación» (revisado en 1936 como «Simbolismo onírico individual y su relación con la alquimia», OC 12).

Viaja a Bad Nauheim para el VIII Congreso Médico General de Psicoterapia, donde pronuncia el discurso presidencial (OC 10, 25).
Escribe el «Comentario psicológico al *Libro Tibetano de los Muertos*», editado por W.Y. Evans (OC 11, 11).
Escribe «Consideraciones de principio acerca de la psicoterapia práctica» (OC 16, 1).
Pronuncia cinco conferencias en Londres para el Instituto de Psicología Médica: «Sobre los fundamentos de la psicología analítica» (OC 18, 1), conocidas como «Conferencias Tavistock», publicadas en 1968.

1936 Escribe «Sobre el concepto de inconsciente colectivo» (OC 9/1,2).
«Sobre el arquetipo con especial consideración del concepto de ánima» (OC 9/1, 3).
«Wotan» (OC 10, 10).
«El Yoga y Occidente» (OC 11, 12).
Se celebra el IV Encuentro Eranos, donde presenta: «Ideas religiosas en alquimia» (OC 12).
Viaja a Estados Unidos, para conferenciar en Harvard, donde recibe el *honoris causa*, y para dictar dos seminarios sobre «Los símbolos oníricos del proceso de individuación» en la isla Bailey, Maine, entre el 20 y el 25 de septiembre, y en la ciudad de Nueva York, del 16 al 18, y del 25 al 26 de octubre.
Se inaugura el Club de Psicología Analítica de Nueva York, bajo la presidencia de M. Esther Harding, Eleanor Bertine y Kristine Mann.
Durante el semestre de invierno 1936-1937 dicta en la ETH de Zúrich un seminario sobre «Sueños de niños» (que se repite en 1938-1939 y en 1939-1940).

1937 Se celebra el quinto encuentro Eranos donde presenta: «Las visiones de Zósimo» (OC 13, 3).
Viaja a Estados Unidos para pronunciar las «Conferencias Terry» en la Universidad de Yale, luego publicadas como *Psicología y religión* (OC 11, 1).
Viaja a Copenhague para asistir al IX Congreso Médico Internacional de Psicoterapia, pronunciando el discurso presidencial (OC 10, 25).
Viaja a India como invitado del Gobierno británico para asistir a la celebración del 25° aniversario de la Universidad de Calcuta.

1938 *Enero.* Se le concede el *honoris causa* de las universidades de Calcuta, Benarés y Allahabad. No puede asistir al VI Encuentro Eranos, pero presenta el trabajo: «Los aspectos psicológicos del arquetipo de la madre» (OC 9/1, 4).
29 de julio al 2 de agosto. Viaja a Oxford, Inglaterra, para asistir al X Congreso Médico Internacional de Psicoterapia, donde pronuncia el discurso presidencial «Puntos Comunes de las Diferentes Escuelas de Psicoterapia Representadas en el Congreso» (OC 10, 25).
Recibe el *honoris causa* de la Universidad de Oxford.
28 de octubre. Comienza el seminario sobre «El proceso de individuación en los textos orientales» que se prolonga hasta el 23 de junio de 1939.

1939 *15 de mayo.* Es elegido Miembro Honorario de la Real Sociedad de Medicina de Londres.

Durante la Segunda Guerra Mundial

1939 Estalla la Segunda Guerra Mundial.
Renuncia al cargo de editor de la *Zentralblatt für Psychotherapie und ihre Grenzgebeite*.
Se celebra el VII Encuentro Eranos, donde presenta «Sobre el renacer» (OC 9/1, 5).
Entre los asistentes se encuentran Paul y Mary Mellon. Paul Mellon (nacido en 1907) era un joven y poderoso filántropo y coleccionista de arte; su primera mujer, Mary (1904-1946) quería establecerse en Zúrich para analizarse con Jung, procurando mejorar su asma. La subsiguiente generosidad del matrimonio Mellon fue un factor muy importante en la difusión de la ideas de Jung (v. **1942, 1949**).
Escribe «Lo que la India puede enseñarnos» (OC 10, 24).
«Comentario psicológico al *Libro tibetano de la Gran Liberación*» (OC 11, 10).
Prólogo al libro de D.T. Suzuki: *Introducción al budismo zen* (OC 11, 13).
Comienza el seminario sobre «El proceso de individuación: Los *Exercitia Spiritualia* de san Ignacio de Loyola» (16 de junio de 1939 al 8 de marzo de 1940).

1940 Se publica *The Integration of the Personality* (Nueva York/Londres), una selección de sus últimos artículos.

Se celebra el VIII Encuentro Eranos, donde presenta «Ensayo de interpretación psicológica del dogma de la Trinidad» (OC 11, 2).

Escribe «Acerca de la psicología del arquetipo del niño» (OC 9/1,6).

8 de noviembre. Comienza el seminario sobre «El proceso de individuación en la alquimia: 1», que se prolonga hasta el 28 de febrero de 1941.

1941 *2 de mayo al 11 de julio.* Dicta el seminario «El proceso de individuación en la alquimia: 2».

Viaja a Ascona, para el IX Encuentro Eranos, donde presenta «El símbolo de transformación en la misa» (OC 11,3)

Escribe «Acerca del aspecto psicológico de la figura de la Core» (OC 9/1,7)

1942 *6 de enero.* Se establecen sedes de la Fundación Bollingen en Nueva York y en Washington, bajo la presidencia de Mary Mellon. La dirección editorial incluye a Heinrich Zimmer y Edgar Wind.

Jung renuncia a su cargo en la ETH tras nueve años de ejercicio.

Se celebra el X Encuentro Eranos, donde presenta «El espíritu Mercurio» (OC 13, 2).

Escribe «Paracelso como fenómeno espiritual» (OC 13, 4).

1943 Es elegido Miembro Honorario de la Academia de Ciencias de Suiza.

Escribe «Acerca de la psicología de la meditación oriental» (OC 11, 14).

«Psicoterapia y cosmovisión» (OC 16, 6).

«El niño superdotado» (OC 17, 5).

1944 La Universidad de Basilea crea para Jung una cátedra de Psicología Médica, pero su estado de salud le obliga a renunciar a ella al año siguiente.

Tiene sucesivos problemas de salud: se fractura un pie, sufre un ataque cardiaco; experimenta una serie de visiones.

Edita y escribe la introducción «Sobre el santón hindú» al libro de Heinrich Zimmer *The Path to Selfhood* (OC 11, 15).

Se celebran los Encuentros Eranos de los años 1935 y 1936.

Cronología

1945 En honor a su septuagésimo aniversario, recibe el *honoris causa* de la Universidad de Ginebra.

Se celebra el XIII Encuentro Eranos, donde presenta «Acerca de la fenomenología del espíritu en los cuentos populares» (OC 9/1, 8).

Después de la guerra

Escribe «Después de la catástrofe» (OC 10, 11).
«El árbol filosófico» (OC 13, 5).

1946 Se celebra el XIV Encuentro Eranos, donde presenta: «El espíritu de la psicología», posteriormente revisado como «Consideraciones teóricas acerca de la esencia de lo psíquico» (OC 8, 8).

Se publica *Reflexiones sobre la historia actual* (OC 10), una recopilación de ensayos recientes.

Escribe «El problema de la sombra» (OC 10, 12).
La psicología de la transferencia (OC 16, 12).

1947 Pasa cada vez más tiempo en Bollingen.

1948 *24 de abril*. Se inaugura el Instituto C.G. Jung de Zúrich (v. OC 18). Es un centro de formación de futuros analistas, así como una sede de conferencias. A lo largo del tiempo se han fundado muchos otros Institutos, especialmente en Estados Unidos (por ejemplo en Nueva York, San Francisco, Los Ángeles).

Jung viaja a Ascona para el XVI Encuentro Eranos, donde presenta: «Acerca del sí-mismo» (que se convertiría en el capítulo 4 de *Aion*, OC 9/2).

1949 Se concede el primer Premio de Poesía de Bollingen, otorgado a Ezra Pound.

Durante la guerra, Ezra Pound, entonces residente en Italia, había difundido propaganda fascista, y tras la liberación fue detenido cerca de Pisa, donde escribió el primer borrador de *Cantos Pisanos*, antes de ser repatriado a Estados Unidos, donde se le juzgó por traición. Pero en diciembre de 1945 se le confinó al Hospital St. Elizabeth para enfermos mentales, y allí tradujo a Confucio y recibió visitantes del mundo literario. El premio concedido a un traidor y demente exacerbó los ánimos, y el nombre de Jung fue asociado a un simpatizante fascista. Como resultado de lo anterior, el Congreso decidió el 19 de agosto

Introducción a Jung

instaurar una norma que prohibía que la Biblioteca concediera futuros premios. La Universidad de Yale asumió la responsabilidad del premio (que en 1950 fue concedido a Wallace Stevens), pero este episodio tuvo efectos muy perjudiciales, especialmente para Jung.

VII. Los últimos trabajos

Cuando se produjo el escándalo del Premio Bollingen, Jung tenía setenta y cuatro años de edad. Tuvo el mérito de continuar sus investigaciones para *Aion* (1951), así como de emprender la revisión de muchos de sus primeros trabajos.

1950   En colaboración con K. Kerényi escribe *Introducción a la ciencia de la mitología*, que contiene los dos artículos de Jung sobre el arquetipo del «Niño» (1949) y de la «Core» (1941).
Escribe «Sobre el simbolismo del *mándala*» (OC 9/1, 12) y el «Prólogo» al clásico chino *I Ching, el libro de las mutaciones*, traducido y editado por Richard Wilhelm (OC 11, 16).

1951   Viaja a Ascona, donde se celebra el XIX Encuentro Eranos, en el que presenta «Sobre sincronicidad» (OC 8, 20).
Escribe *Aion: investigación sobre la fenomenología del sí-mismo* (OC 9/2).
«Cuestiones fundamentales de psicoterapia» (OC 16, 9).

1952   Escribe «Sincronicidad como principio de conexiones acausales» (OC 8, 19).
«Respuesta a Job» (OC 11, 9).
«Símbolos de transformación» (revisión del original de 1911-1912) (OC 5).

1953   La Serie Bollingen comienza a publicar *The Collected Works of C. G. Jung* (hasta 1976), y los *Seminarios*, que aún están siendo publicados.

1954   Escribe «Acerca de la figura del pícaro» (OC 9/1, 9) para la obra de Paul Radin, *The Trickster: A Study in American Indian Mythology*.
Se publica en alemán una nueva colección de ensayos *Von den Wurzeln des Bewusstseins*, [Las raíces de la consciencia].

1955   Colabora en la obra de W. Pauli, *The Interpretation of Nature and the Psyche*, con su ensayo «Sobre sincronicidad» (1952).

Cronología

En honor a su octogésimo aniversario, recibe un *honoris causa* de la Eidgenössische Techische Hochschule de Zúrich.

Escribe «*Mysterium Coniuctionis: Investigación acerca de la separación y la síntesis de los opuestos psíquicos en alquimia*» (OC 14). Este es su último trabajo sobre la alquimia.

27 de noviembre. Muere su esposa Emma Jung.

1956 Escribe «Cómo y por qué escribí mi "Respuesta a Job"» (OC 11).

1957 Escribe «Presente y futuro» (OC 10,14).

Comienza a relatar sus «memorias» a Aniela Jaffé.

5 al 8 de agosto. Se filman cuatro entrevistas a Jung de una hora de duración cada una, realizadas por Richard I. Evans, profesor de Psicología en la Universidad de Houston («Las filmaciones de Houston»).

1958 Se publica la edición alemana de *Recuerdos, sueños y pensamientos*. Hoy día se entiende que este trabajo, que se solía leer como una autobiografía, es producto de una muy cuidadosa edición conjunta de Jung y Jaffé.

Escribe *Un mito moderno. De cosas que se ven en el cielo* (OC 10, 15).

1959 *22 de octubre.* Se lleva a cabo la entrevista para la BBC «Cara a Cara», conducida por John Freeman.

1960 Se le designa ciudadano honorario de Küsnacht el día de su 85º aniversario.

Escribe el «Prólogo» al libro de Miguel Serrano *The Visits of the Queen of Sheba* (Asia Publishing House, Bombay/Londres).

1961 *6 de junio.* Tras una breve enfermedad, fallece en su casa de Küsnacht, Zúrich.

1962 *Recuerdos, sueños y pensamientos* es registrado y editado por Aniela Jaffé.

1964 Su artículo «Acercamiento al inconsciente» es incluido por M.L. von Franz en la obra *El hombre y sus símbolos*, editado en forma conjunta.

1972 Se publican *Cartas I: 1906-1945* y *Cartas II: 1946-1955*.

1973 Se publica *Cartas III: 1956-1961*.

1974 Se publica la *Correspondencia Freud/Jung*.

1975 Se publica *Encuentros con C.G. Jung*.

Andrew Samuels

Introducción:
Jung y los posjunguianos

Durante los últimos cinco años he disertado sobre la psicología y el análisis junguianos y posjunguianos en dieciocho universidades de siete países. He podido comprobar que aunque los títulos de las principales obras no suelen figurar en bibliografías ni en planes de estudio, existe un enorme interés por la psicología analítica. Se habla de Jung sobre todo en relación a un importante cisma en la historia del psicoanálisis. Algo similar ocurre en el contexto clínico y, a pesar de que la mayor parte de los psicoanalistas no le mencionan, muchos terapeutas, no solo analistas junguianos, han «descubierto» a Jung por su primordial aportación a la reflexión sobre el trabajo clínico. Estos importantes desarrollos culturales se producen a la par que la vinculación, mucho más difundida, a nivel popular de algunos aspectos de la psicología junguiana con el pensamiento y la cultura de la *Nueva Era*. A lo largo del presente artículo intentaré responder, al menos parcialmente, a dos preguntas que se derivan de esta compleja situación. En primer lugar, ¿merecen los postulados de Jung ser incluidos en el debate académico contemporáneo?; en segundo término, ¿merecen más espacio en la formación clínica general?

Es imposible dar una respuesta a estas preguntas sin antes considerar el contexto cultural donde surgen. No cabe duda de que Jung ha sido «comprensiblemente relegado» de la vida académica (según expresión del distinguido psicólogo Liam Hudson [1983] en su revisión de un conjunto de artículos de Jung). ¿Cuál es la razón?

En primer lugar, el «comité secreto» organizado por Freud y Jones en 1912 para defender la causa del «verdadero» psicoanálisis invirtió una gran cantidad de tiempo y energía en defenestrar a Jung. El prolongado efecto de esta ruptura histórica ha entorpecido el acceso de las ideas de Jung en los círculos psicoanalíticos.

En segundo lugar, los escritos antisemitas de Jung y su equívoca intervención en la política psicoterapéutica profesional en la Alemania de los años treinta han generado un rechazo, en mi opinión razonable, hacia sus teorías por parte de los psicólogos, judíos o no, sensibles al Holocausto. Algunos miembros de la comunidad junguiana originaria negaron en su momento todo fundamento a las acusaciones recibidas, llegando a ocultar información que consideraron inadecuada para el conocimiento público. Esto solo ayudó a prolongar un problema que debe ser abordado llanamente. Hoy día los autores junguianos se ocupan de la cuestión, evaluándola tanto en el contexto de la época como en relación al conjunto de la obra de Jung[1].

En tercer lugar, la postura de Jung hacia las mujeres, los negros, las culturas llamadas «primitivas» y otros temas relacionados resulta hoy obsoleta e inaceptable. Jung convirtió el prejuicio en teoría y tradujo su percepción de aquel momento en postulados de validez supuestamente eterna. También es en este caso responsabilidad de los posjunguianos descubrir errores y contradicciones y corregir los fallos metodológicos de Jung. Una vez hecho esto, destaca la notable capacidad que poseía Jung para intuir los temas y áreas de los que se ocuparía la psicología de finales de siglo: género, raza, nacionalismo, análisis cultural, perseverancia, reaparición y poder sociopolítico de la religiosidad en una época aparentemente no religiosa, la eterna búsqueda de sentido. Todas estas cuestiones son problemas que ha tenido que afrontar la psicología. Si se acepta la solidez de la visión intuitiva de Jung, resulta más fácil regresar a sus textos con mayor interés sin perder el sentido crítico. Esto es lo que significa *posjunguiano*: corrección del trabajo de Jung y distancia crítica.

En ámbitos universitarios suelo iniciar mi presentación proponiendo a los presentes un simple ejercicio de asociación con la palabra *Jung*. Les pido que registren sus tres primeras asociaciones. De las algo más de 300 respuestas recogidas hasta la fecha, los temas, palabras, conceptos o imágenes citados más a menudo se relacionan con Freud, el psicoanálisis y la ruptura Freud-Jung. A continuación encontramos las referencias al antisemitismo de Jung y su supuesta simpatía por el nazismo. Otras cuestiones mencionadas son: arquetipos, misticismo/filosofía/religión y ánimus-ánima.

---

[1] V. Samuels, 1993. Allí desarrollo mi punto de vista sobre el antisemitismo de Jung, su supuesta colaboración con el nazismo y la respuesta de la comunidad junguiana a las acusaciones recibidas.

Claro está que esto no es auténtica investigación empírica. Pero si «asociamos con» las asociaciones, vemos que el *problema Jung* queda nítidamente definido. Aún perdura la duda sobre si el hecho de manifestar interés por Jung es éticamente viable. E incluso se intuye que tras la cuestión «Jung y el psicoanálisis de Freud» hay algo más que la repetida referencia al enfrentamiento entre ambos. Efectivamente *existe* un considerable interés por Jung y su obra.

Jung y Freud

La ruptura de las relaciones entre Jung y Freud suele ser presentada a los estudiantes como si surgiera de una lucha de poder padre-hijo y de la incapacidad de Jung para tomar una postura concluyente sobre la psicosexualidad humana. En una consideración superficial del mito de Edipo, acceder al complejo filial del padre no es tan fácil como abordar el complejo paterno del hijo. Resulta tentador olvidarse de los impulsos infanticidas de Layo.

En lo que respecta a la visión de Jung sobre la sexualidad, no se suele dar importancia, o simplemente no se considera, que gran parte del contenido del texto de ruptura de 1912, *Transformaciones y símbolos de la libido*, se refiere a una interpretación del tema del incesto y de las fantasías incestuosas. La obra resulta muy pertinente para la comprensión de la dinámica familiar y el modo en que los acontecimientos que se producen en la familia externa se integran en lo que podría llamarse familia interna. En otras palabras, el volumen que ahora se llama *Símbolos de transformación* (OC 5) no es un texto ajeno a la experiencia. Su cuestión central es: ¿Cómo se produce en los seres humanos el proceso de crecimiento desde el punto de vista psicológico? En parte, internalizando, es decir, «depositando dentro», cualidades, atributos y estilos de vida que el individuo aún no es capaz de dominar por su cuenta. ¿De dónde proviene este material? De los padres y otros cuidadores. ¿De qué manera se desarrolla el proceso? Aquí vemos la utilidad de las teorías de Jung sobre el incesto. Debido al carácter específico de la pulsión sexual humana resulta imposible ser indiferente a un otro que es fuente de deseo o depositario de la fantasía sexual propia. Entre padres e hijos, en tanto individuos que mutuamente no pueden evitarse, es necesario mantener un cierto grado de interés erótico que *no pasa al acto*, y que debe permanecer en el nivel de *fantasía* incestuosa. El deseo alimentado por el incesto forma parte del tipo de amor humano que no puede faltar en una dinámica familiar saludable. Lo que Jung llamaba «libido familiar» es la necesidad de internalizar las experiencias tempranas positivas.

Presentar las ideas de Jung de esta manera implica desafiar la validez de la supuesta gran diferencia existente entre Freud y Jung, tal como suele poponérseles a los estudiantes sobre todo —aunque no exclusivamente— en el área de la sexualidad, según la cual Freud es conocido por su teoría de la sexualidad mientras Jung habría evitado el tema.

Queda así planteada la existencia de un vínculo entre las ideas junguianas sobre la sexualidad y algunas nociones psicoanalíticas de importancia crucial, tales como la teoría de Jean Laplanche (1989) sobre el carácter nuclear de la seducción en el desarrollo temprano. A un nivel menos abstracto se trata del surgimiento de una perspectiva junguiana sobre el abuso sexual infantil, según la cual éste es producto de un deterioro *degenerativo* del necesario y saludable despliegue de la «fantasía incestuosa». Situar de esta manera el abuso sexual infantil dentro del marco del comportamiento humano ayuda a reducir el comprensible pánico moral que inhibe toda reflexión constructiva sobre el tema, abriendo el camino a su planteamiento.

A menudo se señala que el cuerpo de la psicoterapia moderna resulta impensable sin el trabajo de Freud. Y así es en muchos aspectos. Sin embargo, el psicoanálisis posfreudiano ha avanzado en la revisión, rechazo y profundización de gran cantidad de las ideas seminales de Freud, y muchas de las cuestiones y características del psicoanálisis contemporáneo son reminiscencias de los tempranos postulados junguianos. Con esto no se pretende decir que Jung sea responsable de todos los puntos de interés que presenta el psicoanálisis contemporáneo, o que haya profundizado en dichos temas tanto como los pensadores psicoanalíticos en cuestión. Pero, tal como señalara Paul Roazen (1971, pág. 291): «A pocas figuras responsables del psicoanálisis les inquietaría hoy día que un analista presentara opiniones idénticas a las de Jung de 1913». Este argumento gana fuerza si se mencionan algunos de los principales temas en los que Jung aparece como precursor de desarrollos recientes más frecuentemente asociados al psicoanálisis «posfreudiano».

1) Si bien la psicología edípica de Freud está centrada en la figura del padre, y no es relevante para el periodo anterior a los cuatro años de edad, Jung proporcionó una psicología basada en la figura materna, a través de la cual se pueden rastrear a menudo influencias muy anteriores, incluso referidas a acontecimientos prenatales. Por este motivo se puede considerar a Jung como precursor del trabajo de Melanie Klein, de los teóricos de la Escuela Inglesa de relaciones objetales como Fairbairn, Winnicott, Guntrip y Balint y, junto con la teoría de los arquetipos (a la que me referiré con más detalle a continuación), de los trabajos de orientación etológica de Bowlby sobre el apego.

2) Según la concepción freudiana, lo inconsciente es producto de la represión y ésta es un proceso personal derivado de la experiencia vivida. De acuerdo con la concepción de Jung, lo inconsciente posee una base colectiva, es decir, posee estructuras innatas que condicionan y tal vez determinan los contenidos. La extensión y modificación de la teoría de los arquetipos no es interés exclusivo de los posjunguianos. Al revisar la obra de psicoanalistas como Klein, Lacan, Spitz y Bowlby se encuentra el mismo énfasis en la pre-estructuración de lo inconsciente. Que lo inconsciente está estructurado como un lenguaje (según la visión de Lacan) podría haber sido con toda verosimilitud postulado por Jung.

3) La visión freudiana de la psicología humana es reconocidamente pesimista, lo cual resulta razonable en el contexto de la época. Pero la noción, reiterada por Jung desde el principio, de la existencia de un aspecto creativo, pleno de sentido, no destructivo, de la psique humana, encuentra ecos y resonancias en escritores psicoanalíticos como Milner y Rycroft, así como en el trabajo de Winnicott sobre el juego. Es posible trazar vínculos semejantes con los grandes pioneros de la psicología humanista como Rogers y Maslow. Argumentar que la psique conoce lo que le es favorable, y que posee la capacidad de autorregulación e incluso de autocuración, nos sitúa en el núcleo de los planteamientos contemporáneos sobre el «auténtico sí-mismo» tal como se describe en los recientes trabajos de Bollas, por citar solo un ejemplo.

4) Para Jung los síntomas psicológicos no deben interpretarse únicamente desde una óptica causal-reduccionista, sino también en orden al significado oculto que poseen para el paciente, incluso desde el «para qué» del síntoma[2]. Esta concepción preanuncia la escuela del análisis existencial y los escritos de algunos psicoanalistas ingleses como Rycroft y Home.

5) El psicoanálisis contemporáneo se ha distanciado de ciertos enfoques aparentemente sexistas, patriarcales y falocéntricos; tanto en psicología como en psicoterapia se presta más atención a lo *femenino* (sea lo que sea lo que esto signifique). El psicoanálisis y la psicoterapia feministas han surgido en las dos últimas décadas. No cabe duda de que lo femenino en Jung es aún lo femenino de un *hombre*, aunque es posible encontrar paralelismos entre el psicoanálisis de orientación feminista y el planteamiento del problema del género en la psicología analítica junguiana y posjunguiana.

6) Ya en 1929 Jung destacó el valor clínico de lo que se conoce como *contratransferencia*: respuesta subjetiva del analista hacia el analizando. Jung escribió: «No es posible ejercer influencia alguna si no se es a la vez objeto de la misma» y «la contratransferencia es una valiosa fuente de información» (OC 16, págs. 70-72). Aquellos lectores con formación clínica y conocimientos de psicoanálisis saben que el psicoanálisis contemporáneo ha rechazado la drástica aseveración que hiciera Freud en 1910 (1910, pág. 1566) al definir la contratransferencia como «complejos y resistencias del analista» y, por tanto, a eliminar. Jung es uno de los pioneros en la utilización clínica de la contratransferencia, junto con Heimann, Little, Winnicott, Sandler, Searles, Langs y Casement.

7) La forma de percibir la interacción clínica entre analista y analizando ha sufrido grandes modificaciones a lo largo de la historia del psicoanálisis. Ahora es frecuente concebir al análisis como una interacción mutuamente transformadora. La perso-

---

[2] V. *Introducción a Samuels* (ed.), 1989, págs. 1-22. Se describen con detalle las ideas de Jung sobre la «teleología» de los síntomas y la psicopatología en general.

nalidad y postura ética del analista están en juego tanto como su técnica profesional. La relación real y la alianza terapéutica se entretejen en la dinámica transferencia/contratransferencia. Un término actual para definirla es «intersubjetividad», y el modelo alquímico utilizado por Jung para el proceso analítico es, de hecho, intersubjetivo[3]. En esta área, las ideas de Jung tienen puntos en común con diversas concepciones de Atwood y Stolorow, Greenson, Kohut, Lomas, Mitchell y Alice Miller.

8) El yo fue desplazado del centro de los proyectos psicoanalíticos teóricos y terapéuticos. El descentramiento del yo postulado por Lacan desenmascara por ilusoria la fantasía de dominio y unificación de la personalidad, y los desarrollos de Kohut sobre un sí-mismo bipolar también trascienden los confines de una supremacía racional y jerárquica del yo. Reconocer que la capacidad de consciencia del yo es limitada y que existen otros tipos de consciencia son nociones ya anticipadas por Jung con su concepto de sí-mismo/totalidad de los procesos psíquicos, de alguna manera mayor que el yo y portador del aparato desiderativo e imaginativo de la humanidad.

9) Una vez depuesto el *yo* queda espacio para lo que puede denominarse *sub-personalidades*. La teoría de los complejos, que Jung llamaba «psiques escindidas» remite precisamente a una concepción de la disociación (Samuels, Shorter y Plaut, 1986, págs. 33-35). La tendencia en Jung a personificar las divisiones internas de la psique se puede comparar con el concepto de Winnicott sobre el self verdadero y falso y con la relativa autonomía que se adjudica a yo, ello y superyó en el análisis transaccional de Eric Berne. Es difícil concebir el trabajo de la Gestalt y las técnicas de visualización y de fantasía dirigida sin tener en cuenta el trabajo de Jung en imaginación activa, referida a una interrupción temporal del control yoico, a la inmersión en lo inconsciente y al cuidadoso registro del material que surge, sea a través de la reflexión o por medio de alguna forma de expresión artística.

---

[3] V. Samuels, 1989, págs. 175-193. Se presenta detalladamente la metáfora alquímica propuesta por Jung para describir el proceso analítico.

Introducción

10) Muchos psicoanalistas contemporáneos quisieran diferenciar un concepto del estilo *salud mental, sanidad, genitalidad* y algo que pudiera denominarse *individuación*. Es decir, existe una distinción entre las pautas de la adaptación, en sí mismas un microcosmos de los valores sociales, y una ética que otorga tanta o más importancia a la variación individual respecto de la norma, que a la adhesión individual a la misma. Si bien los valores culturales de Jung han sido a veces catalogados de elitistas, Jung es el gran teórico de la individuación. Estas cuestiones han sido abordadas por otros escritores psicoanalíticos como Winnicott, Milner y Erikson.

11) Jung era psiquiatra y se interesó siempre por la psicosis. Desde su época inicial en la clínica Burghölzli de Zúrich sostuvo que los fenómenos de la esquizofrenia poseen significados que un terapeuta atento puede desvelar. En este sentido, se anticipa a Laing y sus colegas de la anti-psiquiatría. La postura final de Jung sobre el tema hacia 1958 propone en las psicosis graves la existencia de algún tipo de «toxina» bioquímica, sugiriendo así un elemento genético. Sin embargo, Jung consideraba que a lo sumo esto otorgaría al sujeto una predisposición, dependiendo el resultado final de la interacción entre ésta y el despliegue de la biografía individual. Esta postura se anticipa al actual enfoque psico-bio-social de la esquizofrenia.

12) Freud sitúa el punto de partida de su psicología a los cuatro años de edad; Klein comienza con el nacimiento. Pero muy pocos psicoanalistas han intentado desarrollar una psicología que abarque todo el curso vital, incluyendo los acontecimientos de la mitad de la vida y los propios de la vejez y de la proximidad de la muerte. Jung lo hizo. Autores como Levinson y aquellos otros, como Kübler-Ross y Parkes, que se ocupan de la psicología de la muerte reconocen abiertamente la preclara contribución de Jung.

13) Finalmente, si bien Jung reconocía en los niños la existencia de una personalidad definida desde el nacimiento, su idea de rastrear los problemas de la infancia en el «desarrollo psicológico no vivido de los padres» (OC 10, pág. 25) se anticipa a muchos descubrimientos de la terapia familiar.

Quiero manifestar nuevamente cuál es mi intención al proporcionar este *catalogue raisonnée* del papel pionero de la figura de Jung en la psicoterapia contemporánea. Recordemos que a menudo se le llamó charlatán y que, como pensador, se le juzgaba muy inferior a Freud. Creo que a estas alturas es razonable preguntar: ¿por qué los paralelismos antes mencionados son relativamente ignorados o sencillamente no admitidos en la historia del psicoanálisis, en los estudios sobre el pensamiento psicoanalítico y en el trabajo individual de los autores psicoanalíticos?[4]. Ya es hora de que la profesión —y en especial los profesores de psicología y psicoterapia— reconozca la notable contribución de Jung en todos los campos citados. Uno de los principales objetivos del presente volumen es situar sus ideas en pie de igualdad con el conjunto del psicoanálisis contemporáneo.

Los posjunguianos

Si bien he evitado tanto la psicobiografía como la tentación de subsumir una disciplina emergente en la historia vital de su fundador, es cierto que hasta el momento me he centrado en el trabajo y los escritos del propio Jung. Sin embargo, y tal como mencioné anteriormente, desde la muerte de Jung en 1961 se ha producido en el campo de la psicología analítica una auténtica explosión de actividad profesional creativa. Acuñé el término *posjunguiano* en 1985 (Samuels, 1985). Esto fue principalmente producto de mi propia confusión en un campo que se presentaba absolutamente caótico y totalmente carente de mapas u orientación, a medida que los diversos grupos e individuos se separaban, dividían e incluso subdividían. Yo apuntaba a indicar alguna conexión con Jung y la tradición de pensamiento y práctica que se había desarrollado en torno a su nombre, así como un cierto grado de distancia y diferenciación. Para definir la psicología analítica posjunguiana he adoptado una metodología pluralista en la que el campo se define más por la disputa que por el consenso. El campo se define por los debates y discusiones que amenazan destruirlo, y no por el conjunto nuclear de ideas comunes aceptadas. Un posjunguiano es alguien que puede

---

[4] Esta situación se comprueba en historias «estándar» como la de Gay, 1988.

Introducción

conectarse a, interesarse por, estimularse con y participar de los debates posjunguianos, sea sobre la base del interés clínico, la investigación intelectual o una combinación de ambos.

Durante algunos años, entre 1950 y 1975, era suficiente apuntar que en psicología analítica existía una «escuela de Londres» y una «escuela de Zúrich». Se decía que la orientación de la primera era «clínica» y de la segunda «simbólica». A mediados de los años setenta se produjeron dos acontecimientos que invalidaron la utilización del criterio geográfico y de los términos de supuesta mutua exclusión «clínico» y «simbólico» para definir los campos del análisis junguiano. Al aumentar en todo el mundo el número de profesionales formados en la escuela de Zúrich, ésta se convirtió en el centro del movimiento internacional de analistas. De manera similar, la producción de la escuela de Londres, al principio muy controvertida, comenzó a ser aceptada más allá de sus límites geográficos. Otro elemento que aumentó la complejidad de la situación fue el surgimiento, a principios de la década de los setenta, de un tercer grupo de analistas y escritores que en absoluto aspiraban al nombre de psicólogos analíticos, sino que preferían referirse a su trabajo como «psicología arquetipal».

Existen, por tanto, tres escuelas principales de psicología analítica: clásica, evolutiva y arquetipal. La escuela clásica incluye a lo que solía ser «Zúrich» y la evolutiva abarca a lo que solía ser «Londres».

La escuela clásica procura en su trabajo una concordancia de conjunto con la metodología del propio Jung. Esto no supone que el enfoque haya dejado de evolucionar. Tal como sucede con muchas disciplinas, en el marco de una tradición clásica amplia hay margen para el crecimiento y la evolución.

La escuela evolutiva ha querido vincularse a diversas características del psicoanálisis contemporáneo, tales como la importancia concedida a las experiencias tempranas y el despliegue de la transferencia y la contratransferencia durante la sesión analítica.

La escuela arquetipal tal vez ya no sea estrictamente un grupo clínico. Sus principales autores otorgan valor al concepto fundamental de arquetipo, utilizándolo como base para explorar y atender a las dimensiones profundas de todo tipo de experiencias imaginales, sean oníricas o fantaseadas.

Es posible aprehender estas tres escuelas de forma tal que se respeten sus diferencias manifiestas, atendiendo al mismo tiempo a lo que tienen en común. Una manera de lograrlo es concibiendo un fondo común de conceptos teóricos y prácticas clínicas. Cada una de las tres escuelas se nutre de dicho fondo común, pero privilegiando y subrayando algunos elementos más que otros. La ventaja de este enfoque es que permite abarcar las superposiciones que se producen, conservando las diferencias máximas que existen entre cada una, al dar margen a la variación en la práctica individual (algunos analistas no encajan estrictamente en una sola escuela), y proporciona tanto a los nuevos miembros de la profesión como a estudiantes interesados, y a otros terapeutas que no pretenden ser totalmente junguianos, un acceso relativamente rápido y fácil a los temas candentes de la psicología analítica.

Considero que existen seis apartados que, en conjunto, constituyen el campo de la psicología analítica posjunguiana. Los tres primeros son teóricos: *1)* el arquetipo; *2)* el sí-mismo; *3)* el desarrollo de la personalidad desde la infancia a la vejez.

Los otros tres derivan de la práctica clínica: *1)* análisis de la transferencia y la contratransferencia; *2)* vivencias simbólicas del sí-mismo en el análisis; *3)* elaboración de la imaginería diferenciada tal y como se presenta.

Es conveniente que me detenga en este punto para definir los términos *arquetipo* y *sí-mismo*. De acuerdo con el propio Jung, el arquetipo es un esquema innato y hereditario de comportamiento psicológico, vinculado al instinto. Cuando es activado, el arquetipo se manifiesta a través de la conducta y de la emoción (por ejemplo, un hombre que sueñe frecuentemente con una «madre devoradora» probablemente presente rasgos caracteriales relacionados con un arquetipo tal). El desarrollo teórico de Jung sobre los arquetipos presenta tres etapas. En 1912 se refería a imágenes primigenias, que identificaba tanto en el material inconsciente de sus pacientes como en su propio autoanálisis. Dichas imágenes eran semejantes a motivos culturales presentes en todas partes a lo largo de la historia. Sus características comunes eran la fuerza, la profundidad y la autonomía. La imaginería primigenia proporcionó a Jung el contenido empírico de su teoría sobre lo inconsciente colectivo. Hacia 1917 se refería a puntos nucleares y dominantes de la psique, polos de atracción de energía, por ende con influencia sobre el funcionamiento del individuo. Fue en 1918 cuando por primera vez utilizó el término *arquetipo*, y lo hizo para dejar claro que lo heredado era el contenido y no la estructura fundamental irrepresentable. Existen referencias al arquetipo-como-tal, que debe ser claramente diferenciado de las imágenes, motivos, temas y esquemas arquetípicos. El arquetipo es psicosomático, vinculante de instinto e imagen. Jung no consideraba la psicología y la imaginería como correlatos o reflejos de los impulsos biológicos. Afirmar que las imágenes evocan el objeto de los instintos implica que merecen igual consideración. Toda imaginería participa en alguna medida de lo arquetípico.

En sus escritos Jung utilizó la palabra *sí-mismo* a partir de 1916, con algunos significados diferentes: *1)* la totalidad de la psique; *2)* tendencia de la psique a funcionar de modo ordenado y estructurado, donde se imbrican propósito y orden; *3)* tendencia de la psique a producir imágenes y símbolos de algo «más allá» del yo; dicho papel es desempeñado por imágenes divinas o de personajes heroicos, remitiendo a la necesidad y la posibilidad de crecimiento y evolución; *4)* unidad psicológica de la criatura humana en el momento del nacimiento. Esta unidad se rompe gradualmente a medida que se acumulan las experiencias vitales, pero sirve como modelo o patrón de posteriores vivencias de totalidad e integración. A veces se menciona a la madre como «portadora» del sí-mismo del niño. Esto es similar al proceso que en psicoanálisis se denomina *especularidad*.

Retomando la presentación de las tres escuelas, deseo caracterizarlas con referencia a los apartados ya mencionados, tres teóricos y tres clínicos.

En lo que respecta a la teoría, considero que la escuela clásica establece las opciones por este orden:

a)   *el sí-mismo,*
b)   *el arquetipo,*
c)   *el desarrollo de la personalidad.*

En cuanto a la práctica clínica, las opciones para esta escuela son:
a)   *vivencias simbólicas del sí-mismo,*
b)   *elaboración de la imaginería,*
c)   *análisis de la transferencia y contratransferencia,* (si bien creo que existen algunos analistas de esta escuela que invertirían el orden de los dos últimos términos).

Para la escuela evolutiva, la escala teórica sería la siguiente:
a)   *desarrollo de la personalidad,*
b)   *sí-mismo,*
c)   *arquetipo.*

El orden desde el punto de vista clínico sería:
a) *análisis de la transferencia y contratransferencia,*
b) *vivencias simbólicas del sí-mismo,*
c) *elaboración de la imaginería,* (quizá algunos analistas evolutivos también invertirían el orden de estos dos últimos elementos).

En términos teóricos, para la escuela arquetipal la prioridad sería:
a) *arquetipo,*
b) *sí-mismo,*
c) *desarrollo de la personalidad,* (aunque esta escuela no dedica mucha atención a las dos últimas cuestiones).

En cuanto al contexto clínico, la escuela arquetipal aparentemente favorece:
a) *la elaboración de la imaginería,*
b) *las vivencias simbólicas del sí-mismo,*
c) *análisis de la transferencia y contratransferencia.*

Mi objetivo ha sido evitar un planteamiento de polarización simplista según el cual se alega que la escuela evolutiva se desentiende de la elaboración de la imaginería, o que la escuela clásica no atiende a la transferencia/contratransferencia. Ciertamente, la evolución del análisis difiere según sea conducido por un miembro de una escuela o de otra, pero no hasta el punto de afirmar que se trata de actividades diferentes o no comparables.

Mi propuesta de agrupamiento de los seis apartados específicos surgió del examen detallado de postulados y artículos escritos por posjunguianos que poseen una intención polémica y diferencial. Tales artículos polémicos reflejan con gran claridad cuáles son las líneas de disenso en la comunidad junguiana y posjunguiana, y ya he planteado con anterioridad que esto es frecuente en psicoanálisis y psicología profunda. La bibliografía es polémica y competitiva, y parece estar a la búsqueda desesperada de un rival al que arrancar nuevas ideas[5]. La historia del psicoanálisis, especialmente las nuevas versiones revisionistas que comienzan a surgir, son claro reflejo de esta tendencia.

---

5 V. Samuels (1989), donde se desarrolla una teoría del pluralismo en psicología profunda.

Introducción

Cito a continuación algunos ejemplos de la polémica a que me refiero. El siguiente párrafo pertenece a Gerhard Adler, a quien considero representante de la escuela clásica:

> Nosotros enfatizamos sobre todo la transformación simbólica. Quiero citar lo dicho por Jung en una carta a P.W. Martin (20/8/45): «(...) el objetivo principal de mi trabajo es la aproximación a lo numinoso (...) pues el hecho es que en lo numinoso reside la verdadera terapia»[6].

A continuación incluyo un extracto de la presentación editorial de un conjunto de artículos publicados en Londres por miembros de la escuela evolutiva:

> la aceptación de la transferencia como tal fue el primer gran tema objeto de reflexión clínica (...) Luego, y a medida que la adquisición de destreza y experiencia redujo la ansiedad existente al respecto, fue posible plantear la cuestión de la contratransferencia. Finalmente (...) la transacción en juego ha dado en denominarse adecuadamente transferencia/contratransferencia.
> (Fordham *et al.*, 1974, pág. x)

A su vez, James Hillman, en representación de la escuela arquetipal de la que se le considera fundador, afirma lo siguiente:

> Las imágenes y la fantasía se encuentran en el nivel básico de la realidad. Estas imágenes constituyen la actividad primaria de la consciencia (...) *Las imágenes constituyen la única realidad que aprehendemos directamente.*
> (Hillman, 1975, pág. 174)

En el mismo escrito, Hillman se refiere a «la primacía de las imágenes». ¿Es posible metaforizar las escuelas para verlas así coexistiendo en la mente de un analista posjunguiano? Podríamos utilizar la misma metodología por la cual sopesar y privilegiar surgen de la competición y la negociación. También debemos recordar que actualmente existen más

---

[6] Gerhard Adler, en declaración pública –no editada–, expresada verbalmente con ocasión de una importante ruptura institucional acaecida en el seno de la comunidad junguiana de Londres.

de 2.000 analistas junguianos en 28 países, y probablemente otros 10.000 psicoterapeutas y consejeros de orientación junguiana o muy influidos por la psicología analítica. El debate dura cuarenta años de manera oficial, y tal vez sesenta tácitamente. Muchos de los involucrados ya habrán internalizado el proceso y serán capaces de intervenir como analistas de orientación arquetipal, evolutiva o clásica según sean las necesidades del analizando individual. O puede ser que el analista considere que su orientación es básicamente clásica, si bien con un fuerte componente evolutivo, o cualquier otra combinación posible.

Espero que también los lectores puedan adoptar el modelo de las escuelas como plataforma desde la cual considerar las muchas cuestiones planteadas en el presente volumen. Vuelvo por tanto a la primera de las dos preguntas que formulara al principio: ¿hay un lugar para Jung en el debate académico? Tal como he dicho, en las universidades de muchos países occidentales existe gran interés por los estudios junguianos. La reevaluación histórica del origen de las ideas y prácticas de Jung y la ruptura con Freud ocupan un lugar central en dicho interés. Comienzan a surgir escritos de crítica literaria y artística marcados por la psicología analítica, si bien a menudo basados aún en una aplicación algo mecanicista y anticuada de las teorías junguianas. También se están desarrollando estudios antropológicos, sociales y políticos basados no tanto en las conclusiones de Jung como en su intuición sobre posibles caminos a explorar. La influencia de Jung en los estudios sobre religiones es de larga data.

Como disciplina académica, los estudios psicoanalíticos están más reconocidos que los estudios junguianos, que apenas comienzan a despegar. Ser la segunda generación tiene ciertas ventajas, en cuanto a que es posible —y subrayaría la palabra «posible»— que la psicología analítica logre huir de la rapacidad que en el seno del psicoanálisis ha tendido a separar a los clínicos de los diferentes tipos de académicos.

Para evitar dicha separación, fenómeno poco saludable, en los estudios junguianos resulta necesaria una mejor interacción entre los campos académico y clínico. La lucha por la «apropiación» de la psicología analítica entre grupos opuestos no es deseable ni necesaria. Ambas partes pueden aprender una de otra. En los últimos treinta años la psicología analítica se ha convertido en una disciplina fuerte y pluralista. Es hora de que sea más conscientemente interdisciplinar y reclame de forma activa su lugar en el debate sociocultural de ámbito terciario.

Introducción

REFERENCIAS

Fordham, Michael, et al. (eds.) (1974) *Technique in Jungian Analysis*, Heinemann, Londres.
Freud, Sigmund (1910) «El porvenir de la terapia psicoanalítica», en *Obras Completas*, 9 t., (trad. L. López-Ballesteros), Biblioteca Nueva, Madrid, 1972, t. v.
Gay, Peter (1988) *Freud: Una vida de nuestro tiempo*, (trad. J. Piatigorsky), Paidós, Barcelona, 1989.
Hillman, James (1975) *Loose Ends*, Spring Publications, Dallas.
Hudson, Liam (1983) «Review of Storr» (ed.), 1983, *Sunday Times*, Londres, 13 de marzo de 1983.
Jung, C.G. (1912) *Transformaciones y símbolos de la libido*, (trad. L. Rosenthal), Paidós, Buenos Aires, 1953.
—, (1918) «Sobre lo inconsciente», OC 10,1.
—, (1946) *La psicología de la transferencia*, OC 16,12; (trad. J. Kogan), Paidós, Buenos Aires, 1954.
Laplanche, Jean (1989) *Nuevos fundamentos para el psicoanálisis*, (trad. S. Bleichmar), Amorrortu, Buenos Aires, 1989.
Roazen, Paul (1971) *Freud y sus discípulos*, (trad. C. Manzano), Alianza, Madrid, 1978.
Samuels, Andrew (1985) *Jung and the Post-Jungians*. Routledge & Kegan Paul, Londres/Boston.
—, (1989) *The Plural Psyche: Personality, Morality and the Father*, Routledge, Londres/Nueva York.
—, (1993) *The Political Psyche*, Routledge, Londres/Nueva York.
—, (ed.) (1989) *Psychopathology: Contemporary Jungian Perspectives*, Karnac, Londres; Guildford Press, Nueva York, 1990.
—, Shorter, Bani, y Plaut, Fred (1986) *A Critical Dictionary of Jungian Analysis*, Routledge & Kegan Paul, Londres/Boston.
Storr, Anthony (ed.) (1983) *Jung: Selected Writings*, Fontana, Londres.

I

LAS IDEAS DE JUNG Y SU CONTEXTO

1 CLAIRE DOUGLAS

El contexto histórico de la psicología analítica

La psicología analítica se desarrolló sobre la base del pensamiento científico y la cultura popular propios de la época en que vivió Jung, considerado por muchos (Ellenberger, 1970; Rychlak, 1984; Clarke, 1992) el representante más original, culto y filosófico de la psicología profunda. El estudio de la psicología analítica desde la perspectiva histórica es muy reciente y permite destacar el lugar clave que ocupa Jung en la psicología y la historia del pensamiento. Durante mucho tiempo el único estudio existente en esta línea fue el de Henri Ellenberger (1970); más recientemente J. J. Clarke (1992) y B. Ulanov (1992) señalan el carácter nuclear que posee en las ideas de Jung el discurso filosófico de su tiempo; W. L. Kelley (1991) considera a Jung uno de los cuatro principales estudiosos contemporáneos de lo inconsciente; Moacanin (1986), Aziz (1990), Spiegelman (1985, 1987, 1991) y Clarke (1994) tratan de la relación de Jung con la psicología y el pensamiento religioso de Oriente; en tanto Hoeller (1989), May (1991), Segal (1992) y Charet (1993) investigan el origen gnóstico, alquímico y europeo del misticismo en Jung.

C.G. Jung desarrolló sus teorías en un momento particular de la historia, sintetizando a través de su propia psicología personal una gran variedad de disciplinas. El presente capítulo ofrece una visión rápida de los antecedentes de la psicología analítica tal como se evidencian en la biografía y formación de Jung, prestando especial atención a su deuda con la filosofía y psiquiatría románticas, la psicología profunda y el pensamiento alquímico, religioso y místico.

Jung creía que todas las teorías psicológicas son reflejo de la biografía personal de sus creadores, afirmando que «nuestra visión de las cosas está condicionada por lo que somos» (OC 4, pág. 335). Creció en la Suiza germanohablante del último cuarto del siglo XIX. Si bien en esa época el resto del mundo sufría una gran convulsión, y a lo largo de la vida de Jung (1875-1961) se vio arrasado por guerras civiles y mundiales, Suiza permaneció como federación fuerte, libre, democrática y pacífica, permitiendo la convivencia de una diversidad de lenguas y etnias. Se ha señalado el peso que tuvo su país en la formación del carácter de Jung, especialmente en cuanto a la tradición proveniente de su padre, estricto y ascético habitante protestante de Basilea (van der Post, 1975; Hannah, 1976; Wolff-Windegg, 1976). El hecho de ser ciudadano suizo otorgó a Jung un sentido cotidiano de orden y estabilidad, pero la mentada idiosincrasia nacional, laboriosa, austera y pragmática contrasta con otra faceta del carácter de Jung y con la topografía manifiestamente romántica del país (McPhee, 1984). La geografía suiza es abrupta, con tres amplios valles fluviales separados por montañas que alcanzan los 5.000 metros de altura. Más de una cuarta parte del territorio está cubierta de agua en forma de glaciares, ríos, lagos e innumerables cascadas; cuando Jung era un niño, el 70% de la superficie restante estaba ocupada por bosques y explotaciones forestales.

La psicología analítica, tanto como el carácter de Jung, reúne o constituye una confederación análoga a la formada por el burgués carácter suizo y su romántica campiña. Existe un lado racional y cultivado (Jung en su biografía de 1961 la llama personalidad Número Uno)[1] que traza los caminos de la psicología analítica en detalle y presenta una propuesta terapéutica con fundamento empírico. La segunda influencia se asemeja al entorno natural de Suiza, con su interés por las cumbres y las profundidades de la psique (comparable a lo que Jung llamaba su personalidad Número Dos). Esta segunda parte se encuentra a gusto con lo inconsciente, lo misterioso y lo oculto, sea en la ciencia hermética y la religión, en lo esotérico o en las fantasías y los sueños. La combinación de ambos aspectos en el propio Jung le ayudó a explorar lo inconsciente y a crear una psicología visionaria, al tiempo que continuaba científicamente enraizado en la estabilidad nacional. La psicología analítica lucha aún por mantener la tensión entre estos opuestos en el seno de las dife-

---

[1] *Erinnerungen, Träume, Gedanken* es el título en alemán de las memorias de Jung «registradas y editadas por Aniela Jaffé» (1961, traducida como *Recuerdos, sueños, pensamientos*, 1964). Considerada en un principio la «autobiografía» de Jung, hoy se sabe que el texto publicado fue cuidadosamente revisado primero por Jung y luego por Jaffé.

rentes escuelas, orientaciones e incluso escisiones, inclinándose primero hacia un lado y luego hacia el otro (v. Samuels, 1985).

La familia de Jung era próspera y culta. Si bien su padre era un sacerdote rural relativamente humilde, su abuelo paterno, médico en Basilea, fue un renombrado poeta, filósofo y estudioso de los clásicos, mientras que la madre de Jung provenía de una familia de Basilea de notables teólogos. Jung fue educado en una profundidad y amplitud actualmente poco frecuentes. Su formación, dentro de la tradición teológica protestante, incluía literatura griega y latina clásica, así como historia y filosofía europeas.

Los profesores universitarios de Jung poseían una creencia casi religiosa en las posibilidades de la ciencia positivista y gran fe en el método científico. El positivismo, como heredero de la Ilustración, era una filosofía profundamente congruente con el carácter suizo; se centraba en el poder de la razón, la ciencia experimental y el estudio de las leyes generales y los hechos concretos. Otorgaba a la historia una orientación lineal, progresista y optimista, enlazada con la clásica concepción aristotélica de la ciencia que fuera adoptada por Wilhelm Wundt, el padre alemán del método científico. El positivismo se difundió rápidamente en el pensamiento contemporáneo, siguiendo caminos tan divergentes como la teoría de la evolución de Darwin, su aplicación al comportamiento humano por parte de los psicólogos de la época o la lectura marxista de la economía política (Boring, 1950).

El positivismo proporcionó a Jung una valiosa formación en la ciencia empírica. Los antecedentes médico-psiquiátricos de Jung se reflejan con toda claridad en su investigación empírica, sus cuidadosas observaciones y casos clínicos, su habilidad para el diagnóstico y su formulación de *tests* proyectivos. Mucho más afín a Jung y a muchos de sus compañeros de estudios era la filosofía romántica, que aludía a la geografía suiza y ofrecía una visión dramática y múltiple del mundo. En lugar de centrarse en objetivos particulares, el Romanticismo se orientó a lo irracional, a lo interno, a la realidad individual y al estudio de lo desconocido y lo enigmático, tanto en el mito como en antiguos dominios, pueblos y países exóticos, religiones herméticas o estados mentales alterados (Ellenberger, 1970; Gay, 1986). La filosofía romántica se abstuvo de lo lineal en favor de la circunvalación, la contemplación de un objeto desde muchos ángulos y perspectivas diferentes. El Romanticismo prefería las ideas platónicas a las categorías aristotélicas, privilegiando las formas ideales invariantes que subyacen al mundo racional más que el acontecer del mundo o la acumulación de datos.

Históricamente es posible rastrear los orígenes del Romanticismo a partir de filósofos presocráticos como Pitágoras, Heráclito y Parménides, pasando por Platón hasta llegar al Romanticismo de principios del siglo XIX y su resurgimiento a finales del mismo. Platón proponía la existencia de algunos modelos primigenios (que con posterioridad Jung llamaría arquetipos) de los que los seres humanos constituyen sombras más o menos defectuosas; estos modelos incluirían un ser humano original, completo y bisexual. Durante la juventud de Jung este ideal de completud originaria fue reflejado por la creencia romántica en la unidad de la Naturaleza. Sin embargo, los románticos eran al mismo tiempo nítidamente conscientes de su separación de la Naturaleza y añoraban dicho ideal. De esta manera, el Romanticismo fue portavoz de un anhelo trascendental por los paraísos perdidos, lo inconsciente, lo profundo, la afectividad y lo simple, todo lo cual a su vez dio lugar al estudio del mundo natural en lo externo y del alma en lo interno.

Con el auge del Romanticismo, los hombres comenzaron no solo a explorar en sí mismos, y en continentes desconocidos, sino también a revalorizar y modificar su mirada de lo concebido como opuesto —la mujer— a la que se consideraba depositaria de lo inconsciente, lo irracional, la profundidad y las emociones no permitidas a la racional identidad «masculina». Alegando la objetividad de la ciencia positivista hubo quienes desarrollaron teorías que en realidad se basaban en un romanticismo erótico. En la imaginación de científicos y novelistas, la mujer representaba al «otro» misterioso y fascinante, una feminidad de frágil vulnerabilidad romántica que los hombres no podían admitir en sí mismos; simultáneamente se consideraba a la mujer depositaria de un misterioso poder psíquico, con frecuencia reducido a lo negativo y lo erótico. El aumento real del poder de la mujer y de la lucha por la emancipación durante la segunda mitad del siglo XIX avivó la ambivalencia y la ansiedad masculinas. Las mujeres, tanto en Europa como en los Estados Unidos de Norteamérica, iniciaban su lucha por el derecho a la educación y la independencia (hasta 1890 no hubo mujeres estudiantes en las universidades suizas). En su condición de estudiante de medicina y de filosofía, Jung vivió los efectos de esta peculiar forma de imaginería romántica y sus ilusorios productos en torno a la mujer. Al igual que los románticos, Jung continuó sintiendo una profunda atracción —ambivalente— por lo femenino. Reconocía la existencia de su propio lado femenino e intentaba profundizar en él, estudiando a las mujeres de su entorno desde la confusa óptica del Romanticismo, y formulando consecuentemente sus ideas sobre el tema (Ehrenreich y English, 1979; Gilbert y Gubar, 1980; Gay, 1984, 1986; Douglas, 1990, 1993).

La ciencia romántica generó interés por la psicopatología humana y lo paranormal. Dio también origen a la investigación de muchas otras áreas desconocidas y contribuyó a crear nuevas profesiones tales como la arqueología, la antropología y la lingüística, tanto como el estudio transcultural de mitos, sagas y cuentos de hadas. Todo lo anterior era abordado desde una perspectiva predominantemente masculina, aria y generalmente protestante, es decir, la misma ambivalencia y fascinación romántica con que se percibía a la mujer. Esto era normal para la cultura y la época en la que se desarrolló la psicología analítica, pero hoy es motivo de revisión.

Jung contempló la posibilidad de dedicarse a la arqueología, como egiptólogo, y a la zoología, pero se decidió por la medicina como alternativa más apropiada frente a la necesidad de mantener a su madre, que acababa de enviudar, y a su hermana menor (Bennet, 1962). La lectura del estudio de Krafft-Ebing sobre psicopatología y sus inquietantes casos clínicos llevaron a Jung a especializarse en psiquiatría (Jung, 1961). La psiquiatría era una plataforma desde la que aproximarse a sus diferentes e interrelacionadas áreas de interés, así como un terreno apto para la síntesis creativa. Las diversas variantes de positivismo y Romanticismo se enfrentaron en la educación y formación de Jung, pero también llevaron a una síntesis dialéctica gracias a la cual Jung podía recurrir a los más avanzados métodos de razonamiento y exactitud científica para establecer la existencia de lo irracional. Los científicos de la época se permitían explorar lo irracional fuera de sí mismos, protegidos por su propia racionalidad y objetividad científica. El genio romántico de Jung y su personalidad Número Dos le permitieron comprender que los seres humanos, él mismo incluido, podían ser simultáneamente «occidentales, modernos, seculares, civilizados y cuerdos, pero también primitivos, arcaicos, míticos y locos» (Roscher y Hillman, 1972, pág. IX).

Mientras Jung formulaba sus propias teorías, la conjunción de la corriente metodológica positivista con la búsqueda romántica de nuevos mundos dio lugar a un extraordinario florecimiento de la ciencia y el arte alemanes, comparables a la Edad de Oro de la filosofía griega

(Dry, 1961). Alemania se convirtió en el epicentro de la erupción de nuevas ideas que alimentaban la búsqueda de los orígenes de la humanidad a través de la arqueología y la antropología; estos descubrimientos eran acompañados de la colección y reinterpretación de cuentos folclóricos y épicos alemanes por parte de figuras tales como Wagner y los hermanos Grimm. Hacia finales del siglo XIX, los elementos mitopoéticos, eróticos y dramáticos del Romanticismo se convirtieron en temas de la literatura popular y ayudaron a difundir la fascinación del Romanticismo por lo irracional y los estados mentales alterados. Otros trabajos más perdurables también inspirados por el Romanticismo incluyen los escritos de Hugo, Balzac, Dickens, Poe, Dostoievsky, Maupassant, Nietzsche, Wilde, R.L. Stevenson, Daphne du Maurier y Proust. Como estudiante suizo Jung dominaba el alemán, el francés y el inglés, con lo cual tenía acceso a esos autores tanto como a los propios escritores de la literatura popular de su país.

El final del siglo XIX y el comienzo del XX trajeron consigo una era de creatividad sin precedentes. El entusiasmo del propio Jung era reflejo del fermento que se agitaba en la filosofía y la ciencia objetos de su estudio, en los nuevos textos psicológicos que hallaba, en las novelas que leía, en el discurso de sus amigos y en descubrirse a sí mismo como uno de los líderes de la síntesis entre empirismo y Romanticismo. Su brillo y erudición deben ser valorados por su papel crucial en la creación de la psicología analítica. Gran parte de lo que entonces era estimulante y novedoso ha pasado a integrar el canon junguiano. Tal vez donde mejor subsiste el virtuosismo pionero de Jung es en la serie de seminarios que dio entre 1925 y 1939, cuando deleitaba a sus oyentes con noticias sobre los nuevos mundos de la psique que estaba descubriendo y comenzando a describir, los tesoros psicológicos que desvelaba y los sorprendentes paralelismos transculturales presentes por doquier (Douglas, de próxima publicación).

En dichos seminarios, y a lo largo de los dieciocho volúmenes de su *Obra Completa,* Jung despliega un gozoso *juego* de romántica exhuberancia con las ideas. Su creatividad lúdica y vigorosa es parte esencial de la psicología analítica y exige respuestas igualmente vívidas e imaginativas. Jung nunca quiso que la psicología analítica se convirtiera en dogma. Advirtió que sus ideas eran como mucho tentativas y reflejo de la época en que vivió: «todo lo que sucede en un momento determinado posee inevitablemente la cualidad propia de la época» (OC 11, pág. 592). El lector contemporáneo, que no ha recibido una educación tan amplia, es incapaz de apreciar en su justa medida el talento experimental de Jung, parte esencial de su carácter y muy a tono con el espíritu de la época. Como un auténtico explorador, Jung comprendía los límites de sus conocimientos, afirmando que, en cuanto innovador, sufría las desventajas comunes a todo pionero:

> tropezamos en regiones desconocidas; somos desviados por analogías, perdiendo siempre el hilo de Ariadna; somos desbordados por nuevas impresiones y nuevas posibilidades; y la peor desventaja de todas es que el pionero sólo sabe a posteriori lo que debería haber sabido antes.
>
> (OC 18, pág. 521)

Rastrear las principales fuentes específicas de la psicología analítica en el extenso conjunto del saber de Jung es una tarea complicada, pues exige poseer conocimientos de filosofía, psicología, historia, arte y religión. Se incluye a continuación una breve sinopsis de aquellas ideas de los filósofos románticos que desempeñaron un papel crucial en la formación de las teorías de Jung (para estudios exhaustivos sobre las fuentes, v. Henri Ellenberger, 1970; B. Ulanov, 1992, y Clarke, 1992).

Las teorías de Kant, Goethe, Schiller, Hegel y Nietzsche tuvieron especial influencia en la formación del modelo teórico de Jung, a través de la lógica dialéctica y el juego de opuestos. Jung creía que la vida se organizaba por medio de polaridades fundamentales porque «la vida, al ser un proceso energético, necesita de los opuestos, ya que, como se sabe, sin ellos no existe energía» (OC 11, pág. 197). También entendía que toda polaridad contiene la simiente de su opuesto o se encuentra en relación íntima con él. Para Jung ambos opuestos —tesis y antítesis hegelianas— constituyen puntos de vista válidos, al igual que la síntesis a la que conducen.

Mucho se ha debatido acerca de la deuda de Jung con Immanuel Kant (1724-1804) y con Georg Wilhelm Hegel (1770-1831). Jung se consideraba kantiano y afirmaba que «mi mayor aventura intelectual ha sido el estudio de Kant y Schopenhauer» (OC 18, pág. 213). De forma sorprendente negaba reconocimiento alguno a Hegel. Sin embargo, Jung recurrió mucho a la dialéctica hegeliana, y a menudo escribió sobre la evolución del desarrollo histórico y psíquico mediante un juego de opuestos en el cual la tesis se enfrenta a la antítesis generando una síntesis, es decir, un nuevo tercer elemento. Este concepto sobre el nuevo tercer elemento se extendió a la formulación de Jung sobre el papel de la «función transcendente» en la individuación[2]. Jung también estaba unido a Hegel por su compartida creencia en la presencia de lo sagrado en el individuo y en la existencia del mal.

A menudo Jung se refirió a Immanuel Kant como un precursor. Además del interés de Kant por la parapsicología, que fue a su vez estímulo del mismo interés en Jung, éste otorgaba a Kant el mérito por el desarrollo de gran parte de su teoría de los arquetipos. Esto es así porque Kant, como platónico, consideraba que nuestra percepción del mundo se ajusta a las formas ideales de Platón. Kant argumentaba que la realidad solo existe en nuestras «apercepciones», por medio de las cuales los objetos se estructuran según formas básicas. La vía al conocimiento objetivo se produce por tanto a través de las categorías kantianas (Jarrett, 1981). El otro aspecto del debate sobre el kantismo de Jung es que ambos alientan objetivos opuestos. Esto es así porque las cosas-en-sí de Kant, sus categorías innatas, surgen a partir de datos sensoriales que son luego totalmente estructurados por la inteligencia humana, concluyendo Kant que nada en la mente es real *per se*; Jung, por el contrario, parte de los arquetipos y la imaginación y cree en su objetividad, así como en la realidad psíquica (de Voogd, 1977 y 1984). Una forma de superar este *impasse* es considerando a Jung neo-kantiano, ya que amplía el pensamiento de Kant al agregarle el sentido de la realidad de la historia y la cultura (Clarke, 1992). Los arquetipos, por ejemplo, son formas ideales que nunca pueden ser conocidas en su totalidad, pero pueden ser revestidas de formas que resultan visibles y contemporáneas. Jung creía que «la verdad eterna necesita un lenguaje humano que cambie con el espíritu de la época (...) solo con formas nuevas puede ser nuevamente comprendido» (OC 16, pág. 196).

---

[2] Jung observaba que en la práctica terapéutica surge a menudo el problema de la incapacidad de sostener puntos de vista conflictivos. «función transcendente» es el término que utilizó para describir el «factor» responsable del (a veces repentino) cambio de actitud que se produce cuando *resulta posible sostener* los opuestos en equilibrio, dando lugar a una percepción nueva y más integrada de las cosas. La individuación se refiere al proceso por el cual el individuo llega a ser todo lo que la persona específica es capaz de ser con responsabilidad.

Jung tenía mucho más en común con Johann Wolfgang von Goethe (1749-1832) que con Kant: sentía una especial afinidad con las ideas de Goethe, a quien consideraba predecesor (e incluso posiblemente antepasado). Además de compartir una visión polar del mundo, Goethe reflexionó sobre la cuestión del mal mediante imágenes y símbolos. Al igual que Jung, se interesó por la posibilidad de la metamorfosis del sí-mismo y por la relación del sí-mismo (masculino) con lo femenino. Jung solía hacer referencia a la obra maestra de Goethe, *Fausto*, donde se describe la lucha de Fausto con el mal y su esfuerzo por sostener la tensión de los opuestos en uno mismo.

Las ideas de Jung sobre lo inconsciente colectivo, sus arquetipos, y en especial la sicigia ánima-ánimus, se inspiraron parcialmente en la apasionada filosofía de la naturaleza de F.W. von Schelling (1775-1854), con su concepto del alma del mundo que unifica espíritu y Naturaleza y su idea de la polaridad de los atributos masculino y femenino y la bisexualidad fundamental del ser humano. Al igual que otros filósofos románticos, von Schelling subrayó el papel del interjuego dinámico de opuestos en la evolución de la consciencia.

Jung valoraba a muchos de estos filósofos, aunque resaltando a Carl Gustav Carus (1789-1869) y a Arthur Schopenhauer (1788-1860) como precursores especialmente relevantes (Jung, 1965). Carus describió en lo inconsciente la presencia de una función creativa, autónoma y sanadora. Concebía la vida psíquica como un proceso dinámico en que la consciencia y lo inconsciente se autocompensan mutuamente y donde los sueños desempeñan un papel restaurador del equilibrio psíquico. Asimismo, Carus bosquejó un modelo tripartito de lo inconsciente —absoluto general, absoluto parcial y relativo— que prefigura los conceptos de Jung sobre lo inconsciente arquetípico, colectivo y personal.

Schopenhauer fue el ídolo de la época estudiantil de Jung; su *angst* pesimista reververaba en el propio romanticismo de Jung (Jung, 1961 y OC, A). Dicho *angst* romántico hizo que ambos se centraran en el aspecto irracional de la psicología humana, así como en el papel desempeñado por la voluntad, la represión y la persistencia del salvaje poder de los instintos en un mundo civilizado. Schopenhauer rechazaba el dualismo cartesiano a favor de una visión romántica unificadora del mundo, si bien se refería a esta unidad como vivenciada a través de una de dos polaridades: la *voluntad*, ciega, o la *idea*. Siguiendo a Kant, Schopenhauer creía en la realidad absoluta del mal. Subrayó la importancia de lo imaginativo, lo onírico y lo inconsciente en general. Schopenhauer sintetizó, esclareciéndola, la visión neoplatónica de los filósofos románticos sobre los modelos básicos primigenios, inspiradores de la teoría de los arquetipos de Jung. Los desarrollos de Schopenhauer sobre las cuatro funciones, con la polaridad pensamiento/sentimiento y la revalorización de la introversión, influyeron en la teoría tipológica de Jung, tal como había sucedido antes para ambos con el predecesor común, Friedrich Schiller (1759-1805) y su extensa tipología de los poetas y sus obras (OC 6). Tanto Schopenhauer como Jung estaban muy comprometidos con cuestiones éticas y morales; ambos estudiaron filosofía oriental; ambos creían que la individuación era posible y necesaria.

Jacob Bachofen (1815-1887), conciudadano de Jung, fue un conocido historiador y académico interesado en los mitos y el significado de los símbolos, de los que subrayó su gran importancia religiosa y filosófica. En su monumental obra *Das Mutterrecht* (1861; traducida como *El matriarcado*), Bachofen postula que la historia de la humanidad evolucionó desde un periodo hetérico indiferenciado y polimorfo, pasando por una época matriarcal antigua, para llegar a un tiempo de desestabilización, seguido por el patriarcado y la represión de todo recuerdo de eras anteriores. Jung también buscaba pruebas de la existencia de un simbolismo matriarcal, aceptando como mínimo el matriarcado como una etapa en el desarrollo de la consciencia. En su prólogo de *The Origins and History of Consciousness* de Erich Neumann —que seguía de cerca a Bachofen— Jung afirmó que este trabajo vinculaba a la psicología analítica con una sólida base evolutiva (OC 18, págs. 521-522). Las ideas de Jung sobre lo femenino, especialmente en sus trabajos tardíos sobre la alquimia, frecuentemente reflejan el idealismo romántico de Bachofen y Neumann. Ambos conservaron un temprano interés por la historia antigua y lo femenino; ambos creían asimismo que, subyacentes a la extensa variedad de diferencias sociales y culturales, existían ciertos modelos primigenios que se repetían eternamente.

Friedrich Nietzsche (1814-1900) adoptó la idea de Bachofen sobre la primacía del matriarcado, redefiniendo la esencia del matriarcado y del patriarcado según un contrastante dualismo dionisiaco y apolíneo. Jung recurrió tanto a Bachofen como a Nietzsche para modelar su propio sentido de la historia y para elucidar su teoría de los arquetipos. Nietzsche poseía una vívida comprensión de la trágica ambigüedad de la vida y la simultánea presencia del bien y del mal en toda interacción humana. Estas apercepciones también tuvieron una profunda influencia en las ideas de Jung sobre el origen y la evolución de la civilización. Ambos contemplaban el futuro creyendo que la conciencia moral del individuo comenzaba a evolucionar hacia un nuevo punto crítico, más allá del par de opuestos del bien y el mal. Jung se inspiró en el énfasis de Nietzsche sobre la importancia de los sueños y la fantasía, así como en el significado concedido al papel de la creatividad y el juego para un desarrollo sano. Otras ideas de Nietzsche que tuvieron influencia en la psicología analítica fueron su descripción de las formas en que operan psíquicamente la sublimación y la inhibición, su impactante definición del poder ejercido por los instintos sexual y de autodestrucción, así como el valiente examen del lado oscuro de la naturaleza humana, en especial del modo en que la negatividad y el resentimiento ensombrecen el comportamiento. Por encima de todo, impactó a Jung la profunda comprensión que alcanzó Nietzsche de las oscuras sombras y fuerzas irracionales que subyacen a nuestra civilizada humanidad, y su deseo de enfrentarse y luchar contra ellas, que Nietzsche describía como lo dionisiaco y Jung como parte de la sombra personal y colectiva (Jung, 1934-1939; Frey-Rohn, 1974). La descripción de Nietzsche de la sombra, la persona, el superhombre y el viejo sabio fueron adoptadas por Jung como figuras arquetípicas específicas.

Además de la filosofía romántica, la segunda principal influencia en el desarrollo de la psicología analítica proviene de la deuda de Jung con la psiquiatría romántica y sus antecedentes históricos. En el conjunto de ideas individuales más significativas adoptadas por Jung se destacan: de J.C.A. Heinroth (1773-1843) la importancia concedida al papel de la culpa (o el pecado) en el desarrollo de la enfermedad mental y la necesidad de basar el tratamiento en el individuo particular más que en la teoría; de J. Guislain (1793-1856) considerar la ansiedad como causa radical de enfermedad; de K.W. Ideler (1795-1860) y Heinrich Neumann (1814-1884) la certeza de que los impulsos sexuales no satisfechos contribuyen a desarrollos psicopatológicos. Sin embargo, más importante resulta el hecho de situar al analista no solo en el campo neoplatónico y romántico, sino también en la larga tradición de sanadores mentales que trabajan por medio de la influencia mutua de una psique sobre otra (transferencia/contratransferencia). Este elemento ha sido rastreado (Ellenberger, 1979; Kelly, 1991) en una tradición que conduce desde el chamanismo temprano (y contemporáneo), al exorcismo sacerdotal, pasando por la teoría del magnetismo animal de Anton Mesmer (1734-1815), mediante el uso de algún tipo de fluido magnético que conecta a sanador y sanado, hasta la utilización terapéutica de la hipnosis a principios del siglo XIX. Esta tradición se continúa en el siglo pasado con Auguste Liébeault (1823-1904) e Hippolyte Bernheim (1840-1919), con su recurso a la sugestión hipnótica y a la relación médico-paciente en el proceso de la cura.

Liébeault y Bernheim fueron los fundadores del grupo de psiquiatras conocidos como la Escuela de Nancy, en Francia, a cuyos seguidores se debe la difusión del hipnotismo en Alemania, Austria, Rusia, Inglaterra y los Estados Unidos de Norteamérica. Las célebres sesiones de hipnosis conducidas por Jean-Martin Charcot (1835-1893) en la Salpêtrière de París con pacientes indigentes diagnosticadas de histéricas fue un eslabón más de la cadena; dichas sesiones también demostraron con cuánta facilidad podía la hipnosis perder su carácter científico debido a la manipulación, los sesgos personales del experimentador y la apetencia morbosa por los espectáculos bien ensayados (Ellenberger, 1970).

Como estudiante de medicina, Freud asistió a un curso con Charcot, mientras Jung lo hizo con Pierre Janet (1859-1947). Janet evidentemente no era romántico, pero influyó en Jung por su clasificación de las formas básicas de enfermedad mental, su énfasis en el concepto de doble personalidad y las ideas fijas y obsesivas, y por su percepción de la necesidad en los pacientes neuróticos de dejarse ir y hundirse en el subconsciente. También puede considerarse a Janet padre del método catártico de cura de la neurosis, siendo el primero en definir el fenómeno disociativo y los complejos (Ellenberger, 1970; Kelly, 1991). El ejemplo de Janet sirvió de estímulo al natural espíritu de dedicación en Jung y a su valoración de la importancia nuclear que tiene la relación médico-paciente, elementos que Jung destacó en sus escritos sobre psicoterapia y análisis. Janet influyó en Jung como clínico y como psicólogo profundo, aún mucho más que Freud (cuya influencia sobre Jung se discute en el siguiente capítulo).

Gran parte de las lecturas de Jung durante sus años como estudiante universitario en la Facultad de Medicina se referían a casos clínicos de formas diversas de personalidad múltiple, trances, histeria y estados hipnóticos, todos ellos ejemplo de vinculación interpsíquica, y todos parte de la psiquiatría romántica. Jung trasladó este interés a las aulas y a las presentaciones con sus compañeros (OC, A) así como a su disertación sobre los episodios mediúmnicos de su prima (Douglas, 1990). Poco después comenzó a trabajar en la clínica psiquiátrica Burghölzli de Zúrich, entonces famoso centro de investigación en enfermedades mentales. Uno de sus directores, Auguste Forel (1848-1931), había estudiado hipnosis con Bernheim, enseñando el proceso a su sucesor, Eugen Bleuler (1857-1939), que estaba a cargo del hospital cuando Jung se incorporó como jefe de residentes. Jung vivió en Burghölzli entre 1902 y 1909, en estrecha relación cotidiana con sus pacientes mentalmente alterados. Tanto Bleuler como Jung leían entonces a Freud, y fue entonces cuando las investigaciones de Jung atrajeron la atención de Freud por primera vez, dando comienzo a la alianza y enriquecimiento mutuo entre 1907 y 1913.

El libro de Jung que preanuncia la ruptura con Freud *Transformaciones y símbolos de la libido* (OC, B), posteriormente revisado como *Símbolos de transformación* (OC 5), revela la influencia de la obra de Justinus Kerner (1786-1862) y su estudio de una paciente suya, la Vidente de Prevorst, con sus habilidades mitopoéticas (*Die Seherin von Prevorst*, 1829). Inspiración más directa fueron los estudios de Theodore Flournoy (1854-1920) sobre las médiums de Ginebra, en especial de una mujer bajo el seudónimo de Helen Smith; Flournoy describe sus trances en el libro *Des Indes à la planète Mars* (1900) como ejemplos de romances inconscientes. Como introducción a sus propias teorías sobre los arquetipos, los complejos y lo inconsciente, Jung también desarrolló el estudio y amplificación de otra saga imaginaria a partir de los apuntes enviados a Flournoy por una tal Miss Frank Miller. Si bien en un borrador de su autobiografía Jung reconoce explícitamente su deuda con Flournoy, actualmente se está reconsiderando su influencia en el campo de la psicología analítica (Kerr, 1993; Shamdasani, en elaboración).

Fue así como la fascinación de los autores románticos por el estudio de los fenómenos de posesión, trance, personalidad múltiple, videntes y médiums, así como chamanes, exorcistas, magnetizadores y sanadores hipnóticos, contribuyó a dar forma al respeto que se tiene en psicología analítica por la imaginación mitopoética y por las formas de curación que se hunden en lo inconsciente colectivo. Sea que estos sanadores recurriesen a conjuros, substancias psicotrópicas, encantamientos, oraciones, poder magnético o psíquico, cuevas, árboles, bancos o mesas, fuera que curasen a individuos o grupos, todos apelaban a estados alterados de consciencia, generadores de conexión interpsíquica, utilizando las diferentes formas en que sanador y sanado penetran el vasto, omnipresente y sin embargo misterioso mundo colectivo.

El interés científico de Jung por los fenómenos parapsicológicos y lo oculto fue reflejo de aquellas tendencias, y en sus tiempos de estudiante constituía un objeto válido de estudio científico. De hecho gran parte del interés original por la psicología profunda provenía de personas relacionadas con la investigación parapsicológica (Roazen, 1971). Dicha orientación en Jung también era reflejo del interés por lo paranormal que alentó su madre durante toda su vida, y de sus experiencias en este terreno. En su autobiografía, Jung se refiere a sus propios vínculos con este mundo (Jung, 1961); la ciencia posmoderna ha retomado estos estudios, mientras que a nivel académico se reconoce a Jung como uno de los pioneros del estudio serio de los fenómenos psíquicos (E. Taylor, 1980, 1985, 1991, y en elaboración). A través de la familia de su madre, Jung fue integrante de un grupo en Basilea dedicado a sesiones de espiritismo. Una parte importante de las lecturas extra académicas de Jung durante sus años en la universidad versaban sobre lo oculto y lo paranormal. También en su autobiografía se refiere a experiencias vividas cuando niño y a los relatos populares sobre fantasmas que escuchara entonces; como estudiante descubrió el estudio científico de estos fenómenos. Tras encontrar un libro sobre espiritismo durante su primer año universitario Jung continuó leyendo toda la literatura entonces disponible sobre lo oculto (1961, pág. 111). Encontramos referencias, en su autobiografía, de títulos de la bibliografía romántica alemana de la época sobre fenómenos paranormales, además de mencionar específicamente los estudios de Kerner, Swedenborg, Kant y Schopenhauer. En un texto no publicado (que se encuentra ahora en el Archivo Jung de la Biblioteca Countway de Boston), Jung se refiere más extensamente a su deuda con Flournoy y William James.

Jung incorporó su interés por los fenómenos psíquicos a su trabajo académico y a las charlas con sus compañeros de estudios, así como a sus disertaciones (Ellenberger, 1970; Hillman, 1976; Charet, 1993). A través de las presentaciones de Jung, sus casos clínicos, sus seminarios y sus artículos sobre sincronicidad (v. OC 8, págs. 417-531), lo paranormal pasó a formar parte de la psicología analítica, como otra forma de aproximación a lo inconsciente personal y colectivo. Sin embargo, tal apertura a un mundo potencialmente más amplio en una época dominada por la ciencia positivista, a pesar de la formación de Jung y de su empirismo intachable, dio un matiz problemático a la psicología analítica, haciendo que Jung fuese con demasiada frecuencia descalificado por místico y no científico. El interés de Jung por la parapsicología y su conocimiento del tema enriquece la psicología analítica, pero le otorga un cariz sospechoso, exigiendo un grado de atención coherente con el alcance más extenso del actual conocimiento científico.

La madre de Jung le inició no solo en lo oculto, sino también en las religiones orientales. Jung recuerda, en su autobiografía, que en su temprana infancia su madre solía leerle relatos de religiones orientales del *Orbis Pictus*, un libro infantil ricamente ilustrado; Jung sentía especial atracción por los grabados de Brahma, Siva y Visnú (1961, págs. 29-30). Este interés se reavivó cuando Jung, durante sus años universitarios, se dedicó al estudio de los filósofos románticos, a su vez muy atraídos por lo exótico y lo oriental en general. En sus primeros escritos, Jung estudia lo oriental con la óptica de dichos filósofos, en especial las descripciones de Schopenhauer; es solo más tarde, al profundizar en su conocimiento de las fuentes originales, cuando su visión deviene más ajustada y adquiere orientación psicológica (Coward, 1985; May, 1991; Clarke, 1994).

Durante su vida adulta Jung tuvo tres guías que acompañaron su creciente interés por la filosofía y la religión oriental. En primer lugar, Toni Wolff, cuyo interés y conocimientos de Oriente provenían de su padre, reputado sinólogo, y de su trabajo como asistente de Jung, antes de convertirse ella misma en analista. Durante el periodo crítico de la ruptura con Freud, Wolff, gracias a su conocimiento de las filosofías orientales, apoyó a Jung en sus esfuerzos por centrarse. Era tranquilizador descubrir que el turbulento despliegue de su imaginación y sus esfuerzos por controlarla mediante el dibujo y la imaginación activa eran equivalentes a algunas técnicas de meditación y de imaginación religiosa de la filosofía oriental. En su escrito inmediatamente posterior, *Tipos psicológicos* (1921), (OC 6), Jung revela un extenso conocimiento de los principales textos hinduistas y taoístas, incorporando además la comprensión que en ellos se refleja sobre el juego existente entre pares de opuestos. La segunda influencia provino de su amigo Hermann von Keyserling, fundador de la Escuela de Sabiduría de Darmstadt, donde Jung dio conferencias en 1927. Desde entonces y hasta la muerte de Keyserling en 1946, ambos mantuvieron una activa correspondencia, a veces conflictiva, reuniéndose periódicamente para conversar sobre religión y el Oriente. El principal interés de Keyserling se refería a la necesidad de diálogo entre los representantes del pensamiento occidental y oriental y a la renovación espiritual que podía derivarse de una síntesis entre ambos sistemas. La tercera influencia fue la amistad y el intercambio con Richard Wilhelm, un estudioso alemán, misionero en China, que tradujo textos chinos clásicos como el *I Ching* y *El secreto de la Flor de Oro*. Jung escribió la introducción a ambos libros. Dichos prólogos incluyen algunas de las observaciones más agudas de Jung sobre la vinculación entre la psicología analítica y la tradición hermética oriental (Spiegelman, 1985 y 1987; Kerr, 1993; Clarke, 1994).

Jung subraya en sus escritos posteriores las semejanzas existentes entre la filosofía oriental y la psicología analítica, destacando las numerosas formas en que la primera nutre a la segunda. Estudió asimismo los diversos sistemas de yoga hindú, en especial el Vedanta yoga, así como el budismo de los maestros zen japoneses, los taoístas chinos y los tántricos tibetanos. En síntesis, consideraba que la filosofía oriental, al igual que la psicología analítica, legitimaba el concepto de lo inconsciente, ampliando su conocimiento; daba prioridad a la vida interior sobre la exterior y a la completud frente a la perfección; el concepto de integración psíquica era comparable a —y signo de— su idea de la individuación. En suma, se trataba de la búsqueda de una vía que permitiera trascender los opuestos mediante el equilibrio y la armonía, enseñando la autodisciplina y la autorrealización mediante la retirada de las proyecciones a través del yoga, la meditación, la introspección y otros caminos semejantes al proceso analítico profundo (Faber y Saayman, 1984; Moacanin, 1986; Spiegelman, 1988; Clarke, 1994). Jung utilizó su conocimiento de filosofía oriental para situar a la psicología analítica en un contexto comparable con el de las grandes filosofías de Oriente. La psicología analítica valora muchos de los mismos objetivos y los alcanza de formas decididamente occidentales pero asimilables a aquéllas. En 1929 Jung escribió lo siguiente:

> Yo desconocía totalmente la filosofía china, y solo más tarde mi experiencia profesional me demostró que con mi técnica transitaba inconscientemente aquella vía secreta que durante siglos había preocu-

pado a las mentes más brillantes de Oriente (...) su contenido presenta un paralelismo viviente con lo que sucede durante el desarrollo psíquico de mis pacientes.

(OC 13, pág. 11)

Si bien Jung tenía referencias sobre la alquimia desde 1914, cuando Herbert Silberer aplicara la teoría freudiana al estudio de la alquimia del siglo XVII, fue solo después de elaborar su comentario para el texto alquímico chino *El secreto de la Flor de Oro* (1929), cuando Jung se abocó al estudio de la alquimia de la Edad Media europea; comenzó su búsqueda de estos textos escasos, llegando a reunir una colección considerable. En su autobiografía Jung presenta la alquimia como antecedente de su propia psicología:

> Vislumbré muy pronto las curiosas coincidencias existentes entre la psicología analítica y la alquimia. Las experiencias de los alquimistas eran, de algún modo, mis experiencias, y su mundo era mi mundo. Este descubrimiento fue, por supuesto, determinante: había dado con la contraparte histórica de mi psicología de lo inconsciente. La posibilidad de trazar un paralelismo con la alquimia, y la vía intelectual que, hacia el pasado, conducía ininterrumpidamente hasta el gnosticismo, dieron cuerpo a mi psicología. Cuando sopesaba aquellos textos antiguos todo cobraba sentido: las imágenes-fantasía, el material empírico que había reunido en mi práctica clínica y las conclusiones a que había llegado. Empezaba a comprender cuál era el significado de esos contenidos psíquicos desde una perspectiva histórica.
>
> (1961, pág. 213)

El interés de Jung por esos textos alquímicos y por los primeros autores gnósticos continuó aumentando en la última etapa de su vida, a medida que avanzaba en el desarrollo de la psicología analítica, reemplazando a los filósofos románticos que antes le habían inspirado. Jung creía que la alquimia y la psicología analítica pertenecían al mismo campo de investigación académica, interesado desde la Antigüedad en el estudio de los procesos inconscientes. Jung recurrió a las formulaciones simbólicas de los alquimistas como amplificación de sus teorías sobre la proyección y el proceso de individuación. Los alquimistas trabajaban en parejas, y en su experimentación con la materia la transformaban y se transformaban, operando de un modo muy semejante al proceso analítico. El objetivo de la alquimia era lograr el surgimiento de una forma nueva y completa a partir de la antigua, forma que Jung juzgaba análoga a su concepto del sí-mismo (Rollins, 1983; Douglas, 1990).

Jung consideraba que la alquimia era un puente y una vinculación entre la psicología moderna y las tradiciones místicas cristianas y judías que se remontaban al gnosticismo (1961, pág. 208). Investigó los sistemas de creencias de los gnósticos, situando firmemente la psicología analítica en el campo de su tradición «hermética», debido a la similitud de sus constructos. Los gnósticos apreciaban el valor de la interioridad y creían en la experiencia directa de la verdad y la gracia interior, destacando el papel de la responsabilidad del individuo y la necesidad de cambio a nivel individual. La teoría gnóstica descansaba en un dualismo vital claramente expresado en la firme convicción en la existencia de la realidad, del poder y de la lucha entre los opuestos, sean masculino y femenino, bien y mal, consciente e inconsciente; los dos polos se validaban a través del conflicto existente entre ambos. Según Jung, este dualismo llevaba implícita la tendencia a recuperar una unidad platónica perdida. Los gnósticos sostenían que los opuestos pueden unirse mediante un proceso de separación y posterior integración en un nivel superior. Jung recurrió a mitos y términos gnósticos para amplificar aún más sus ideas sobre la psique consciente e inconsciente (Dry, 1961; Hoeller, 1989; Segal, 1992; Clarke, 1992).

Una parte importante de la psicología analítica se apoya firmemente en la ciencia empírica. Sin embargo, el propio Jung situaba históricamente sus teorías no solo dentro de la tradición aristotélica-ilustrada de los científicos racionalistas que han dominado el mundo científico durante gran parte del siglo xx, sino también dentro de una tradición mucho más subversiva y revolucionaria. Se trata de la fructífera y problemática tradición histórica que vincula el chamanismo, lo religioso y la mística con el conocimiento moderno sobre la mente. Esta tradición siempre ha apreciado el valor de lo imaginal, subrayando el carácter permanente de la necesidad de búsqueda y evolución interior. Asimismo valora el vínculo existente entre todos los seres. Esta tradición de responsabilidad y acción individual en beneficio de lo colectivo otorga a la psicología analítica un papel estable en la creación de una ciencia posmoderna de la mente, el cuerpo y el alma.

En última instancia, lo esencial es la vida del individuo. Solo allí se construye historia, solo allí se producen las grandes transformaciones, de modo que el futuro en su conjunto, toda la historia del mundo, surgen en último término como una suma gigantesca de estas fuentes ocultas en los individuos. En nuestras vidas más íntimas y más subjetivas no somos meros testigos pasivos y víctimas de nuestra época, sino también sus hacedores. Nosotros construimos nuestro tiempo.

(Jung, OC 10, pág. 149)

REFERENCIAS

Adler, G. (1945) «C.G. Jung's Contribution to Modern Consciousness», *The British Journal of Medical Psychology* 20/3, págs. 207–220.

Aziz, R. (1990) *C.G. Jung's Psychology of Religion and Synchroniticy*, State University of New York Press, Albany.

Bachofen, J. (1861) *El matriarcado*, (trad. Mª. M. Llinares), Akal, Madrid, 1992.

Bennet, E.A. (1962) *Lo que verdaderamente dijo Jung*, (trad. A. Mª Bravo), Aguilar, Madrid, 1970.

Boring, E.G. (1950) *A History of Experimental Psychology*, Englewood Cliffs, Prentice-Hall, Nueva Jersey.

Charet, F.X. (1993) *Spiritualism and the Foundations of C.G. Jung's Psychology*, State University of New York Press, Albany.

Clarke, J.J. (1992) *In Search of Jung: Historical and Philosophical Enquiries*, Routledge, Nueva York.

—, (1994) *Jung and Eastern Thought: A Dialogue with the Orient*, Routledge, Nueva York.

Coward, H. (1985) *Jung and Eastern Thought*, State University of New York Press, Albany.

Douglas, C. (1990) *The Woman in the Mirror*, Sigo, Boston.

—, (1993) *Translate This Darkness: The Life of Christiana Morgan*, Simon & Schuster, Nueva York.

Douglas, D. (ed.) (1998) *The Visions Seminars: Notes of the Seminar Given 1930-1934, by C.G. Jung*, Princeton University Press, Princeton.

Dry, A.M. (1961) *The Psychology of Jung: A Critical Interpretation*, John Wiley & Sons, Nueva York.
Ehrenreich, B. y English, D. (1981) *For Her Own Good: 150 Years of the Experts' Advice to Women*, Anchor, Garden City, Nueva York.
Ellenberger, H.F. (1970) *El descubrimiento del inconsciente*, (trad. P. L. Ónega), Gredos, Madrid, 1976.
Faber, P.A. y Saayman, G.S. (1984) «On the Relaation of the Doctrines of Yoga to Jung's Psychology», en R. Papadoupoulos y G.S. Ssayman (eds.), *Jung in a Modern Perspective*, Wildwood House, Londres.
Flournoy, T. (1900) *Des Indes à la planète Mars*, Atar, Ginebra.
Frey-Rohn (1969) *De Freud a Jung*, (trad. C. Martín), Fondo de Cultura Económica, México, 1991.
Gay, P. (1984) «Education of the Senses», *The Bourgois Experience: Victoria to Freud*, vol. I, Oxford University Press, Nueva York.
—, (1986) «The Tender Passion», *The Bourgois Experience: Victoria to Freud*, vol. II, Oxford University Press, Nueva York.
Gilbert, S.M. y Gubar, S. (1980) *The Madwoman in the Attic: The Woman Writer and the Nineteenth-Century Literary Imagination*, Yale University Press, New Haven.
Hannah, B. (1976) *Jung. His Life, and His Work: A Biographical Memoir*, Putnam's & Sons, Nueva York.
Hillman, J. (1972) *The Myth of Analysis: Three Essays in Archetypal Psychology*, Harper & Colophon, Nueva York.
—, (1976) «Some Early Background to Jung's Ideas: Notes on C.G. Jung's Medium, by Stefanie Zumstead-Preiswerk», *Spring*, págs. 128-136.
Hoeller, S. (1989) *Jung and the Lost Gospels*, Quest, Wheaton, Illinois.
Jarret, J. (1981) «Schopenhauer and Jung», *Journal of Analytical Psychology*, 26/I, págs. 193-205.
Jung, C.G. (1902) *The Zofingia Lectures*, (OC, A), W. McGuire (ed.), 1983.
—, (1912) *Transformaciones y símbolos de la libido*, (OC, B), (trad. L. Rosenthal), Paidós, Buenos Aires, 1953.
—, (1921) *Tipos psicológicos*, (OC 6), (trad. A. S. Pascual), Edhasa, Barcelona, 1994.
—, (1928-1930) *Dream Analysis: Notes of the Seminar Given 1928-1930*, W. McGuire (ed.), 1984.

—, (1929a) «La contraposición entre Freud y Jung», OC 4,16, en *Problemas psíquicos del mundo actual*, (trad. M.I. Purroy), Monte Ávila, Caracas, 1976.

—, (1929b) Comentario al libro *El secreto de la Flor de Oro*, OC 13, 1, *El secreto de la Flor de Oro*, (trad. R. Pope), Paidós, Barcelona, 1982.

—, (1930-1934) *The Visions Seminars: Notes of the Seminar Given 1930-1934*, C. Douglas (ed.), 1998.

—, (1933) «El significado de la psicología para el presente», OC 10, 7.

—, (1934-1939) *Nietzsche's «Zarathustra»: Notes of the Seminar Given 1934-1939*, J. Jarrett (ed.), 1988.

—, (1940-1948) «Ensayo de interpretación psicológica del dogma de la Trinidad», OC 11, 2, en *Simbología del espíritu*, (trad. M. R. Cabo), Fondo de Cultura Económica, México, 1962.

—, (1946) «La psicología de la transferencia», OC 16, 12; *La psicología de la transferencia*, (trad. J. Kogen), Paidós, Barcelona, 1983.

—, (1950) Prólogo a *I Ching*, OC 11, 16, en *I Ching*, (trad. D.J. Vogelman), Edhasa, Barcelona, 1979.

—, (1952) «Sobre sincronicidad», OC 8, 20, en *La interpretación de la naturaleza y la psique*, (trad. H. Kahnemann), Paidós, Barcelona, 1983.

—, (1952) «Sincronicidad como principio de conexiones acausales», OC 8, 19, *ibíd*.

—, (1954) Prólogo a Neumann: *La historia originaria de la consciencia*, OC 18, 54.

—, (1961) «Acercamiento al inconsciente», OC 18, II, en *El hombre y sus símbolos*, (trad. L. Esclolar), Paidós, Barcelona, 1985.

—, (1961) *Recuerdos, sueños, pensamientos*, (trad. Mª. R. Borrás), Seix Barral, Barcelona, 1964.

—, (1975) «Psychological Comments on Kundalini Yoga», *Spring*, págs. 1-32.

—, (1976) «Psychological Comments on Kundalini Yoga», II, *Spring*, págs. 1-31.

Kelly, W.L. (1991) *Psychology of the Unconscious: Mesmer, Janet, Freud, Jung and Current Issues*, Prometheus Books, Búfalo, Nueva York.

Kerner, J. (1829) *Die Seherin von Prevorst*, (2 vols.), Cotta, Suttgart/Tubinga.

Kerr, J. (1993) *La Historia secreta del psicoanálisis*, (trad. B. Blanch), Crítica, Barcelona, 1995.

W. McGuire (ed.) (1962) *Correspondencia Freud/Jung,* (trad. A. Guera), Taurus, Madrid, 1979.

McPhee, J. (1984) *La place de la Concorde Suisse,* Farr, Straus & Giroux, Nueva York.

May, R.M. (1991) *Cosmic Consciousness Revisited: The Modern Origins of a Western Spiritual Psychology,* John Knox Press, Rockport, Massachusetts.

Moacanin, R. (1986) *Dos caminos hacia el corazón,* (trad. M. Castellá), Luciérnaga, Barcelona, 1994.

Neumann, E. (1954) *The Origins and History of Consciousness* [1950], Princeton University Press, Princeton.

Papadopoulus, R. y Saayman, G.S. (eds.) (1984) *Jung in a Modern Perspective,* Wildwood House, Londres.

Post, L. van der (1975) *Jung y la historia de nuestro tiempo,* (trad. D. Náñez y O. Castillo), Sudamericana, Buenos Aires, 1978.

Roazen, P. (1971) *Freud y sus discípulos,* (trad. C. Manzano), Alianza, Madrid, 1978.

Roscher, W. y Hillman, J. (1972) *Pan and the Nightmare,* Spring Publications, Zúrich.

Rychlack (1984) «Jung as Dialectician and Teleologist», en R. Papadopoulus y G.S. Saayman (eds.), *Jung in a Modern Perspective,* Wildwood House, Londres.

Samuels, A. (1985) *Jung and the Post-Jungians,* Routledge & Kegan Paul, Londres.

Segal, R.A. (ed.) (1992) *The Gnostic Jung,* Princeton University Press, Princeton.

Spiegelman, J.M. (1976) «Psychology and the Occult», *Spring,* págs. 104-122,

—, y M. Miyuki (1985) *Budismo y psicología junguiana,* (trad. J. Apfelbäume), Índigo, Barcelona, 1988.

—, (1987) *Hinduism and Jungian Psychology,* Falcon Press, Scottsdale, Arizona.

—, (1991) *Sufism, Islam and Jungian Psychology,* Falcon Press Scottsdale, Arizona.

Taylor, E. (1980) «William James and Jung», *Spring,* págs. 157-168.

—, (1985) «C.G. Jung and the Boston Psychopathologists, 1902-1912», *Voices: The Art and Science of Psychotherapy* 21, págs. 132–145.

—, (1991) «Jung and his Intellectual Context: The Swedenborgian Connection», *Studia Swedenborgiana* 7, págs. 47-69.
Ulanov, B. (1992) *Jung and the Outside World*, Chiron, Wilmette, Illinois.
Voogd, S. de (1977) «C.G. Jung: Psychologist of the Future, Philosopher of the Past», *Spring*, págs. 175-182.
—, (1984) «Fantasy versus Fiction: Jung's Kantianism Reappraised», en R. Papadopoulus y G.S. Saayman (eds.), *Jung in a Modern Perspective*, Wildwood House, Londres.
Wolff-Windegg, P. (1976) «C.G. Jung: Bachofen, Burkhardt and Basel», *Spring*, págs. 137-147.

2 Douglas A. Davis

Freud, Jung y el psicoanálisis

Se recompensa mal a un maestro si se permanece siempre discípulo.
¿Y por qué no vais a deshojar vosotros mi corona?
Vosotros me veneráis: ¿pero qué ocurrirá si un día vuestra veneración se derrumba?
¡Cuidad de que no os aplaste una estatua!
No os habiais buscado aún a vosotros: entonces me encontrasteis.
Así hacen todos los creyentes: por eso vale tan poco toda fe.
Ahora os ordeno que me perdáis a mí y que os encontréis a vosotros;
y solo cuando todos hayáis renegado de mí, volveré entre vosotros.

(Nietzsche, *Así Habló Zaratustra,* cita hecha por Jung a Freud, 1912)

El psicoanálisis freudiano, como conjunto integrado por una técnica clínica, una estrategia interpretativa y una teoría evolutiva fue articulado pieza a pieza por Sigmund Freud a través de docenas de artículos publicados a lo largo de cuarenta y cinco años. La estructura monumental de los veintitrés volúmenes [de la edición estándar] que constituyen el corpus freudiano ha sido objeto de miles de estudios críticos, y el propio Freud es aún uno de los temas preferidos por los biógrafos. Sin embargo, y a pesar de esta abundante bibliografía, la efectividad de los métodos terapéuticos de Freud y la exactitud de sus teorías siguen siendo motivo de acalorado debate.

El presente capítulo se ocupa del estatus de las teorizaciones de Freud durante el periodo de su colaboración con Carl Jung, y de la mutua influencia que continuó después de su distanciamiento. Los siete años en que Jung fue discípulo de Freud fueron fundamentales para su florecimiento como pensador de importancia mundial (Jung, 1961). En el inicio de su fascinación por Freud en 1906, Jung tenía 31 años de edad y era un psiquiatra inusualmente prometedor, dotado para la investigación psicológica y con plaza en propiedad en uno de los principales centros europeos para el tratamiento de las alteraciones psicóticas (Kerr, 1993). Cuando se produjo la ruptura con Freud, en 1913, Jung ya era conocido internacionalmente por sus originales aportaciones a la psicología clínica y por su vigoroso liderazgo del movimiento psicoanalítico. Era asimismo autor del influyente trabajo *Transformaciones y símbolos de la libido*, que marcaría su independencia respecto de dicho movimiento.

En otro sentido, Jung nunca llegó a superar completamente su relación nuclear con Freud. Sus trabajos posteriores pueden interpretarse como parte de un diálogo continuado, si bien no correspondido, con Freud. Las tensiones presentes en la relación entre Jung y Freud resultan retrospectivamente evidentes desde el inicio; la evolución de su intimidad y de la inevitable antipatía mutua posterior siguió el curso de una tragedia, una reiteración moderna del mito de Edipo, prototipo de la rivalidad padre-hijo.

Freud, por su parte, apreciaba a Jung como a ningún otro miembro del movimiento psicoanalítico, impulsándole muy pronto a asumir el papel de aparente heredero y revelando su carácter frente a Jung de maneras muy impactantes a lo largo de años de intensa amistad. De alguna manera el mismo Freud habría anticipado, e incluso en parte precipitado, las tensiones que acabarían tanto con la amistad como con la colaboración profesional. Dichas tensiones giraban en torno al papel concedido a la sexualidad en la evolución de la personalidad y en la etiología de las neurosis, tema sobre el cual Jung siempre había manifestado reserva, y respecto a lo que Freud, a partir de la defección de Jung, devino cada vez más dogmático.

La historia de la relación entre Jung y Freud resulta fundamental para comprender a Freud y el psicoanálisis. La teoría de los deseos eróticos y agresivos ejemplificada por dicha relación es, desde mi punto de vista, crucial para entender la importancia que cada uno de ellos tuvo para el otro.

Cuando la amistad se inició, en 1907, Freud tenía cincuenta y un años y Jung treinta y uno. A pesar de la diferencia de edad, ambos se encontraban en un momento crucial de sus respectivas vidas. Jung ya poseía el aplomo necesario para actuar a favor de sus objetivos y estaba preparado para dar a su genio una expresión distintiva. Freud se encontraba en el proceso de consolidación de las concepciones desarrolladas en la década precedente y estaba ansioso por promover (pero no dirigir personalmente) un movimiento internacional. La relación le permitió a Freud librar al psicoanálisis de sus conflictivos y frustrantes colegas de Viena, vinculándose al prestigio internacional de la Clínica Psiquiátrica Burghölzli (a través de Bleuler) y a la psicología experimental (a través de los estudios de Jung sobre la asociación de palabras), a la vez que le daba la oportunidad de transmitir sus ideas sobre la psicodinámica de la cultura y de la religión a un interlocutor excepcionalmente dotado (Gay, 1988; Jones, 1953; Kerr, 1993). Por su parte, la relación con Freud permitió que Jung ampliara su perspectiva sobre la etiología y el tratamiento tanto de las neurosis como de las psicosis, al tiempo que le brindaba la oportunidad de desempeñar un importante papel político en el movimiento psicoanalítico internacional.

La tendencia de Freud a interpretar en términos psicoanalíticos los actos de sus colegas (o la ausencia de los mismos), ya estaba muy arraigada cuando Jung le conoció en el año de su quincuagésimo aniversario. Freud actuó elementos conflictivos de su propio carácter en las sucesivas relaciones con Fliess, Ferenczi y Jung, lo que se hace evidente dadas la exagerada valoración de cada uno de estos nuevos seguidores, la excesiva dedicación prestada a su mutua correspondencia, una hipersensibilidad al rechazo y, por último, el amargo enojo experimentado frente a lo vivido como falta de lealtad. La década de amistad íntima con Fliess en los 90 revela plenamente tanto la profundidad de las necesidades neuróticas experimentadas por Freud en las relaciones de amistad como la belleza de su creatividad intelectual, patente en el permanente esfuerzo por definirse a sí mismo (Masson, 1985). Es sin embargo en su relación con Jung donde las ambivalencias de Freud se reflejan de forma más plena y explícita en cuanto a su teoría y práctica psicoanalíticas. Freud escribió para Fliess en los años de su «auto-creación», y para Jung cuando su teoría ya madura comenzaba a sistematizarse. Después de su relación con Jung no se produjo en Freud otra fusión equivalente de magnanimidad profesional y dedicación personal, consolidándose el núcleo de la teoría psicoanalítica en torno a una ortodoxia libidinal referida al papel de la sexualidad en la evolución de la personalidad, la etiología de la neurosis y la cultura.

Freud desarrolló la teoría de la transferencia, aquellos modos de evocación que todos llevamos dentro como patrón de las futuras relaciones interpersonales, marcas de los vínculos emocionalmente más significativos de nuestra infancia. Él mismo generó un profundo duelo transferencial en el que se vieron inmersos la mayor parte de sus colegas asociados. En efecto, la historia del psicoanálisis, como especialidad clínica y como campo de estudio, pone en evidencia el dominio transferencial que Freud continúa ejerciendo sobre cada uno de nosotros. En las terapias de orientación freudiana la seducción era metáfora de la transferencia paciente-médico; el paciente se enamora del analista, cuyas conductas son asimiladas a las metáforas eróticas y agresivas de la transferencia. En este contexto, la comprensión de la transferencia se convierte en clave de la cura.

A la luz de su correspondencia personal y de estudios recientes sobre puntos coincidentes en sus circunstancias familiares y clínicas, resulta evidente que el acercamiento entre Freud y Jung se debió en parte a necesidades personales no satisfechas; en Freud, relativas a una figura masculina íntima con quien realizar su deseo de un *alter ego*; y en Jung, a una figura paterna idealizable sobre la cual dirigir su potente y ambiciosa energía. Estas necesidades personales resultaron con el tiempo fatales para la relación a medida que Jung cobró mayor autonomía y una clara voz propia, crecimiento que Freud interpretó a su vez como hostilidad edípica. Tras su ruptura, cada uno de ellos se refirió al otro como cautivo de necesidades neuróticas no analizadas.

En los inicios de su amistad, Freud era ya muy conocido en la comunidad psiquiátrica y psicológica como autor de un curioso libro sobre sueños y una controvertida teoría sobre el papel de la sexualidad en las neurosis. Sus últimos trabajos, *Tres ensayos para una teoría sexual* (1905a) y *Análisis fragmentario de una histeria* (1905b), eran clara expresión y ejemplo detallado de sus teorías sobre el papel nuclear de la erotización en el desarrollo infantil y del metalenguaje sexual de la neurosis. En *Una teoría sexual* Freud afirmaba que aquello que el «perverso» actúa compulsivamente, llevando al neurótico a enfermar en su lucha defensiva, no es más que lo que toda criatura humana desea y actúa (dentro de sus capacidades infantiles).

En el prólogo a su artículo «Sobre la psicología de la *dementia praecox*: un ensayo» (julio de 1906), escrito inmediatamente después de iniciar su correspondencia con Freud, Jung señala con preclara valoración aquellos puntos de tensión que finalmente provocarían la ruptura entre ambos:

> Puedo asegurar al lector que en un principio compartía evidentemente todas las objeciones que suelen aparecer en la literarura contra Freud (...) A pesar de lo que puedan temer muchos, ser justo con Freud no implica una sumisión descalificada a un dogma; es perfectamente posible conservar un punto de vista personal. Por ejemplo, si bien reconozco los complejos mecanismos que operan en los sueños y en la histeria, ello no significa que atribuya al trauma sexual infantil la importancia que le concede Freud. Menos aún implica que sitúe a la sexualidad en un lugar tan preponderante, o que le atribuya la universalidad psicológica que aparentemente le otorga Freud, a juzgar por el papel trascendente que, según postula, desempeña en la psique. En cuanto a la terapia de Freud, en el mejor de los casos es uno de los muchos métodos posibles, y tal vez no siempre ofrezca en la práctica lo que se espera a partir de la teoría.
>
> (OC 3, págs. 3-4; Kerr, págs. 118-119)

En diferentes momentos de su correspondencia con Jung (una década después de los cruciales acontecimientos de 1897), Freud revela el proceso que siguió la conceptualización de sus ideas. El 2 de septiembre de 1907 manifiesta su deseo de comunicar a Jung «los largos años de soledad, digna pero dolorosa, que dieron comienzo tras mi primera mirada a este mundo nuevo; la indiferencia e incomprensión de mis amigos más cercanos; los terribles momentos en que yo mismo creía haberme perdido y me preguntaba de qué forma podía, si acaso, ser aún útil a mi familia» (McGuire, 1974, pág. 120). En este extracto, que rememora su autoanálisis de una década antes y la finalización de su texto sobre los sueños, el imaginario de Freud sugiere un nacimiento y un viaje de descubrimiento.

Luego, el 19 de septiembre, Freud envía a Jung un retrato suyo y una copia de la medalla conmemorativa de su 50° aniversario. Al responder, el 10 de octubre, Jung manifiesta su satisfacción, al tiempo que muestra su fastidio con alguien que ha publicado un artículo atacando el psicoanálisis. Describe al crítico como «superhistérico, saturado de complejos de pies a cabeza», comparando el psicoanálisis con una moneda: quien había escrito desfavorablemente era el «anverso», mientras que él, por el contrario, se encuentra a gusto en el «reverso». Se trata de una metáfora curiosa, donde se sugiere que el psicoanálisis es una actividad privada, incluso secreta. El propio Freud, al describir a sus detractores, comete un acto fallido aún más revelador:

> Sabemos que son pobres diablos, que por un lado temen ofender, porque esto podría perjudicar sus carreras, pero por otro lado estoy [*sic*] paralizado por el temor ante su propio material reprimido.
>
> (McGuire, pág. 125)

Antes de enviar la carta corrigió el lapsus «estoy» (*bin*) por «están» (*sind*), pero es evidente que ambos, a su manera, tendían a proyectar su «material reprimido» personal en la figura de sus detractores.

Aparentemente, Freud respondió de inmediato a la pasión intelectual de Jung, a su originalidad y su brillantez, cualidades que echaba en falta en sus discípulos de Viena. Jung ofrecía una lectura incisiva de los trabajos de Freud, y sabía dosificar los elogios, como se puede apreciar en una carta que siguió a la presentación —de cuatro horas de duración— que llevó a cabo Freud del caso del «Hombre de las Ratas» durante el Primer Congreso Internacional de Psicoanálisis, celebrado en Salzburgo en 1908:

> En cuanto a mis sentimientos, me encuentro aún bajo el efecto de su impactante conferencia, que me pareció sencillamente perfecta. Todo lo demás fue superfluo, cotorreo estéril en la oscuridad de lo vacuo.
>
> (McGuire, 1974, pág. 186)

Freud y Edipo

Freud desarrolló la mayor parte de los conceptos fundamentales de su nueva psicología durante los años finales de la última década del siglo pasado, según se refleja en su correspondencia con Wilhelm Fliess, el médico de Berlín que fuera su amigo más próximo en la adultez, confidente de sus esfuerzos por comprender las neurosis, los sueños, los recuerdos traumáticos y el desarrollo de la personalidad (Masson, 1985). A lo largo de los años, Freud fue transformando su teorización sobre las fuentes y la dinámica de la ansiedad neurótica desde la óptica neurofisiológica, referida a la predisposición y los factores desencadenantes, hasta la investigación e interpretación de las fantasías y la psicodinámica individual. Su propio autoanálisis, que siguió a la muerte de su padre a finales de 1896, le condujo a un creciente interés por la interpretación de los sueños y a un compromiso transferencial con los pacientes cada vez más fructífero

(Anzieu, 1959; Davis, 1990; Salyard, 1994). Durante esta época, el principal cambio experimentado por el pensamiento freudiano a nivel teórico es el alejamiento del modelo causal en el estudio de los efectos del trauma infantil en la formación de la personalidad adulta y la neurosis —la así llamada «teoría de la seducción»— y un avance en el camino del psicoanálisis como disciplina interpretativa que basa su comprensión en el significado subjetivo de la experiencia, real o fantaseada (Davis, 1994).

En su trabajo de 1899 titulado «Los recuerdos encubridores» Freud señala que el recuerdo aparente de experiencias tempranas puede estar más condicionado por la existencia de vínculos inconscientes entre la memoria y los deseos reprimidos que por acontecimientos reales. Como si estuviera hablando de un paciente masculino, Freud demuestra que uno de sus propios recuerdos más punzantes y persistentes estaba en realidad referido a una escena fantaseada. Los contenidos de dicho recuerdo falso —relativos a una escena de juego en un prado florido con John y Pauline, hijos de su hermanastro Emmanuel— le permitieron manifestar en privado tanto su necesidad de tener una amistad estrecha con una figura masculina como la agresividad que tal relación generaría:

> El nacimiento de mi hermano, un año menor (y que murió unos meses después), me provocó animadversión y auténticos celos infantiles; y (...) su muerte me dejó el germen del autorreproche. Asimismo hace mucho tiempo que reconozco al cómplice de mis travesuras tempranas; se trata de mi sobrino (John), un año mayor que yo (...) Según parece fuimos en ocasiones crueles con mi sobrina, que era un año menor. Este sobrino y mi hermano menor han determinado por lo tanto los elementos neuróticos y la intensidad de todas mis relaciones de amistad.
>
> (Masson, 1985; pág. 289)

La voluminosa correspondencia que Freud mantuvo con Fliess (Masson, 1985), con Ferenczi (Brabant y Giampieri-Deutsch, 1993) y con Jung (McGuire, 1974) refleja su anhelo de contar con un confidente masculino, su ansiedad por recibir respuestas rápidas y detalladas a sus cartas y la facilidad con que se enfadaba con cualquier amigo que pusiera en duda las nociones centrales de la teoría edípica. El recuerdo falso que Freud analizara en 1899, en el que se alía a un niño para quitarle flores a una niña, también revela que sus relaciones con los hombres estaban mediatizadas por el interés común en una misma mujer.

Tanto la rivalidad como el interés compartido por una «tercera» figura femenina se desplegarían en su relación con Jung.

En los últimos años se ha dedicado gran atención al cambio que experimentó el enfoque de Freud acerca de la teoría de la seducción y a los posibles motivos que provocaron dicho cambio (Coleman, 1994; Garcia, 1987; Hartke, 1994; Masson, 1984; Salyard, 1988, 1992, 1994). El debate se ha centrado principalmente en los motivos expresados por el mismo Freud en una famosa carta dirigida a Fliess en septiembre de 1897, once meses después de la muerte de su padre. En uno de los párrafos más impactantes de su correspondencia con Fliess, Freud manifiesta su pérdida de convicción en la «teoría de la seducción» (según la cual la neurosis sería el resultado de haber sufrido seducción o abuso sexual por parte de un cuidador), argumentando las razones de su cambio de actitud. A la luz del puntilloso examen de que ha sido objeto esta carta en los últimos estudios sobre Freud (ver McGrath, 1986; Krüll, 1986; Balmary, 1982) resulta sorprendente que se haya prestado tan poca atención al conjunto de motivos manifestados por el propio Freud para abandonar la teoría, que clasificó por grupos.

> La permanente frustración de mis esfuerzos por lograr la conclusión real de al menos un solo análisis; el abandono de pacientes que durante un tiempo habían estado totalmente comprometidos [con el análisis]; la falta del éxito que daba por descontado; la posibilidad de responder por un cierto grado de éxito en otros sentidos, del modo habitual: este era el primer grupo. Descubrir con sorpresa que en todos los casos el padre, sin excluir al mío propio (*mein eigener nicht ausgeschlossen*), era acusado de perversión, [y] la inesperada frecuencia de casos concomitantes de histeria, presentando todos precisamente las mismas características, cuando en realidad no es muy probable que los casos de abuso infantil sean tan frecuentes. La [incidencia] de la perversión tendría que ser infinitamente más frecuente que los [resultantes] casos de histeria, ya que después de todo la enfermedad se produce solo cuando se registra una acumulación de acontecimientos y existe un factor agregado que contribuye a debilitar las defensas. Luego, en tercer término, la certeza de que no existen signos de realidad en lo inconsciente, de forma que no es posible distinguir entre verdad y ficción cuando hay carga afectiva. (Sería posible consecuentemente concluir que la fantasía sexual siempre se deposita en las figuras parentales).
>
> (Masson, 1985, pág. 284)

El primer grupo de razones mencionadas por Freud, referido al carácter posiblemente frecuente de casos de abuso infantil, es de tipo epidemiológico. El segundo —por el cual las figuras paternas, incluyendo la del propio Freud— son responsabilizadas, es de tipo edípico/psicoanalítico. El más significativo es el tercero, que señala la dificultad que existe para establecer el carácter fáctico de *cualquier* recuerdo antiguo. Esta teoría sobre la memoria se convierte en argumento central del breve y brillante artículo escrito dos años después, «Los recuerdos encubridores» (Freud, 1899). La imposibilidad práctica de distinguir de modo fiable en lo inconsciente entre *recuerdo* y *deseo* apunta directamente a dos temas centrales en psicoanálisis: la necesidad de trabajar con asociación libre y de realizar una extensa anamnesis, en el contexto de la relación analista/analizando, que permita el estudio prolongado del papel de las necesidades emocionales en los recuerdos y fantasías de ambos. En el tipo de terapia psicoanalítica transferencial que Freud comenzaba a practicar cuando escribió *La interpretación de los sueños* era imposible identificar con certeza recuerdo alguno. La red asociativa que gradualmente emergía de la colaboración analista/analizando se tomaba como reflejo de los aspectos más destacados de la personalidad del segundo.

Al analizar en detalle el pertinaz interés de Freud por el mito de Edipo, Rudnytsky (1987) señala la constante omisión por parte de Freud de toda referencia al nacimiento y muerte de su hermano menor Julius, en aquellos momentos aparentemente oportunos de su autoanálisis. Freud solo menciona que tales acontecimientos pueden derivarse de una experiencia temprana con la muerte en la citada carta de 1897, y en otra carta a Ferenczi con fecha 24 de noviembre de 1912, en la que explica los sucesivos episodios de lipotimia sufridos en el Park Hotel. La reacción de Freud frente a la repentina muerte de su hermano pequeño le convirtió en un ejemplo perfecto de su propia teoría posterior sobre «Los que fracasan al triunfar» (Freud, 1916).

> Tras la muerte de su hermano, Freud también «fracasó al triunfar», sintiendo terror frente a la omnipotencia de sus propios deseos. Es fácil comprender su agitación al recibir la medalla conmemorativa por su 50º aniversario, y la nueva materialización de ese «deseo alimentado durante largo tiempo» que fue un recordatorio inconsciente de la muerte de Julius.

En este mismo sentido, de no ser por el germen de «culpa» o, más propiamente, de «autorreproche» generado por la muerte de Julius, Freud probablemente no hubiera reaccionado con tal «dolor obstinado» a la muerte de su padre. Es posible que en su fantasía inconsciente la muerte de su padre fuese resultado de sus deseos parricidas, siendo él responsable como en el caso de Julius.

(Rudnytsky, 1987, pág. 20)

El modelo de rivalidad homicida y amor despiadado que Freud identificaba en sus recuerdos inconscientes de Julius a sus cuarenta años fue el patrón de sus relaciones con sus discípulos masculinos (Colman, 1994; Hartke, 1994; Roustang, 1982).

La correspondencia freudiana

Freud fue un corresponsal prolífico durante toda su vida, y sus dotes retóricas a menudo tuvieron su expresión más brillante en su correspondencia privada. Cada una de las relaciones que mantuvo con hombres durante los primeros tiempos del psicoanálisis estuvo mediatizada por una mujer. En esta triangulación los posibles sentimientos eróticos de Freud hacia el hombre tuvieron la posibilidad de despertar y ser sublimados. Las cartas que Freud como adolescente enviara a su amigo Silberstein, por ejemplo, son testimonio de hasta qué punto su enamoramiento por la púber Gisela Fluss estaba provocado en gran medida por la fascinación que realmente sentía por la madre y el hermano mayor de la niña (Boehlich, 1990). Las cartas posteriores ilustran este tema repetidamente.

La reciente publicación del primer volumen de la copiosa correspondencia entre Freud y Sandor Ferenczi, el colega húngaro con quien mantuvo durante veinticinco años una relación profesional y personal (Brabant, Falzeder y Giampieri-Deutsch, 1993), ofrece nueva información sobre los intereses personales y profesionales de Freud durante el periodo crucial de su relación con Jung. Ferenczi ofreció a Freud su amistad y admiración en enero de 1908, solicitándole una cita en Viena a fin de discutir sus ideas para una conferencia sobre la teoría freudiana de las «neurosis actuales» (con causas físicas) y las «psiconeurosis» (de origen psicológico). Ferenczi estaba «ansioso por conocer personalmente al profesor cuyas enseñanzas me han ocupado constantemente durante más de un año» (Brabant, Falzeder y Giampieri-Deutsch, 1993, pág. 1). Desde el principio, las cartas de Ferenczi revelan una devoción algo obsesiva hacia la personalidad y las teorías de Freud. Éste responde brevemente expresando su pesar por no poder invitar a Ferenczi y a su colega Philip Stein a cenar, debido a la indisposición de varios miembros de la familia «tal como pudimos hacer en mejor ocasión con el Dr. Jung y el Dr. Abraham» (*ibíd.*, pág. 2). Un mes más tarde, en su segunda carta, Ferenczi se refiere a Freud como «una mujer paranoide», ofrece sus aportaciones a la colección de chistes sobre Freud y manifiesta su compromiso con la teoría psicosexual de las neurosis, afirmando que «no se la debería seguir llamando teoría» (*ibíd.* pág. 4), a la vez que se despide con «los mejores deseos de su atento y obediente Dr. Ferenczi». Y fue en efecto obediente durante los largos años del padrinazgo de Freud, hasta que hacia el final de su vida sugirió que su transferencia hacia Freud nunca había sido adecuadamente analizada, sirviendo de rápido estímulo al último trabajo metodológico de Freud, *Análisis terminable e interminable* (Freud, 1937).

A diferencia de Ferenczi, Jung fijó desde el principio límites a la relación con Freud. También anticipó por dónde se habría de producir la tensión fatal, es decir, la que para los discípulos de Freud era inevitable transferencia padre-hijo y su insistencia en la aceptación de su teoría psicosexual. Roustang (1982, págs. 36-54 y *passim*) sigue el rastro a las reservas manifestadas por Jung respecto de la sexualidad infantil, desde los inicios de su correspondencia con Freud en 1906 hasta la crisis en su relación, producida en 1912 (cf. Gay, 1983, cap.V).

La referencia de Freud a los sentimientos homosexuales sublimados como clave de los vínculos entre hombres es omnipresente en ambas correspondencias, pero su materialización tiene carácter más sistemático con Jung, aunque resulta más terapéutica con Ferenczi, quien regularmente atribuye su ansiedad frente a la comunicación con Freud a cuestiones homoeróticas. Jung por su parte, en una carta especialmente destacable de los inicios de su amistad con Freud, hacia 1907, admite que su «ilimitada admiración» por éste «como hombre tanto como investigador» evoca constantemente un «complejo de autopreservación», que él explica de la siguiente manera:

> La veneración que siento por usted tiene algunas de las características de una pasión «religiosa». Si bien en realidad no me molesta, sigo pensando

que esto resulta repulsivo y ridículo debido a su innegable matiz erótico. Este sentimiento abominable deriva de haber sido de niño víctima de un ataque sexual por parte de un hombre que antes idolatraba.

(McGuire, 1974, pág. 134)

Curiosamente, la siguiente carta de Freud se ha extraviado. Parece que el tema no fue nuevamente tratado de modo explícito. Sin embargo, Jung se retrotrae cada vez que siente una aproximación seductora por parte de Freud. Mientras tanto éste sufre el pánico cada vez que se siente atacado por Jung; de hecho, en dos ocasiones pierde el sentido.

Aparentemente la relación con Ferenczi permitió a Freud representar un papel de contención paterna hacia este médico húngaro un tanto infantil, cosa que no le resultaba posible con el aguerrido psiquiatra suizo. En una carta escrita tras un viaje que hiciera por Italia en compañía de Ferenczi en 1910, Freud se queja a Jung sobre la dependencia afeminada de aquél:

> Mi compañero de viaje es entrañable, pero perturbadoramente distraído, y su actitud hacia mí es infantil. No deja de admirarme, cosa que no me gusta, y probablemente sea hipercrítico de mí en lo inconsciente cuando le tomo a la ligera. Ha sido demasiado pasivo y receptivo, dejando que todo le sea resuelto como una mujer, y realmente mi componente homosexual no es suficiente para aceptarle como tal. Estos viajes me generan la intensa necesidad de una verdadera mujer.

(McGuire, 1974, pág. 412)

Los tres habían viajado juntos a Estados Unidos en 1909 a fin de que Freud y Jung participaran en un simposio en la Clark University de Worcester, Massachusetts. En las cartas dirigidas por Freud a ambos, en relación con los preparativos del viaje y los resultados del mismo, Jung parece ser el asentado hermano mayor, mientras Ferenczi es el dependiente hermano menor. Las presentaciones de Freud y Jung fueron muy bien recibidas por un público de elite constituido por psicólogos estadounidenses, incluyendo a G. Stanley Hall y William James (Rosenzweig, 1992); aunque, como veremos más adelante, una segunda invitación a Estados Unidos fue el desencadenante de la ruptura de relaciones entre Freud y Jung.

El eterno triángulo

A lo largo de toda su vida Freud experimentó sucesivos episodios de rivalidad por una mujer con un compañero masculino muy próximo. Los triángulos resultantes generalmente provocaban una crisis en la relación de Freud con el otro hombre en cuestión. El origen de estas situaciones se hallaba, según el propio Freud, en su deseo infantil hacia su madre, que peligrara al verse desplazado por el nacimiento de su hermano menor Julius, y que derivó en culpa al morir éste, aparentemente víctima del odio de Sigmund (Krüll, 1986). El segundo ejemplo, rememorado por Freud al analizar el recuerdo encubridor de un episodio de juego en un prado, incluía a John y Pauline, hijos de su hermanastro Emmanuel (Freud, 1899). En este recuerdo los elementos agresivos y sexuales se funden cuando Sigmund, de tres años de edad, y John, de cuatro, derriban a Pauline y le quitan las flores: la «desfloran».

Para ejemplificar las fantasías sexuales inconscientes de Freud resulta igualmente útil referirse a *Estudios sobre la histeria*, trabajo escrito en colaboración con Josef Breuer y publicado en 1895. Se trata del primer informe detallado sobre una terapia «psicoanalítica» dirigida a aliviar los síntomas por medio de la recuperación de recuerdos reprimidos. El tratamiento de Bertha Papenheim («Anna O.») fue llevado a cabo por Breuer a principios de la década de 1880 y relatado a Freud cuando éste era estudiante de medicina y ya estaba prometido a su futura esposa, Martha Bernays. Quince años más tarde Breuer continuaba resistiéndose a publicar el caso y Freud atribuía tal resistencia a los deseos sexuales no analizados que Breuer sintiera por su joven paciente. Existen aún dudas sobre el pormenor de los sentimientos de Breuer (v. Hirschmüller, 1989), pero el informe posterior presentado por Freud a Ernest Jones y otros colegas psicoanalistas sugiere una identificación fantaseada con Breuer. El relato de Freud, referido en la biografía de Jones (Jones, 1953) indica que la culpa que sintió Breuer ante sus deseos eróticos por Bertha provocó la conclusión prematura de la terapia y generó una ansiosa reconciliación del matrimonio Breuer, con el resultado del nacimiento de su hija Dora (Jones, 1955).

La elección que hiciera Freud del pseudónimo «Dora» para su paciente Ida Bauer es indicio de su identificación con Breuer y su temor a revelar el origen erótico de los síntomas de la paciente (Decker, 1982, 1991). La interpretación que hace Freud del «sueño de la inyección de

Irma» en 1895, al que dedica un capítulo en *La interpretación de los sueños* (Freud, 1900), data de un periodo de tensión en su relación con Breuer, al tiempo que su devoción por Fliess se encontraba en su punto más alto. El sueño presenta a Breuer (el «Dr. M.») como un terapeuta torpe que no ha percibido el origen sexual de la neurosis de Irma, mientras que la interpretación de Freud salva a Fliess de ser responsable por la hemorragia de la paciente, debida según ésta a un procedimiento quirúrgico descuidado (Davis, 1990; Masson, 1984).

Rudnystky traza un paralelo entre tres de estos episodios triangulares —con John y Pauline, con Wilhelm Fliess y Emma Eckstein (la paciente de Freud a quien Fliess operara en 1895), y con Jung y Sabina Spielrein— argumentando que esta configuración incidió en el tratamiento de «Dora», la paciente adolescente de Freud (Freud, 1905). La fantasía de equivalencia con el potencial seductor de su joven paciente («Herr K.»), marcó la transición entre el segundo triángulo y el tercero (Rudnytsly, 1987, págs. 37-38). Si trazamos un paralelo entre Dora, rodeada por su padre y «Herr K.»; Sabina, entre Jung y Freud; y Emma, tratada simultáneamente por Fliess y Freud, y asimilamos todo lo anterior a la «desfloración» de Pauline por Freud y John en la infancia, el efecto acumulado resultante es poderoso y perturbador (Rudnytsky, 1987, pág. 38).

Sabina Spielrein

Se han escrito dos libros sobre el controvertido tratamiento de la joven Sabina Spielrein conducido por Jung (Carotenuto, 1982; Kerr, 1993). Existen evidencias de la relación personal, e incluso erótica, que Jung mantuvo con su paciente tanto durante como después del tratamiento. Gran parte de la correspondencia Freud-Jung-Spielrein, así como el fascinante y perturbador diario de la joven, fueron publicados por Carotenuto en 1982 en su libro *Una secreta simetría*, pero la obra de Kerr es el primer análisis exhaustivo de la influencia ejercida por Sabina sobre ambos. Spielrein era una joven judía de origen ruso, severamente alterada, que estuvo en tratamiento con Jung en 1904 en calidad de caso experimental de psicoanálisis. Ella mantuvo una amistad íntima con Jung durante muchos años, se formó psicoanalíticamente con Freud, y tuvo correspondencia con ambos durante los años cruciales de su amistad y posterior distanciamiento, a la vez que ejerció gran influencia sobre el movimiento ruso de psicología clínica en las décadas de 1920 y 1930. Basándose en el diario de Sabina, en su correspondencia con Freud, en la correspondencia de Jung con Freud sobre ella y en los artículos publicados por la propia Sabina, Kerr sigue detalladamente el rastro de la influencia ejercida por ella en las teorías de ambos.

El material clínico de Spielrein referido al erotismo anal, en la época inicial de su correspondencia con Freud, hacia 1906, parece haber convencido a Jung de la importancia de las afirmaciones de Freud sobre el tema (Freud, 1905a; Kerr, 1993). Spielrein desempeñó un papel especialmente importante en el desarrollo de la teoría de Jung sobre el ánima y en la teoría de Freud sobre la pulsión de muerte. Tal como había hecho con Fliess una década antes, Freud evitó criticar a Jung por su tratamiento de Spielrein, aun cuando existían motivos para sospechar que la terapia había sido muy mal conducida. El diario de Spielrein revela su fantasía de tener un niño de Jung («Sigfried»), fantasía que Jung parece haber estimulado durante las sesiones, al mismo tiempo que negaba a Freud el contenido sexual de la relación (Carotenuto, 1982; McGuire, 1974).

El Edipo revisitado

La última etapa de la amistad Freud-Jung se caracteriza por el interés que cada uno de ellos dedicó al papel desempeñado por la agresividad y la sexualidad en el desarrollo de la personalidad infantil. Freud reiteró su apoyo a la teoría convencional del Edipo, mientras que Jung desarrollaba la teoría tipológica, que le permitió validar diferentes enfoques analíticos y recurrir a las nociones freudiana, adleriana y la suya propia sobre la sexualidad y la agresividad, conjugadas con símbolos de lo inconsciente colectivo. Hacia 1911 la correspondencia entre Freud y Jung se centra en el problema de las defecciones de Adler y Stekel. Freud señala que se siente «cada vez más impaciente ante la paranoia de Adler, esperando la oportunidad de expulsarle (...) en especial tras ver una representación de *Edipo Rey*, la tragedia de la "libido *arreglada*"» (McGuire, 1974, pág. 485). Refiriéndose a Adler como a un «Fliess redivivo», Freud también señala que el nombre propio de Stekel es Wilhelm, sugiriendo que ambas relaciones le recuerdan el final de su amistad con Wilhelm Fliess en 1901, debida a lo que Freud describe como la paranoia de Fliess.

Al igual que antes Ferenczi, Jung fue durante 1911 un paciente interlocutor de los esfuerzos de Freud para explicar la paranoia de Schreber en términos de homosexualidad reprimida (Freud, 1911), pero su solidaridad no fue recíproca. Freud manifiesta confusión y desaliento ante los intentos de Jung para explicar los postulados teóricos de *Transformaciones y símbolos de la libido*. Ya en los inicios de la teoría edípica, hacia finales de la década de 1890, Freud había sugerido a Fliess que la represión de nuestro complejo de Edipo, supuestamente universal, tiende a provocar una omisión o desvalorización del papel de la sexualidad infantil en el desarrollo posterior. Estas explicaciones revisionistas serían, según Freud, del agrado del público, puesto que no se inmiscuyen en las represiones individuales. Si bien Freud insiste en que no es posible dudar ni de la amistad de Jung ni de su papel en el psicoanálisis, es fácil ver que ambos se quejan excesivamente. A continuación, la creciente autonomía de Jung provoca en Freud primero preocupación, y finalmente hostilidad, durante el verano de 1912, cuando Jung discute las conferencias que prepara para una segunda visita a Estados Unidos.

A su regreso, en noviembre, Jung escribe a Freud relatando el entusiasmo que ha acompañado a sus presentaciones del psicoanálisis, y agrega: «Como es evidente, hice referencia a aquellos postulados que se alejan de las concepciones existentes, en especial en relación a la teoría de la libido» (McGuire, 1974, pág. 585).

La respuesta de Freud revela de inmediato el enfriamiento de la relación:

> Estimado Dr. Jung:
> Le saludo a su regreso de América, si bien no tan afectuosamente como en la última oportunidad en Núremberg —usted ha logrado quitarme esa costumbre— aunque aún con bastante simpatía, interés y satisfacción por el éxito obtenido.
>
> (McGuire, 1974, pág. 517)

Tras intercambiar sucesivas misivas sobre el ahora famoso «episodio Kreuzlingen» (ocasión en que Jung se sintió ofendido porque Freud no logró reunirse con él mientras se encontraba visitando a su colega Binswanger en Kreuzlingen, Suiza, en tanto Freud se sentía a su vez ofendido por no presentarse Jung) se produce un enfrentamiento. Freud logra que Jung admita que resultaba evidente que le estaba esperando, cuando Jung repentinamente recuerda que dicho fin de semana se encontraba ausente. Más tarde, durante el almuerzo, Freud hace a Jung una crítica calurosa y aparentemente amistosa, y a continuación se desmaya en la misma sala donde ya se había desmayado antes del viaje de 1909 a la Clark University en compañía de Jung y Ferenczi. Era también la misma sala en que había discutido con Fliess en 1901.

Cuando poco después Freud intenta interpretar el lapsus de Jung al decir que «ni Adler ni Stekel me consideran uno de los suyos [de ellos]» (en vez de suyos [de usted]) Jung pierde la paciencia:

> ¿Me permite un rápido comentario? Admito la ambivalencia de mis sentimientos hacia usted, pero procuro abordar la situación frontalmente y con franqueza. Si duda de mi palabra, peor para usted. Quisiera sin embargo señalar que la costumbre de tratar a sus discípulos como pacientes es un *torpe error*. De esa forma usted genera o bien hijos esclavizados o cachorros atrevidos (Adler-Stekel y toda la pandilla insolente que se pavonea en Viena). Tengo objetividad suficiente para ver su artimaña. Usted va olfateando todos los gestos sintomáticos que se producen a su alrededor, sometiendo a todos como hijos e hijas que admiten sonrojados sus fallos. Mientras tanto usted permanece intacto, conservando su superioridad paterna. Por mera subordinación nadie se atreve a pellizcar la barba del profeta, y a preguntar de una vez qué le diría a un paciente que tiene la tendencia de analizar al analista en vez de a sí mismo. Seguramente le preguntaría: ¿quién es el neurótico?
>
> (McGuire, 1974, págs. 606-607)

El ataque de Jung es frontal. Freud proyecta su hostilidad en sus discípulos. Nunca ha logrado reconciliarse con su propia neurosis. Sus métodos reducen unilateralmente la motivación a la sexualidad. Tiene una comprensión fallida de sí mismo, y su actitud es poco terapéutica. Freud meditó largamente la respuesta, enviando un borrador a Ferenczi y manifestando su vergüenza y enojo ante el insulto recibido (Brabant, Falzeder y Giampieri-Deutsch, 1993), y finalmente sugirió a Jung poner término a su relación personal. Al año siguiente Jung abandonó la dirección del movimiento y su cargo como editor de la principal publicación.

En *Tótem y Tabú* (Freud, 1912-1913), escrito aún bajo los amargos efectos de su pelea con Jung, Freud despliega una fantasía antropológica de incesto primordial y parricidio como argumento de una explicación proto-sociobiológica de la evolución social. Según la visión de Freud,

Jung ahora era uno de los representantes de la «horda primitiva», el grupo fraternal (con Adler y Stekel) ansioso por devorar al anciano y reemplazarlo.

En los escritos posteriores Jung reconoce cuidadosamente la importancia seminal de Freud en lo relativo a la interpretación de los sueños y el papel de lo inconsciente en la formación de síntomas. No obstante, entiende que el énfasis puesto por Freud en la sexualidad infantil refleja unilateralidad, y sugiere la necesidad de efectuar un análisis concomitante de los impulsos agresivos (cf. Adler), refiriéndose al complejo de Edipo como a uno de muchos mitos universales presentes en la psique (OC 5; Jung, 1961). Una parte importante de la misión diferencial de Jung en las décadas posteriores fue la validación del papel creativo y prospectivo, antes que regresivo y reduccionista, de los mitos en cada vida individual. *Transformaciones y símbolos de la libido* fue reeditado varias veces, sufriendo una profunda revisión en los últimos años de vida de Jung, quien entonces afirmó que los treinta y siete años transcurridos no habían disminuido la importancia conflictiva de la obra:

> La cuestión cayó sobre mi como un aluvión imparable. La urgencia subyacente se me hizo evidente con posterioridad: fue la explosión de todos aquellos contenidos psíquicos que no tenían suficiente aire ni espacio en la restrictiva atmósfera de la psicología freudiana y su estrecho punto de vista.
>
> (Jung, 1956, pág. xxiii)

Cuando Jung se unió al psicoanálisis en 1907 éste constituía de pleno derecho una psicología radicalmente nueva, creada por Freud e integrada por una serie de partes relacionadas entre sí: una poderosa hermenéutica (Freud, 1900), una teoría revolucionaria y parcialmente empírica sobre el desarrollo de la personalidad (Freud, 1905a), un novedoso método terapéutico (Freud, 1905b) y una rudimentaria teoría de psicología cultural (Freud, 1900). Los trabajos de Freud sobre los sueños, la etiología de la neurosis y la evolución infantil comenzaban a ser conocidos fuera de Viena y el movimiento psicoanalítico estaba en formación. Cuando Jung abandonó a Freud y a la Asociación Psicoanalítica Internacional ambos eran protagonistas a nivel mundial, y Jung estaba casi a punto de lanzar un movimiento propio. El liderazgo político del movimiento psicoanalítico ejercido por Freud estaba asegurado por una escolta ortodoxa (Grosskurth, 1991) mientras que él se mantuvo en un segundo plano durante la mayor parte de los siguientes veinticuatro años, jugueteando con los conceptos periféricos de sus teorías y velando celosamente que no se generaran variantes alejadas de su premisa fundamental de la sexualidad infantil. Las ideas de Freud conservaron su peso durante décadas, y sus conceptos sobre la evolución cultural tuvieron enorme influencia en otros campos del saber, pero el psicoanálisis clásico como movimiento terapéutico se objetivó en torno a la teoría de las pulsiones sexual y agresiva, mientras que las hipótesis novedosas más originales y fructíferas provenían de terapeutas clínicos que de una u otra forma eran considerados «no ortodoxos».

Finalmente la relación profesional naufragó en torno a postulados sobre la libido y sus transformaciones, es decir, en la teoría de la energía motivacional y la relación entre fenómenos conscientes e inconscientes. Tras el parloteo profesional subyacía la afectividad agresiva y erótica que se reflejaba en las cartas. Si Freud y Jung hubiesen conservado su amistad durante algunos años más la historia del psicoanálisis sería muy diferente. Tal vez se hubiesen elaborado informes detallados sobre los requisitos exigidos de la terapia y la formación psicoanalítica, y quizá una mayor diferenciación entre ambas (cf. Kerr, 1993). Posiblemente hubiera despuntado una teoría apropiada sobre el erotismo femenino y la cuestión de los géneros (Kofman, 1985). Hubiera existido clara alusión al interjuego de la sexualidad y de la agresividad en el desarrollo humano, en vez de una derivación a la especulación antropológica tendenciosa, y el aspecto espiritual de la vida tal vez hubiese encontrado su lugar en la teoría y la clínica.

REFERENCIAS

Anzieu, Didier (1959) *El autoanálisis de Freud y el desarrollo del psicoanálisis*, Siglo XXI, México, 1988.
Balmary, Marie (1979) *Psychoanalizing Psychoanalysis: Freud and the Hiddem Fault of the Father*, John Hopkins University Press, Baltimore.
Boehlich, W. (ed.) (1990) *Sigmund Freud. Cartas de juventud*, (trad. A. Ackermann), Gedisa, Barcelona, 1992.

Brabant, Eva; Falzeder, Ernst; Giampieri-Deutsch, Patrizia (eds.) (1993) *The Correspondence of Sigmund Freud and Sandor Ferenczi,* vol. I: *1908-1914,* (trad. Peter Hoffer), Harvard University Press, Cambridge, Mass.
Breuer, J. y Freud, S. (1895) *Estudios sobre la histeria,* (trad. L. López-Ballesteros), Biblioteca Nueva, Madrid, 1972, tomo I (sin los textos de Breuer) (BNI)/(trad. J.L. Etcheverry), Amorrortu, Buenos Aires, 1982, t. II (A2).
Carotenuto, Aldo (1980) *Una secreta simetría: Sabina Spielrein entre Jung y Freud,* (trad. R. Alcalde), Gedisa, Barcelona, 1984.
Colman, W. (1994) «The Scenes Which Lie at the Bottom of the Story: Julius, Circumcision and the Castration Complex», *Psychoanalytic Review* 81, págs. 603-625.
Davis, D.A. (1990) «Freud's Unwritten Case», *Psychoanalitic Psychology* 7, págs. 185-209.
—, (1994) «A Theory for the 90's: Freud's Seduction Theory in Historical Context», *Psychoanalytic Review* 81, págs. 627-640.
Decker, Hannah S. (1982) «The Choice of a Name: "Dora" and Freud's Relationship with Breuer», *Journal of the American Psychoanalytic Association* 30.
—, (1991) *Dora, Freud and Vienna 1900,* The Free Press, Nueva York.
Donn, L. (1988) *Freud y Jung. Los años de amistad, los años perdidos,* (trad. A. Bignami), Javier Vergara, Buenos Aires, 1990.
Ellenberger, H.F. (1970) *El descubrimiento del inconsciente,* (trad. P. L. Ónega), Gredos, Madrid, 1976.
Freud, S. (1896) «La etiología de la histeria», (BN, I/A3)
—, (1899) «Los recuerdos encubridores», (BN, I/A3)
—, (1900) *La interpretación de los sueños,* (BN, II/A 4-5)
—, (1905a) *Tres ensayos para una teoría sexual,* (BN, IV/A6)
—, (1905b) «Análisis fragmentario de una histeria», (BN, III/A7)
—, (1911) *Observaciones psicoanalíticas sobre un caso de paranoia autobiográficamente descrito,* (BN, IV/A12)
—, (1912-1913) *Tótem y tabú,* (BN, V/A13)
—, (1915) «Trabajos sobre metapsicología», (BN, VI/A14)
—, (1916) «Los que fracasan al triunfar», (BN, VII/A14)
—, (1923) *El yo y el ello,* (BN, VII/A19)
—, (1927) *El porvenir de una ilusión,* (BN, VIII/A21)
—, (1930) *El malestar en la cultura,* (BN, VIII/A21)
—, (1937) «Análisis terminable e interminable», (BN, IX/A23)

Garcia, E. E. (1987) «Freud's Seduction Theory», *Psychoanalytic Study of the Child* 42, págs. 443-468.
Gay, Peter (1988) *Freud. Una vida de nuestro tiempo*, (trad. J. Piatigorsky), Paidós, Barcelona, 1989.
Grosskurth, P. (1991) *The Secret Ring: Freud's Inner Circle and the Politics of Psychoanalysis*, Addison-Wesley Pub.Co., Reading, Massachusetts.
Hartke, J. (1994) «Castrating the Phallic Mother: The Influence of Freud's Repressed Developmental Experiences on the Conceptualization of the Castration Complex», *Psychoanalytic Review* 81, págs. 641-657.
Hirschmüller, A. (1989) *The Life and Work of Josef Breuer: Physiology and Psychoanalysis,* [1978], New York University Press, Nueva York.
Jones, E. (1953, 1955, 1957) *Vida y obra de Sigmund Freud*, 3 vols., (trad. M. Carlisky y J. Cano), Hormé, Buenos Aires, 1976.
Jung, C. G. (1907) «Sobre la psicología de la *Dementia Praecox*: un ensayo», (OC 3,1), [*Psicología de la demencia precoz*, (trad. I. G. Adam), Paidós, Barcelona, 1987].
—, (1956) *Símbolos de transformación*, (OC 5); revisión de *Metamorfosis y símbolos de la libido* (1911-1912), (OC, B), (trad. E. Butelman), Paidós, Buenos Aires, 1962.
—, (1963) *Recuerdos, sueños, pensamientos*, (recop. y edit. por Aniela Jaffé; trad. Mª. R. Borrás), Seix Barral, Barcelona, 1964.
Kerr, John (1993) *La historia secreta del psicoanálisis*, (trad. B. Blanch), Crítica, Barcelona, 1995.
Kofman, Sarah (1985) *The Enigma of Woman: Woman in Freud's Writings*, Cornell University Press, Ithaca, 1980.
Krüll, Marianne (1986) *Freud and His Father,* Norton, Nueva York, 1979.
Masson, J. M. (1984) *El asalto a la verdad. La renuncia de Freud a la teoría de la seducción*, (trad. J. Zulaika), Seix Barral, Barcelona, 1985.
Masson, J. M. (ed.) (1985) *Sigmund Freud. Cartas a Wilhelm Fliess (1887-1904)*, (trad. J. L. Etcheverry), Amorrortu, Buenos Aires, 1994.
McGuire, W. (ed.) (1974) *Correspondencia Freud/Jung*, (trad. A. Guera), Taurus, Madrid, 1978.
Rosenzweig, Saul (1992) *Freud, Jung and Hall the Kingmaker: The Historic Expedition to America (1909) with G. Stanley Hall as Host and William James as Guest*, Hofgrefe & Huber, Seattle.
Roustang, François (1982) *Dire Mastery: Discipleship from Freud to Lacan,* 1976, (trad. N. Lukacher), American Psychiatric Press, Washington.

Rudnitsky, Peter L. (1987) *Freud and Oedipus*, Columbia University Press, Nueva York.

Salyard, A. (1988) «Freud as Pegasus Yoked to the Plow», *Psychoanalytic Psychology* 5, págs. 403-429.

—, (1992) «Freud's Narrow Escape and the Discovery of Transference», *Psychoanalytic Psychology* 9, págs. 347-367.

—, (1994) «On Not Knowing What You Know: Object-coercive doubting and Freud's Theory of Seduction», *Psychoanalytic Review*, 1994, págs. 659-676.

Sulloway, F. J. (1979) *Freud: Biologist of the Mind. Beyond the Psychoanalytic Legend,* Basic Books, Nueva York.

Swales, P. J. (1982) «Freud, Minna Bernays, and the Conquest of Rome: New Light on the Origins of Psychoanalysis», *New American Review* 1, págs. 1-23.

—, (1983) *Freud, Martha Bernays, and the Language of Flowers,* (edit. por el autor).

Thomas, D.M. (1981) *El hotel blanco,* (trad. Jaime Zulaka), Debate, Madrid, 1991.

Wehr, Gerhard (1985) *Carl Gustav Jung. Su vida, su obra, su influencia,* (trad. A. E. Sinnot), Paidós, Barcelona, 1991.

Young-Breuhl. E. (1988) *Anna Freud,* (trad. R. Albornoz), Emecé, Buenos Aires, 1991.

3 Sherry Salman

La psique creativa: principales aportaciones de Jung

Para Jung la psique era algo maravilloso: fluida, multi-dimensional, viva y capaz de desarrollo creativo. Su trabajo como médico jefe de una clínica psiquiátrica le familiarizó con la enfermedad, la psicosis y la inercia. Al mismo tiempo, amaba el ordenado caos de la psique y sentía una profunda confianza en su potencial integrador; estos dos aspectos alimentaron su concepción de la psique y dieron forma a su visión psicoanalítica.

Este capítulo se ocupa de los principales descubrimientos de Jung, aquellas piedras basales sobre las que descansa su visión de la psicología, ideas que siguen alimentando la reflexión y la práctica clínica contemporáneas: su original concepción del proceso psicológico, el camino subjetivo e individual que conduce a la consciencia objetiva y la utilización creativa del material inconsciente. Si bien Jung tiene mala reputación por haber recurrido a fuentes esotéricas, como la alquimia medieval, si consideramos el carácter preclaro de su visión posmoderna de la psique, no hizo más que adelantarse a su tiempo.

Jung observó con preocupación que el aumento de conocimientos científicos sobre la materia superaba a los referidos a la psique humana; así como la química y la astronomía se habían separado de su común origen en la alquimia y la astrología, la ciencia moderna se distanciaba peligrosamente del estudio y comprensión del universo psicológico. Previó la enorme contradicción que actualmente afrontamos: por un lado se ha logrado desvelar el código genético que permite crear vida biológica, por otro sigue existiendo una casi absoluta ignorancia respecto a la psique. Jung se sentía atraído por sistemas aparentemente místicos como la astrología y la alquimia porque se orientan a una comprensión sintética de la materia y la psique. Veía en ellas la proyección inconsciente tanto de los procesos psicológicos internos del hombre como de sus fantasías sobre el funcionamiento del mundo biológico y físico. Para la tradición alquímica no existe separación entre ambos, y esto es lo que interesaba a Jung.

Aunque enraizada en la tradición que postula la interrelación esencial de toda la materia viva, la orientación de Jung hacia la psique y el mundo difiere de otros sistemas animistas más antiguos que funcionan psicológicamente por procesos de fusión, compulsión y obediencia a la fuerza inapelable del destino. Pero también difiere de las modernas concepciones racionales, orientadas a la segregación de lo inconsciente y al control del yo sobre la materia y sobre la psique. Nada más alejado del concepto junguiano de relación entre el yo y lo inconsciente que la sentencia freudiana según la cual «donde era ello, ha de ser yo» (1933, pág. 3.146). El conjunto del enfoque de Jung sobre la psique es «posmoderno»: su metáfora central es la existencia de un *diálogo* entre consciente e inconsciente, que depende de los sistemas de retroalimentación autorreguladora existentes entre los fenómenos inconscientes autónomos y la participación del yo en ellos, así como del interjuego entre sujeto y objeto, psique y materia. Los alquimistas medievales decían: «Como es arriba, así es abajo»; los analistas contemporáneos podrían agregar: «Como es lo interno, así es lo externo», y viceversa. Un aspecto importante de la visión junguiana de los procesos psicológicos es que puede ofrecer una aportación constructiva a la «deconstrucción» posmoderna de la dicotomía sujeto-objeto.

La concepción de la psique en Jung

El núcleo de la concepción junguiana de la psique es la noción de la existencia de un interjuego entre los fenómenos intrapsíquicos, somáticos e interpersonales, por un lado, y el mundo, el proceso analítico y —en último término pero no menos importante— la vida, por otro. Jung consideraba estas relaciones vitales inseparables originadas en el *unus mundus*, término tomado de la filosofía medieval y que alude a un «mundo unitario», la unidad originaria no diferenciada, el caldo primigenio que contiene todas las cosas.

> Indudablemente la idea del *unus mundus* se basa en el supuesto de que la multiplicidad del mundo empírico se apoya en una unidad subyacente, no en la coexistencia o combinación de dos o más mundos fundamental-

mente diferentes. Al contrario, todo lo dividido y diferente pertenece a un único y mismo mundo, que no es el de la sensación, sino un postulado cuya probabilidad se apoya en el hecho de que hasta ahora nadie ha sido capaz de descubrir un mundo en que no resulten válidas las leyes de la Naturaleza que se conocen. La existencia de innegables conexiones causales entre la psique y el cuerpo confirman su naturaleza subyacente unitaria, confirmando que incluso el mundo psíquico, tan extraordinariamente diferente del mundo físico, no se origina fuera del cosmos (...) Por tanto, el *unus mundus* parece ser sin duda el trasfondo de nuestro mundo empírico.

(OC 14, pág. 538)

Jung dejaba implícito que todos los niveles de la existencia y la experiencia están íntimamente vinculados entre sí, cuestión confirmada por los recientes descubrimientos gracias a la tecnología del ADN: toda forma de vida animada, desde una simple brizna de hierba a un ser humano completo, está constituida por los mismos cuatro componentes de material genético y sólo difiere en cada caso la particular distribución de los mismos. Jung ya había descubierto otra forma de validar la existencia de un «mundo unitario» a través de un símbolo presente en todas las culturas a lo largo de la historia: el *mándala* o «círculo mágico», que representa tanto la unidad indiferenciada como la totalidad integrada.

En la forma indiferenciada de *unus mundus* propuesta por Jung (OC 14), un «mundo potencial independiente del tiempo» (pág. 505), todo se encuentra conectado entre sí y no existen diferencias entre los hechos psicológicos y los físicos, el pasado, presente o futuro. El estado fronterizo en que se unen tiempo, espacio y eternidad constituye el telón de fondo del postulado junguiano esencial sobre la estructura y la dinámica de la psique: la existencia de una psique objetiva o inconsciente colectivo, reservorio de las experiencias humanas reales y posibles y de sus elementos constitutivos, los arquetipos. En este nivel mágico «pre-edípico» de la psique, que no se adapta a explicaciones racionales y causales, cierto tipo de cosas sencillamente «suceden» al mismo tiempo (por ejemplo, el recordar a un amigo y que en ese preciso momento nos llame por teléfono) y el significado psicológico puede experimentarse *sincronísticamente* a través de coincidencias plenas de sentido (Jung, OC 8). Los acontecimientos externos e internos quedan conectados por su significado subjetivo. Existen vínculos inseparables entre psique y materia, entre sujeto y objeto; los afectos, las imágenes y la acción son virtualmente idénticas. Una de las características destacables del enfoque junguiano reside en el valor que otorga a este nivel mágico de la psique y a su idea de que no desaparece sino que permanece como la fuente a partir de la cual fluye todo lo demás.

Los antiguos también imaginaron al *unus mundus* dividiéndose en partes, como sujeto y objeto, actualizando un estado potencial. En el desarrollo analítico, este proceso de discriminación, tanto como la identificación e integración de proyecciones, constituye un logro psicológico considerable. Jung también creía que una vez separadas estas «partes» deben ser reunidas en una totalidad integrada. Si bien los mundos del sujeto y el objeto, de lo consciente y lo inconsciente, deben forzosamente dividirse en aras de la adaptación, también deben reunificarse en aras de la salud, que para Jung significaba totalidad. Él denominó *sí-mismo* a dicho estado potencial de totalidad (el conjunto de la psique, no solo el yo). El camino que lleva progresivamente hacia el sí-mismo es parte del *proceso de individuación*. El énfasis puesto en la síntesis de lo que ha sido previamente diferenciado y separado constituye otro rasgo distintivo y único del enfoque junguiano.

La imagen junguiana de proceso psicólogico incorpora y trasciende la escisión sujeto/objeto en la que suele quedar atrapado, al darle anclaje en un símbolo arquetípico universal, el *unus mundus*. Jung «despatologiza» aquel nivel arcaico de la psique donde realidad interna y hecho externo son una y la misma cosa. Subraya que, desde un punto de vista psicológico, solo resulta significativo e importante referirse al sujeto y al objeto como entidades separadas, estableciendo diferencias entre ambos, en la fase evolutiva de separación y discriminación. En etapas posteriores del proceso psicológico la relación entre sujeto y objeto, consciencia e inconsciente, puede y debe reintegrarse en una totalidad significativa subjetivamente, experiencia que a menudo se caracteriza como «mística». Esta diferenciación de la cambiante relación entre realidad interna, hecho externo, sujeto, objeto, consciente e inconsciente puede dar lugar a una metodología clínica igualmente diferenciada, que Jung enunció pero jamás desarrolló plenamente (v. Salman, 1994).

En contra de lo que se suele creer, Jung se apoyaba firmemente en la práctica clínica, donde era un innovador. Por ejemplo, evitó la utilización del diván analítico en favor del encuentro cara a cara. Puso gran empeño en estimular en los pacientes la ampliación de consciencia sobre sus problemas presentes, procurando ayudar a las personas a afrontar los desafíos de la vida cotidiana. Fue el primero en subrayar que la evolución puede verse impedida no solo debido a situaciones traumáticas del pasado, sino también lisa y llanamente por el temor a asumir la progresión necesaria. En su opinión, el principal disparador de la regresión experimentada en el análisis no reside en los deseos reprimidos sino en los acontecimientos presentes. Utilizaba el material proveniente de dicha regresión para que el paciente se volviera a instalar en la realidad con una nueva orientación de sus capacidades prácticas.

Del mismo modo en que no es posible reducir la realidad de relaciones y objetos a fenómenos intrapsíquicos, Jung sostuvo siempre la existencia de «la realidad de la psique *per se*». Los fenómenos psíquicos están relacionados entre sí, pero no es posible reducirlos a otros niveles de la experiencia como neuronas o sinapsis. Por lo que es necesario investigarlos tal como se experimentan. Por ejemplo, aunque se experimenta el alma como algo inmaterial y trascendente se plantea como un *hecho psicológico* objetivo, restando importancia a una posible verificación científica de su existencia. La observación fundamental de Jung al respecto postula que los fenómenos psicológicos son tan «reales» *per se* como los objetos físicos. Funcionan autónomamente con una vida propia, cosa que ha sido recientemente «redescubierta» en el estudio de los desórdenes disociativos.

La existencia de la realidad psíquica *per se* implica que no es posible reprimir, agotar o vaciar totalmente lo inconsciente por medio del análisis reductivo. De hecho, de lograrse tal cosa, sería desastroso para la salud psíquica. Consecuentemente, el peligro de ser inundado por lo inconsciente (= absorción, posesión) o sufrir una identificación con sus contenidos (= inflación) está siempre presente: es decir, siempre resulta posible un cierto tipo de locura. Pero Jung llegó a una solución más feliz que Freud, entendiendo la relación óptima entre el yo y el resto de la psique como un *diálogo* continuo. Se trata de un proceso interminable por definición. Lo que cambia es la naturaleza del diálogo.

La concepción del propio Jung sobre la naturaleza de dicho diálogo evolucionó desde los postulados iniciales sobre «la lucha» entre el yo y «el dragón-madre de lo inconsciente» (OC 5), mediante la que el yo logra una plataforma propia fuera de su matriz inconsciente, hasta imágenes posteriores de transformación alquímica a que el yo se entrega (OC 14). Pero la cuestión central sigue siendo la misma: lograr mantener una tensión dinámica y una relación flexible entre el yo y el resto de la psique. El principal objetivo del análisis junguiano no pasa por hacer consciente lo inconsciente (por otra parte imposible desde la óptica de Jung) ni se limita a analizar dificultades del pasado (tregua potencial), si bien ambas situaciones entran en juego. El objetivo es un *proceso*: encontrar la manera de reconciliarse con lo inconsciente y afrontar futuras dificultades. Este proceso consiste en mantener un diálogo continuo con lo inconsciente que facilite la integración creativa de las experiencias psicológicas[1].

El camino subjetivo hacia la consciencia objetiva

Jung fue el primer analista que propuso un «análisis didáctico» como condición *sine qua non* de la formación analítica. Consideraba que el auténtico conocimiento era totalmente vivencial, aquello que los gnósticos llaman *gnosis*, un «conocimiento interior» que se alcanza por medio de la propia experiencia y comprensión. Este conocimiento interior es más que mera consciencia, incluye la vivencia del *sentido*. Basándose en su propia experiencia personal y clínica de la presencia de lo numinoso en la vida psicológica, y al encontrar imaginería idéntica en las diferentes religiones, Jung postuló la existencia de un «instinto» religioso. Si se obstaculiza o contradice este instinto, como puede suceder con cualquier otro, surge la enfermedad. Jung afirmaba que los símbolos arquetípicos surgidos de lo inconsciente son parte constitutiva del instinto religioso *objetivo* que posee la psique para «crear sentido», pero que dichos símbolos se concretan *subjetivamente* en el interior de cada individuo. Por ejemplo, en el hombre existe el instinto de crear una imagen de la deidad, cuya función es simbolizar nuestros valores más elevados y nuestro sentido del significado, pero el contenido de esta imagen varía según las diferentes culturas e individuos.

---

[1] Este diálogo supone relajar los límites entre la consciencia y lo inconsciente al tiempo que se mantiene la tensión dinámica entre ambos: la energía psíquica que resulta de esta tensión puede generar un símbolo que trascienda ambas posiciones originales. Jung se refirió a este proceso como activación de la *función transcendente* (1916/1958). En su opinión, se trataba del elemento más significativo del trabajo psicológico profundo.

Esto llevó a Jung a interesarse en la tipología. Vio la necesidad de diferenciar los componentes universales de la consciencia de modo que le permitiera delinear las diversas formas en que dichos componentes se despliegan en los diferentes individuos. En su teoría sobre los *Tipos psicológicos* (OC 6), Jung describe dos modos básicos de atención: la introversión, en que la psique es estimulada fundamentalmente desde el mundo interno, y la extraversión, en que la psique se centra en el mundo externo. En base a dichos modos Jung describió cuatro cualidades de la consciencia: pensamiento, sentimiento, intuición, sensación. Las diversas combinaciones posibles de los modos de atención y las cualidades de la consciencia generan dieciséis «tipos», estilos básicos de la consciencia, como el tipo intelectual introvertido intuitivo, o el tipo de sentimental extravertido sensorial. La teoría implica que existen varias maneras no solo de aprehender la realidad, sino también de funcionar en el mundo, concepción que ha sido incorporada a la terapia de pareja y a la gestión empresarial. La teoría sugiere asimismo que los diferentes «tipos» clínicos de pacientes requieren, a su vez, la utilización de diferentes modalidades terapéuticas.

La concepción junguiana del proceso analítico se nutre de la comprensión de la objetividad de la psique tanto como del valor de la propia experiencia subjetiva al respecto. Esto implica desvelar la propia biografía, el proceso inconsciente y las limitaciones individuales, con el consiguiente sufrimiento que comporta la curación de los complejos no resueltos[2]. Se considera que este material personal posee un núcleo universal derivado de la «psique objetiva» o «inconsciente colectivo» y que remite al nivel cuyos contenidos psíquicos son los arquetipos. Más que una cuestión individual, la psique objetiva es aquel nivel de lo inconsciente común a todos, y cuyo «descubrimiento» lleva al conocimiento de la propia generalidad, del carácter universal de la experiencia y a la creación de sentido para dicha experiencia.

---

[2] La concepción junguiana de la curación, más que una «experiencia emocional correctiva» consiste en estimular lo inconsciente para constelar un arquetipo compensador, sea intrapsíquico o transferencial. La curación puede también producirse por un encuentro en el mundo objetal donde se materialice el particular patrón arquetípico desequilibrado.

Dado que toda experiencia individual posee un núcleo arquetípico, los temas de la biografía personal y los modelos arquetípicos están siempre entretejidos, por lo que frecuentemente es necesario separarlos primero para luego volver a vincularlos. Jung concebía todo el proceso como paralelo a la antigua representación mitológica del héroe-sol que muere, recorre el mundo subterráneo y finalmente resucita. Si bien este modelo de consciencia es «genéricamente» bastante tendencioso, el mitologema manifiesta varios temas fundamentales que siguen siendo verdaderos: muerte-renacimiento como proceso psicológico, el poder curativo de la introversión creativa, la lucha con la libido regresiva y el descenso a través de la psique personal hasta las fuentes de la energía psíquica, la psique objetiva.

La aproximación de Jung a la consciencia dista mucho de la aplicación indiscriminada de una teoría universal. Aun así, Jung consideraba que todos los caminos de la experiencia subjetiva, todos los tipos, todos los complejos, conducen al nivel objetivo universal de la psique, abarcado por los arquetipos. Al igual que cristales tallados, los arquetipos describen el contenido y comportamiento de la psique objetiva. A la manera de «estructuras» psicosomáticas, constituyen nuestra capacidad innata para aprehender, organizar y crear experiencia. Los arquetipos son tanto patrones de comportamiento de base biológica como imágenes simbólicas de dichos patrones. Como estructuras transpersonales, son «esencias» trascendentes o destilados esenciales del poder y sentido creativo que nos son revelados en los símbolos.

Por ejemplo, el arquetipo de la Gran Madre representa mucho más que la vivencia y realidad de nuestra propia madre personal (Neumann, 1955). Si bien la «madre» es una experiencia personal de tipo psicológico, emocional y cognitivo, con sus correspondientes determinantes culturales, también posee una base instintiva arquetípica, a la que los seres humanos están «conectados» para poder reconocer y participar en el maternaje, dador y receptor, y una base arquetípica simbólica expresada en imágenes tales como la Gran Diosa, la Iglesia, el Destino y la Madre Naturaleza. La experiencia de la «madre» está siempre fuertemente influida por ese patrón inconsciente, el arquetipo de la Madre, que incluye la capacidad innata de aprehender y vivenciar la nutrición y la privación, así como la capacidad de simbolizar esta experiencia.

Postular la existencia de un arquetipo permite explicar la discrepancia existente entre lo que se experimenta como «madre» y la madre real. Los analistas junguianos son muy cuidadosos a la hora de diferenciar entre la madre personal y la figura arquetípica de la Madre, que es más que lo que ninguna madre humana puede encarnar. Lo que D. W. Winnicott (1965) denomina una «madre suficientemente buena» (págs. 74 sigs.) está relacionado con la formulación junguiana del arquetipo materno: la madre suficientemente buena es aquella capaz de enfrentar y mediatizar la imagen maternal arquetípica innata del niño. Para lograrlo, solo necesita ser «suficientemente buena».

Los arquetipos bosquejan nuestra relación con el mundo: se manifiestan como instintos y afectos, como imágenes primigenias y símbolos en los sueños y la mitología, como patrones de comportamiento y experiencia. Al ser elementos impersonales, colectivos y objetivos presentes en la psique, reflejan temas universales y sirven para salvar la brecha sujeto/objeto. El reconocimiento de los arquetipos, incluyendo la personalización por parte de la psique de motivos arquetípicos simbólicos (como las fantasías sobre la propia madre en forma de ángel o de bruja) es una parte vital del proceso junguiano. Acerca de su ubicuidad, el propio Jung dijo:

> Es conveniente vencer un buen número de prejuicios. Del mismo modo que se considera imposible que un elemento de la mitología mexicana tenga algo que ver con análogas concepciones europeas, se tiene por una suposición fantástica que un contemporáneo inculto pueda encontrar en sus sueños mitos clásicos conocidos exclusivamente por el especialista. Se sigue pensando que tales relaciones se han buscado muy lejos y son, consecuentemente, inverosímiles. Pero se olvida que la estructura y la función de los órganos humanos son en todas partes más o menos idénticas, sin exceptuar el cerebro. En la medida en que la psique depende en grado elevado de este órgano, puede suponerse igualmente que, al menos en principio, producirá en todas partes las mismas formas.
>
> (OC 14, pág. xix)

Jung (OC 8) imaginaba a los arquetipos desplegados a lo largo de un «espectro de consciencia» (pág. 211), como el espectro luminoso, que abarca desde el rojo al violeta pasando por los amarillos, verdes y azules. En los extremos rojo y violeta del espectro se encuentran respectivamente los polos instintivo y espiritual del arquetipo. Estos aspectos del arquetipo son inconscientes y funcionan de forma poderosa y autónoma. Se trata de las áreas «psicoides» del arquetipo, que funcionan como centros de energía psíquica coexistente con la consciencia. Se manifiestan en estados de fusión, como la identificación proyectiva o la iluminación mística, o en estados psicosomáticos, como la identidad existente entre el niño y su madre. Cuando se activa este nivel mágico de un arquetipo, el cuerpo registra un campo de energía intensificado, al que Jung denominó «numinosidad», que puede ser transmitido por contagio al conjunto del entorno, con efectos tan discrepantes entre sí como el comportamiento psicológico de las multitudes o los fenómenos de curación por la fe.

El carácter global de los arquetipos, su impacto afectivo de «todo o nada», su impersonalidad, autonomía y numinosidad, constituyen un fondo teórico de gran riqueza para muchos de los dinamismos pre-edípicos: la omnipotencia, la idealización, la fusión y las luchas de separación-individuación. Esta psique objetiva es la cuna y matriz de las imágenes arquetípicas y el estrato en que es posible curar las perturbaciones afectivas e instintivas primarias. Es allí donde resulta posible experimentar el poder numinoso de los arquetipos, distinto de la comprensión racional. La psique arquetípica es el dominio del *unus mundus*, donde todavía nada ha sido separado ni existen conexiones secuenciales. En lugar de conexiones y relaciones hay sustitución y afecto. La parte representa al todo, y el todo representa a las partes. Las flaquezas maternas son vivenciadas a través del prisma de la Madre Terrible y sus dones y como la abundancia de la Gran Diosa. Gran parte del trabajo analítico consiste en diferenciar lo personal de lo arquetípico, *al tiempo que se procura reintegrar ambas experiencias por la vía de la simbolización.*

Si bien las imágenes arquetípicas difieren mucho de las experiencias personales, nunca existen en un vacío: se disparan, liberan y experimentan en el individuo. La naturaleza (el arquetipo) y la nutrición (la experiencia personal) están inseparablemente unidas. El arquetipo en sí es un esqueleto que requiere de la experiencia personal para encarnarse. La relación entre cuestiones personales y temas arquetípicos es paradójica: si bien la imagen arquetípica debe ser analizada, no reductivamente sino como algo emergente y simbólico, también es cierto que el arquetipo se expresa a través de la experiencia concreta. Por ejemplo, cuando un paciente se encuentra atrapado en una transferencia idealizante (Kohut, 1971), vivenciando al analista como trascendentalmente positivo y nutriente, en el paciente se constela el aspecto «bueno» del arquetipo de la Madre, que es proyectado en la figura del analista. En este caso el agente curativo es transpersonal, aunque se vivencie en términos personales. El arquetipo compensa una experiencia personal pobre, pero el símbolo no puede curar sino mediante un cuerpo y una vida concreta. Tal como lo expresa el analista junguiano Edward Whitmont (1982):

> La falta de conexión con la dimensión arquetípica genera un empobrecimiento espiritual y la sensación vital de falta de sentido. Pero si lo arquetípico no está suficientemente anclado y encarnado en el terreno personal, es decir, si en vez de tratar de descubrir el significado de los arquetipos a través de la experiencia concreta de los problemas y dificultades «triviales» de la vida cotidiana se especula acerca de su significado, nos quedamos en meros «viajes mentales» propios de la patología narcisista. En este caso el símbolo no es capaz de curar, pudiendo de hecho aislar al analizando de lo inconsciente, en vez de conectarle.
>
> (pág. 344)

Además de haber articulado la comprensión de la dimensión arquetípica de la psique y la experiencia individual de la misma, Jung desarrolló otras aportaciones preclaras acerca de la evolución psicológica. Fundamentalmente destaca su investigación del arquetipo femenino en la mitología y su importancia para el desarrollo psicológico de ambos sexos. Jung admitió que los aspectos considerados masculinos de la psique, como la autonomía, la diferenciación y la agresividad, no son superiores a otros elementos femeninos, como la capacidad nutricia y la relacional, o la empatía. Se trata más bien de las dos mitades de un todo, presentes ambas en cada individuo. Jung llamó ánima al arquetipo «femenino» presente en el hombre, y ánimus al arquetipo «masculino» presente en la mujer. Jung los concibió en términos semejantes a imágenes del alma, con su propia realidad psíquica, una alteridad con la que es necesario relacionarse como tal, vinculando de esta forma el yo a la psique objetiva.

Al proponer la existencia de los arquetipos ánima/ánimus Jung amplió el marco de las posibilidades evolutivas de ambos sexos. Si bien algunos de sus postulados sobre comportamientos y evolución adecuados reflejan el peso de concepciones basadas en el género, el logro más sorprendente de Jung fue situar a la mujer y los aspectos femeninos de la psique en términos de igualdad con el hombre y lo masculino. De hecho, esto constituyó un desafío al conjunto de la teoría psicoananalítica y evolutiva, cuyo modelo ideal de salud psíquica era el de un individuo, heroico y autónomo, diferenciado de la madre a cualquier precio. Atributos tales como la dependencia y la empatía habían sido desvalorizados y patologizados. Una mujer era *ipso facto* un hombre inferior. Jung inició una revisión del arquetipo femenino que sigue generando una reformulación de las ideas vigentes sobre la salud mental, en el sentido de incorporar como esenciales cualidades «femeninas».

Asimismo, Jung entendió que el desarrollo psicológico continúa a lo largo de toda la vida adulta. Fue el primero en intentar trazar un perfil de las etapas de la vida, basado en el mito del héroe-sol que surge con el alba, asciende con el sol del mediodía y luego desciende hacia la muerte por el horizonte (OC 8). La investigación sobre esta idea de la existencia de etapas vitales se continúa alrededor de cuestiones como la «crisis de la mitad de la vida». Esta potencial continuidad del desarrollo cualitativo a lo largo de la vida aporta un necesario factor de compensación a la teorías evolutivas genéticas. Pero puesto que creía en que *todos los caminos conducen a Roma*, Jung desconfiaba de una teoría evolutiva rígidamente basada en los arquetipos. Descubrió la existencia de muchos caminos subjetivos hacia la consciencia objetiva. De hecho, los diferentes paradigmas arquetípicos pueden ejercer en los individuos diferentes grados de influencia, actuando de modo distinto en las diversas propiedades del funcionamiento psíquico. Por ejemplo, la lucha del héroe con el dragón (Neumann, 1954) es representativa de la psique paranoide-esquizoide del adolescente, mientras que los mitos celtas y sus fluctuantes otros-mundos son paradigmas de la psique pre-edípica (Perer, 1990). En cualquier caso, el material arquetípico es utilizado para curar, amplificar, encarnar y dar sentido a la experiencia personal en que se inserta.

El modelo junguiano y su dinámica

Mientras la objetividad de la experiencia está determinada por los arquetipos, la subjetividad lo está por la naturaleza de los complejos personales. Jung fue en muchos sentidos el padre de la «teoría de los complejos». Durante sus experimentos de asociación de palabras llevados a cabo con sujetos normales, que debían responder con sus asociaciones a las palabras-estímulo (OC 2), Jung descubrió la existencia de dispersiones inconscientes *internas* que interferirían con las asociaciones a las palabras-estímulo. Se les dio el nombre de «complejos de ideas sentimentalmente acentuadas»; en resumen, *complejos*. Dicho trabajo tuvo un peso enorme en la reputación del psicoanálisis dentro de la comunidad científica de la época, al señalar empíricamente que una asociación podía ser distorsionada exclusivamente desde el interior. Los críticos argumentaban que en otras circunstancias las asociaciones de los pacientes en análisis eran diferentes y estaban moldeadas según las respuestas del analista (Kerr, 1993). En cualquier caso, Jung aportó la evidencia experimental de indicadores específicos, denominados «complejos», que según él eran la causa de muchas de las asociaciones.

El experimento de asociación de palabras sugería la existencia de muchos tipos diferentes de complejos, contradiciendo el postulado freudiano sobre la existencia de un complejo sexual nuclear. Jung también señaló que dichos complejos podían *disociarse:* funcionaban como contenidos inconscientes autónomos y escindidos, capaces de constituir personalidades aparte. Jung sentía gran interés por estos contenidos escindidos, razón por la cual asimiló la noción freudiana de la disociación de recuerdos traumáticos. Pero Jung nunca consideró que las disociaciones fuesen necesariamente provocadas por traumas sexuales o, para el caso, por trauma alguno. Para Jung la psique era inherentemente disociable, con complejos y contenidos arquetípicos personificados funcionando autónomamente como sistemas secundarios completos. Concebía la existencia de numerosos *yoes secundarios que no eran meramente impulsos y procesos inconscientes*.

Este enfoque radical es hoy objeto de intensa investigación en relación a la existencia de traumas, perturbaciones disociativas y fenómenos de personalidad múltiple, que han confirmado muchas de las ideas de Jung. Ciertamente, sus postulados sobre la naturaleza de los fenómenos disociativos tenían una gran amplitud: en su tesis doctoral (OC 1) Jung sugirió por primera vez el valor potencialmente positivo de la tendencia de la psique a la disociación. Su estudio de una médium reveló una mayor integración en la personalidad de la guía espiritual de la médium que en la de ésta. Dicha personalidad «secundaria» era superior a la primaria. A partir de esta observación Jung comenzó a postular una idea de gran importancia: la orientación *teleológica* de la sintomatología.

Mientras el psicoanálisis freudiano era básicamente arqueológico, hurgando en las ruinas del pasado, a Jung le preocupaba el presente como origen de desarrollos futuros. Jung veía en el yo una tendencia a la desorientación (elecciones inadecuadas) y la parcialidad (exceso). Consideraba que el material emergente de lo inconsciente servía para iluminar esta «oscuridad» fundamental. La imaginería inconsciente era simbólica, entendiendo el símbolo como un elemento compensador o corrector de los errores de la consciencia del yo. El símbolo posee una función reguladora. La postura teleológica propone esencialmente que: *a*) todos los síntomas y complejos poseen un núcleo simbólico arquetípico, y *b*) el resultado final, propósito u objetivo de un símbolo, complejo o mecanismo de defensa es tan importante, si no más, que sus causas. El síntoma no se desarrolla *debido a* la historia previa, sino *para* dar expresión a una parte de la psique o lograr un objetivo. La interrogación clínica no es reductiva, sino sintética: «¿cuál es la finalidad del síntoma?». En el caso de la médium estudiada por Jung (OC 1), la guía espiritual no se limitaba a un complejo histérico patológico, sino que constituía una «existencia independiente como personalidad autónoma, en busca de un camino intermedio entre los extremos» (pág. 132). Jung concibió esta figura como un intento de rectificar el pasado y preparar a la médium para la vida adulta; era un elemento numinoso de la psique, capaz de dar sentido a su vida. Jung planteó que no se trataba de la mera repetición de un complejo, sino de un intento de regular el funcionamiento existente y reorganizar el futuro.

La alteración más severa no reside en la existencia de complejos *per se*, sino en la ruptura de la notable capacidad autorreguladora de la psique, como lo es su habilidad para rectificar una situación presente llevando a la consciencia los complejos disociados y el material arquetípico. La cuestión reside en entender de qué forma se organizan estos diversos elementos disociados. La visión teleológica introduce otras de las ideas señeras de Jung: la existencia del *sí-mismo*, para Jung aquel agente ideal que contiene, estructura y dirige el desarrollo de *la totalidad de la psique*, incluido el yo.

> La antigua y ya superada concepción del hombre como un microcosmos contiene, sin embargo, una verdad psicológica suprema, aún por descubrir. Antiguamente esta verdad se proyectaba sobre el cuerpo, de la misma forma que la alquimia proyectaba la psique inconsciente en sustan-

cias químicas. Pero es algo totalmente diferente entender como microcosmos el mundo interno, cuya naturaleza intrínseca logra vislumbrarse en huidizos destellos desde lo inconsciente (...) Así como el cosmos no consiste en una masa de partículas en disolución, sino que yace en la unidad de la contención de Dios, así el hombre no debe disolverse en el vértigo de posibilidades y tendencias en conflicto impuestas por lo inconsciente, sino que debe convertirse en la unidad que las contiene a todas.

(OC 16, pág. 196)

Al principio de la vida, el sí-mismo abarca la totalidad potencial de la personalidad, pero al igual que una simiente o un esquema genético, se desarrolla con el tiempo. Jung elaboró su perspectiva evolutiva del sí-mismo en su amplificación alquímica del viaje que transcurre entre la caótica *massa confusa* y el *lapis* integrado, o Piedra Filosofal que, al contener todos los opuestos contradictorios, simboliza un estado ideal de totalidad y salud (OC 14). Si bien dicha condición no llega nunca a realizarse totalmente, el sí-mismo funciona durante toda la vida como el factor ordenador que se encuentra tras el desarrollo y como la fuerza prospectiva estructurante presente en síntomas y símbolos. Una característica distintiva de la psicología junguiana es que todas las teorías diagnósticas, pronósticas y evolutivas están organizadas desde el punto de vista del sí-mismo, no del yo. Los teóricos posfreudianos solo aluden a esta noción de un «sí-mismo»: Masud Khan habla de la vivencia de un sí-mismo que trasciende la estructura ello-yo-superyó (1974) y Kohut se refiere a la misteriosa y fundamental noción de sí-mismo (1971). Pero en el modelo junguiano el yo es relativo respecto al sí-mismo, actuando en el mejor de los casos como su «brazo ejecutor».

Jung concebía una psique poseedora de muchas estructuras y centros de gravedad importantes, que concurren en la autorregulación, disociativos, que se esfuerzan en alcanzar el orden a través del sí-mismo. Puesto que la psique es disociable por naturaleza, su asimilación por parte del yo es un proceso que jamás termina. Jung vislumbró la existencia de una profunda brecha entre el yo y lo inconsciente, a veces salvada pero jamás erradicada, y su postulado incluye la concepción de partes de la psique siempre disociadas e «irredentas». No obstante, dentro de este sistema aparentemente caótico también existe el orden: el sí-mismo, fuerza teleológica estructurante que subyace al desarrollo y la sintomatología, elemento de destino y misterio en el proceso psicológico. Los dos mecanismos reguladores de la psique, la *disociabilidad* y el *sí-mismo*, son dos «opuestos» que, en conjunto, comprenden el modelo junguiano. Estos opuestos han seguido vías distintas según tres orientaciones: la escuela clásica, que destaca el sí-mismo; la escuela arquetipal, que se centra en la disociabilidad de la psique; y la escuela evolutiva, que enfatiza el proceso de individuación a partir de lo inconsciente. El desafío planteado a la próxima generación consiste en avanzar partiendo de esta pluralidad hacia una postura capaz de mediar en la complejidad de una visión unificada.

Utilización creativa y simbólica del material inconsciente

En el trabajo junguiano las fantasías, sueños, sintomatología, defensas y resistencias se conciben en términos de teleología y función creativa. En lugar de entenderlos como respuestas de adaptación fallida al pasado se parte del supuesto de que reflejan los intentos de la psique por superar obstáculos, crear sentido y proporcionar alternativas potenciales para el futuro. Por ejemplo, durante un periodo de depresión y ansiedad, una paciente (cuyo caso se discute en el capítulo 10) comenta: «me gustaría tirarme a un río». La aproximación junguiana a esta perturbadora fantasía procura abrir el campo interpretativo a la imaginería suicida de la paciente. Su «significado» y propósito aparente serán considerados en el contexto de la función y del simbolismo subyacente.

De acuerdo con la visión junguiana de la enfermedad mental, cuando nuestra incapacidad para enfrentarnos a las dificultades internas o externas provoca una interrupción en el flujo natural de la libido (entendida no solo como energía sexual, sino como energía psíquica *per se*), ésta sufre una regresión. En dicha regresión se activan imágenes internalizadas del pasado, como las parentales, y símbolos libidinales arquetípicos, como el agua. La fantasía de «tirarse a un río» es la imagen psíquica de una regresión inminente, de cualidad «acuática». Las preguntas a formular frente a una regresión de la libido, y a la emergencia de símbolos tan potentes, se refieren a dónde se dirige y por qué. Este enfoque se denomina método de interpretación *sintético y progresivo* para diferenciarlo del enfoque reductivo, retrospectivo y personalista, que analiza en términos de la historia y la experiencia personales. En el tratamiento junguiano se recurre a una combinación de ambos métodos.

La regresión es un acontecimiento poderoso: incluye a un tiempo la enfermedad y su potencial cura. La libido necesita fluir hacia atrás, pasando por la fase de las relaciones paterno/filiales para alcanzar fuentes más profundas de energía psíquica. Esta habilidad para retroceder, especialmente para atravesar y trascender los conflictos y traumas de la infancia, es otro de los mecanismos autorreguladores de la psique. Jung concebía la regresión y la introversión no solo como potencialmente adaptativas, sino como condición *sine qua non* de una curación lograda. Cuando, durante la enfermedad, la libido regresa y se introyecta emergen símbolos de lo inconsciente, como el de «tirarse a un río». Dichos símbolos no están ni censurados ni distorsionados, ni son meramente signos de otra cosa. Freud entendió la función de la formación de símbolos como una protección frente a intensos deseos infantiles inconscientes. Jung, por su parte, consideró que el objetivo de un símbolo era *transformar la libido de un nivel a otro*, señalando el camino para futuros desarrollos. Los símbolos son como entes vivos, plenos de significado y capaces de actuar como *transformadores de la energía psíquica*.

Los símbolos hablan el idioma arquetípico por excelencia. Se originan en el estrato mágico arcaico de la psique, donde pueden ser, en potencia, curativos, destructivos o proféticos. Las imágenes simbólicas son auténticos transformadores de la energía psíquica porque *una imagen simbólica evoca la totalidad del arquetipo reflejado*. Las imágenes evocan el objetivo y la motivación de los instintos mediante la naturaleza psicoide del arquetipo. Esto ocurre independientemente de comprenderlos de forma racional o no. Por ejemplo, la fantasía de querer «tirarse a un río» pone en marcha un proceso psicológico real de curación o ahogo. La energía libidinal del complejo está ligada a la imagen y de esta manera puede ser parcialmente asimilada por el yo, con la consiguiente liberación de energía psíquica para su utilización consciente. A Jung le agradaba recurrir a técnicas como el dibujo, la pintura y la imaginación activa para dar expresión a imágenes simbólicas. Esta expresión estética posee sus propias propiedades curativas, y una vez que, por decirlo de alguna manera, se ha atrapado al genio, resulta más fácil iniciar el diálogo. Dichas técnicas de dibujo, pintura y juego han sido adoptadas por terapeutas de niños y muchos otros clínicos.

Pero ¿qué es lo que sucede finalmente con la libido durante la regresión? Jung observó una *inversión espontánea de la libido*, que denominó *enantiodromia*. Este «regreso al opuesto» caracteriza la naturaleza del flujo de la libido, y ha sido descrito en la literatura y la mitología como el regreso del sol desde las entrañas de la noche, el retorno desde el centro de la tierra o el ascenso del poeta desde el *Inferno* de Dante. Este crucial mecanismo de autorregulación, que pone fin a la regresión, puede dar cuenta de episodios psicóticos o de remisiones espontáneas en la depresión. Si fracasa, la regresión se convierte en un acontecimiento muy peligroso.

Cuando el material inconsciente llega a la superficie, el principio rector del trabajo con él reside en la *especificidad de la imagen*, es decir, un río es un río, no una imagen sexual reprimida. Lo inconsciente tiene su lenguaje mitopoético propio, y su visión de las cosas es a veces extraña por no derivarse del lenguaje verbal. De hecho, Jung (OC 5) postulaba la existencia de «dos formas de pensamiento» (pág. 7), el racional y el no racional, idea que preanunciaba los posteriores descubrimientos científicos relativos a la naturaleza de los dos hemisferios cerebrales y de los diferentes modos de procesar la información. La parte simbolizadora, imaginativa, de la mente trabaja por analogía y correspondencia más que por explicación racional. Jung creía que la tenacidad y ubicuidad de este tipo de pensamiento indicaba su potente origen arquetípico. Cuanto más profunda es la regresión, mayor es la cantidad de material que surge de ella. Por eso interpretó los sueños y fantasías modernas a la luz de motivos mitológicos arcaicos, método denominado *amplificación arquetípica*.

Por ejemplo, la imagen de «tirarse a un río» significa mucho más que las asociaciones personales de la soñante. Lleva consigo toda la imaginería arquetípica del agua en movimiento: el agua «resuelve» disolviendo y humedeciendo la libido obstaculizada. Representa el fluir contra la fijeza, inmersión, contención, disolución y purificación. El agua ablanda la conexión existente entre las cosas, lo que puede provocar la muerte o una renovación. Se suelen adjudicar propiedades curativas y regenerativas a todos los ríos sagrados del mundo. El Nilo, el Ganges, el Jordán, o los ríos mitológicos como el Éstige o el Leteo, actúan como conexiones entre la vida y el olvido de la muerte. Muchos mitos nos presentan a deidades femeninas que buscan en un río a alguien que se ha perdido o bien a una parte de sí mismas que debe ser recuperada: Psique busca a Eros, Isis a Osiris. Teleológicamente, la imagen «suicida» simboliza la necesidad de disolver las cosas hasta sus partes constitutivas, para que sean arrastradas dentro de las aguas de lo inconsciente y purificadas, como preludio a un renacimiento. Jung consideraba que, desde el punto de vista del sí-mismo, capaz de ver «el cuadro total», resulta irrelevante que el resultado sea la muerte o la renovación vital. En cualquier caso se trata de un nuevo comienzo en otro sitio. Sin embargo, para el yo la cuestión es diferente. A nivel clínico, el punto nodal está allí donde la amplificación arquetípica coincide con la experiencia, capacidades y biografía personal del paciente. Terapéuticamente, esta imagen puede señalar la parte «reductiva» del análisis: las aguas disolventes de las lágrimas, el dolor, el duelo, la inundación sentimental. Si la historia del paciente sugiere que puede soportar una disolución terapéutica y sobrevivir, el pronóstico es excelente. Por el contrario, si los traumas vividos han sido excesivamente avasalladores y han generado temor o pasividad extrema, su capacidad para «ir con la corriente» de la libido puede ser limitada, provocando un estancamiento, o incluso un potencial suicidio.

El método de la amplificación arquetípica es muy diferente a la asociación libre tradicional: reconoce los límites de la asociación libre al subrayar la especificidad de la imagen, es decir, el río, como poseedora de un significado objetivo en tanto que símbolo universal. Este esclarecimiento de símbolos auténticos, más allá de la comprensión racional y capaces de contraponer significado a la falta de sentido, puede ser importante para una mujer que desea «tirarse a un río». En la situación clínica la amplificación arquetípica y la experiencia personal se combinan, proporcionando la información diagnóstica y pronóstica que proporciona la oportunidad específica para que se pueda rectificar la situación presente de la soñante, incluida la analítica. Desde la perspectiva junguiana, el diagnóstico y el pronóstico no se interesan únicamente por lo patológico, sino por la evaluación del potencial para el diálogo, y la asimilación, que posee el yo hacia el material inconsciente.

Otra forma creativa del trabajo junguiano con el material inconsciente reside en su enfoque de la *experiencia de los opuestos* en la vida psicológica. Esta experiencia refleja el hecho psicológico de que todo lo que existe en el complejo del yo tiene su «opuesto» especular en lo inconsciente. Un yo controlador constelará desorden en lo inconsciente: un príncipe es también un sapo, y un sapo puede contener un príncipe en potencia. La psique no es una entidad perfecta y homogénea: más bien trabaja para crear totalidad. Generalmente los sapos desordenados son empujados a lo inconsciente, constituyendo una personalidad secundaria disociada, que Jung denominó *sombra*. Resulta de fundamental importancia llevar estos «opuestos» al conocimiento consciente; de lo contrario se genera mayor disociación y neurosis.

Dado que el pensamiento consciente se esfuerza por alcanzar la claridad y exige decisiones unívocas, debe librarse permanentemente de contraargumentos y tendencias opuestas, de donde resulta que los contenidos especialmente incompatibles o permanecen totalmente inconscientes o son habitual y asiduamente ignorados. Cuanto más se repita esta situación, más reforzará su contraposición lo inconsciente.

(OC 14, pág. XVII)

Esta idea de coexistencia de opuestos contradictorios, si bien parcialmente reprimida, obliga a reconsiderar nuestro concepto de salud mental y permite relativizar los sentimientos de inferioridad y enfermedad. El objetivo no es la perfección, sino la totalidad. Todos poseemos el complejo sombra; sencillamente es así, un elemento arquetípico de la psique. La sombra no es ni eliminada ni totalmente asimilada por el yo, sino que existe el imperativo ético de admitir su existencia y asumir una responsabilidad creativa hacia ella, en vez de continuar proyectándola. De hecho Jung sostuvo firmemente que el camino hacia la salud psicológica y la búsqueda de sentido pasan por la sombra. Los demonios, ladrones y progenie desagradable que nos persiguen en los sueños bien pueden ser nuestros yoes secundarios reclamando su lugar.

Dado que el problema de los opuestos es perenne, la articulación terapéutica de los mismos constituyó una de las mayores aportaciones de Jung. Este problema, evidentemente, se dirime en las relaciones objetales, cuando la psique inicialmente proyecta la sombra y otros complejos en las relaciones interpersonales, es decir, el sapo es siempre el otro. Pero Jung también atrajo nuestra atención al terreno introvertido: las relaciones de los complejos entre sí y la relación del yo con dichos complejos. El estudio de estas relaciones constituye el trabajo psicoterapéutico maduro, cuando las preguntas relevantes consisten en averiguar en qué espacio puede vivir el sapo, que no es el de la proyección, y cuál es el trato recíproco que se han de brindar el sapo y el príncipe entre sí. La búsqueda de respuestas es un proceso de comprensión subjetiva, relativización del yo, permanente integración del material de la sombra y un sesgo subjetivo sobre lo que es «bueno y malo» en la vida psicológica.

Esta lucha forma parte del difícil proceso de individuación, que no procura perfección sino completud. Los «opuestos internos» remiten a la voluntad y a la conciencia; la adaptación a la cultura colectiva no es el fin último. Este movimiento de la libido es diferente al crecimiento instintivo, adaptación, regresión o maduración general. Es lo que los alquimistas llamaban *opus contra natura*, el trabajo en contra de la Naturaleza. Si bien depende del desarrollo pleno de las etapas de la vida, que incluye simultáneamente una adaptación a la sociedad y el logro de la individualidad, la transición fundamental es la que va de un yo idealizado a uno verdaderamente único, orientado por el sí-mismo. Esto sucede mediante la diferenciación y la asimilación creativa de los opuestos psíquicos, de la sombra y demás material inconsciente. Su fruto es la sabiduría de la totalidad de la vida y el *amor fati*: la aceptación y el amor al propio destino.

La psicología junguiana destaca el desarrollo orientado por un propósito, la vivencia personal de sentido y la adaptación creativa como factores operativos de la psique. Se la concibe como un continuo proceso de integración psíquica, siempre precedido por fases de disociación, resumidas en la máxima alquímica *solve et coagula* (disolver y coagular). El objetivo del análisis es ayudar a orientar la energía psíquica hacia el desarrollo con la colaboración de *la experiencia simbólica del material inconsciente*. Las mayores aportaciones de Jung fueron su insistencia en la función simbólica y creativa del material inconsciente, en el poder curativo de las imágenes y en la tendencia prospectiva de la psique hacia la regresión en momentos de estrés y crecimiento. Pero advirtió con vehemencia que nada se ganaba, aunque se podía perder mucho, con la producción de material regresivo. En este sentido se adelantó a su tiempo, abordando problemas de dependencia, regresión y colusión que continúan socavando el valor de la psicoterapia contemporánea.

El trabajo de Jung expandió el campo conceptual e interpretativo psicoanalítico tradicional al investigar el terreno objetivo de la dinámica arquetípica. Cuestiones que actualmente son objeto de investigación, como las relaciones de «objeto escindido», los estados fronterizos y la dinámica pre-edípica, los esfuerzos correspondientes a la separación y la individuación, las alteraciones disociativas y el entorno temprano de contención se originan todos ellos en el estrato arquetípico de la psique. Mucho de lo que Jung denominó «sintético-constructivo» ha comenzado a emerger en el pensamiento psicoanalítico actual.

Pero, sobre todo, Jung «despatologizó» el nivel arquetípico transpersonal de la psique al establecer su función como matriz creativa del conjunto de la personalidad. Su represión o negación conduce a los males que la sociedad moderna efectivamente padece: un sentido de fracaso y depresión ante el inevitable sufrimiento de la vida, y la consiguiente fascinación que ejercen aquellos que se identifican con la psique arquetípica, como los fanáticos religiosos y las personalidades *glamorosas* y sedientas de poder. La aportación de Jung fue señalar un camino hacia una relación más creativa con lo inconsciente, y su propia devoción personal por este proceso constituye un bello ejemplo de lo que se puede descubrir cuando la psique se encuentra consigo misma.

REFERENCIAS

Freud, S. (1933) *Nuevas lecciones introductorias al psicoanálisis,* OC, t. VIII, (trad. L. López-Ballesteros), Biblioteca Nueva, Madrid, 1972; (trad. J. L. Etcheverry), Amorrortu, Buenos Aires, 1982, t. 22.

Jung, C. G. (1902/1970), «Acerca de la psicología y patología de los llamados fenómenos ocultos», OC 1.

—, (1906-1908) *Investigaciones experimentales,* OC 2.

—, (1912/1952) *Símbolos de transformación,* OC 5, (trad. L. Rosenthal/E. Butelman), Paidós, Buenos Aires, 1953.

—, (1921/1960) *Tipos psicológicos,* OC 6, 1, (trad. A. S. Pascual), Edhasa, Barcelona, 1994.

—, (1952) «Sincronicidad como principio de conexiones acausales», en *La dinámica de lo inconsciente,* OC 8, 19, en *La interpretación de la naturaleza y la psique,* (trad. H. Kahnemann), Paidós, Barcelona, 1983.

—, (1931) «El punto de inflexión de la vida», OC 8, 16.

—, (1916/1958) «La función transcendente», OC 8, 2.

—, (1966) *La práctica de la psicoterapia,* OC 16.

—, (1946) «La psicología de la transferencia», OC 16, 12, (trad. J. K. Albert), Paidós, Barcelona, 1983.

—, (1956/1970) *Mysterium Coniunctionis,* OC 14.

Kerr, J. (1993) *La historia secreta del psicoanálisis,* (trad. B. Blanch), Crítica, Barcelona, 1995.

Khan, M. M. R. (1974) *The Privacy of the Self,* International Universities Press, Nueva York.

Kohut, H. (1971) *Análisis del self*, (trad. M. A. Galmarini y M. Lucero), Amorrortu, Buenos Aires, 1996.
Neumann, E. (1954) *The Origins and History of Consciousness*, Princeton University Press, Princeton.
—, (1955) *The Great Mother: an Analysis of the Archetype*, Princeton University Press, Princeton.
Perera, S. (1990) «Dream Design: Some Operations Underlying Clinical Dream Appreciation», en *Dreams in Analysis*, Chiron Publications, Wilmette, Illinois.
Salman, S. (1994) «Dissociation in the Magical Pre-Oedipal Field», trabajo presentado en la Conferencia sobre Trauma y Disociación, Center for Depth Psychology and Jungian Studies, Katonah, Nueva York.
Samuels, A., Shorter, B., y Plaut, F. (1986) *A Critical Dictionary of Jungian Analysis*, Routledge & Keagan Paul, Nueva York.
Whitmont, E. C. (1982) *Return of the Godess*, Crossroad, Nueva York; *El retorno de la diosa*, (trad. J. M. Álvarez), Argos-Vergara, Barcelona, 1984.
Winnicott, D. W. (1965) «La distorsión del yo en términos del self verdadero y falso», en *Los procesos de maduración y el ambiente facilitador*, (trad. J. Piatigorsky), Paidós, Barcelona, 1993.

4 Paul Kugler

La creación psíquica de imágenes: un puente entre sujeto y objeto

> La psique está constituida esencialmente por imágenes.
> (Jung, 1926, OC 8, pág. 325)

> Una entidad psíquica solo puede ser un contenido consciente, es decir, solo puede ser representada si posee cualidad de imagen.
> (Jung, 1926, OC 8, pág. 322)

Principios originarios

La imagen mental es nuclear a todas las funciones básicas de la personalidad. Sin creación de imágenes no existiría autoconsciencia, habla, escritura, memoria, sueños, arte, cultura..., en esencia, todo lo que atribuimos a la condición humana. La psicología profunda evolucionó a partir del esfuerzo por comprender la creación de imágenes (por ejemplo, sueños, asociaciones, recuerdos y fantasías) y su papel en la formación de la personalidad y el desarrollo de la psicopatología. Al intentar dar cuenta del proceso de estructuración de imágenes mentales y su efecto en la personalidad, tanto Freud como Jung optaron por una concepción «universal». Freud propuso la existencia de esquemas filogenéticos, el complejo de Edipo y la realidad del deseo, mientras Jung se inclinó por los arquetipos. Si bien las dos son propuestas universales, la diferencia entre ambas teorías reside en el *principio originario* adoptado en cada caso.

Mientras Freud abre su perspectiva teórica postulando la existencia de un mundo de deseo (eros) previo a toda experiencia, en Jung el principio originario reside en el mundo de las imágenes. La imagen es el mundo en que se despliega la experiencia. La imagen constituye la experiencia. Imagen es psique. Para Jung el mundo de la realidad psíquica no es un mundo de cosas. Tampoco es el mundo del ser. Es un mundo de la *imagen como tal*.

En este capítulo se ofrece una perspectiva histórica de la imagen y el arquetipo, procurando elaborar la perspectiva psicológica de los conceptos fundamentales de Jung, a fin de lograr una mejor comprensión de la cuestión de los universales en relación a las imágenes psíquicas. Tal vez no exista en el pensamiento occidental otro tema tan básico y, al mismo tiempo, tan problemático para nuestra comprensión de la creación psíquica de imágenes como la necesidad de algún tipo de categoría universal. Comenzando por los ideales metafísicos de Platón y las formas materiales de Aristóteles, y pasando cor el *cogito* cartesiano hasta las categorías de la razón pura en Kant y los arquetipos en Jung, la relación entre las imágenes mentales y los universales ha sido larga y complicada. El pensamiento occidental siempre ha debatido la cuestión de la existencia o no de principios universales sobre los que asentar el concepto de naturaleza humana. ¿Existen atributos mentales específicamente humanos, como realidad, verdad, sí-mismo, dios, razón, ser o imagen? De ser así, ¿dónde se localizan? Para lograr cierta perspectiva sobre estas cuestiones y su influencia en los conceptos fundamentales de Jung, he de recurrir a la historia de la imaginación en el pensamiento occidental.

Breve historia de la imagen

> Es un pensador; es decir, sabe cómo hacer que las cosas parezcan más simples de lo que son.
>
> (Nietzsche, 1887, sección 189)

La idea de imagen no es algo estático, fijo o eterno. La imagen es un concepto fluido que ha sufrido muchas transformaciones a lo largo de los siglos. Para captar algunos de los sutiles matices y modificaciones del concepto he de trazar su evolución a partir de los postulados tempranos de la filosofía griega, pasando por la ontoteología medieval y el nacimiento de la era moderna, hasta llegar al debate actual sobre el estado de la imagen en la posmodernidad. Las referencias básicas para esta historia impresionista derivan de tres fuentes principales: *Historia de la filosofía*, de Frederick Copleston, *The Theory of Imagination in Classical and Medieval Thought*, de M.W. Bundy y, especialmente, el elocuente texto de Richard Kearney, *The Wake of Imagination*.

La historia de la imagen en el pensamiento occidental comienza con Platón. En *La República* Platón presenta su alegoría de la caverna, relato que aborda directamente el problema de la imagen y su relación con el ser y la realidad. En dicha alegoría los seres humanos viven ignorantes en una caverna, prisioneros de un mundo de imágenes. Los habitantes de la caverna solo pueden ver las sombras que los objetos externos proyectan sobre la pared. Inevitablemente consideran las sombras reales, pues nada saben de los objetos que las generan. Finalmente alguien logra huir al exterior de la caverna, a la luz del sol, a la eternidad, y contempla por primera vez los objetos reales. Se hace entonces evidente el engaño sufrido con las sombras proyectadas por el mundo material.

En resumen, la teoría platónica de la imagen y el conocimiento parte del supuesto de la existencia de un ideal *a priori* (un arquetipo) situado en la eternidad. Mientras que en el mundo material existen muchas sillas, en la eternidad existe solo una forma o arquetipo de silla. La imagen de una silla en un espejo no es real, sino solo aparente, como lo son las diversas sillas que existen en el mundo material, meros reflejos o sombras del ideal eterno.

Para Platón, el mundo material temporal en que vivimos es una copia, un reflejo secundario en el espejo de lo material. La imagen es a su vez una copia del mundo material, que también es copia de su ideal, situado en la eternidad. La teoría platónica de las imágenes se alimenta de metáforas pictóricas o figurativas, como, por ejemplo, el tallado o creación de una figura externa. Las imágenes no se conciben como algo interior, sino exterior a la psique.

Platón sugiere que las imágenes son una especie de droga (un *pharmakon*) que puede actuar como remedio o como veneno. La imagen actúa como remedio cuando registra la experiencia humana para la posteridad, evitando que se pierda en el tiempo. Pero también puede actuar como veneno si nos lleva a confundir el original con la copia. La imagen envenena en cuanto asume la condición de ídolo. Para Platón las imágenes son reproducciones externas del mundo material, en sí una replica del mundo eterno. Las imágenes son copias de copias, no principios primeros.

Aristóteles, discípulo de Platón, desarrolló una teoría diferente trasladando la cuestión de lo metafísico a lo psicológico. Aristóteles sitúa la imagen en lo humano y su fuente en el mundo material, no en la eternidad. Las imágenes son intermediarias entre la sensación y la razón, un puente entre el mundo interno de la mente y el mundo externo de la realidad material. Varias de las metáforas dominantes utilizadas por Aristóteles para delinear el proceso de creación de imágenes son «escritura», «destreza» y «dibujo». Aún hoy recurrimos a estas metáforas cuando hablamos de «bosquejar» una conclusión o de «figurarnos» cómo es algo. Aristóteles, sin embargo, no da prioridad a la imagen, sino a los datos sensoriales. La imagen no es originaria, sino reflejo de los datos sensoriales.

Ni Platón ni Aristóteles conciben el proceso de creación de imágenes como autónomo u originario. Para ambos es primordialmente una actividad *reproductiva*. Casi todas las teorías psicológicas occidentales desarrolladas posteriormente tienen huellas de esta concepción. El énfasis puede ponerse en la sensación o en una estructura cognitiva atemporal, o en una combinación de ambas, como ocurre con el modelo epigenético de Piaget. El punto en común entre Platón y Aristóteles es su concepción de las imágenes psíquicas como un reflejo secundario de alguna fuente originaria situada más allá de la condición humana. El proceso imaginativo no es creativo sino imitativo.

Concepción medieval de la creación de imágenes

La corriente de filósofos neoplatónicos, como Porfirio, Proclo y Plotino, y la ontoteología de la Edad Media conservaron relativamente intacta la concepción reproductiva del proceso imaginativo. La concepción medieval de la creación de imágenes era una síntesis de ontología helénica y teología bíblica. Esta alianza ontoteológica no hizo más que aumentar la desconfianza hacia las imágenes. Desde el punto de vista teológico, las imágenes eran objeto de condena bíblica por transgredir el orden divino de la creación; desde el punto de vista filosófico la imagen se consideraba una copia secundaria de la verdad original del ser. Las tradiciones judeocristiana y griega concebían la creación de imágenes como actividad reproductiva, reflejo de alguna fuente de sentido más «original» situada más allá de la condición humana: la deidad o las formas, fueran metafísicas (Platón) o físicas (Aristóteles).

La concepción medieval de la creación de imágenes presente en las concepciones de san Agustín, san Buenaventura y santo Tomás también se ajusta al modelo reproductivo de Platón y Aristóteles. Para toda la ontoteología medieval, la imagen es copia de una realidad más original que la trasciende, ideal divino (dios) situado fuera de la condición humana.

Uno de los autores más interesantes de este periodo, Ricardo de San Víctor, describe las imágenes como «vestiduras prestadas» o «ropajes» utilizados para cubrir las ideas racionales. Considera las imágenes como vestimentas psíquicas utilizadas para presentar la razón de una manera más aceptable para la mayoría de la población. Especialmente cauto hacia las imágenes, Ricardo de San Víctor advierte que si la razón se complace excesivamente con sus «vestidos» la imaginación puede adherírsele como una piel. Si esto sucede, corremos el riesgo de aceptar el montaje artificial de las imágenes como un atributo natural. Se nos aconseja no confundir nuestra naturaleza única con nuestras imágenes.

La fantasía de este autor revela el temor a aceptar equivocadamente la imagen como nuestra piel, como nuestra naturaleza original, más que como una copia artificial. Se hace ya evidente la ambivalencia sobre si la imagen es solo artificial y reproductiva, o si constituye una parte de nuestra genuina naturaleza. El temor a tomar la imagen como parte de la naturaleza humana, y no mero ropaje, refleja una creciente inquietud en el pensamiento occidental acerca del lugar exacto que han de ocupar las imágenes psíquicas en relación a la naturaleza humana.

A medida que el concepto de imagen evoluciona en el pensamiento occidental comienza a desestabilizarse la posición intermediaria que forzadamente ocupó durante 1000 años. El orden metafísico, desde Platón y Aristóteles, asumía ciertas dualidades primordiales: interno/externo, mente/cuerpo, razón/sensación y espíritu/materia. Siempre se ha localizado la imagen *entre* dichas dualidades. Estas dualidades se establecieron firmemente desde los inicios de la filosofía griega, proporcionando la base de la metafísica occidental y, sin duda alguna, han sido asumidas como soporte de nuestra estructura de pensamiento.

A medida que la cultura occidental supera la ontoteología medieval en su avance hacia el Renacimiento y los inicios del mundo moderno, estas estructuras metafísicas se van deteriorando. La imagen, atrapada en las dualidades fundamentales de la metafísica occidental, va lentamente minando las bases, poniendo en peligro el mismo orden metafísico que sostiene tales opuestos. La concepción de la imagen como mera representación de algún original preexistente, como la razón, la sensación, la deidad, el espíritu, la materia, la forma, y así sucesivamente, pierde su carácter absoluto. A medida que nos acercamos al Renacimiento ya no resulta tan claro si la imagen es un ropaje que vestimos o si es, efectivamente, nuestra piel original.

Los alquimistas: algunas figuras marginales

En última instancia, la concepción medieval de la imagen refleja la dualidad de su naturaleza ontoteológica, acorde con el modelo fundamentalmente reproductivo de sus raíces tanto judeocristianas como helénicas. La imagen sigue siendo una representación, un producto mental secundario. A lo largo del camino de superación de la ontoteología medieval, pasando por el escolasticismo de los siglos XIII y XIV hasta el surgimiento del humanismo renacentista, unas pocas figuras marginales del pensamiento occidental dan inicio a una revisión radical de nuestra noción de imagen. Paracelso, Ficino y Bruno desarrollan una nueva concepción de la creación de imágenes como poder creativo, transformador y original situado *en la condición humana*. De la misma manera que Copérnico invirtió nuestra cosmología en relación al sistema solar, los alquimistas invirtieron la teoría tradicional del conocimiento y de la imagen. Los sistemas de pensamiento bíblico, grecorromano y medieval situaban la «realidad» como condición trascendental más allá de la comprensión humana: el «sol» de Platón más allá de los confines temporales de la caverna humana. Los alquimistas y otros filósofos herméticos de la época comenzaron a intuir la presencia de un «sol» dentro del universo humano, una luz interior con poderes originarios. Paracelso se pregunta: «¿qué es la imaginación sino el sol interior?», (Kearney, 1988).

Bruno, filósofo hermético del siglo XVI, revisó drásticamente la tradicional concepción reproductiva de la imagen al punto de sugerir que ¡la imaginación humana era la misma fuente del pensamiento! Por supuesto se trataba de una idea extremadamente radical para la época. Según Bruno, la creación de imágenes antecede y, de hecho, crea la razón. Esta formulación teórica sitúa la fuerza creativa en el interior mismo de la condición humana, ni en lo divino ni en lo eterno. Estas ideas eran tan radicales en relación a las doctrinas vigentes desde el pensamiento escolástico y medieval que fueron condenadas por la Iglesia como herejía. El castigo a Bruno por haber puesto la creación de imágenes en el centro de la creatividad y de la condición humana fue la hoguera. Tuvieron que transcurrir varios siglos hasta poder introducir esta idea en la corriente del pensamiento occidental sin que resultara peligrosa. Los textos alquímicos de la época, marginales al pensamiento occidental, comienzan sutilmente a superar la metafísica de la trascendencia, en pos de una psicología de la creatividad humana. Hasta entonces, el acto creativo era generalmente atribuido a un agente que existía más allá de lo humano. Por ejemplo, el clásico retrato medieval de Cristo no llevaba firma, eliminando así la individualidad del artista para subrayar la primacía de la creación divina. Bruno y otros filósofos herméticos de los siglos XV y XVI comenzaron a desarrollar la herética idea de situar al agente responsable del acto creativo dentro de la naturaleza humana.

El nacimiento de la modernidad

El siguiente cambio importante en nuestra actitud hacia la creación de imágenes llegó con René Descartes en el siglo XVII. Fue el primer filósofo moderno que rompió decisivamente con las ideas dominantes de la Escolástica (siglos XIII y XIV). Las ideas desarrolladas en sus *Meditaciones* (1642) resultan básicas para la concepción moderna de un mundo dividido en sujetos y objetos. A partir de su proposición *Cogito ergo sum* (pienso, luego existo) Descartes definió la existencia a partir del acto de un sujeto conocedor, y no a partir de un Dios trascendente, la Materia objetiva o las Formas eternas. La teoría cartesiana del sujeto pensante marcó un cambio fundamental en la comprensión psicológica occidental al situar la fuente del significado, de la creatividad y de la verdad *dentro de la subjetividad humana*. La mente humana tenía prioridad sobre el ser objetivo o lo divino.

La tendencia antropocéntrica de los siglos XVI y XVII también se evidencia, en el terreno artístico, en la aparición de «autores» que crean novelas y, en pintura, en la modalidad del autorretrato, que refleja la nueva estética de la subjetividad. La teoría cartesiana del *cogito* (el sujeto pensante) contiene los inicios del proyecto filosófico moderno, proporcionando una base antropológica a la metafísica. El centro de la misma ya no está ocupado ni por las formas ideales (Platón), ni por la materia (Aristóteles) ni por la deidad (ontoteología). Descartes sitúa en él al sujeto humano; liberó a la mente de sus ataduras, fueran deidades trascendentales, ideales externos o mundo material. El sujeto humano era ahora causa primera, capaz de *crear* sentido, certeza, existencia y verdad. Si bien Descartes y sus seguidores abrieron la vía al humanismo moderno, él continuó suscribiendo la concepción de la creación de imágenes como actividad reproductiva.

Empirismo: hacia un *ficcionalismo arbitrario*

El siguiente cambio significativo en nuestro concepto de imagen se produjo con el empirismo de David Hume (1711-1776). Siguiendo a Descartes, Hume se propuso demostrar que el conocimiento humano podía establecer sus propias bases sin recurrir al campo metafísico de las deidades o los ideales ni al terreno físico del mundo material. Hume habría de descubrir que, una vez separada la razón de su estructura metafísica, la base misma del racionalismo positivista queda reducida a una ficción arbitraria.

Si bien Hume comenzó apoyando a Locke en su descripción empirista de la mente como una pizarra en blanco, una *tabula rasa*, sobre la que se inscribe la «débil marca de los sentidos», acabó en un ficcionalismo radical que amenazaba destruir la base misma del racionalismo. Kearney (1988) sugiere que Hume llevó la concepción reproductiva de la imagen a sus límites, al afirmar que todo conocimiento humano deriva de la asociación de ideas-imagen, por lo que no necesita recurrir ni a leyes metafísicas ni a entidades trascendentes.

Hume redujo el acto de conocer a una serie de regularidades psicológicas que rigen las asociaciones entre las imágenes: semejanza, contigüidad, identidad, etc. Aun suscribiendo el modelo reproductivo de la imagen como copia mental de sensaciones debilitadas, Hume sostiene que este mundo de representaciones contenido en el sujeto humano, nuestro museo de arte interior, es la única realidad que podemos conocer. Esta perturbadora conclusión enfrentó a Hume con un dilema: quedó atrapado en este solipsismo del museo de imágenes mentales. Los mundos de la razón y de la realidad material son ambos ficciones, representaciones subjetivas. La imagen mental ya no remite a un origen o verdad trascendente como, por ejemplo, un ideal eterno, una deidad, el mundo material, o incluso el *cogito*. Para Hume, la imagen mental es la única verdad que podemos conocer y, puesto que sigue sosteniendo la teoría de la verdad como correspondencia, equivale a no conocer verdad alguna. Si no es posible establecer una correspondencia entre la imagen y un objeto trascendente, tampoco resulta posible determinar la verdad. Lo único que nos queda es una ficción arbitraria a la cual debemos asirnos de todos modos como si fuera real.

Al igual que Platón anteriormente, Hume concibe la relación de la condición humana con el mundo a través de las imágenes. Pero la diferencia crucial entre ambos es que Hume ya no cree en una realidad «trascendente» en el exterior de la caverna de imágenes en sombras. Para Hume, estas oscuras ficciones no se refieren a forma trascendente alguna que les otorgue valor de verdad, y esto debilita gravemente la estructura metafísica que sustentó la construcción de la realidad durante dos milenios. La descripción de Hume de las imágenes psíquicas conduce a la siguiente dificultad: si el mundo que conocemos es una colección de ficciones sin base trascendente, todo lo que nos sirve para determinar nuestro criterio de realidad se reduce a ficciones subjetivas, imágenes sin fundamento. Esta inquietante conclusión de que la comprensión humana depende de ficciones sin fundamento condujo a Hume a una crisis filosófica:

> Si aceptamos este principio [la supremacía de la creación de imágenes] y condenamos todo razonamiento refinado, caemos en los absurdos más manifiestos. Si lo rechazamos en favor de dichos razonamientos, subvertimos totalmente la comprensión humana. Por lo tanto, no existe elección posible entre una razón falsa y la falta de razón. Por mi parte, no sé qué es lo que se debería hacer en este caso.
>
> (Hume, 1739)

Hacia finales de la era de la Razón el pensamiento occidental se encuentra en un estado de subjetivismo sin fundamento y de profunda desconfianza hacia las imágenes psíquicas. En esta atmósfera de escepticismo la filosofía del siglo XVIII prepara una revolución en la teoría de las imágenes mentales.

La liberación de la creación de imágenes

En 1781 Kant asombró a sus colegas al afirmar que la creación de imágenes (*Einbildungskraft*) era condición previa indispensable de todo conocimiento. En la primera edición de su *Crítica de la razón pura* Kant demostró que los dos términos fundamentales de la mayor parte de las teorías del conocimiento existentes hasta esa fecha, a saber, la razón y la sensación, eran ambos *no solo reproducidos, sino producidos por la imaginación*. Este cambio radical fue anunciado por Hume y su «ficción arbitraria», pero para él las imágenes seguían siendo reproductivas y se situaban en la consciencia. La revolución de Kant gira en torno a dos puntos importantes: en primer lugar, el proceso imaginativo es *productivo* además de reproductivo y, en segundo lugar, las categorías sintéticas y su proceso imaginativo son *trascendentes* a la razón. Para la metafísica platónica el terreno trascendental pertenecía a la eternidad, más allá del alcance de la mente humana. En su lucha con la ficción arbitraria que resulta de prescindir de toda base trascendente, Kant estableció un nuevo dominio dentro de la mente humana, pero trascendente al sujeto del conocimiento. Dos siglos antes una concepción similar de las imágenes había llevado a Bruno a la hoguera. La extraordinaria formulación de Kant invirtió toda la jerarquía de la epistemología tradicional al demostrar que la razón pura no llegaba a los objetos de la experiencia más que a través de los límites finitos marcados por la creación de imágenes. Todo conocimiento está sujeto a la finitud de la subjetividad humana. Dicho de otra manera: *la creación de imágenes es condición previa indispensable a todo conocimiento*.

Después de Kant ya no fue posible negar a las imágenes psíquicas un lugar central en las teorías modernas del conocimiento, del arte, la existencia y la psicología. Tras este cambio epistemológico, la imagen mental deja de ser considerada como una copia, o copia de copia, para asumir el papel de origen último y creador de significado y de nuestro sentido de existencia y de realidad. El acto imaginativo genera nuestra consciencia, que a su vez ilumina luego nuestro mundo.

La relación entre razón e imagen ha seguido un largo recorrido desde los inicios del pensamiento griego. Dicha relación se vuelve progresivamente más pacífica a medida que transcurre el siglo XIX. La liberación de la imagen llevada a cabo por Kant dio lugar a la aparición de nuevos y poderosos movimientos en arte y filosofía. En Inglaterra, el nuevo Romanticismo celebró la liberación de la imagen del control de la razón en los trabajos de Blake, Shelley, Byron, Coleridge y Keats. En Francia este movimiento continuó en los trabajos de Baudelaire, Hugo y Nerval. En cuanto a la filosofía, el idealismo alemán se desarrolló en los escritos de Fichte y Schelling centrándose en nuestro nuevo poder creador de imágenes. Cada movimiento subrayó la importancia de la imagen para la condición humana pero, como suele suceder con tantos movimientos nuevos, el énfasis fue exagerado. Enfrentada a la revolución industrial y su destrucción de la Naturaleza, la mecanización de la sociedad, el desarrollo de tecnologías y la explotación del individuo por un capitalismo salvaje, la visión idealista del humanismo romántico dio lugar a un sentido más sobrio y realista de los poderes sintéticos de la creación de imágenes, evidenciado en las concepciones existenciales de Kierkegaard y Nietzsche.

La imagen y el arquetipo en psicología profunda

> Estoy totalmente convencido de que la imaginación creadora es el único fenómeno primordial que nos es accesible, el auténtico Terreno de la psique, la única realidad inmediata.
>
> (Jung, correspondencia, enero de 1929)

Al inicio del siglo XX, cien años después de Kant, nos encontramos frente a una nueva transformación de nuestro concepto de imagen. Freud ya había comenzado a explorar los huecos de la mente humana a través del análisis de las imágenes psíquicas. Sueños, fantasías y asociaciones eran cuidadosamente investigados tratando de comprender la relación existente entre las imágenes psíquicas y el desarrollo de la personalidad, la psicopatología y nuestras experiencias de pasado, presente y futuro. Si bien para la psiquiatría y la psicología profunda eran cuestiones nuevas e inquietantes, el problema de la creación de imágenes de ningún modo era desconocido para quien estuviese familiarizado con la historia del pensamiento occidental. Freud y Jung adoptaron posturas notoriamente diferentes hacia la filosofía. Mientras Freud evitó expresamente la lectura de textos filosóficos, Jung se empapó en la historia de las ideas. Las primeras trescientas páginas de *Tipos psicológicos* (1921), escrito en el periodo en que Jung formulaba sus conceptos sobre imagen y arquetipo, se pueden leer como una historia del pensamiento occidental. Durante este periodo, inmediatamente posterior a su disputa teórica con Freud sobre la primacía del deseo en la vida psíquica, Jung comenzó a formular su propia concepción de la psicología profunda. En vez de adoptar la concepción de Freud de las imágenes mentales como representaciones de los instintos, Jung optó por enfocar la creación de imágenes como fenómeno primario, como *actividad autónoma de la psique*, tanto productiva como reproductiva. Anteriormente, Kant había revolucionado la filosofía, neutralizando la *ficción arbitraria* de Hume al situar la creación de imágenes dentro de la mente humana, pero trascendente al sujeto del conocimiento. Las categorías kantianas (tiempo, espacio, número, etc.) proporcionaban las estructuras *a priori* necesarias a la razón en sí misma. Jung hizo extensivas las sutiles implicaciones de la *Crítica de la razón pura* al terreno de la psicología profunda, situando los arquetipos como categorías *a priori* de la psique humana.

> También sería posible describir estas formas como categorías análogas a las categorías lógicas que están siempre presentes, en todas partes, como postulados básicos de la razón. Solo que en el caso de nuestras «formas» no se trata de categorías de la razón, sino de categorías de la imaginación (...) La uniformidad de los componentes estructurales originales de la psique no es menos sorprendente que la de los respectivos componentes del cuerpo. Para decirlo de algún modo, los arquetipos son órganos de la psique pre-racional. Son formas e ideas eternamente heredadas que no poseen contenido específico. Éste solo aparece en el curso de la vida del individuo, cuando la experiencia personal coincide precisamente con estas formas.
>
> (OC 11, págs. 517-518)

La concepción kantiana de la imagen permanece en el ámbito de la consciencia, asumiendo que las formas imprecisas que vemos en el mundo enigmático frente a nosotros han sido creadas por las categorías sintéticas del sujeto del conocimiento. Siguiendo a Freud, Jung hizo extensiva la noción de «sujeto humano» a los procesos psíquicos inconscientes, refiriéndose a esta concepción más inclusiva de la personalidad como *psique*. La psique humana tiene sus propias categorías, análogas a las categorías lógicas de la razón. Dichas estructuras se relacionan con actividades particularmente humanas como son los cuidados parentales, nacimiento y renacimiento, auto-representación, identidad, envejecimiento y similares. Los contenidos de las experiencias personales son estructurados arquetípicamente según las formas humanas particulares, semejantes a la actividad del estómago respecto a la comida. Lo inconsciente está siempre vacío, es «estómago» psíquico de la comida (experiencias personales) que por él pasan. El contenido específico de la experiencia consciente es «metabolizado», estructurado arquetípicamente de acuerdo con las categorías de la psique humana que otorgan sentido a la experiencia, la nuestra y la de los demás.

Realidad psíquica

Jung consideraba a la psique, y su capacidad de crear imágenes, como un agente mediador entre el mundo consciente del yo y el mundo de los objetos (tanto internos como externos):

> Se hace necesario un tercer punto de vista mediador. Al *esse in intellectu* le falta la realidad tangible, el *esse in re* carece de mente. Sin embargo, la idea y la cosa se unen en la psique humana, que mantiene el equilibrio entre ambos. ¿Qué sería la idea si la psique no le otorgara su valor viviente? ¿Qué sería la cosa si la psique no le brindara la fuerza determinante de la impresión sensorial? En efecto, ¿qué es la realidad sino una realidad en nosotros mismos, un *esse in anima*? La realidad viviente no es producto ni del comportamiento concreto y objetivo de las cosas, ni exclusivamente la idea formulada, sino la combinación de ambos en el proceso psicológico vivo, por medio del *esse in anima*.
>
> (OC 6, § 77)

Freud definió las imágenes psíquicas como copias mentales de los instintos, mientras Jung formuló una visión radicalmente nueva de las imágenes como verdadera fuente de nuestro sentido de *realidad psíquica*. La realidad ya no se sitúa en una deidad, en ideales eternos, o en la materia, ya que Jung localiza la experiencia de la realidad en la condición humana, como una función de la creación psíquica de imágenes:

> La psique crea la realidad día a día. El único nombre que puedo utilizar para designar esta actividad es el de *fantasía* (...) Fantasía, por lo tanto, me parece la expresión más clara de la actividad específica de la psique. Es ante todo (...) [una] actividad creadora.
>
> (OC 6, págs. 51-52)

Los mundos interno y externo del sujeto surgen juntos en imágenes psíquicas, proporcionando al individuo el fundamental sentido de conexión vital con ambos mundos. «La fantasía siempre ha sido y es lo que salva las distancias entre las exigencias irreconciliables del sujeto y el objeto» (OC 6, págs. 51-52). La experiencia de la realidad es producto de la capacidad psíquica para la creación de imágenes. No se trata de un ser externo (deidad, forma ideal o materia), sino más bien de la «esencia» del ser humano. Subjetivamente se experimenta la realidad como existiendo «allí fuera», porque el principio originario se sitúa en el «más allá», trascendente a la subjetividad del yo. Mediante este cambio ontológico, la imagen mental deja de ser considerada copia, o copia de copia, para asumir, siguiendo a Kant, su papel de origen último y creador de significado y de nuestro sentido de existencia y realidad.

El posestructuralismo y el giro lingüístico

A medida que nos acercamos al final del siglo XX, continúa el debate acerca del papel de la creación de imágenes, pero en una nueva dirección. En los últimos cincuenta años se ha producido una revolución filosófica que ha desplazado el centro de atención del papel que desempeña la imagen en la comprensión humana al que desempeña el lenguaje. Los nuevos filósofos continentales, en especial Derrida y Foucault, han desarrollado una crítica radical del pensamiento occidental centrándose en el eterno problema de establecer una base, un principio originario para *el acto de interpretación*. Para este fin, históricamente se ha recurrido de forma sucesiva a universales metafísicos como la verdad, la realidad, el sí-mismo, el centro, la unidad, el origen, el arquetipo, o incluso un determinado autor. El nuevo enfoque aportado por Derrida gira en torno a la explicitación del carácter lingüísticamente determinado de todos los actos verbales de interpretación. Derrida ha intentado demostrar que los «universales» metafísicos a los que recurre el pensamiento occidental para fundamentar el acto de interpretación no son estructuras eternas (por ejemplo, los arquetipos), sino productos lingüísticos secundarios que resultan de una teoría representacional (reproductiva) del lenguaje. De la misma forma que la concepción reproductiva de la imagen requiere una realidad primaria a la que copiar, así también una teoría reproductiva del lenguaje presupone la existencia de una presencia primaria más allá del término lingüístico. Todo término «trascendental» de este tipo es una ficción, ya que ningún concepto lingüístico está exento de la condición metafórica del lenguaje. Ninguna forma de discurso, ni siquiera el lenguaje, puede ser literalmente literal.

Esta crítica posmoderna de la epistemología occidental ha llevado a la conclusión de que todas las teorías del conocimiento habitan en el lenguaje y operan a través de figuras del habla que las tornan ambiguas e indeterminadas. El lector de cualquier *texto* está suspendido entre los significados literal y metafórico de las metáforas «raíz» del texto, incapaz de elegir entre los diversos sentidos del término, expuesto a la desconcertante indeterminación semántica del texto.

La deconstrucción del fundamento lingüístico de las teorías occidentales del conocimiento que lleva a cabo Derrida constituye una extensión lógica de la crítica empirista de la creación de imágenes en Hume. Tal como éste llevó la concepción reproductiva de la imagen a sus límites máximos anulando todo recurso a un fundamento trascendente, Derrida también lleva la teoría reproductiva del lenguaje a sus límites. Eliminando todo recurso a entidades trascendentes (universales), Derrida se centra en la metonimia lingüística (la relación entre las palabras), más que en su referencialidad. El principal punto de referencia no reside tanto en la relación de la palabra con el autor (de ahí «la muerte del autor») o en algún otro objeto trascendente, sino que consiste en determinar de qué manera se «cuidan» las palabras. Desarticular la estructura metafísica del lenguaje se convierte para Derrida en el mismo problemático dilema con el que se enfrentara Hume. Una vez que prescindimos de la referencialidad lingüística (el supuesto implícito en la metáfora «reproductiva») nos encontramos atrapados en el solipsismo del lenguaje, sin poder transgredir el texto. El texto derridiano ya no remite a un origen, significado o verdad trascendente, con lo cual la deconstrucción queda atrapada en una versión posmoderna de la *ficción arbitraria* de Hume.

Un puente a lo sublime

Dado que muchos de los enfoques posestructuralistas optan por prescindir de términos trascendentes como los universales al considerarlos meras ficciones, acaba por ponerse en cuestión la «realidad» de aquellos elementos de la naturaleza humana compartidos intersubjetivamente. Esta preocupación acerca de la «existencia» de atributos humanos compartidos es una vieja cuestión filosófica, que dominó la ontoteología medieval bajo la forma de debate entre nominalismo y realismo. Los nominalistas sostenían que no existe conexión entre las palabras y las cosas (referentes), mientras que los realistas trataban el lenguaje como significante de una realidad más allá de sí misma. Este viejo debate, que ha resurgido como resultado de la crítica posestructuralista de la referencialidad en el lenguaje, se expresa actualmente de la siguiente forma: «construccionista en oposición a universalista» junto con «diferencia en oposición a semejanza». Los que abogan por la deconstrucción, forma posmoderna de nominalismo, evidentemente apelan a las categorías sociológicas, históricas o intersubjetivas para demostrar que los atributos universales, más que realidades metafísicas dadas, se construyen con el tiempo a través del lenguaje. Sin embargo, durante el proceso, frecuente aunque implícitamente, universalizan sus metáforas «raíz»: «lo social», «lo histórico» o «lo intersubjetivo». Aun cuando se elimina el universalizador por excelencia, el artículo definido, o cuando se pluralizan los sustantivos singulares, sigue existiendo un cierto grado de universalización como precio de la formulación lingüística[1].

---

[1] Un examen más atento del opuesto universalismo/semejanza, constructivismo/diferencia, revela que no son tan dicotómicos como parece. Si bien frecuentemente se agrupa como un par «universalismo» y «semejanza» y como otro «constructivismo» y «diferencia», este emparejamiento *ideal* no se sostiene en la práctica. Así, toda especificación de un grupo simultáneamente exige la diferenciación de otros grupos y la semejanza dentro del grupo específico. El grupo «mujeres» requiere tanto *diferencia* respecto de otros grupos (hombres, animales, etc.), como *semejanza* dentro del grupo específico (independientemente de raza, clase, preferencia sexual, etc.). Que se subraye la diferencia o la semejanza parece más una cuestión de enfoque: destacar algún atributo o categoría del «ser humano» forzosamente quita prioridad a la generalidad, en tanto que hacer lo mismo con los «americano-asiáticos», los contrastará (momentáneamente) con la mayoría blanca americana y con otros grupos minoritarios. La forma en que se construyen las *marcas* de la semejanza o la diferencia varían muchísimo, en parte en función de nuestra relación al grupo que se designa, y en parte según *consideremos* que las marcas se construyen o son algo dado, es decir, universal (Fuss, 1989).

La crítica a los universales hoy en boga es tan excesiva y ha sido tan politizada que muchos autores han perdido de vista los temas más profundos que están en cuestión. Actualmente, en el medio académico de EE UU, el ala escéptica de la posmodernidad, especialmente influida por la deconstrucción, tiende a homogeneizar y condenar toda postura universalista (por ejemplo, el humanismo), por implicar una homogeneidad metafísica opresora, en tanto se considera que las formulaciones de heterogeneidad construida son emancipadoras. Sin embargo, en la práctica es muy difícil contener estos términos binarios y sostenerlos con fundamento junto a valores progresistas o reaccionarios. Sería recomendable cierta prudencia en el uso del opuesto constructivista/esencialista como argumento taxonómico, ya que genera tipologías engañosas o excesivamente simplificadas.

La aproximación junguiana a la creación de imágenes ofrece una alternativa útil a las actuales posturas opuestas de la deconstrucción y el universalismo (esencialismo). Al situar la creación de imágenes como mediación entre sujeto y objeto, Jung abrió la vía a una nueva comprensión de dicho proceso y de su papel en la creación de nuestro sentido de realidad psíquica. Su formulación de la imagen psíquica a modo de puente entre las ideas y las cosas viene después de una extensa discusión sobre el debate medieval entre nominalismo y realismo. Jung plantea su concepción de la creación de imágenes como tercera posición mediadora, *esse in anima*, entre lo que hoy día se llamaría deconstrucción y universalismo. Las imágenes psíquicas apuntan más allá de sí mismas, tanto a los «particulares históricos» del mundo que nos rodea como a las «esencias» y «universales» de la mente y la metafísica[2]. Las imágenes psíquicas significan algo que la consciencia y su narcisismo no pueden comprender plenamente, las profundidades, de momento desconocidas, trascendentes a la subjetividad. Esta profundidad existe tanto en el mundo de los objetos como en el mundo de las ideas, la historia y la eternidad. No se puede determinar con precisión qué significa la imagen, ni apelando a la diferencia ni a lo universal. Sin embargo, a pesar de que no se puede definir su significado, es cierto que lleva a la consciencia a pensar más allá de sí misma, no por apelar a la divinidad ni a la historia, sino a un saber que no puede designarse *a priori*. Tal vez la función más importante desempeñada por las imágenes psíquicas sea ayudar al individuo a trascender el conocimiento consciente. Las imágenes psíquicas proporcionan un puente a lo sublime, señalando hacia algo desconocido, más allá de la subjetividad.

---

[2] Si bien tal vez sea imposible eliminar totalmente el esencialismo, puede resultar psicológicamente útil diferenciar formas de esencialismo. John Locke marcó una oportuna distinción entre esencia «real» y «nominal». La primera equivale a la naturaleza irreductible e inmutable de una cosa, mientras que la segunda es una conveniencia lingüística, una ficción clasificatoria utilizada para categorizar y rotular. Las esencias reales se descubren, en tanto las nominales se producen. Traduciendo esta distinción a psicología junguiana, diríamos que *la creación psíquica de imágenes produce esencias nominales*.

REFERENCIAS

Aristóteles, *Metafísica,* (trad. R. Blánquez y J. F. Torres), Sarpe, Madrid, 1985.
Bundy, M. W. (1927) *The Theory of Imagination in Classical and Medieval Thought,* Illinois University Studies in Language and Literature, vol. XII, Urbana, Illinois.
Casey, Edward (1976) *Imagining,* Indiana University Press, Bloomington.
Copleston, Frederick (1958) *Historia de la Filosofía,* vols. I-IV, (trad. J. C. G. Borrón), Ariel, Barcelona, 1975.
Derrida, J. (1967) *La gramatología,* Siglo XXI, México.
Descartes, R. (1955) *The Philosophical Works of Descartes,* vols. I-II, Dover Publications, Nueva York.
Fuss, Diana (1989) *Essentially Speaking: Feminism, Nature and Difference,* Routledge, Nueva York.
Heidegger, M. (1929) *Kant y el problema de la metafísica,* (trad. G. Ibsener y E. C. Frost), Fondo de Cultura Económica, México, 1954.
Hume, David (1963) *Essays Moral, Political and Literary,* Oxford University Press, Londres.
—, (1739) *Tratado de la naturaleza humana,* (trad. F. Duque), Orbis, Madrid, 1984.
Jung, C. G. (1916/1926) «Espíritu y Vida», OC 8, 12.
—, (1921/1960) *Tipos Psicológicos,* OC 6, 1, (trad. A. S. Pascual), Edhasa, Barcelona, 1994.
—, (1935/1960) «Comentario psicológico al *Libro Tibetano de los Muertos*», OC 11, 11.
Kant, Immanuel (1781) *Crítica de la razón pura,* (trad. P. Ribas), Alfaguara, Madrid, 1978.
Kearney, Richard (1988) *The Wake of the Imagination: Toward a Postmodern Culture,* University of Minneapolis Press, Mineápolis.
Locke, John (1690) *Ensayo sobre el entendimiento humano,* (trad. E. O'Gorman), Fondo de Cultura Económica, México, 1956.
Nietzsche, F. (1974) *The Complete Works of Friedrich Nietzsche,* (trad. i. Oscar Levy), Gordon Press, Nueva York.
Sartre, J. P. (1936) *La imaginación,* (trad. C. Dragonetti), Edhasa, Barcelona, 1980.
Warnock, Mary (1978) *Imagination,* University of California Press, Berkeley.
Watkins, Mary (1976) *Waking Dreams,* Harper & Row, Nueva York.

II

LA PSICOLOGÍA ANALÍTICA EN LA PRÁCTICA

5 DAVID L. HART

La escuela junguiana clásica

¿Por qué clásica?

Comencé mi formación en el Instituto C.G. Jung de Zúrich durante el segundo semestre de su existencia, en 1948. Prácticamente todos los profesores y analistas estaban, o habían estado, en análisis con el propio Jung, de modo que sus hallazgos y reflexiones nos eran transmitidos con gran convicción. Por mi parte, sentía una profunda coincidencia interna, desde el respeto, con el método de Jung. Me permito designar como «clásica» la forma de análisis junguiano que concibe el trabajo analítico como un continuo descubrimiento mutuo que proporciona consciencia a la vida inconsciente, liberando progresivamente al individuo de la compulsión y la falta de sentido. El enfoque clásico se basa en un espíritu de diálogo, tanto entre consciente e inconsciente como entre los dos participantes en el proceso analítico. Se entiende, en consecuencia, que el yo consciente resulta particularmente indispensable en el proceso, a diferencia de lo sostenido por la escuela arquetipal, para la que el yo es una entre muchas entidades arquetípicas autónomas. A su vez, a diferencia de la escuela evolutiva, la escuela clásica define el desarrollo no tanto en función de la edad, ni tan siquiera de las etapas psicológicas, sino a través del logro individual de aquel sí-mismo consciente que corresponde solo a aquel sujeto concreto. Confío en que esta postura, al igual que las reservas que me provocan la teoría y práctica clásica que conocí, por decirlo de algún modo, en su forma pura, resulten progresivamente más claras a lo largo de este capítulo.

El mundo interno

Ser un analista junguiano clásico no consiste tanto en adoptar y utilizar la terminología de Jung, sino en incorporar el método general de análisis introducido por Jung. Sobre todo, supone respeto por lo que se va encontrando; respeto por lo desconocido, por lo inesperado, por lo nunca escuchado. Al recordarse a sí mismo «no tengo idea de qué trata este sueño» antes de empezar a trabajar con el sueño de un paciente, Jung procuraba liberar su mente de presupuestos y presunciones que pudiesen debilitar dicha actitud esencial de respeto. Mientras estudiaba en Zúrich, durante una de las reuniones que regularmente mantenía Jung con los estudiantes tuve ocasión de tratar con él sobre este procedimiento. Le pregunté si aquella afirmación era apotropaica. Asintiendo con la me dijo que sí. Es decir, su profesión de ignorancia tenía por objeto alejar los demonios de la arrogancia y el conocimiento superior.

Esta actitud de respeto supone que lo inconsciente, de donde surgen los sueños, debe ser considerado con seriedad, permitiendo que surja tal cual es. El sueño no es, como sostenía Freud, el disfraz de un deseo reprimido, oculto para poder expresarse; es una afirmación de hecho sobre el estado de las cosas en el dominio psíquico. Tiende a brindar a la consciencia un cuadro de la situación psicológica que ha sido ignorada o desestimada. Constituye por lo tanto un instrumento de diagnóstico y de comprensión inestimable.

La visión junguiana de la religión, y de la actitud religiosa, revela una actitud similar de respeto. Se entiende la religión como una cuidadosa apreciación de poderes superiores, y por tanto el reconocimiento y respeto por lo espiritual y psicológicamente dominante en la consciencia individual. Esto se refiere sobre todo a los poderes que existen en lo inconsciente, tal como se revelan y perciben a través de los sueños, la imaginación, los sentimientos o la intuición. Se trata del mundo interno, que necesita ser atendido y respetado para que el individuo logre un desarrollo psicológico sólido y sano.

El énfasis puesto en el mundo interno se debe a que es el camino de acceso a nuestra verdadera naturaleza. Si bien somos en apariencia gobernados por poderes externos —comenzando por nuestros padres, cuyo control sobre nuestro desarrollo es sin duda enorme— los *auténticos* «dominantes» de la vida psicológica y espiritual son centros de energía e imaginería que nos afectan desde dentro y que son proyectados sobre el mundo que nos rodea. Así, por ejemplo, la madre no adquiere su fuerza y peculiar influencia sobre nuestra vida a partir de una mujer en particular, sino del vasto repertorio de experiencia humana heredada sobre «la madre», es decir, de lo que Jung llama el arquetipo de la madre.

El arquetipo es, por tanto, una energía psíquica potencial, inherente a todas las experiencias vitales típicamente humanas, que se activa desde un foco único en cada vida individual. Dichas fuerzas se modificarán según las infinitas variantes de la experiencia, manifestándose a través de lo que Jung denomina complejos, pero su energía y poder derivan del propio arquetipo.

Lo que sucede concretamente dentro de la psique aparece primero en forma de proyección, como si de hecho estuviera «allí fuera». La proyección lo deposita en el mundo de modo tan convincente que resulta fácil creer que somos totalmente moldeados por dicho mundo. Sin embargo, Jung insiste en que no iniciamos la vida como una *tabula rasa*, una pizarra limpia sobre la que se inscribe lo que está fuera. Por el contrario, el recién nacido emerge desde el principio como una personalidad distinta y única, con sus propias maneras definidas de enfrentarse a la experiencia y responder a ella. Esta concepción se desarrolla en la teoría de Jung sobre los tipos psicológicos. La introversión y la extraversión son dos actitudes radicalmente diferentes de afrontar y juzgar la experiencia: una atiende principalmente a las reacciones y valores internos, la otra a los correspondientes del mundo externo; sin embargo, se consideran como tendencias innatas en todos los individuos. Lo mismo sucede con las llamadas funciones de la consciencia: pensamiento contra sentimiento (ambas funciones de valoración) y sensación contra intuición (funciones de percepción). Estas actitudes básicas y funciones pueden ser suprimidas y distorsionadas como respuesta a presiones culturales o ambientales, dando lugar a un desarrollo y florecimiento insatisfactorios de la auténtica naturaleza del individuo. Dicha naturaleza verdadera es un potencial definido y dado desde el nacimiento.

El proceso de individuación

A partir de esta concepción de la personalidad, se entiende que la actitud antes mencionada de respeto por aquello que surge debe aplicarse a nuestro trabajo como analistas. Lo que surge del analizando, sean sueños, comportamientos o síntomas, se percibe como esfuerzos desplegados por dicha personalidad única para lograr realizarse. Como base y fundamento de este proceso, Jung supone la existencia de un «sí-mismo», es decir, de una totalidad unificada, de la que el yo consciente es solo una parte esencial. Lo demás es lo inconsciente, por definición ilimitado e incognoscible, que se da a «conocer» en múltiples formas: a través de sueños, comportamientos, incluso accidentes y acontecimientos sincronísticos. Puesto que la personalidad como un todo procura realizarse y devenir consciente, es posible suponer, tal como a menudo demuestra la experiencia, que el sí-mismo es el gran regulador y promotor de la totalidad psicológica. Por ejemplo, resulta evidente al trabajar con sueños que proporcionan, generalmente, una manera de equilibrar, apoyar y corregir la actitud consciente del soñante. Esta innegable función «compensadora» que ejerce el sí-mismo ejemplifica su papel como principal fuerza directriz de un impulso permanente por realizar el potencial del individuo.

¿Y en qué consiste esta totalidad que constituye el objeto del trabajo psicológico? Es el grado más pleno posible de consciencia de todo lo que constituye nuestra propia personalidad, y se aborda por medio de la continua, honrada y exigente autodisciplina que Jung denomina «proceso de individuación». Puesto que, como se ha dicho, todo aquello que es en nosotros inconsciente se nos manifiesta en primer lugar como proyección, el proceso implica la retirada de la proyección y la asimilación de su contenido por el ser consciente al que pertenece, es decir, el propio. Supone la «admisión» siempre creciente de lo que realmente somos.

Admisión es una palabra adecuada, ya que lo que está en juego son sus dos significados: «confesión» y «entrada». Lo primero y principal en el curso de la individuación es aceptar y reconocer aquel lado desagradable de nuestra naturaleza que Jung denomina «sombra». Está constituida por todas las inclinaciones personales, motivos y características que hemos expulsado de la consciencia, sea deliberadamente o no. Todo lo cual es, por supuesto, típicamente proyectado sobre otros; pero si observamos y escuchamos con franqueza, también es mucho lo que podremos aprender sobre la sombra, y por tanto sobre nosotros mismos, a partir de nuestros sueños, la autorreflexión y, no menos importante, las reacciones de los demás. La «admisión» de la sombra es la condición indispensable de la individuación. Es la única base segura para el progreso del trabajo analítico, ya que la sombra es el fundamento de la realidad y la contrapartida de la ilusión y la inflación. Esto resulta especialmente cierto en un análisis junguiano, debido a la naturaleza potente e imperativa de la imaginería que el paciente se ve obligado a enfrentar. En efecto, Jung considera que la inflación, es decir, la «identificación» inconsciente con una imagen proveniente de un sueño u otro producto inconsciente, es consecuencia inevitable de la aprensión inicial que el yo consciente experimenta frente a la realidad del sí-mismo. Alternativamente puede suceder lo contrario. A menos que el yo sea lo bastante fuerte como para conservar su propia identidad frente a una vivencia del sí-mismo, puede ser no solo «avasallado», sino concretamente atrapado por él. Jung se refirió a este fenómeno como «posesión», es decir, la situación en que el yo es invadido por una figura arquetípica, como el sí-mismo.

Por esta razón, si bien en su descripción del proceso de individuación Jung hace de la sombra la primera etapa del trabajo, me parece evidente que su reconocimiento debe ser un proceso permanente a lo largo de toda nuestra vida. Esto no solo ayuda a garantizar estabilidad e incluso salud mental, sino que, a medida que avanza el trabajo, los elementos reprimidos o rechazados de la sombra tienden a emerger progresivamente, como estimulados por la creciente actitud consciente de aceptación y honradez. Por otra parte, se trata del hecho fundamental de que la psique *busca* totalidad: lo inconsciente procura constantemente ser admitido y asimilado en la vida consciente. El axioma «la verdad triunfará» nunca es tan cierto como cuando es aplicado a la vida psíquica.

La existencia de una relación sana entre el yo y la sombra es la condición básica para una investigación, no exenta de peligro, de las grandes «profundidades» de la psique. La experiencia clásica de la sombra generalmente se refiere a una figura del mismo sexo que la personalidad consciente, mientras que en un nivel psíquico diferente existe un arquetipo del sexo opuesto, que Jung denomina ánima (en el hombre) o ánimus (en la mujer). Se considera que estas figuras «internas» poseen vida y personalidad propias, derivadas, en parte, del arquetipo de lo femenino o lo masculino y, en parte, de la propia experiencia vital del sujeto en tanto hombre o mujer, comenzando con la madre o el padre. Estas figuras habitan en las profundidades inconscientes compensando la actitud de la consciencia y como un modo de completar la vivencia unilateral, ya sea como hombre o mujer.

Como es natural, el primer contacto con el ánima o el ánimus tiene lugar bajo la forma de proyección. Su naturaleza arquetípica les otorga la cualidad numinosa y fatídica que da cuenta de la fuerza avasallante e imperiosa propia del enamoramiento. Por ejemplo, un hombre que se enamore a primera vista puede vivenciar a una mujer real como una especie de diosa, invistiéndola de poder sobrehumano, sea positivo o negativo. El reconocimiento consciente de esta fuerza interna puede ocurrir a menudo al mismo tiempo que el descubrimiento de la propia imagen contrasexual. Jung describe el caso de un hombre que en el transcurso de un conflicto emocional con su esposa se vuelve repentinamente a su propio interior y *se* pregunta a sí mismo: «¿Por qué interfieres en mis relaciones?». Para su sorpresa, recibe una respuesta. Una voz femenina en su interior comienza a hablarle sobre él mismo y sobre la necesidad que siente *ella* de ser tenida en cuenta.

Esto sucede con mucha frecuencia durante el proceso de «imaginación activa», nombre que Jung dio a un método destinado a experimentar lo inconsciente personal en estado de vigilia. El individuo voluntariamente disminuye el umbral de la consciencia, por ejemplo focalizando la atención sobre una escena de un sueño reciente, hasta que lo inconsciente espontáneamente genera una fantasía (que puede estar relacionada con el sueño en cuestión o no). A diferencia del ensueño diurno, que a menudo está determinado por una satisfacción consciente de deseos, la imaginación activa se caracteriza por su naturaleza totalmente autónoma. Durante la imaginación activa, el contacto con el ánima —o, en el caso de la mujer, con el ánimus— constituye uno de los pilares de la terapia junguiana, que recalca la retirada de las proyecciones y la máxima asunción posible de responsabilidad por la propia vida psíquica.

Estas personalidades internas no solo son frecuentemente proyectadas sobre los demás (reales o imaginarios), sino que pueden también «apoderarse» del individuo consciente, especialmente en momentos de estrés. Un hombre «poseído» por su ánima puede convertirse, por decirlo de alguna manera, en una «mujer inferior», es decir, malhumorada, protestona e irracional. De forma similar, una mujer poseída por su ánimus puede ser y comportarse como un «hombre inferior», es decir, puede ser testaruda, insistente y superlógica. En opinión de Jung, el ánima negativa de un hombre se activa por la previa erupción del ánimus negativo de la mujer, como si en general el conflicto entre ambos fuera causado por esta última. En mi opinión, y a pesar de su carácter pionero y esclarecedor, esta es una lectura equivocada del problema. Cuando el ánima de un hombre se presenta de este modo, pasiva, quejumbrosa, no comunicativa, etc., es causa de conflicto tan efectiva y básica como el ánimus femenino, según demuestran estudios sobre la agresividad pasiva, sus sutilezas y disfraces. Sostener que el hombre es la «víctima» del ánimus femenina constituye en sí una manifestación de agresividad pasiva. Y como tal es vivenciada por la mujer en cuestión, sirviendo para alimentar el conflicto existente. En estos casos, el procedimiento antes mencionado por el cual el hombre se vuelve hacia su ánima *auténtica* (tal como la mujer puede contactar con su ánimus *auténtico*), parece constituir una salida constructiva.

Jung concibe a estas figuras vitales, ánimus y ánima, como mediadoras del mundo inconsciente. Resulta por tanto crucial entenderse con ellas. Ya que si bien el ánima puede ser hechicera, engañosa y frustrante, lo cierto es que orienta al hombre hacia su vida en el sentido más cierto, a la vida emocional y apasionada, al auténtico autodescubrimiento y, por último, a la vivencia del sí-mismo, pues tal es el «sentido» que yace más allá de toda la aparente «falta de sentido» de su influencia, aparentemente caprichosa a menudo. Pero, al igual que en todo el trabajo de individuación, en este punto también la clave reside en instaurar una relación consciente con esta vida que existe dentro de la psique, no limitarse a estar meramente a su merced, sino verla y reconocerla por lo que es, dándole lo que le corresponde. Una vez más nos enfrentamos con la necesidad de respetar aquellas fuerzas que trabajan en nuestro interior. A Jung le gustaba decir que «no somos señores de nuestra propia casa»: nuestro yo consciente no está a cargo de nuestra vida. Pero mientras lo crea así, estará efectivamente a merced de lo inconsciente no admitido y de todo su poder arquetípico.

El fortalecer una imagen de nosotros mismos puramente externa constituye la «máscara» conocida como persona, la personalidad que con mayor o menor sabiduría presentamos al mundo. Este cuadro externo puede ser, y con frecuencia lo es, muy diferente de la realidad interna del individuo, con sus emociones, actitudes y conflictos ocultos. La persona es un medio esencial e inevitable de adaptación para vivir en el mundo de los humanos; pero si esta imagen presentada dista demasiado del individuo interno existirá una inestabilidad fundamental, que se manifiesta, por ejemplo, en el caso de un hombre que en su trabajo desempeña un papel «masculino» controlador, pero cede a la posesión del ánima en sus relaciones íntimas. De hecho, Jung señala que la persona y el ánima con frecuencia tienen una relación compensadora, como si establecieran un equilibrio psicológico entre opuestos, haciendo realidad el principio por el cual la psique busca la «totalidad» a cualquier precio. Pero es importante añadir que la verdadera totalidad no se alcanza por medio de una estructura psíquica que se produce inconscientemente, sino más bien (como se ha demostrado) únicamente en el marco de una *mayor consciencia* de los elementos en conflicto que constituyen la psique.

El conflicto entre opuestos

Para Jung el conflicto no es solo inherente a la constitución psicológica humana, sino esencial para el crecimiento psicológico. En función de las tendencias y direcciones opuestas que se han considerado, resulta evidente que el proceso de aumentar la consciencia implica soportar el conflicto. Un ejemplo simple pero fundamental reside en el conflicto que existe a menudo entre la «cabeza» y el «corazón», entre el pensar y el sentir. Ambos polos opuestos pueden ser válidos, y el conflicto parecer insoluble. En una situación tal, el camino realmente enriquecedor consiste en soportar la tensión entre los opuestos, tan conscientemente como sea posible, sin eliminar a ninguno de los dos, pero manteniéndolos sin resolver. Como resultado de este trabajo, doloroso pero honrado, la energía finalmente se retrae del conflicto y se hunde en lo inconsciente, de donde emerge una solución totalmente inesperada, lo que Jung llamaba «símbolo», aportando una dirección nueva y unificada, que tiene en cuenta las dos partes del conflicto original.

El símbolo, pues, no es producto del pensamiento racional, ni puede ser plenamente explicado. Conjuga la calidad de los mundos consciente e inconsciente, y es una fuerza dinámica en el desarrollo psicológico y espiritual. Cualquier imagen o idea puede funcionar como símbolo en la vida individual o colectiva, o bien puede perder su fuerza simbólica y convertirse en mero «signo», representando algo plenamente conocido. Por ejemplo, la cruz cristiana es tradicionalmente un símbolo genuino, mientras que una cruz clavada en una intersección del camino es simplemente un signo. La primera ilustra una realidad que no puede ser plenamente explicada; la otra se comprende de inmediato.

La psique humana no solo produce espontáneamente imágenes que ilustran estos opuestos internos inherentes (siendo la cruz uno de ellos), sino que también descubre maneras que permiten contener los contenidos simbólicos aparentemente en conflicto en una única estructura. Jung tomó de Oriente el término *mándala* para designar las imágenes de este tipo, el círculo que puede contener todos los aspectos de la vida psíquica en una *complexio oppositorum*. La reconciliación de opuestos era una preocupación central en Jung y tema habitual de su trabajo, ya que, como hemos visto, la tendencia humana primaria es identificarse con una cualidad psíquica y proyectar su opuesto en los demás, origen de gran parte de las enemistades que han asolado a comunidades y naciones a lo largo del tiempo. Según Jung, son muy pocos los individuos que asumen la responsabilidad de su sombra o que tengan verdadera noción de la tragedia y la pérdida que puede ocasionar la proyección de la sombra. Para Jung el crecimiento de la consciencia solo es posible dentro del individuo, y por tanto solo allí yace la promesa de mejorar la suerte de la humanidad.

La reconciliación de opuestos y el poder transformador del símbolo encuentran su análogo en otro campo del cual Jung se ocupó exhaustivamente: el estudio de la alquimia medieval. Puesto que la esencia del trabajo de la alquimia consiste en la transformación de sustancias dentro de un recipiente hermético o cerrado, es fácil entender por qué Jung lo tomó como ejemplo del proceso que supone llevar a la consciencia los diversos elementos de la psique, conteniéndolos en un recipiente psíquico y permitiendo que el «calor» de esta unión genere una transformación simbólica. De hecho, Jung consideraba el trabajo de los alquimistas esencialmente una descripción de los procesos psíquicos, que aquéllos describieron en el plano material, es decir, como proyección de estos procesos internos sobre la materia. De esta forma, el recipiente alquímico realmente se convierte en la estructura psíquica interna que soporta la tensión entre opuestos y experimenta el surgimiento de una resolución totalmente nueva, es decir simbólica, que se expresa a través de una imaginería más refinada, de una sustancia más preciosa, destilada a partir del material grosero y caótico que inicia el trabajo.

La labor de la totalidad está presente en el simbolismo alquímico, algo que resulta evidente en la permanente conjunción de opuestos propia de su imaginería: las bodas del sol y la luna, del fuego y el agua, del rey y la reina. Esta última conjunción constituye la base del estudio de Jung sobre los procesos internos de la transferencia, esa relación misteriosa y única que apuntala al trabajo de individuación a medida que éste avanza en el transcurso del análisis. Para Jung la transferencia no es una cuestión unilateral, ni consiste meramente en la proyección de imágenes parentales del paciente sobre el analista. Tampoco es todo lo anterior combinado con las proyecciones del analista sobre el paciente. En realidad se trata más bien de un acontecimiento verdaderamente simbólico en que ambas personas son transformadas mediante un «matrimonio» interno que conduce, como es de esperar, a una nueva tercera entidad, que abarca a ambos individuos pero les trasciende.

Tal vez fuese precisamente la propia profundidad y misterio de la transferencia la causa de que casi todos nosotros la ignorásemos durante los primeros tiempos del trabajo junguiano, es decir, sencillamente aceptábamos su poder y eficacia porque sabíamos que se estaba produciendo un proceso transformador. En cualquier caso, durante mi propia formación en Zúrich jamás se debatió el tema de la transferencia, ni en términos prácticos ni clínicos; se entendía que la relación analítica constituía el terreno mismo sobre el que se podía dar la consciencia, y por ende una transformación emergente hacia la totalidad. Pero lo mismo era cierto respecto a la psique del individuo: el proceso de individuación avanzaba en todo momento, dentro o fuera del análisis, por medio de la introspección y la autoconsciencia. Cualquier acontecimiento, «interno» o «externo», era visto como provechoso para el proceso. Como si se tratara de recordarme que el campo de formación psicológica era la totalidad de la vida, mi analista didacta dijo una vez, antes de una interrupción de las sesiones: «las cosas más importantes suceden durante las vacaciones».

El significado práctico de lo inesperado

Hay un principio, al cual siempre me he adherido, que podría ser descrito como respeto por el significado de lo inesperado. El principio supone que la vida en sí tiene un significado a considerar y que la mente racional procura controlar y adjudicar sentido, con lo cual acaba perdiéndolo. Jung estaba hablando sobre este principio durante uno de los encuentros de estudiantes que se realizaban en su casa, cuando un alumno se refirió a un determinado estado psicológico para preguntarle: «Profesor Jung, ¿cuál es la probabilidad estadística de que dicho estado se produzca?». La respuesta de Jung fue: «Bueno, usted sabe que cuando se empieza a hablar de estadística, la psicología huye por la ventana».

Lo inesperado es aquello que tiene la oportunidad de aparecer durante el trabajo analítico cuando un paciente entra a la sesión sin «agenda» y dice: «Hoy no tengo nada de qué hablar». A esta altura de mi carrera, tal afirmación me genera regocijo interno; en otro momento me hubiera despertado ansiedad. Me regocijo, pues estoy seguro de que algo inesperadamente significativo tiene por lo menos la oportunidad de emerger. Y esto es lo que generalmente sucede, de un modo u otro.

Por tanto el proceso de individuación puede definirse como una vida vivida conscientemente, lo cual no es tan simple como parece. No es solo nuestra mente racional, sino también nuestros hábitos de pensamiento y de acción los que contribuyen al grado de falta de consciencia en que es posible llegar a vivir. En opinión de Jung, la falta de consciencia era quizá el peor de los males, refiriéndose a la «inconsciencia» en un sentido específico: inconsciencia *acerca de nuestro propio inconsciente*. Es allí donde debe centrarse la consciencia; de otro modo la vida es vivida sin responsabilidad e incluso sin sentido, y Jung consideraba que la vida sin sentido era intolerable.

Para ejemplificar cómo puede la individuación proceder de una forma individual, atendiendo a lo inesperado, quisiera citar un caso con el que trabajé durante algunos años. Se trataba de un hombre de mediana edad, un escritor que poco tiempo antes, y en el curso de nuestro trabajo, se había hecho consciente de su severo problema de comportamiento agresivo-pasivo. Esto provenía (como suele suceder) de su infancia; la combinación de abuso y abandono le habían hecho inusualmente complaciente, al tiempo que la ira le consumía en silencio. Se sentía víctima de los demás, vengándose en secreto, muchas veces inconscientemente.

Este paciente se encontraba de vacaciones, lejos de su casa y del análisis, de hecho estaba recorriendo las montañas de Nepal, cuando sucedió algo decisivo. Mientras descansaba junto a un abismo, pasó a su lado un *sherpa* llevando una enorme carga. Mi paciente sintió un repentino y casi avasallador impulso de empujar al hombrecito hacia el abismo. Luchó con la tentación y el momento pasó: el *sherpa* siguió su camino. Mi paciente experimentó la devastadora conciencia de lo que era capaz de hacer a otra persona, no solo de lo que los demás le hacían a él, como siempre había sucedido. Es decir, en primer lugar su sombra se convirtió para él en una realidad que jamás había experimentado antes de esa forma y, en segundo lugar, adquirió un vívido sentido de sí mismo como agente de su propia vida y no como mera víctima reactiva. Después de todo, el *sherpa* no le había hecho nada en absoluto.

El inesperado proceso educativo no se detuvo aquí. Unas noches más tarde, todavía de viaje, tuvo un sueño. Se vio a sí mismo acercándose a un recinto vallado, cuadrado, de unos seis metros de lado, en cuyo centro yacía enrollada una enorme cobra erecta, oscilando amenazante de un lado a otro. El soñante vio entonces, fuera del recinto, un montón de carne cruda, como la que se da a los tigres en el zoológico. Cogió un gran trozo y lo lanzó por encima de la cabeza de la cobra, obligándola a alejarse de él para ir a coger la carne.

Solo entonces vio dentro del recinto, en el rincón posterior derecho y escondido de la cobra por un escudo de madera blanca, a un hombre agachado que vigilaba cuidadosamente a la serpiente y regulaba su comida. Entonces supo que no debía haber arrojado la carne, que esta persona estaba al cargo y se ocupaba correctamente de todo, habiendo él interferido demasiado impulsivamente perturbando de este modo el equilibrio.

Para él, la cobra se relacionaba con el peligro impredecible que con frecuencia sienten en su interior las personas que aún no han llegado a entenderse con sus propios sentimientos agresivos. El primer impulso del soñante fue desviar el peligro (arrojando la carne por encima de la cabeza de la cobra), es decir, tratando de pacificar la agresión temida, desviándola simultáneamente hacia otro lado. Esto era un reflejo de lo que a menudo hacía en la vida real: ser lo más conciliador posible al tiempo que presentaba todo impulso agresivo como alejado de él.

Sin embargo, quedaba claro que nada de esto era necesario, ya que según indicaba el sueño existía en realidad un poder superior a cargo de la peligrosa cobra. Un hombre se agachaba, detrás de la cobra, en estado de alerta constante, regulando su alimentación, y para nada sujeto a los impulsos del yo asustado y reactivo del soñante. Éste pudo comprender que la nueva figura representaba al sí-mismo, que Jung define como centro y fuente de la totalidad psíquica y regulador del equilibrio psíquico. Controlada por el sí-mismo, esta terrible criatura permanecía en su sitio, no por medio de la fuerza, sino mediante una cuidadosa vigilancia y atención. De hecho, el papel del hombre oculto era un verdadero paradigma del cuidado consciente que resulta siempre necesario durante el trabajo de individuación: no reactivo sino constante y persistentemente activo en su atención a todo lo que sucede en la vida inconsciente. Esa clase de atención regular puede transformar el aparente caos interior en un sentido de orden y vinculación interna.

La comprensión que ahora poseía el paciente sobre este poder interior, superior y fiable, le liberó progresivamente de gran parte de la falsa carga de responsabilidad que suele acompañar a un yo gravemente intimidado. Ya que, mientras siempre culpaba de todos sus problemas a la agresión ajena, sentía secretamente terror de la propia, negándola enfáticamente. Al enfrentarla ahora cara a cara, primero en su impulso junto al abismo y luego en su sueño, también se había beneficiado con el conocimiento de un hecho revolucionario: existe un poder más allá de todo control consciente que funciona para contener y controlar la vida psíquica. Es necesario conocer y reconocer este poder, el yo necesita postrarse ante el sí-mismo, tal como pudo hacer el paciente a través de su sueño sanador.

La meta final

De modo general, Jung entiende el desarrollo total de la vida del individuo como el gradual abandono del control del yo y la entrada en el dominio del sí-mismo: salida de los valores meramente personales y entrada en aquellos con sentido más impersonal y colectivo. Normalmente se dedica la primera mitad de la vida al establecimiento de una base segura en el mundo: educación, profesión, familia, una identidad personal. Pero en la mitad de la vida amenaza una crisis cuya importancia quedó clara en el trabajo de Jung. Se trata en el fondo de una crisis espiritual, un desafío para buscar y descubrir el sentido de la vida. Ninguno de los instrumentos utilizados en la primera mitad de la vida resultan adecuados para enfrentarse a este desafío. No se trata de nuevas conquistas o adquisiciones; es más una cuestión de descubrimiento del alma, por su propio bien, dejando de lado las conocidas exigencias de gratificación del yo. Por lo tanto a menudo se experimenta como una pérdida, y a menudo se le resiste enérgicamente; sin embargo, la psique, y sus propias poderosas exigencias, persisten en enfrentar a la consciencia con nuevas y desconocidas concepciones acerca del sentido y las posibilidades de la vida. Es aquí donde para Jung comienza el verdadero trabajo de individuación, ya que a partir de este punto todo depende de la expansión de la consciencia. Si no se concibe este cambio como portador del verdadero sentido de la propia vida, y sin la voluntad necesaria para emprender el viaje de descubrimiento interior, es posible caer en la desesperación y en una existencia repetitiva, que de hecho se limita a marcar el tiempo hasta el final. El desafío de la segunda mitad de la vida consiste en prepararse para la muerte con una actitud interrogadora, de búsqueda *consciente*, aceptando tanto el dolor de la desilusión como el deslumbramiento del crecimiento hacia concepciones siempre renovadas sobre la realidad espiritual y psicológica.

Esto de ningún modo implica que el análisis junguiano o el trabajo de individuación se reserve únicamente a la segunda mitad de la vida. Muchas personas más jóvenes, incluido yo mismo, han encontrado nuevo sentido y objeto a la vida a través de la inspiración y orientación directa de Jung. Lo que se subraya es que la individuación es una empresa espiritual. Es la respuesta consciente a un instinto no reconocido por el pensamiento biológico, un impulso innato y poderoso hacia la realización espiritual y el significado último. Como tal, compromete a la persona en su conjunto, que, en el proceso de emerger a la totalidad, se transforma progresivamente, no en algo diferente, sino en el verdadero sí-mismo: desde su potencial hacia su realidad. Quien, en cualquier edad o condición, esté pronto a atender y responder a este impulso espiritual y fundamentalmente humano, está preparado para el proceso de individuación.

REFERENCIAS

Jung, C. G. (1966) *Dos escritos sobre psicología analítica,* OC 7; *Las relaciones entre el yo y el inconsciente,* (trad. J. Balderrama), Paidós, Barcelona, 1987.

—, (1946) *La Psicología de la transferencia,* en *La práctica de la psicoterapia,* OC 16, 12; *La psicología de la transferencia,* (trad. J. Kogen), Paidós, Barcelona, 1983.

—, (1921) *Tipos psicológicos,* OC 6, 1, (trad. A. S. Pascual), Edhasa, Barcelona, 1994.

Parsons, R. y Wicks, F. (1983) *Passive-Aggressiveness: Theory and Practice,* Brunner/Mazel, Nueva York.

6 MICHAEL VANNOY ADAMS

La escuela arquetipal

Jung: acerca de arquetipos e imágenes arquetípicas

Si bien Jung dio a su escuela el nombre de «psicología analítica», podría igualmente haberla llamado «psicología arquetipal». No existe otro término más esencial para el análisis junguiano que «arquetipo» aunque, al mismo tiempo, ningún otro término ha sido motivo de tanta confusión a la hora de definirlo. Esto se debe en parte a que el propio Jung propuso diferentes definiciones de «arquetipo» a lo largo del tiempo. En ocasiones se refería a los arquetipos como si se tratara de imágenes. Otras veces trazaba una distinción más precisa entre los *arquetipos*, formas inconscientes desprovistas de contenido específico, y las *imágenes arquetípicas*, contenidos conscientes de dichas formas.

Tanto Freud como Jung reconocieron la existencia de arquetipos, a los que Freud denominó «esquemas» (1918) o «prototipos» (1927) filogenéticos. Desde el punto de vista filosófico, Freud y Jung eran estructuralistas neokantianos que creían que en el individuo la experiencia de la realidad externa, a nivel de imágenes, es modelada por categorías hereditarias de la psique según formas típicas o esquemáticas. Freud alude a Kant (1918) cuando dice que los esquemas filogenéticos son comparables a «las categorías de la filosofía», porque se «encargan de *situar* las impresiones derivadas de la experiencia concreta». Afirma que el complejo de Edipo es «uno de dichos esquemas» —evidentemente uno entre muchos— «el más conocido». Describe las circunstancias en que un esquema puede ejercer influencia dominante sobre la realidad externa:

> Cuando las experiencias no logran encajar con los esquemas hereditarios son remodeladas en la imaginación, proceso que puede seguirse en detalle con gran provecho. Son exactamente estos los casos que nos con-

vencen de la existencia autónoma de los esquemas. Así podemos ver a menudo cómo los esquemas se imponen a la experiencia del individuo.

(pág. 2007)

Jung (OC 10) afirma de forma explícita que los arquetipos son «similares a las categorías kantianas» (pág. 10). En su opinión (1976/1977), el complejo de Edipo fue «el primer arquetipo descubierto por Freud, el primero y el único». Afirma que Freud creía que el complejo de Edipo «era *el* arquetipo», cuando en realidad «existen muchos arquetipos por el estilo» (págs. 288-289). Jung (OC 11) argumenta que los arquetipos son «*categorías* análogas a las categorías lógicas siempre presentes en todas partes como postulados básicos de la razón», con la diferencia de que se trata de «categorías de la *imaginación*» (págs. 517-518).

Muchos no-junguianos consideran erróneamente que al hablar de arquetipos Jung se refiere a ideas innatas. Jung rechaza expresamente toda noción de este tipo. Los arquetipos son potencialidades puramente formales, categoriales, ideacionales, que deben ser actualizadas vivencialmente. En opinión de Jung (OC 15), se trata solo de «posibilidades innatas de ideas». Estas posibilidades heredadas «otorgan forma definida a contenidos que ya han sido incorporados» en la experiencia individual. No determinan el contenido de la experiencia sino que delimitan su forma «según ciertas categorías» (pág. 81). Los arquetipos son una herencia colectiva de formas abstractas y generales que estructuran la adquisición personal de contenidos concretos y particulares. «Es necesario señalar una vez más» dice Jung (OC 9/1), «que los arquetipos no están determinados en su contenido sino solo en lo referente a su forma, y aun en este sentido solo de un modo muy limitado». Un arquetipo «está determinado en su contenido únicamente cuando se ha hecho consciente y se encuentra, por tanto, saturado de material proveniente de la experiencia consciente» (pág. 79). Cuando habla de contenidos, Jung se refiere a imágenes. Los arquetipos, en cuanto formas, son meras posibilidades de imágenes. Aquello que se vivencia conscientemente —y posteriormente se imagina— está inconscientemente moldeado por los arquetipos. Un contenido, o imagen, posee una forma arquetípica, o típica. Jung afirma (OC 18) que los arquetipos aparecen «como imágenes y al mismo tiempo como emociones». Lo que les otorga efecto dinámico es precisamente este aspecto emocional. Por tanto es un error concebir un arquetipo «como si se tratara de un mero nombre, palabra o concepto», ya que cuando aparece como imagen arquetípica no solo posee un aspecto formal, sino también un aspecto emocional (pág. 257).

La distinción entre arquetipos e imágenes arquetípicas resulta más clara en un ejemplo específico. Herman Melville nunca hubiera escrito *Moby Dick* de no haber tenido una experiencia directa o indirecta con una ballena. Melville no pudo heredar dicha imagen específica. Podría haber escrito una gran novela sobre la experiencia arquetípica, o típica, de ser (o sentirse) psíquicamente absorbido («tragado» o «devorado»), y luego imaginar la misma situación mediante otro contenido muy diferente. Jung dice (OC 5) que el complejo de «Jonás-y-la-ballena» posee «gran cantidad de variantes, por ejemplo, la bruja que devora niños, el lobo, el ogro, el dragón, etc.» (pág. 419). Aquí el arquetipo es el tema abstracto (absorción), y las imágenes arquetípicas (ballena, bruja, lobo, ogro, dragón, etc.) son variaciones concretas de dicho tema.

James Hillman y la psicología arquetipal

La escuela conocida como de «psicología arquetipal» fue fundada por James Hillman y un grupo de otros junguianos de Zúrich a finales de los años sesenta y principios de los setenta. La escuela surgió como reacción frente a lo que estos analistas consideraban en Jung presupuestos metafísicos sin justificación y una aplicación complaciente y mecánica de los principios junguianos. El propio Hillman prefiere considerar la psicología arquetipal no como una «escuela» sino como una «orientación» o un «enfoque» (comunicación personal, 9 de septiembre de 1994). La psicología arquetipal es una psicología posjunguiana (Samuels, 1985), una elaboración crítica de la teoría y práctica junguianas posterior a Jung. Si bien ahora existen muchos psicólogos arquetipales, Hillman continúa siendo el principal.

La escuela arquetipal rechaza el sustantivo «arquetipo», pero conserva el adjetivo «arquetípico». Para Hillman (1983) resulta insostenible la distinción entre arquetipos e imágenes arquetípicas, que Jung considera respectivamente comparables a noúmeno y fenómeno en Kant. En su opinión, a nivel psíquico solo es posible encontrar imágenes, es decir, fenómenos. Hillman es fenomenólogo, o imaginero: «Me limito a seguir el camino fenomenológico, imaginista: tomo a la cosa por lo que es y le permito manifestarse» (pág. 14). Para la escuela arquetipal no existen los *arquetipos* en sí, no hay categorías neo-kantianas o noúmenos. Solo existen fenómenos, o imágenes, que pueden ser *arquetípicos*.

Para Hillman, lo arquetípico no es una categoría sino sencillamente una consideración, una determinada perspectiva que los individuos pueden aplicar a cualquier imagen. Por ello, Hillman dice (1977) que «cualquier imagen puede considerarse arquetípica». Lo arquetípico «más que una cosa es un movimiento». Considerar que una imagen es arquetípica es concebirla como tal desde una determinada perspectiva, otorgarle operativamente un cierto carácter típico o, como prefiere decir Hillman, un «valor» (págs. 82-83). Así, desde la perspectiva adoptada, un individuo puede «arquetipalizar» cualquier imagen. El mero hecho de considerarla de este modo produce ese efecto, o bien, como dice Hillman (1975/1979), la utilización de *mayúsculas* produce dicho efecto, como en el caso de «La Niña Quemada por el Sol» (pág. 63). De hecho, la escuela arquetipal adopta precisamente aquello que Jung procura evitar (si bien admite que nunca lo logra totalmente), es decir, lo que denomina (OC 9/1) «concretismo metafísico». Jung afirma que «todo intento por describir gráficamente» un arquetipo deriva inevitablemente y «hasta cierto punto» en concretismo metafísico, porque el aspecto cualitativo «en que aparece necesariamente se le adhiere, de forma que solo puede ser descrito en relación a su fenomenología específica» (pág. 59). Resulta bastante obvio que las cualidades descriptivas concretas se adhieren a un arquetipo como el de la Gran Madre (si bien resulta menos evidente en el caso de un arquetipo como el ánima, que es más abstracto), tal como sucede con La Niña Quemada por el Sol. La mayor parte de los junguianos se negarían a concederle a ésta un estatus equivalente al de la Gran Madre, o siquiera a considerar dicha imagen como arquetípica. Al escribir La Niña Quemada por el Sol con mayúsculas, Hillman concede a la imagen carácter arquetípico, típico, o valioso. No propone o infiere la existencia metafísica de arquetipos previos a las imágenes. Para los psicólogos arquetipales, cualquiera y todas las imágenes, incluso las más aparentemente banales, pueden ser consideradas arquetípicas.

Esta utilización posestructuralista, posjunguiana, del término «arquetípico» genera mucha controversia. La mayor parte de los junguianos utilizan el término «arquetipo» y siguen aceptando la definición de Jung. V. Walter Odajnyk, analista junguiano (1984), incluso critica a Hillman por utilizar la denominación «psicología arquetipal». Según Odajnyk, para evitar la prescindible ambigüedad terminológica, Hillman debería haberse limitado a llamar a su escuela *psicología imaginal* o *psicología fenoménica*. En opinión de Odajnyk, «la denominación "psicología arquetipal" lleva a pensar que está basada en los arquetipos junguianos, cuando de hecho no es así» (pág. 43). Esta crítica resulta convincente para aquellos junguianos que siguen siendo estructuralistas estrictos. Por el contrario, no es válida para los psicólogos arquetipales, ya que consideran que lo arquetípico, o lo típico, reside en la visión del que imagina, o en el ojo de la imaginación. En cierto sentido, lo arquetípico está en el ojo del que observa —el sujeto que contempla una imagen— pero, en otro sentido, también reside en el ojo de la *imaginación*, una dimensión trascendente que los psicólogos arquetipales consideran en última instancia irreductible a facultad inmanente alguna.

Re-visionar la psicología y atenerse a la imagen

El ojo de la imaginación es una imagen decisiva para Hillman, quien habría de llevar a cabo una revisión crítica —o como él mismo dice «re-visión»— del análisis junguiano. Las conferencias Terry que Hillman pronunciara en la Universidad de Yale en 1972 se publicaron con el nombre de *Re-Visioning Psychology*. Para los psicólogos arquetipales, el análisis no es solo una «cura a través del habla» sino también una «cura a través de la visión», que otorga a lo visual tanto valor como a lo verbal. La visión interior ha sido una imagen dominante para el análisis desde Freud (o desde la ceguera de Edipo), pero Hillman (1975) ha destacado no el *ver en* sino el *ver a través* (pág. 136), con lo cual se refiere a la habilidad del ojo de la imaginación para ver lo metafórico a través de lo literal. *Revisionar* es «desliteralizar (o metaforizar) la realidad». Según Hillman, el objeto del análisis no es hacer consciente lo inconsciente, el ello yo, o el yo sí-mismo, sino hacer metafórico lo literal, tornar «imaginal» lo real. El objetivo no es inducir a los individuos a que sean más realistas (como sucede en el «principio de realidad» freudiano), sino capacitarles para captar que «la imaginación es realidad» (Avens, 1980) y que la realidad es imaginación: que aquello que parece más literalmente real es, de hecho, una imagen con implicaciones potenciales profundamente metafóricas.

Hillman utiliza la expresión «psicología imaginal» como sinónimo de «psicología arquetipal». Dado que para Hillman la imaginación *es* realidad, prefiere «imaginal» a «imaginario», término que posee la connotación peyorativa de «irreal». Toma el término *imaginal* de Henry Corbin (1972), un eminente estudioso del islam. Según Hillman, lo imaginal es tan real como cualquier realidad externa (o incluso más inmediatamente real). Esta postura es idéntica a la actitud estipulada por Jung para la práctica de la «imaginación activa», la inducción deliberada de actividad imaginativa en lo inconsciente. Para activar la imaginación, para imaginar activamente, el individuo debe contemplar las imágenes que emergen como si fueran autónomas y ontológicamente equivalentes a la realidad externa. Hillman aplica este método a todas las imágenes, no solo a las que surgen durante la imaginación activa.

El lema de la psicología imaginal es «atenerse a la imagen» un precepto que Hillman (1975/1979) atribuye a Rafael López-Pedraza (pág. 194). Evidentemente este mandato se inspira en Jung (OC 16), quien dice: «Para comprender el significado de un sueño, debo atenerme tanto como sea posible a las imágenes que aparecen en él» (pág. 149). Atenerse a la imagen es adherirse al fenómeno (en vez de asociar libremente, como sugiere Freud). Para Freud, la imagen no es lo que manifiestamente aparenta ser, es otra cosa en estado latente. Para Jung y Hillman, la imagen es precisamente lo que parece ser y nada más. Para expresarse, la psique selecciona, entre todas las imágenes disponibles en la experiencia del individuo, una especialmente adecuada a los efectos de un propósito metafórico específico. En psicología imaginal, la técnica analítica implica la proliferación de imágenes, la estricta adhesión a estos fenómenos y la especificación de cualidades descriptivas y metáforas implícitas. El método evoca progresivamente más imágenes, invitando al individuo a atender cuidadosamente a estos fenómenos a medida que surgen, a fin de brindar descripciones cualitativas y elaborar posteriormente las implicaciones metafóricas. Como analista, el psicólogo imaginal debe ser imaginero, fenomenólogo y metaforizador.

Imagen, objeto, sujeto

La psicología imaginal no es una psicología de «relaciones objetales». Para Hillman, las imágenes no son reductibles en ningún sentido a objetos de la realidad externa. La imaginación no es secundaria y derivada sino primaria y constitutiva. Una imagen no deriva necesariamente de un objeto de la realidad externa, ni necesariamente se refiere o corresponde a él con exactitud. De hecho, es posible que no exista objeto en absoluto. Tal como dice la psicóloga imaginal Patricia Berry (1982): «Cuando se trata de la imaginación, toda pregunta sobre su referencia objetiva resulta irrelevante. Lo imaginal es bien real a su manera, pero nunca porque se corresponda con algo externo» (pág. 57). Para los psicólogos imaginales, la discrepancia entre imagen y objeto es sencillamente un hecho inevitable de la existencia humana.

Jung sostiene una posición semejante (OC 6) cuando discute el tema de las imágenes psíquicas, o «imagos», y lo que llama interpretación a nivel subjetivo. Afirma que ontológicamente «la imagen psíquica de un objeto nunca es exactamente igual al objeto». En cuanto a lo epistemológico, arguye que la imagen está condicionada por factores subjetivos, por lo que «el conocimiento correcto del objeto se hace extraordinariamente difícil». Consecuentemente, dice que «es esencial no asumir que la imago es idéntica al objeto». Por el contrario, resulta siempre aconsejable «contemplarla como una imagen de la relación subjetiva con el objeto». El objeto sirve meramente como «vehículo» conveniente para la transmisión de factores subjetivos (págs. 472-473). Por ejemplo, cuando Jung interpreta un sueño, tiende a considerar las imágenes presentes no tanto como referencias a objetos de la realidad externa, sino como reflejos de aspectos de la personalidad del sujeto soñante. En su opinión, el sueño es más reflexivo que referencial. Hillman difiere de Jung al conceder mayor autonomía a la imaginación. La capacidad que Melanie Klein (Isaacs, 1952) atribuye a los instintos (o pulsiones) en la expresión de fantasías independientes de objetos de la realidad externa, es adscrita por Hillman a la imaginación.

Hillman (1975/1979) también se rebela contra lo que considera un énfasis excesivo de la subjetividad. No considera que la incongruencia entre imagen y objeto sea simplemente efecto de factores subjetivos. Los psicólogos imaginales no reducen las imágenes a objetos de la realidad externa; tampoco las reducen a aspectos de la personalidad del sujeto. Para Hillman, la imaginación es verdaderamente autónoma, independiente del individuo, trascendente al sujeto. Complementa el nivel subjetivo con un nivel transubjetivo. Por supuesto esta noción también existe en forma incipiente en Jung, quien distingue lo inconsciente personal de lo inconsciente colectivo, o transpersonal. Ocasionalmente, Jung (OC 7) emplea la expresión «transubjetivo» precisamente en este sentido (pág. 98). En opinión de Hillman, la subjetividad resulta problemática por su carácter posesivo. El sujeto tiende ingenuamente a creer que todas las imágenes le pertenecen porque aparentemente se originan en él. Sin embargo, para Hillman (1985), estas imágenes vienen al sujeto, y a través del sujeto, desde la imaginación, desde lo que él denomina *mundus imaginalis*, la dimensión transubjetiva de la imaginación (págs. 3-4).

Relativización contra compensación

Para Jung, el objeto del análisis es la individuación del yo en relación al sí-mismo (o Sí-mismo, con mayúscula, siguiendo a la mayor parte de los junguianos que de este modo lo definen como arquetipo). En este proceso resulta fundamental lo que Jung denomina «compensación» (OC 6). La compensación es un sistema regulador que opera para rectificar el desequilibrio entre lo consciente y lo inconsciente, restituyendo el equilibrio psíquico. Según Jung, la función de lo inconsciente consiste en ofrecer perspectivas alternativas que compensan los sesgos y las actitudes parciales e incluso erradas de lo consciente. En este proceso, lo inconsciente no solo compensa lo reprimido, sino aquello que lo consciente ignora o rechaza. Lo inconsciente repara aquello que lo consciente excluye u omite. De este modo, el análisis ofrece una oportunidad a la integración de la psique por medio de la compensación de lo consciente a través de lo inconsciente y de la individuación del yo en relación al sí-mismo.

A diferencia de Jung, Hillman considera que el objeto del análisis es la «relativización» del yo por la imaginación. La imaginación relativiza al yo, le descentra, demuestra que el yo también es una imagen, ni la única ni la más importante, sino solo una entre muchas de igual importancia. Por ejemplo, cuando el yo aparece como imagen en los sueños o en la imaginación activa tiende con arrogancia a presumir que constituye la totalidad (o al menos el centro) de la psique, cuando de hecho es solo una parte de ella. Demostrar la relatividad de toda imagen es imponer humildad (que no humillar) al yo. Es exponer sus vanidades y prejuicios. Desde esta perspectiva, el objeto del análisis no es la integración de la psique (mediante la compensación de lo consciente por lo inconsciente y de la individuación del yo en relación al sí-mismo), sino la relativización del yo (por medio de la diferenciación de la imaginación). En este sentido, queda claro que la psicología imaginal no es bajo ningún aspecto una psicología del yo. Según Hillman (1983) no procura fortalecer al yo sino, de algún modo, debilitarlo, derribar las pretensiones del yo (pág. 17).

Imaginación contra interpretación

Muchas de las imágenes que aparecen en sueños o durante la imaginación activa son personificaciones. Jung relata cómo (1963) durante una sesión de imaginación activa le surgieron dos personificaciones a las que llamó Elías y Salomé. Según Jung, las imágenes personificaban dos arquetipos: el Viejo Sabio y el Ánima (Eros). Jung inmediatamente reduce dichas personificaciones a categorías *a priori*. No obstante, manifiesta sentir una importante reserva: «Se podría decir que ambas figuras son personificaciones de Logos y Eros. Pero esta sería una definición excesivamente intelectual. Es más significativo permitir a las figuras ser lo que fueron para mí en ese momento: básicamente, acontecimientos y experiencias» (pág. 182). Más que intelectualizar las personificaciones, Jung dice que prefiere experimentarlas tal como se presentan, es decir, las considera como si se tratara de personas reales. Las incorpora a una conversación, en el proceso dialogístico tan bellamente descrito por la psicóloga imaginal Mary Watkins en *Invisible Guests: The Development of Imaginal Dialogues* (1986). En *Waking Dreams* (1976/1984), Watkins ofrece un amplio panorama histórico de las técnicas imaginativas, entre las que se destaca la imaginación activa.

En Jung, por tanto, existen dos tendencias: una, intelectual; otra, experiencial. Hillman privilegia consecuentemente esta última. Lo hace por considerar que las tipificaciones son demasiado generales, demasiado abstractas, a diferencia de las personificaciones, que son particulares y concretas. El método fenomenológico de la psicología imaginal no es interpretativo o hermenéutico. Según Hillman (1983), la hermenéutica es ineluctablemente reduccionista. Define la interpretación como una conceptualización de la imaginación, es decir, la interpretación implica la reducción de imágenes particulares a conceptos generales (por ejemplo, la reducción de la imagen concreta de una mujer en un sueño al concepto abstracto de Ánima). Para Hillman, la interpretación no se atiene a la imagen sino que interfiere con la intrínseca «inteligibilidad de los fenómenos» (pág. 51). No es el único que opta por la fenomenología en vez de la hermenéutica. Por ejemplo, Susan Sontag, conocida crítica de la cultura (1967) también se manifiesta «contra la interpretación», por las mismas exactas razones que Hillman —porque es una intelectualización de la experiencia— lo que ella llama «la venganza del intelecto sobre el mundo» (pág. 7). En suma, Hillman no es un hermeneuta sino un imaginero, o un fenomenólogo, que se atiene a la imagen, se adhiere al fenómeno, y se niega vehementemente a interpretarlo, o a reducirlo a un concepto.

Por ejemplo, a diferencia de Jung (OC 9/1), que dice: «el agua es el símbolo más frecuente para lo inconsciente» (pág. 18), Hillman (1975/1979) sugiere precaución frente a la tendencia a interpretar «como *lo inconsciente,* por ejemplo, volúmenes de agua que pueden aparecer en sueños, como bañeras, piscinas, océanos, etc.» (pág. 18). Invita a los individuos a estar atentos a la fenomenología «de la *clase* de agua que aparece en un sueño» (pág. 152), es decir, a la especificidad de las imágenes concretas. Una psicología hermenéutica reduce las diferentes aguas, las diferentes imágenes concretas (bañeras, piscinas, océanos) a un agua singular, y luego a un concepto abstracto, lo inconsciente. La psicología imaginal valora la particularidad de las imágenes sobre la generalidad de cualquier concepto. A diferencia de Freud (1933), para quien el análisis gana terreno (yo) al mar (ello), Hillman no es un laborioso holandés cuidando los diques, sino un analista que prefiere vivenciar el Zuider Zee imaginalmente antes que intelectualizarlo o interpretarlo reductivamente. Las aguas que aparecen en sueños o en la imaginación activa pueden ser tan diferentes entre sí como un río y un charco. Estas aguas pueden ser profundas o no; pueden ser transparentes u opacas; pueden estar limpias o sucias; pueden fluir o estar estancadas; pueden evaporarse, condensarse, precipitar; pueden ser líquidas, sólidas o gaseosas. Las cualidades descriptivas que presentan son tan increíblemente diversas que resultan potencialmente infinitas, como lo son sus implicaciones metafóricas.

Multiplicidad

En opinión de Hillman (1975), el continuador más insigne del reduccionismo junguiano es Erich Neumann, quien reduce una amplia multiplicidad de imágenes femeninas concretas a una unidad, el concepto abstracto de la Gran Madre (o lo femenino). Se trata de un procedimiento burdamente arbitrario que reduce diferencias significativas a una identidad de especie. No solo los junguianos sino también los freudianos llevan a cabo este tipo de reducción fácil. Hillman dice al respecto: «Si para los freudianos los objetos alargados son penes, para los junguianos los objetos oscuros son sombras» (pág. 8). No se trata únicamente de que (como diría Freud) algunas veces un objeto alargado es solo eso, o de que a veces un objeto oscuro sea solo un objeto oscuro. Se trata de que existen muchos y muy diferentes objetos alargados y oscuros, es decir, muchas imágenes muy diferentes, y no se pueden reducir a un único e idéntico concepto. En la controversia filosófica acerca de lo-uno-y-lo-múltiple, la psicología imaginal privilegia la multiplicidad sobre la unidad. López-Pedraza (1971) es quien articula esta postura más sucintamente. Invierte la formulación habitual según la cual la multiplicidad está contenida en la unidad, para proponer por el contrario, que «lo múltiple *contiene* la unidad de lo uno *sin perder por eso* las posibilidades de lo múltiple» (pág. 214).

Los psicólogos imaginales consideran que la personalidad no es unitaria sino fundamentalmente múltiple. En cierto sentido, no existe personalidad, solo personificaciones que, cuando son observadas analíticamente como si se tratara de personas reales, adquieren el estatus de personalidades autónomas. Podría parecer, al sostener la relatividad de todas las personificaciones, que Hillman condona el síndrome de personalidad múltiple (o «síndrome de identidad disociativa» tal como se denomina ahora en el *Diagnostic and Statistical Manual*, IV [Manual Diagnóstico y Estadístico]). De hecho, Hillman sostiene (1985) que: «La personalidad múltiple es la condición natural de la humanidad». Considerar que la multiplicidad de la personalidad es «una aberración psiquiátrica» o un fallo en la integración de «personalidades parciales» no hace sino reflejar el prejuicio cultural que identifica equivocadamente una personalidad parcial, el yo, con la personalidad en sí (págs. 51-52). La definición del síndrome de personalidad múltiple implica que las personificaciones no han sido metaforizadas sino literalizadas y que la imaginación no se ha diferenciado sino disociado. No solo los psicólogos imaginales hablan de personificaciones.

W. R. D. Fairbairn, psicólogo perteneciente a la escuela de relaciones objetales (1931/1952) presenta el caso de un sujeto que sueña cinco personificaciones: «el niño travieso», «el Yo» y «el crítico» (que Fairbairn asocia respectivamente con el ello, el yo y el superyó), así como «la niña pequeña» y «el mártir». Si bien Fairbairn dice que el síndrome de personalidad múltiple es el resultado de una identificación extrema con las personificaciones, también afirma, como Hillman, que tales personificaciones son tan corrientes en análisis que «deben ser consideradas no solo características, sino compatibles con la normalidad» (págs. 217-219).

Politeísmo contra monoteísmo

El énfasis puesto por Hillman en la multiplicidad (1971/1981) es acorde con su inclinación por una psicología politeísta más que monoteísta. En su opinión, la religión (o teología) influye en la psicología. Históricamente, las tres religiones monoteístas —judaísmo, cristianismo e islam— han reprimido sistemáticamente a las religiones politeístas. El judaísmo y el cristianismo no solo han privilegiado a un dios por encima de muchos dioses (y diosas), a los que han desacreditado considerándoles demonios, sino que además han privilegiado una conceptualización abstracta de ese dios único. El islam no ha sido menos intolerante: un solo dios, ninguna imagen. Para Hillman (1983), el cristianismo ha tenido un efecto especialmente nocivo sobre la psicología. Critica particularmente el fundamentalismo cristiano por excesivamente puritano e iconoclasta. Puesto que el fundamentalismo ha concebido las imágenes literalmente más que metafóricamente, ha condenado toda imaginería por idólatra. Entre los seguidores de la psicología imaginal, David L. Miller, profesor de religión, ha elaborado la perspectiva politeísta de modo muy convincente en *Christs: Meditations on Archetypal Images in Christian Theology* (1981a) y en *The New Polytheism: Rebirth of the Gods and Goddesses* (1974/1981b).

Según el punto de vista de la psicología imaginal, una de las razones por las cuales la psicología del yo resulta tan atractiva es por ser tan compatible con los pilares de la religión monoteísta. La psicología monista valora un concepto abstracto unitario, el yo, sobre múltiples imágenes concretas. Por el contrario, la psicología imaginal tiene orientación politeísta (o pluralista). No es una religión sino una psicología en sentido estricto.

No venera a dioses y diosas. Los considera metafóricamente, tal como hizo Jung (OC 10), como «la personificación de fuerzas psíquicas» (pág. 185). Según Jung (OC 13), los dioses y las diosas se aparecen como «fobias, obsesiones y cosas por el estilo», «síntomas neuróticos» o «enfermedades». Según dice él mismo, «Zeus ya no gobierna el Olimpo, sino el plexo solar, y genera curiosos especímenes para la consulta del médico, o bien confunde la mente de los políticos y periodistas que con poca sabiduría lanzan al mundo epidemias psíquicas» (pág. 37). Casi todos los ejemplos de dioses y diosas citados por los psicólogos imaginales son griegos. Ellos justifican o racionalizan esta selectividad en función del origen histórico europeo del análisis, considerando que, en dicho contexto continental, los dioses y diosas griegos poseen exclusividad dominante. Sin embargo, si la psicología imaginal aspira a ser una psicología multicultural comprensiva, a tono con la preocupación contemporánea por la diversidad étnica, tendrá que incluir finalmente un amplio conjunto politeísta de dioses y diosas de la totalidad del panteón global.

Mitología

La mitología siempre ha tenido un especial interés para el análisis. A diferencia de lo que sucede con el análisis freudiano, la psicología imaginal no recurre a los mitos con propósitos meramente confirmatorios. Para Freud el mito de Edipo es importante porque considera que ofrece confirmación independiente para el hallazgo —y la verdad teórica— del complejo de Edipo. Para Freud lo primario es el complejo, el mito es secundario. La psicología imaginal invierte el orden de prioridad. Por ejemplo, Hillman dice (1975/1979) que «el narcisismo no explica a Narciso» (pág. 221n.). Es una falacia reducir el mito de Narciso al «complejo de Narciso o a una perturbación narcisista de la personalidad». Hillman afirma (1983) que gnoseológicamente el narcisismo confunde «el subjetivismo autoerótico con uno de los mitos más importantes y poderosos de la imaginación» (pág. 81). La psicología imaginal manifiesta una clara preferencia por el discurso «literario» frente al discurso «científico». De acuerdo con Hillman (1975), la base misma de la psique es «poética», o mitopoética (pág. xi).

No obstante, Hillman es crítico con lo que Jung denomina el «mito del héroe». Lo que resulta potencialmente tan peligroso en este mito es la tendencia del yo a identificarse con el héroe y a actuar el papel del héroe de un modo agresivo y violento. Contrastando con lo que Hillman llama (1975/1979) el «yo imaginal» (pág. 102) —un yo que reconocería humildemente que es solo una entre muchas imágenes igualmente importantes— el «yo heroico» asume con arrogancia un papel dominante y relega las demás imágenes a papeles subordinados. Existen otras imágenes que pueden servir a los propósitos del yo heroico, quien puede entonces disponer de ellas o eliminarlas por medio de la agresión y la violencia. Hillman dice que el yo heroico «insiste en una realidad que pueda controlar, situar en su mira o aplastar con un bastón» porque «literaliza lo imaginal» (pág. 115). En esta descripción, Hillman es culpable del mismo reduccionismo que critica en los demás, ya que «héroe» es solo un concepto abstracto, no una imagen concreta. Los diferentes héroes poseen diferentes estilos; no son todos idénticos. Algunos son especialmente no-agresivos y no-violentos. Según dice Joseph Campbell (1949), el héroe posee mil caras diferentes.

Hillman resulta particularmente impactante cuando retoma el mito de Edipo para re-visionarlo. En su opinión, el mito de Edipo da forma inconscientemente al propio método del análisis. Además del complejo de Edipo existe también un «método de Edipo». Hillman no es el único analista que ha criticado las implicaciones metodológicas del mito de Edipo. Por ejemplo, Heinz Kohut, psicólogo del sí-mismo, sostiene (1981/1991) que, si el análisis aspira a ser algo más que una mera psicología de lo anormal, el mito de Edipo resulta metodológicamente inadecuado. Se pregunta cómo hubiera sido el análisis si se hubiera desarrollado sobre la base de un mito padre-hijo distinto del mito Layo-Edipo, por ejemplo el mito de Ulises-Telémaco. Kohut sostiene que si Freud hubiera basado el análisis en el complejo de Telémaco, en vez del complejo de Edipo, el método analítico sería radicalmente diferente. Para Kohut «lo normal y propio de lo humano es la continuidad intergeneracional entre padre e hijo, y no la lucha y los deseos mutuos de muerte y destrucción, independientemente de la frecuencia con que podemos encontrar rastros de aquellos productos patológicos de desintegración que el análisis tradicional nos ha llevado a percibir como una fase evolutiva normal, una experiencia infantil normal» (pág. 563).

No obstante, Hillman (1989/1991) es mucho más crítico y radical que Kohut en cuanto al mito de Edipo en relación a la teoría y práctica del psicoanálisis tradicional. En su opinión, la dificultad reside en que el mito de Edipo es el único, o al menos el más importante, que los analistas han utilizado a efectos interpretativos. De acuerdo con Hillman, el mito revela que la ceguera es producto de una búsqueda literalista en pos de discernimiento. El análisis ha sido el método en el que un ciego guía a otros ciegos. El analista, un Tiresias que ha alcanzado el discernimiento tras ser cegado, lo transmite a su vez a un Edipo, el analizando, que es cegado a continuación. Este único mito ha otorgado al análisis un único modo de indagación: el método de la introspección heroica que conduce a la ceguera. Hillman sostiene que si el análisis recurriera a otros mitos además del de Edipo, muchos otros mitos con muchos motivos distintos —por ejemplo, Eros y Psique («amor»), Zeus y Hera («generatividad y matrimonio»), Ícaro y Dédalo («el vuelo y la artesanía»), Ares («lucha, ira y destrucción»), Pigmalión («mímesis en la que el arte se convierte en vida a través del deseo»), Hermes, Afrodita, Perséfone o Dionisos—, los métodos del análisis resultarían muy diferentes y serían más fieles a la diversidad de la experiencia humana (págs. 139-140). La psicóloga imaginal Ginette Paris, en *Pagan Meditations* (1986) y *Pagan Grace* (1990) es quizá la exponente más elocuente de esta diferenciación metodológica.

El alma-en-el-mundo y la creación de alma

Más que una psicología del yo, la psicología imaginal es una psicología del alma, una psicología profunda. Tal como lo emplea Hillman (1964), el término *alma* es «un concepto deliberadamente ambiguo» que se resiste a una definición denotativa (p. 46). La palabra «alma» evoca, por supuesto, numerosos contextos religiosos y culturales. Hillman observa (1983) que los afroamericanos introdujeron la palabra «alma» en la cultura popular (pág. 128). Sin embargo, en la psicología imaginal el término posee una serie de connotaciones bastante específicas, y posiblemente las referencias a la vulnerabilidad, la melancolía y la profundidad sean las de mayor importancia. Hillman reniega de un yo fuerte, maniaco superficial, y aboga por un alma que se reconoce en lo débil, lo depresivo y lo profundo. «El alma —en sus palabras— no es algo dado, tiene que ser construido» (pág. 18). Hillman (1975) cita a Keats al respecto: «Por favor, llamen al mundo "Valle de la Creación de Alma". Descubrirán entonces la utilidad del mundo» (pág. ix). Esta es una alusión al «alma del mundo» platónica o *anima mundi*, que Hillman traduce como «alma-en-el-mundo». La creación de alma en el mundo conlleva una profundización de la experiencia, en la que se conduce al yo a un nivel más profundo y se le mantiene allí. No se trata tanto de plantear la existencia de un yo que desciende a las profundidades de lo inconsciente solo a los efectos de individuarse en relación al sí-mismo, para luego ascender a la superficie consciente. Hillman aboga por un yo que desciende a las profundidades imaginales —y allí se queda— para cobrar vida como alma: al igual que Jung, Hillman sostiene que ánima significa «alma». En este sentido, el objetivo del análisis no sería la individuación sino la animación. El psicólogo imaginal Thomas Moore ha popularizado esta psicología del alma en *El cuidado del alma* (1992) y *Las relaciones del alma* (1994).

La psicología imaginal sostiene que no solo los individuos poseen alma sino también el mundo, o que los objetos materiales en el mundo poseen alma. A diferencia del dualismo sujeto-objeto propuesto por Descartes, que afirma que únicamente los «seres» humanos tienen alma, Hillman (1983) sostiene —por supuesto metafóricamente— que los «seres» no humanos también poseen alma. En efecto, la psicología imaginal es una «psicología animista». Contrastando con la noción convencional, según la cual el mundo no es más que una determinada cantidad de materia «muerta» y que los objetos materiales (no solo los naturales sino los culturales, o artefactos) son inanimados, Hillman insiste en que están animados o «vivos». Lo que quiere decir es que también los objetos poseen una cierta «subjetividad» (pág.132), que las cosas tienen un cierto «ser». De acuerdo con Hillman, el mundo no está muerto, pero tampoco goza de buena salud: está vivo pero enfermo. La actitud mortecina propia del dualismo cartesiano sujeto-objeto (que no anima ni vivifica, ni genera alma), volcada sobre el mundo ha minado su salud. Antes que analizar únicamente a los individuos, Hillman sugiere que la psicología imaginal debería analizar al mundo, o a los objetos materiales que en él existen, como si estos también fuesen sujetos. Desde esta perspectiva, el mundo necesita al menos tanta terapia como los individuos. De esta forma, la psicología imaginal se ha convertido en una «psicología ambiental» o ecologista. Salvo muy pocas excepciones, los analistas han ignorado o descuidado lo que Harold F. Searles (1960) llama el «ambiente no humano». Algunos psicólogos imaginales han comenzado ahora a abordar esta cuestión, como es el caso de Robert

Sardello en *Facing the World with Soul* (1992) y Michael Perlman en *The Power of Trees: The Reforesting of the Soul* (1994).

Activismo social y político

La psicología imaginal invita a los individuos a comprometerse con el mundo y asumir su responsabilidad social y política. Uno de los ensayos más importantes escritos por Hillman se refiere a una cuestión sociopolítica aparentemente intocable: el prejuicio de la superioridad blanca. Hillman sostiene (1986) que ciertos problemas supuestamente atribuibles a «intolerancia étnica», si bien no del todo inalterables son «fundamentalmente difíciles de modificar», porque la propia noción de superioridad es «arquetípicamente inherente a lo blanco en sí» (pág. 29). Cita al respecto evidencias etnográficas provenientes de África y aportadas por el antropólogo Victor Turner para demostrar transculturalmente que no solo los blancos sino también los negros tienden a considerar los colores blanco y negro como respectivamente superior (o bueno) e inferior (o malo). En *Nosotros y los otros* (1993), el eminente crítico cultural Tzvetan Todorov sugiere asimismo que el racismo persiste en parte «por motivos que pueden estar relacionados con el simbolismo universal: en todas las culturas existen y operan los pares blanco-negro, claro-oscuro, día-noche, con una generalizada preferencia por el primer término de cada par» (pág. 95). Tanto Hillman como Todorov se preguntan por el motivo que hace que el racismo resulte tan tenazmente resistente a todos los esfuerzos sociales y políticos realizados para erradicarlo, llegando a una explicación similar: se trataría de la proyección inconsciente sobre las *personas* de un factor arquetípico o universal relativo a una valoración sobre el *color* (blanco-luz-día como opuestos a negro-oscuro-noche). Según Hillman el problema es que los racistas son literalistas que irracionalmente confunden la realidad física con la realidad psíquica, y utilizan erróneamente la oposición de color blanco-negro con fines discriminatorios y perjudiciales. Para abordar esta dificultad con eficacia, y reducir el racismo, sostiene que será necesario re-visionar (desliteralizar o metaforizar) la espuria lógica oposicional empleada por los que sustentan la superioridad blanca. Desde esta perspectiva, el racismo constituye un fallo de la imaginación, un ejemplo especialmente pernicioso de la falacia del literalismo. En el transcurso de una entrevista con Adams (1992b), Robert Bosnak, también psicólogo imaginal, se refiere a lo negro en el contexto de las oposiciones blanco-negro, claro-oscuro, día-noche. Bosnak traza una distinción entre lo que él llama imágenes de lo negro «africano» e imágenes de lo negro «Tánatos». Dice al respecto: «Lo negro Tánatos no tiene nada que ver con la raza. La noche, el temor a la muerte, así como lo romántico y el amor, son todas ellas cosas vinculadas a la noche, y son transculturales. Hay algo propio de la noche que tiene un cierto efecto sobre los humanos, atemoriza, excita la imaginación. Se trata de una negritud diferente de la racial. Existen figuras negras tanáticas en los sueños de personas de las distintas razas» (pág. 24). Adams se refiere directamente a la cuestión del racismo en el sentido blanco-negro en *The Multicultural Imagination: «Race», Colour and the Unconscious* (1996).

Bosnak es tal vez el psicólogo imaginal más activo social y políticamente. En *Dreaming with an AIDS Patient* (1989), trabaja sobre el diario de sueños de un paciente que sufrió y murió a causa del sida. Ya ha organizado tres conferencias internacionales sobre el tema «Frente al Apocalipsis» —la primera dedicada a la guerra nuclear (Andrews, Bosnak y Goodwin, 1987); la segunda sobre la catástrofe ambiental y la tercera sobre el tema del carisma y la guerra santa— y tiene programada una cuarta sobre el milenio. En *The Sacrament of Abortion* (1992), Paris también aplica la psicología imaginal a una cuestión de actualidad sociopolítica.

Posestructuralismo, posmodernidad

La psicología imaginal es una escuela posestructuralista y posmoderna que posee importantes afinidades tanto con la psicología semiótica de Jacques Lacan como con la filosofía deconstructiva de Jacques Derrida. Hillman y Lacan abjuran de la psicología del yo, y ambos sostienen un radical descentramiento del yo. Lo «imaginario» en Lacan es similar (si bien de ningún modo idéntico) a lo «imaginal» en Hillman. Paul Kugler afirma (1982, 1987) que lo «imaginario» en Lacan también es similar a la «imago» de Jung. Adams (1985/1992a) sostiene que aquello que Hillman quiere decir con «re-visionar» es comparable a la «deconstrucción» de Derrida. Tanto Hillman como Derrida critican la lógica metafísica que opone imagen (o significante) a concepto (o significado), y que privilegia a este último sobre el primero.

Institucionalización de la psicología arquetipal

Si bien existen Institutos Jung que brindan formación y conceden acreditación para la práctica profesional como analista, no existe ningún «Instituto Hillman». Spring Publications ha editado muchos libros, y desde 1970 publica *Spring*, un boletín de psicología arquetipal. El London Convivium for Archetypal Studies publica *Sphinx: A Journal for Archetypal Psychology and the Arts*. El Pacifica Graduate Institute en Santa Bárbara otorga gran importancia a la psicología arquetipal, habiendo creado un archivo que contiene los escritos privados de Hillman. Los programas de Estudios Psicoanalíticos de la Universidad de Kent en Canterbury, la New School for Social Research en Nueva York y la Trobe University en Melbourne también incluyen estudios de psicología arquetipal.

La psicología arquetipal existe hace solo un cuarto de siglo, pero en ese breve periodo ha prestado un servicio muy importante. Ha brindado una perspectiva crítica «re-visionista» del análisis junguiano. Tal vez su aporte más importante sea el énfasis puesto en la imaginación, tanto cultural como clínicamente. En este sentido, la psicología arquetipal ha revisado la propia imagen del análisis junguiano tradicional.

REFERENCIAS

Adams, M.V. (1992a) «Deconstructive Philosophy and Imaginal Psychology: Comparative Perspectives on Jacques Derrida and James Hillman [1985]», en R. P. Sugg (ed.), *Jungian Literary Criticism*, Northwestern University Press, Evanston, Illinois, págs. 231-248.
—, (1992b) «Image, Active Imagination and the Imaginal Level: A *Quadrant* Interview with Robert Bosnak», *Quadrant* 25/2, págs. 9-29.
—, (1996) *The Multicultural Imagination: «Race», Color and the Unconscious,* Routledge, Londres/Nueva York.
Andrews, V., Bosnak, R., y Goodwin, K.W. (eds.) (1987) *Facing Apocalypse,* Spring Publications, Dallas.
Avens, R. (1980) *Imagination is Reality: Western Nirvana in Jung, Hillman, Barfied and Cassirer,* Spring Publications, Dallas.

Berry, P. (1982) *Echo's Subtle Body: Contributions to an Archetypal Psychology,* Spring Publications, Dallas.
Bosnak, R. (1989) *Dreaming with an AIDS Patient,* Shambhala, Boston/Shaftesbury.
Campbell, J. (1949) *El héroe de las mil caras,* (trad. L. J. Fernández), Fondo de Cultura Económica, México, 1959.
Corbin, H. (1972) «*Mundus imaginalis,* or the Imaginary and the Imaginal», *Spring,* págs. 1-19.
Fairbairn, W. R. D. (1952) «Aspectos en el análisis de una paciente con una anormalidad física genital [1931]», en *Estudio psicoanalítico de personalidad,* (trad. H. Friedenthal), Hormá, Buenos Aires, 1978.
Freud, S. (1918) *Historia de una neurosis infantil,* OC, tomo VI, (trad. L. López-Ballesteros), Biblioteca Nueva, Madrid, 1972; t. 17, (trad. J. L. Etcheverry), Amorrortu, Buenos Aires, 1982.
—, (1927) *El porvenir de una ilusión,* OC, BN, tomo VIII; Amorrortu, t. 21.
—, (1933) *Nuevas lecciones introductorias al psicoanálisis,* OC, BN, tomo VIII; Amorrortu, t. 22
Hillman, J. (1964) *Suicide and the Soul,* Harper & Row, Nueva York.
—, (1975) *Re-visioning Psychology,* Harper & Row, Nueva York.
—, (1977) «An Inquiry into Image», *Spring,* págs. 62-88.
—, (1979) *The Dream and the Underworld* [1975], Harper & Row, Nueva York.
—, (1981) «Psychology: Monotheistic or Polytheistic», en D. L. Miller, *The New Polytheism: Rebirth of the Gods and Goddesses* [1971], Spring Publications, Dallas, págs. 109-142.
—, y Pozzo, L. (1983) *Inter Views: Conversations with Laura Pozzo on Psychotherapy, Biography, Love, Soul, Dreams, Work, Imagination and the Stte of Culture,* Harper & Row, Nueva York.
—, (1985) *Archetypal Psychology: A Brief Account,* Spring Publications, Dallas.
—, (1986) «Notes on White Supremacy: Essaying an Archetypal Account of Historical Events», *Spring,* págs. 29-58.
—, (1991) «Oedipus Revisited», en K. Kerenyi y J. Hillman, *Oedipus Variations: Studies in Literature and Psychoanalysis* [1989], Spring Publications, Dallas, págs. 88-169.
Isaacs, S. (1952) «The Nature and Function of Phantasy», en J. Riviere (ed.), *Developments in Psychoanalysis,* Hogarth Press, Londres. págs. 67-121.

Jung, C. G. (1961) *Recuerdos, sueños, pensamientos,* (A. Jaffé, ed.; trad. Mª. R. Borrás), Seix Barral, Barcelona, 1964.

—, (1917) «Sobre la psicología de lo inconsciente», OC 7, 1.

—, (1922) «Sobre la relación de la psicología analítica con la obra de arte poética», OC 15, 6, en *Problemas psíquicos del mundo actual,* (trad. M. I. Purroy), Monte Ávila, Caracas, 1976.

—, (1934) «La aplicabilidad práctica del análisis de los sueños», OC 16, 11.

—, (1929) «Comentario al libro *El secreto de la Flor de Oro*», OC 13, 1; *El secreto de la Flor de Oro,* (trad. R. Pope), Paidós, Barcelona, 1982.

—, (1912/1952) *Símbolos de Transformación,* OC 5, (trad. L. Rosenthal/E. Butelman), Paidós, Barcelona, 1982.

—, (1934/1954) «Sobre los arquetipos de lo inconsciente colectivo», OC 9/1,1, en *Arquetipos e inconsciente colectivo,* (trad. M. Murmis), Paidós, Buenos Aires, 1977.

—, (1936/1954) «Sobre el arquetipo con especial consideración del concepto de ánima», OC 9/1, 3, *ibíd.*

—, (1939/1954) «Los aspectos psicológicos del arquetipo de la madre», OC 9/1,4, *ibíd.*

—, (1935/1960) «Comentario psicológico al *Libro Tibetano de los Muertos*», OC 11, 11.

—, (1918) «Sobre lo inconsciente», OC 10, 1.

—, (1936/1946) «Wotan», OC 10, 10, en *Consideraciones sobre la historia actual,* (trad. L. A. M. Baró), Guadarrama, Madrid, 1968.

—, (1961) «Símbolos e interpretación de sueños», OC 18/I, en «Acercamiento al inconsciente», en *El hombre y sus símbolos,* (trad. L. E. Bareño), Paidós, 1995.

—, (1977) «The Houston Films [1976]», en W. McGuire y R. F. C. Hull (eds.), *Encuentros con C.G. Jung,* (trad. R. Escohotado), Trotta, Madrid, 1999.

Kohut, H. (1991) «Introspection, Empathy and the Semicircle of Mental Health», en P. H. Ornstein (ed.), *The Search for the Self: Selected Writings of Heinz Kohut, 1978-1981,* [1981], International Universities Press, Madison, Connecticut, vol. IV, págs. 537-567.

Kugler, P. (1982) *The Alchemy of Discourse: An Archetypal Approach to Language,* Bucknell University Press, Lewisburg.

—, (1987) «Jacques Lacan: Postmodern Depth Psychology and the

Birth of the Self-reflexive Subject», en P. Young-Eisendrath y J. A. Hall (eds.), *The Book of the Self: Person, Pretext, and Process*, New York University Press, Nueva York/Londres, págs. 173-184.

López-Pedraza, R. (1971) «Responses and Contributions», *Spring*, págs. 212-214.

Miller, D.L. (1981a) *Christs: Meditations on Archetypal Images in Christian Theology*, Seabury Press, Nueva York.

—, (1981b) *The New Polytheism: Rebirth of the Gods and Goddesses* [1974], Spring Publications, Dallas.

Moore, T. (1992) *El cuidado del alma*, (trad. M. Guastavino), Urano, Barcelona, 1993.

—, (1994) *Las relaciones del alma*, (trad. J. L. Mustieles), Círculo de Lectores, Barcelona, 1996.

Odajnyk, V. W. (1984) «The Psychologist as Artist. The Imaginal World of James Hillman», *Quadrant* 17/1, págs. 39-48.

Paris, G. (1986) *Pagan Meditations: The Words of Aphrodite, Artemis and Hestia*, (trad. i. G. Moore), Spring Publications, Dallas.

—, (1990) *Pagan Grace: Dionysos, Hermes, and Goddess Memory in Daily Life*, (trad. i. J. Mott), Spring Publications, Dallas.

—, (1992) *The Sacrament of Abortion*, (trad. i. J. Mott), Spring Publications, Dallas.

Perlman, M. (1994) *The Power of Trees: The Reforesting of the Soul*, Spring Publications, Dallas.

Samuels, A. (1985) *Jung and the Post-Jungians*, Routledge & Kegan Paul, Londres.

Sardello, R. (1992) *Facing the World with Soul: The Reimagination of Modern Life*, Lindisfarne Press, Hudson, Nueva York.

Searles, H.F. (1960) *The Nonhuman Environment in Normal Development and in Schizophrenia*, International Universities Press, Madison, Connecticut.

Sontag, S. (1967) *Contra la interpretación*, (trad. H.V. Rial), Alfaguara, Madrid, 1996.

Todorov, T. (1993) *Nosotros y los otros*, (trad. M. Mur), Siglo XXI, México, 1989.

Watkins, M. (1984) *Waking Dreams* [1976], Spring Publications, Dallas.

—, (1986) *Invisible Guests: The Development of Imaginal Dialogues*, Analytic Press, Hillsdale, Nueva Jersey.

7 Hester McFarland Solomon

La escuela evolutiva

Introducción

La psicología analítica desarrollada por Jung y sus colaboradores inmediatos no se ocupó plenamente de los aspectos psicológicos profundos de la temprana infancia ni del desarrollo infantil. Tampoco prestó gran atención a la utilidad de una correcta comprensión de las diversas formas de relación que pueden desarrollarse en la consulta entre paciente y analista. Aun más, mientras Freud y sus seguidores realizaron el esfuerzo intelectual necesario para intentar unir ambas áreas de investigación, —es decir, las etapas evolutivas y los estados mentales tempranos por un lado, la naturaleza de la transferencia y la contratransferencia por el otro— incluyéndolas en la teoría psicoanalítica, la psicología analítica tardó en seguir estos pasos, a pesar de la temprana y continua insistencia del propio Jung en la importancia de la relación entre analista y paciente (por ejemplo, OC 16).

Estas áreas de investigación analítica no fueron de interés primordial para Jung ni para el grupo formado con él, mucho más atentos al prolífico y atractivo campo de la actividad creativa y simbólica y a los aspectos culturales colectivos. Sin embargo, las fuentes de tal actividad creativa pueden, en algunos aspectos, localizarse precisamente en dichas áreas, como se observa en el despliegue de la relación entre el proceso primario (es decir, los procesos mentales iniciales, más primitivos, originados en la infancia) y los procesos mentales secundarios posteriores.

La ausencia de una tradición de investigación clínica y teórica en estas dos importantes áreas —es decir, los procesos mentales de la primera infancia y la transferencia-contratransferencia— y la consiguiente falta de interés por comprender su interrelación por la vía del análisis de la transferencia infantil, empobrecieron la psicología analítica en un aspecto importante. Sería necesario rectificar esta situación para que la psicología analítica pueda seguir progresando como iniciativa profesional y clínica válida. La notable contribución de Jung a la comprensión del funcionamiento prospectivo de la psique, incluido el sí-mismo, basada en la dialéctica entre crecimiento y transformación, corría el peligro de limitarse por esta falta de conocimientos sobre la historia y génesis de la actividad mental temprana.

El contexto histórico

Aunque Jung no centró su investigación en la comprensión detallada de los procesos mentales de la infancia, el estudio minucioso del modelo psíquico propuesto por él revela que tal situación no es fiel reflejo de las investigaciones que llevó a cabo sobre los fundamentos de la actividad mental. En general, Jung no consideraba que el niño tuviese una identidad separada de lo inconsciente de sus padres. Del mismo modo, tampoco sentía especial interés por el estudio de la manifestación de experiencias tempranas en el marco de la transferencia del paciente hacia el analista. Consideraba que esto era un tema propio del enfoque reductivo del psicoanálisis, a ser utilizado cuando fuese adecuado situar y abordar las fuentes de los conflictos y síntomas actuales del paciente en sus conflictos infantiles tempranos.

No obstante, a Jung le interesaba formular un modelo mental que tratara de aquellos estados superiores de funcionamiento psíquico como el pensamiento, la creatividad y la actitud simbólica, dedicando una parte importante de su investigación psicológica a la segunda mitad de la vida, etapa en la que consideraba más probable la manifestación de estos aspectos. Invirtió gran parte de su energía creativa en el estudio de algunos de los temas científicos y culturales más desarrollados a lo largo de los siglos. El énfasis puesto en mitos, sueños y creaciones artísticas, así como su extenso conocimiento de los textos alquímicos y su interés por la nueva física, parece haberle alejado del estudio del desarrollo infantil, aparentemente más vinculado al área de influencia del psicoanálisis y su insistencia en el análisis de las fuentes de la actividad mental. Fue casi como, si al modo de antiguos pontífices frente al globo terráqueo conocido entonces, Freud y Jung hubiesen dividido el mapa de la psique humana, quedando Freud y sus seguidores a cargo de las profundidades y la investigación de las etapas evolutivas de la temprana infancia, mientras Jung y sus seguidores se centraban en las alturas, en el funcionamiento de procesos mentales más maduros, incluyendo aquellos estados creativos y artísticos responsables del desarrollo de los intereses culturales, espirituales y científicos más refinados de la humanidad, estados que Jung consideraba aspectos y actividades del sí-mismo.

Esta división de concepciones acerca de la psique según alturas y profundidades puede entenderse como surgida de las diferentes actitudes filosóficas que alimentaron la aproximación a la psique en Freud y en Jung. El psicoanálisis de Freud se basaba en el método reductivo, procurando ofrecer informes detallados del desarrollo de la personalidad a partir de las fuentes más tempranas de la infancia del individuo. La comprensión psicoanalítica del desarrollo temprano se basaba en un enfoque que hacía posible la reconstrucción de la psique mediante la cuidadosa decodificación de los contenidos manifiestos de los procesos psicológicos, retrocediendo hasta los contenidos ocultos o latentes. Se consideraba que el contenido manifiesto surgía como representación de un compromiso entre las presiones inconscientes de impulsos libidinales reprimidos (es decir, de derivación psicosexual), por un lado, y de las exigencias de un superyó parental internalizado, por el otro. El objetivo del psicoanálisis era decodificar la evidencia presente en el nivel manifiesto para revelar los contenidos latentes reprimidos y ocultos de la psique inconsciente, a fin de traerlo a la luz y a la consciencia. La tarea del psicoanalista era desvelar, por medio de la interpretación, los motivos reales y las intenciones ocultas en el discurso del individuo, es decir, se trataba de una aproximación epistemológica. El filósofo Paul Ricoeur (1967) ha dado en llamarle «hermenéutica de la sospecha», ya que no acepta la motivación consciente de acto o intención alguna por lo que es al proponer que, sumergido en todo contenido mental consciente, hay un compromiso inconsciente entre las exigencias contrapuestas del ello y del superyó.

Jung, por el contrario, propone una aproximación filosófica basada en una concepción teleológica de la psique, según la cual se considera que todos los acontecimientos psicológicos, incluyendo los síntomas más severos, poseen un propósito y un sentido. En lugar de verlos solo como el material reprimido y disfrazado del conflicto infantil inconsciente, se considera que también pueden ser el camino por el que la psique alcanza la mejor solución posible en ese momento al problema que enfrenta. Al mismo tiempo, podrían actuar como punto de partida para un crecimiento y desarrollo posterior. Es más, es posible acceder desde la consciencia al sentido de tales síntomas mediante el método analítico de interpretación, asociación y amplificación. La aproximación de Jung incluye la contribución de las experiencias tempranas al desarrollo de la personalidad, basada en la acumulación histórica de las vivencias conscientes e inconscientes del individuo, y el interjuego de la historia personal con los contenidos arquetípicos de lo inconsciente colectivo. A Jung le interesaban los procesos de integración y síntesis de estos aspectos a partir de los recursos innatos en el individuo para la actividad creativa y simbólica. Fue particularmente el estudio de tales capacidades lo que llevó a Jung a explorar esos procesos que se asocian con el desarrollo mental temprano.

La investigación llevada a cabo por Jung sobre las *bases* de la personalidad siguió un derrotero diferente del inicialmente elegido por Freud en su comprensión de las *etapas* del desarrollo de la personalidad. Si bien Jung siempre admitió la importancia de la comprensión psicoanalítica de las etapas tempranas del desarrollo infantil, su interés no estaba en investigarlas por la vía de la regresión del paciente en presencia del analista, tal como era el caso de muchos psicoanalistas. En vez de ello, desarrolló una comprensión de las bases de la personalidad humana siguiendo el camino de su propia investigación de las *estructuras* psicológicas profundas de la psique, concebidas como arquetipos de lo inconsciente colectivo. Entendió que los arquetipos se expresaban por medio de ciertas imágenes y símbolos universales. Estas estructuras profundas, definidas a lo largo del tiempo y existentes en cada individuo desde el nacimiento, se concebían como directamente conectadas con las creaciones humanas culturales y artísticas más evolucionadas, sobre las que ejercían influencia. Al mismo tiempo Jung también consideraba que estas estructuras profundas eran la fuente de los sentimientos y comportamientos más primitivos y violentos que pueden manifestarse en los seres humanos.

Jung obtuvo la información que constituye el núcleo de su investigación clínica a partir del material proveniente del grupo mayor de sus pacientes, adultos con perturbaciones psiquiátricas severas, incluyendo estados psicóticos, y de su propio autoanálisis. Jung se centró en aquellos pacientes cuyos síntomas y patologías surgían de los niveles más primitivos del funcionamiento del sistema combinado psique-soma. Su estudio de las perturbaciones comunicacionales resultantes fue equivalente a una investigación de las perturbaciones tempranas de la motricidad, el sentimiento, el pensamiento y las relaciones. Jung investigó las fuentes y raíces de la personalidad en las diversas psicopatologías, en su manifestación a través de las imágenes arquetípicas de lo inconsciente colectivo, especialmente en su trabajo con enfermos mentales, y por la vía de su propio dramático e inquietante autoanálisis. Hoy en día se suele considerar que dichas perturbaciones son patologías del sí-mismo, pertenecientes al núcleo de la personalidad y evolutivamente anteriores a los desórdenes neuróticos que Freud estudió cuando inició la investigación psicoanalítica.

Sin embargo, se fue tornando cada vez más evidente para ciertos clínicos y teóricos junguianos que el tratamiento de pacientes adultos y de niños se veía obstaculizado por la falta de una tradición de comprensión y análisis minucioso de la estructura y dinámica de los estados mentales infantiles y de la forma en que se manifiestan en la transferencia y la contratransferencia. Se temía que el énfasis junguiano sobre los estados mentales más desarrollados, diferenciados, creativos y simbólicos impidieran el estudio del material más primitivo y difícil que podía emerger en aquellos estados regresivos tan frecuentes en la consulta. En algunos centros de formación de analistas la ausencia de una comprensión teórica coherente de dichos estados mentales tempranos, incluidos los estados psicóticos y psicosexuales, se consideraba un serio déficit. Un grupo importante de clínicos también sentía la urgente necesidad de desarrollar dicha comprensión de modo consistente con el amplio *opus* junguiano.

Fue, por tanto, bastante natural que algunos junguianos se volcaran en el psicoanálisis para obtener un panorama más claro sobre el funcionamiento de la mente infantil. Jung siempre insistió en la importancia de situar los orígenes de la libido en las etapas psicosexuales tempranas. No se dudaba de la importancia de la comprensión alcanzada por Freud de las experiencias del lactante y del infante organizadas cronológicamente según las zonas libidinales, oral, anal, uretral, fálica, genital. De hecho, este reconocimiento data ya de 1912 en *Símbolos de transformación*, obra que habría de marcar el fin de su colaboración con Freud. Pero, tal como hemos visto, los intereses de Jung eran otros, por lo que su investigación tendió a ignorar las fases evolutivas de la primera infancia, ni tampoco incorporó las contribuciones posteriores de aquellos psicoanalistas que lograron los notables hallazgos que conducirían a una revisión de la teoría psicoanalítica básica.

Había un grupo de destacados clínicos y teóricos, entre los cuales se incluyen Melanie Klein, Wilfred Bion, Donald Winnicott y John Bowlby, todos residentes en Londres, que publicaron sus principales trabajos entre los años 40-60, y posteriores. Ellos se convirtieron en figuras centrales del desarrollo de la «escuela de relaciones objetales» que se formó dentro de la Sociedad Británica de Psicoanálisis durante aquellas décadas y que ha continuado desarrollándose posteriormente. Dentro de la escuela de relaciones objetales existen varias ramas teóricas y muchos otros teóricos y clínicos de renombre han hecho importantes contribuciones en este ámbito. Sin embargo, la bifurcación teórica principal pasa por determinar si el lactante o el niño se ve llevado a satisfacer impulsos instintivos básicos cuya representación mental consiste en la personificación de partes del cuerpo, o si el lactante o niño se siente esencialmente impulsado a buscar a otro, el cuidador en primer lugar, con quien establecer una relación que satisfaga sus necesidades básicas, incluidos el contacto humano y la comunicación, para poder aprender y crecer, ser protegido y alimentado.

Al margen de las diferencias, el supuesto principal compartido por las diferentes ramas de la escuela de relaciones objetales es la visión del niño no como primordialmente llevado por instintos, tal como fuera inicialmente propuesto por la teoría económica de Freud, especie de «biología científica de la mente» (Kohon, 1986), sino como poseedor desde el nacimiento de una capacidad básica para relacionarse con sus principales cuidadores, u objetos, como se dio en llamarles. El término «objeto» es técnico, y fue originalmente utilizado en psicoanálisis para referirse a otra persona, objeto de un impulso instintivo. Los teóricos de las relaciones objetales utilizaron el término de dos maneras diferentes:

1) Para indicar un conjunto de motivaciones atribuidas por el lactante o niño al otro, generalmente el cuidador, pero, de hecho, definidas por —y situadas en— aquellos impulsos libidinales internamente activos en ese momento en el lactante o niño; o bien

2) Para señalar a aquella persona, nuevamente por lo general un cuidador, con la cual el niño procura relacionarse.

Evidentemente, ambos grupos pueden superponerse, con lo cual los límites entre las experiencias objetales internas y externas se diluyen. Esto es especialmente evidente al tratar de describir la experiencia del paciente. Klein fue capaz de conectar ambos puntos de vista proponiendo la existencia, en los «fantasmas» (*phantasias*) inconscientes del lactante y el niño pequeño y en los fantasmas infantiles de los adultos, de una relación dinámica entre uno mismo y el otro, u objeto, representada internamente como motivada por impulsos que, en realidad, son reflejo de la fuerza instintiva (oral, anal, uretral, etc.) de uno mismo. Por ejemplo, el niño puede experimentar al objeto como el pecho de la madre (en cuyo caso, técnicamente se le llamaría «objeto parcial», es decir, una parte del cuerpo materno). Sin embargo, la calidad de las experiencias con la persona real determinan si el niño acumula en conjunto una relación más positiva o más negativa con los otros significativos y sus contrapartes internas, con implicaciones directas para el subsiguiente desarrollo emocional e intelectual.

Klein sostenía que el lactante tiende a atribuir al otro las motivaciones que de hecho experimenta internamente como expresión de los propios impulsos instintivos. La cuestión de determinar si la experiencia del objeto debe ser entendida como si sucediera con una persona real en la situación real de maternaje, o si se la debe concebir únicamente como una representación interna del repertorio instintivo propio del lactante, se convirtió en el centro de encendidos debates teóricos.

Simultáneamente, en Londres, durante aquellas décadas en que se desarrollaba la teoría de las relaciones objetales, el Dr. Michael Fordham y algunos de sus colegas se formaron como analistas junguianos y fundaron la Sociedad de Psicología Analítica, iniciando la formación analítica para aquellos que trabajaban con adultos y, con posterioridad, para quienes trabajaban con niños. Siguieron con interés las innovadoras aportaciones psicoanalíticas y comenzaron a llevar a cabo investigaciones que procuraban elaborar una teoría coherente del desarrollo infantil, compatible con la tradición junguiana, al tiempo que intentaban aprovechar y, en cierta medida, incorporar los nuevos y relevantes hallazgos y técnicas psicoanalíticas, en particular los relativos al desarrollo infantil temprano y a la transferencia y contratransferencia. Una consideración más exhaustiva de dichos desarrollos teóricos permitirá apreciar por qué despertaron tanto interés entre algunos junguianos esas áreas de investigación psicoanalítica.

Klein, Winnicott, Bion: relaciones objetales en Londres

Algunos clínicos junguianos consideraban que el enfoque kleiniano era la más accesible de las aproximaciones psicoanalíticas a la vida mental temprana. La concepción kleiniana sobre la existencia de experiencias basadas en el cuerpo o los instintos como origen de todos los contenidos y procesos psicológicos tenía resonancias con los hallazgos de Jung relativos a la existencia de estructuras psicológicas profundas, enraizadas en las experiencias instintivas y representadas mentalmente en imágenes arquetípicas. De esta manera era posible vincular las investigaciones de Jung con la visión reductiva de la psique en la medida que, al igual que Klein, Jung estudiaba las etapas más tempranas de la vida mental retrospectivamente hasta sus mismos orígenes, las primeras representaciones mentales de experiencias instintivas. Estas imágenes mentales de experiencias con base corporal fueron denominadas por Jung «imágenes arquetipícas», en tanto que Klein las llamó «objetos parciales». A pesar de las diferencias de lenguaje, ambos se referían a las relaciones tempranas del sí-mismo con las representaciones internas de las diferentes capacidades operativas del cuidador. Por ejemplo, el lenguaje junguiano se refería a esto como experiencia de los aspectos duales de la madre, mientras que en el lenguaje de Klein se le denominaba la experiencia del «pecho malo» y del «pecho bueno», según se vivenciara a la madre/pecho (o de hecho, al analista), como disponible, nutritiva, amante, o como venenosa, agresiva, distante, o vacía, aburrida o deprimida. De esta manera, la calidad de la experiencia que uno tiene respecto del funcionamiento del otro hacia sí resulta de importancia vital.

Al mismo tiempo, el concepto de Jung también se refiere a la aparición y presencia espontáneas de imaginería arquetípica como función del sí-mismo en su desarrollo temporal a lo largo de la vida, capaz por tanto de generar nuevos significados que pueden impulsarle creativamente hacia el futuro, con el potencial de ingresar en un reservorio cultural e imaginal universal. En este sentido, el concepto es más profundo y más complejo que el concepto kleiniano de objeto parcial, referido esencialmente al mundo temprano de la posición esquizoparanoide, anterior al logro de la permanencia del objeto total que se alcanza en la posición depresiva.

Tanto Jung en su trabajo con adultos psicóticos, como Klein en su trabajo con la etapa pre-edípica en los niños, investigaron esencialmente aquella área de la psique en que no se habían alcanzado aún etapas edípicas posteriores del desarrollo infantil, cuando tanto los aspectos buenos (protectores, continentes o nutritivos) como malos (frustrantes, agresivos o limitados) de la misma persona pueden coexistir en la mente infantil. Para destacar el logro gradual de la capacidad de relacionarse con el cuidador en sus aspectos buenos y malos, la terminología de Jung utilizaba expresiones tales como «la integración y síntesis de los opuestos». El lenguaje kleiniano apeló al término «objeto total» para denominar la capacidad de vivenciar de forma simultánea las experiencias positivas y negativas y de ser consciente de los sentimientos ambivalentes hacia el cuidador. Tanto para Jung como para Klein, este logro jamás sería de disponibilidad constante, sino que el individuo oscilaría siempre entre un mayor o menor logro de esta capacidad.

Al margen del lenguaje escogido, tanto Jung como Klein propusieron la existencia de estructuras mentales profundas innatas que se vinculan directamente con, y sirven de, vehículos a las experiencias biológicas e instintivas más tempranas del lactante, expresadas en términos de figuras arquetípicas (Jung) o partes de objetos (Klein). Ambos comprendieron que las experiencias surgidas de estas profundas estructuras innatas son mediatizadas por experiencias reales con el entorno real, según la calidad de la crianza y cuidado ofrecidos por los cuidadores del entorno del niño. El principal atractivo que ofrecía el planteamiento de Klein, especialmente para aquellos junguianos de Londres que deseaban incorporar el material proveniente de análisis de niños a su práctica clínica, era la sólida base del trabajo desarrollado con niños que aquélla aportó para la comprensión de la presencia activa de dichos estados mentales tempranos en las experiencias de los pacientes adultos.

Klein hizo una contribución fundamental al psicoanálisis con el desarrollo de su técnica de juego (1920, 1955), una adaptación y aplicación de la técnica psicoanalítica tradicional al tratamiento de niños muy pequeños. En el contexto psicoanalítico de Londres contó con más libertad para ampliar sus ideas que en Viena o Berlín, desarrollando métodos de análisis infantil a través de la observación del juego, lo que le permitió hacer contribuciones sustanciales a la comprensión psicoanalítica de los estados psicológicos tempranos. A partir de su trabajo analítico con niños pudo inferir los estados y procesos que permiten que los lactantes y los niños organicen sus percepciones y experiencias, mentales y físicas, en términos de impulsos de motivación referida a zonas o partes del cuerpo situadas internamente o en el cuidador (generalmente, en un principio, la madre). Ella les dio el nombre de *fantasmas inconscientes*, diferentes de la *fantasía*, que indica un contenido mental disponible para la consciencia, como es el caso de las ensoñaciones diurnas (Isaacs, 1948).

Klein consideraba que el objetivo de esta organización mental temprana era proteger al sí-mismo emergente del peligro representado por aquellos estados emocionales excesivos como la ira, el odio, la ansiedad y otras formas de desintegración mental. Posteriormente Klein advirtió que si los cuidadores del niño eran incapaces de responder adecuadamente, dichos estados intensamente negativos podían volverse contra uno mismo. Estos impulsos destructivos volcados contra uno mismo fueron entendidos por Klein como expresiones de un instinto de muerte innato. Para protegerse de los daños producidos por la vivencia de potentes emociones de odio, agresión y envidia existentes en uno mismo, el niño podía activar las llamadas *defensas primitivas* (Klein, 1946). Del mismo modo en que el lactante o niño pequeño no posee un desarrollo físico que le capacite para realizar por sí mismo actividades adaptativas, complejas e integradoras, dependiendo para su supervivencia física y protección de los cuidados de otros, tampoco posee un aparato mental suficientemente desarrollado para desempeñar por sí solo, sin ayuda de un cuidador, las funciones de pensar, percibir, seleccionar y clasificar emociones de modo adecuado para su autoprotección. Klein comprendió que a los efectos de poder organizar impresiones mentales y físicas, de tal potencia que podían dañar o desintegrar el sentido de uno mismo, el lactante lógicamente procuraría establecer por sí mismo una organización mental rudimentaria, especialmente en caso de no recibir el cuidado externo adecuado. Los procesos incluidos en esta organización abarcan actividades mentales tales como la escisión, la idealización y la identificación.

En esencia, dado que el desarrollo mental temprano del lactante es rudimentario y por ende susceptible de desbordarse por sobreestimulación externa e interna llevando a estados de ansiedad y desintegración insoportables, necesita encontrar la forma de organizar sus percepciones, ya sea por sí mismo o a través de sus diferentes cuidadores y sus condiciones, en términos de aspectos buenos y malos. Los junguianos estaban habituados a concebir ciertos estados mentales no integrados como los aspectos escindidos del arquetipo, utilizando el concepto de compensación para indicar la tendencia natural de la psique a sostener la relación entre opuestos. Los hallazgos de Klein en su trabajo clínico con niños fueron de interés para algunos junguianos, que intentaron incorporar la comprensión de los estados y procesos mentales tempranos a su práctica clínica. Klein demostró que, dependiendo de varios factores, las experiencias buenas o malas eran vivenciadas por el lactante como situadas interna o externamente, mediante procesos de identificación como la proyección y la introyección. Por tanto, si el lactante sentía que la fuente del sentimiento de bienestar era interna, lo malo era proyectado e identificado con el cuidador, o partes del mismo, tales como el pecho. Sin embargo, el malestar podía ser resituado (o, en términos kleinianos, «reintroyectado») en uno mismo mediante nuevos procesos de identificación. Estos a su vez serían experimentados persecutoriamente, generando una nueva escisión de sentimientos buenos y malos, conducentes a su vez a más actividad proyectiva y reintroyectiva. La calidad de la respuesta del entorno a estos dramáticos estados, junto con la propia capacidad de autorregulación del lactante, determinarían su tendencia a un desarrollo normal y adaptativo o patológico e inadaptado. En términos kleinianos, esto implicaba mayor o menor control y dominio del instinto de muerte, el instinto que busca destruir las partes buenas de uno mismo. En el modelo junguiano, el colapso repentino de un estado en su opuesto, bajo determinadas circunstancias, se indica con el concepto de *enantiodromia*, y el término *sombra* se utiliza a menudo para señalar aquellos aspectos negativos del sí-mismo que éste procura ignorar y, por tanto, proyectar en otro.

Klein desarrolló la noción de *posición esquizoparanoide* para describir lo que sucede cuando el lactante es desbordado por sentimientos de posible desintegración de uno mismo como sistema psique/soma. La consiguiente ansiedad al resultar inundado por sentimientos negativos genera impulsos agresivos hacia la fuente del malestar, allí donde se considere que reside. Así se entendió el instinto de muerte como la experiencia de impulsos agresivos dirigidos internamente. Los aspectos destructivos y envidiosos podrían escindirse de los aspectos amorosos y protectores con el consiguiente temor de haber destruido la fuente de lo bueno. La defensa frente a una experiencia negativa tan avasallante es la escisión de uno mismo o la escisión del cuidador en sus características solo buenas o solo malas, tal como se indica en la Figura 1.

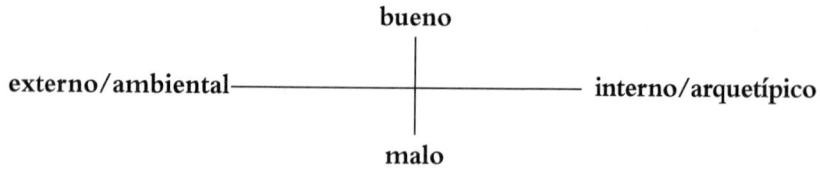

Fig. 1 *Modelo Jung/Klein de escisión arquetípica/ambiental del objeto*

Klein elaboró una fase evolutiva subsiguiente, llamada *posición depresiva*, en la que el lactante puede experimentar sentimientos de remordimiento y preocupación por los efectos de sus ataques agresivos hacia la representación interna del cuidador, o hacia el cuidador externo real. Esto sucede cuando el lactante logra darse cuenta que su amor y su odio se dirigen a la misma persona. Experimentar a la persona como un todo genera sentimientos inconscientes de ambivalencia y el impulso de reparar al otro dañado, basado en una culpa inconsciente.

El énfasis puesto por Klein en los afectos experimentados con relación a las funciones relevantes de los cuidadores, u objetos, y su relación con uno mismo, la llevó a ser considerada como la fundadora de la escuela británica de relaciones objetales. Así como la teoría de Jung concebía las imágenes arquetípicas como figuras personificadas, innatas, que ofrecen una representación mental a experiencias instintivas cargadas de afecto, para Klein la fuente de los afectos residía en las representaciones internas de los principales cuidadores, o de partes de sus cuerpos, tales como el pecho. Para Klein, las experiencias con los cuidadores reales eran secundarias a las concepciones y experiencias innatas que el niño tenía en relación a aquel aspecto del cuidador con el cual se estuviera vinculando instintivamente en algún momento particular de su desarrollo. Por ejemplo, si lo predominante eran las necesidades orales, el niño tendría fantasmas acerca del funcionamiento del pecho y la boca. A pesar de admitir la importancia de la calidad de la interacción con los cuidadores, el énfasis de Klein en las bases instintivas de la relación con los otros hizo que no siempre se la incluyera entre los teóricos de las relaciones objetales, ya que el acento de su trabajo estaba más puesto en la dinámica del mundo interno del lactante que en sus relaciones externas.

Uno de los principios básicos del enfoque teórico de Jung se refiere a la importancia de la calidad de la intermediación del entorno en las experiencias tempranas. Lo cual es asimilable a la comprensión de la importancia de la calidad de la interacción entre paciente y analista en la consulta. Jung escribió extensamente sobre ciertos aspectos de la transferencia y la contratransferencia, tanto en el contexto clínico (OC 16) como en el nivel imaginal, a través del estudio de la imaginería alquímica (OC 14). Sin embargo, no estudió en profundidad el contenido de material infantil presente en la relación entre paciente y analista. Muchos junguianos de Londres juzgaban que el enfoque clínico de Winnicott sobre la compleja y sensible relación entre la madre y el niño, y entre paciente y analista, resultaba particularmente compatible con su propia práctica analítica. La concepción de Winnicott de un self que se desarrolla en relación a otro encontró eco junto a la tradicional visión junguiana según la cual el desarrollo del sí-mismo y de otros potenciales arquetípicos estaba mediatizado por la interacción con factores del entorno, incluyendo a otros cuidadores importantes, como el analista. En palabras de Winnicott:

> «no existe tal cosa como un bebé»; con ello quiero decir que si nos proponemos describir un bebé nos encontraremos describiendo a un bebé con alguien. Un bebé no puede existir solo, sino que esencialmente es parte de una relación (...)
>
> (1964, pág. 88)

Esta conocida frase refleja la importancia que concedía a lo que sucede en la interfaz entre el sí-mismo y el otro, entre la experiencia de creatividad personal y del vínculo, en lo que él denominaba «tercer área». Con esto quería decir que existe un área de experiencia que no es ni interna ni externa, sino un «espacio potencial» entre, por ejemplo, el lactante y la madre, donde a lo largo del tiempo se crea una realidad compartida y significativa.

A Winnicott le interesaba especialmente el papel crucial del juego y la ilusión en el desarrollo del self y su capacidad para la imaginación y la creatividad. Creía que la noción de self se desarrolla en relación con el otro en los gestos espontáneos del juego. Por medio de una formulación típicamente paradójica, Winnicott propuso que el verdadero self del individuo, el sentido de ser único y real, se producía en momentos de ilusión, cuando el mundo interno se encontraba y relacionaba con el mundo externo esfumándose los límites entre ambos. De este modo, la calidad de la ilusión del niño de haber creado el pecho, porque el pecho aparecía en el momento en que era alucinado o, en lenguaje junguiano, cuando la potencialidad de experimentar la imagen arquetípica ocurre simultáneamente con la experiencia real del objeto real, dependía de la coincidencia con lo suministrado por el entorno, la habilidad de una madre «suficientemente buena» para responder a las necesidades omnipotentes de su niño. Si los gestos espontáneos del niño no reciben una respuesta empática de la madre porque partes de su propio self interfieren o se superponen inadecuadamente, por ejemplo con sus propias necesidades depresivas o ansiosas, es posible que el niño experimente una perturbación en la noción de su self en desarrollo. Si estas experiencias negativas se acumulan desproporcionadamente a lo largo del tiempo, el niño erigirá autodefensas por medio de adaptaciones excesivas a estas presiones externas. Se crea así un self falso para lidiar con el mundo externo, mientras el verdadero self se protege de la aniquilación o la fragmentación.

Winnicott compartía la visión teleológica de Jung de la naturaleza humana. Su premisa básica era que, dado «un entorno suficientemente bueno», el lactante y el niño tendrían todas las oportunidades de desarrollarse, crecer y ser creativos, a pesar de los inevitables fallos y frustraciones en el suministro del entorno. Esta visión reconoce que, en gran medida, la protección física y psicológica del niño depende de las capacidades de sus cuidadores para mediar los estímulos internos y externos dañinos. Estas capacidades de los cuidadores adultos se basarían a su vez en procesos identificatorios. Sin embargo, con una capacidad adecuada para la empatía, que a su vez sería resultado de una provisión del entorno suficientemente bueno, el cuidador adulto podría usar tales técnicas sutiles de comprensión para ayudar al lactante y al niño a soportar las frustraciones inevitables en su desarrollo y a descubrir soluciones creativas para las tareas de maduración a enfrentar.

A medida que la práctica clínica y la teoría se desarrollaban e interdesarrollaban hacia mediados de siglo en Londres, el estatus de conceptos tales como objetos internos y externos devino cada vez más crucial. Las aportaciones de Wilfred Bion fueron de especial interés para algunos junguianos de Londres, que centraron gran parte de su atención clínica en cuestiones relativas a la intersubjetividad paciente/analista, a los fundamentos del pensar y a la creación de sentido. Bion demostró cómo las formas tempranas de comunicación basadas en la identificacion proyectiva podían ser comprendidas como formas normales de procesos empáticos entre el niño y su cuidador. La identificación proyectiva era un término especialmente utilizado por los kleinianos para señalar un intento agresivo de forzar una parte del self dentro de otro, a fin de asumir el control de un aspecto del pensamiento o comportamiento del otro, especialmente en relación al self. Bion enfatizó la importancia de la díada madre-niño, en la que la madre puede a menudo contener estados físicos o emocionales explosivos del niño mediante una respuesta empática.

Las aportaciones de Bion permitieron disponer de nuevas maneras de pensar acerca de ciertos aspectos de la transferencia y la contratransferencia, según los cuales el analista podía vivenciarse a sí mismo respondiendo o comportándose hacia el paciente de un modo que reflejase el contenido proyectado del mundo interno del paciente. En formulaciones posteriores, Bion volvió a pensar la identificación proyectiva en términos dinámicos, intrapsíquicos, cuando partes del self se comportan de forma autónoma. Por ejemplo, aspectos no deseados de uno mismo podían ser proyectados sobre objetos externos, produciéndose después identificaciones con ellos, reintroyectados luego como agentes persecutorios o peligrosos. Así como el trabajo de Jung con pacientes psicóticos le llevó a formular la noción de complejos autónomos, el trabajo de Bion (1957) con los procesos psicóticos de sus pacientes le llevó a elaborar una teoría de los objetos internos como aspectos escindidos de uno mismo que adquieren vida propia. Gracias a un proceso de contención, por el que el cuidador acepta y se adapta a los contenidos mentales proyectados por el niño, dichos elementos se hacen disponibles para nuevas transformaciones. Tales aspectos del trabajo de Bion fueron valiosos para los junguianos interesados en las ideas psicoanalíticas relativas al desarrollo del pensamiento en el lactante y el niño, ofreciendo por tanto una mayor comprensión de los procesos de creación de sentido en la mente joven.

La cuestión relacional en el marco analítico: transferencia y contratransferencia

Cada vez se aceptaba más ampliamente que la elaboración teórica de las sutiles formas de comunicación preverbales que se producen durante los primeros días de vida del lactante, basadas en las vicisitudes de la capacidad relacional tanto del infante como de sus cuidadores, podía aplicarse a la técnica analítica en sí y al papel clínico de la contratransferencia del analista como respuesta a las comunicaciones primitivas, no verbales, de su paciente. Asimismo, esta área de investigación psicoanalítica era afín al interés junguiano por los estados de *participation mystique* y el cuerpo sutil, formas alternativas del compromiso y la disponibilidad relacional del analista para con el paciente. A través de las variaciones observadas en los estados de empatía o negatividad, y de intimidad o separación, en la relación con el paciente, el analista dejaba de ser un neutro espejo psicoanalítico que se servía de la técnica de «atención libremente flotante» para garantizar su no-compromiso con el mundo interno del paciente. Ahora se consideraba parte importante de la técnica del analista el poseer un grado de disponibilidad tal que le hiciese permeable al paciente, aunque no de forma abusiva o invasiva. La valiosa información clínica recogida a partir de la disponibilidad de ambos, paciente y analista, a estos canales de comunicación existentes entre ellos fue conceptualizada en términos de las diversas formas de transferencia y contratransferencia.

Era como si, al abrirse a las innovaciones que se producían en la práctica clínica y la teoría psicoanalíticas, aquellos junguianos de Londres interesados en la comprensión del desarrollo encontrasen la corroboración clínica y teórica del doble énfasis puesto por Jung en las estructuras innatas representadas por las imágenes arquetípicas universales y en la importancia nuclear de la relación continua e intensa entre paciente y analista, con sus modificaciones a lo largo del tiempo. Asimismo, la teoría psicoanalítica basada en la observación y experiencia clínica meticulosa les brindaba aquello que siempre faltó en el *opus* junguiano: básicamente, la comprensión de los estados psicológicos tempranos y su incidencia en la relación analítica.

Winnicott se había referido con convicción al vínculo entre la comprensión de dichos estados mentales infantiles y la práctica analítica con pacientes adultos muy perturbados, en regresión profunda. Afirmó que los pacientes adultos en tratamiento intensivo de diván

> pueden enseñarle más al analista acerca de la temprana infancia que lo que puede aprenderse a través de la observación directa de niños, y más que lo que se aprende del contacto con las madres vinculadas a los niños. Al mismo tiempo, el contacto clínico con las experiencias normales y anormales de la relación madre-niño incide en la teoría analítica del ana-

lista, ya que lo que sucede en la transferencia (en la fase regresiva de algunos de estos pacientes) es una variante de la relación madre-niño.

(Winnicott, 1965, pág. 141)

Winnicott pensaba que el debilitamiento de los límites entre el self y el objeto generaban transformaciones en el desarrollo del self en el espacio transicional existente entre el niño y la madre, así como entre paciente y analista. La experiencia que tiene el niño del objeto transicional como algo simultáneamente «creado y hallado» es similar a la vivencia del paciente frente a una interpretación oportuna que se produce precisamente en el momento en que es «captada» por el paciente. Winnicott lo describió como la capacidad del analista para actuar en espejo, que, como la del buen cuidador, permite el desarrollo del sentido de uno mismo en relación al objeto. Aprovechando las ventajas aportadas por la reciente y fundamental contribución de Daniel Stern (1985) acerca del desarrollo psicológico del lactante, los analistas tal vez se sientan más inclinados a utilizar la terminología de la «sintonía» para referirse a la importancia de la calidad del encuentro que se produce. Los estudios de Trevarthen (1984) en Escocia, así como los de otros investigadores recientes, han puesto de manifiesto que mucho antes del inicio del desarrollo del habla existe entre la madre y el lactante un intercambio «pre-verbal» que posee ritmo y tono y que constituye un diálogo «pre-musical» entre ambos, garantizando la comunicación interpersonal desde el momento del nacimiento en adelante. De modo similar, otros hallazgos provenientes de la investigación indican hasta qué punto el lactante se encuentra sintonizado a muchos aspectos de la percepción sensorial, permitiendo la recepción de estímulos provenientes de los cuidadores y la interacción dinámica con ellos (v. A. Álvarez, 1992, quien aporta la muy útil revisión de la investigación realizada al respecto y de su importancia para la teorización psicoanalítica).

La mayor parte de la investigación orientada al estudio de las capacidades que poseen los niños más pequeños para responder a estímulos provenientes del entorno, mucho antes del desarrollo de cualquier facilidad relacionada con el habla, así como de vincularse activamente con sus cuidadores en formas efectivas que no requieren del lenguaje, revela la dimensión potencial de la disponibilidad del material no verbal que puede ser vivenciado por pacientes adultos en la consulta durante estados regresivos. A partir de la actual comprensión de la amplitud y profundidad de dichas capacidades interactivas en el neonato, y posiblemente también en el feto (ver Piontelli, 1987, quien aporta curiosas evidencias sobre la capacidad que posee el feto para aprender e interactuar mientras se encuentra aún dentro del entorno intrauterino), resulta razonable aceptar que una parte significativa de la interacción producida en la consulta, referida a la infancia y la niñez del paciente, incluye vivencias pre-verbales y no verbales, tanto como aquellos intercambios interactivos con el cuidador, no basados en el habla. La observación de lactantes, nueva disciplina de investigación del área, ha corroborado esta visión.

Observación de lactantes

Los estudios sobre la observación de lactantes empezaron a desarrollarse en Londres a finales de los años 40, en la Clínica Tavistock (desde 1948) y en el Instituto de Psicoanálisis (desde 1960). Dichos estudios reflejaban observaciones íntimas y detalladas, realizadas a intervalos regulares, durante un largo periodo de tiempo, sobre la interacción entre un niño y su madre desde el momento del nacimiento, prolongándose a veces durante más de dos años. Las sesiones de observación de una hora se realizaban una vez por semana en la casa del niño, con la madre, incluyendo a veces al padre y a otros hermanos o posibles cuidadores. Las observaciones eran tratadas semanalmente en grupos pequeños, en seminarios donde se discutía el material obtenido. La organización en seminario garantiza que cada uno de los grupos se ocupe del control y discusión de varios niños. El Dr. Michael Fordham, que ya poseía una gran experiencia en análisis de niños, se incorporó a uno de tales grupos, dirigido por Gianna Henry en la Clínica Tavistock a principios de los años setenta (Fordham, 1994). A continuación se fueron organizando más grupos en la Sociedad de Psicología Analítica, y posteriormente en la escuela de formación en psicología analítica de la Asociación Británica de Psicoterapeutas. Estas observaciones pormenorizadas, así como los debates posteriores, han supuesto una contribución importante al trabajo de Fordham y a su teoría sobre el desarrollo del sí-mismo.

Así es como se generó una tradición de observación cuidadosa y no invasiva, en la cual el método científico de observación y deducción se aplica en un contexto en el que se aceptan las limitaciones inevitables a la formulación de teorías sobre los estados psicológicos pre-verbales. Sin embargo, uno de los aspectos importantes de la práctica de la observación de un niño de un modo no activo, no invasivo, fue el desarrollo en el observador de una mayor sensibilidad para la información presente en las comunicaciones no-verbales. Esto tuvo un beneficio directo sobre las posteriores capacidades del analista para responder contratransferencialmente, algo que ya era reconocido como instrumento esencial en la interacción paciente-analista.

El modelo de Fordham

La teoría de Fordham ha evolucionado con el tiempo y abarca varios elementos diferentes que derivan de su experiencia clínica y su investigación en la observación. La importancia que tuvo para el modelo de Fordham el trabajo de Klein, Winnicott, Bion y otros respecto de las relaciones objetales tempranas y las patologías del sí-mismo, así como todo el conocimiento recopilado a partir del número creciente de sesiones de observación de lactantes y de los subsiguientes seminarios de discusión, permitió introducir la experiencia acumulada en el campo del desarrollo infantil dentro del conjunto de la investigación psicológica junguiana. Esto también implicaba admitir la importancia que tiene la comunicación sutil entre paciente y analista, contribuyendo a un mayor aprovechamiento de la contratransferencia para la comprensión de los estados mentales tempranos, y del seguimiento detallado de los cambios que se producen en las modalidades transferenciales y contratransferenciales del paciente durante el tratamiento, incluso en el curso de una misma sesión y, ciertamente, a lo largo de un análisis prolongado e intensivo. A dichos elementos Fordham agregó sus propias notables innovaciones a la comprensión clínica y teórica, constituyendo los fundamentos de lo que ahora se conoce como «escuela evolutiva de Londres» de psicología analítica (Samuels, 1985). Si bien Fordham nunca separaría su teoría evolutiva de otros aspectos de la tradición junguiana, especialmente lo arquetípico, no hay duda de que introdujo una cepa nueva en la teorización junguiana, basada en el trabajo clínico intensivo con niños muy pequeños, influyendo en la observación de lactantes la importancia concedida por el enfoque de las relaciones objetales a las interacciones más tempranas con los cuidadores del niño.

La teoría de Fordham se ha desarrollado a lo largo de décadas de trabajo psiquiátrico y analítico con adultos y niños y, desde los años setenta, a través de nuevas concepciones formuladas mediante la observación de lactantes y los seminarios asociados. Logró demostrar la viabilidad teórica de integrar el interés de Jung por los orígenes y desarrollo del sí-mismo, incluyendo las diversas configuraciones arquetípicas, a su propio cuidadoso estudio sobre la evolución de la mente joven. Llevándolo a cabo, ha logrado

> devolver a los junguianos su infancia y una forma de pensar en ella y analizarla, no como aspecto de la relación arquetípica, sino como la base del análisis de la transferencia en el marco de formas arquetípicas (...) [con lo cual] ha demostrado cómo la psique oscila entre estados mentales —a veces maduros, a veces inmaduros— que perduran con mayor o menor fuerza a lo largo de toda la vida del individuo.
>
> (Astor, 1995)

A partir de las deducciones obtenidas de su propio trabajo clínico, Fordham ha demostrado que el concepto del sí-mismo tal como lo describiera Jung inicialmente podía ser revisado y enraizado en el desarrollo infantil, proponiendo la existencia de un sí-mismo primario, o integrado, original. Este integrado primario comprende la unidad psicosomática original del niño, su identidad única. A través de una serie de contactos con el entorno, iniciados sea desde dentro o desde fuera, denominados «de-integraciones», el individuo gradualmente desarrolla un conjunto de experiencias que, en reintegraciones sucesivas, se acumulan a lo largo del tiempo para constituir el sí-mismo único de aquel individuo. Esta es una visión fenomenológica del sí-mismo como instigador activo y como receptor de experiencias, que vincula las vivencias tanto biológicas como psicológicas. El proceso de individuación se produce mediante las adaptaciones dinámicas que el sí-mismo lleva a cabo con sus propias actividades internas en el contexto de su entorno.

El modelo de Fordham describe cómo el sí-mismo se de-integra o divide espontáneamente. Cada parte se activa o es activada al entrar en contacto con el entorno y oportunamente reintegra la experiencia por la vía del sueño, la reflexión y otras formas de digestión mental para poder desarrollarse y crecer. Dicho más concretamente, una parte del sí-mismo del niño es energetizado desde dentro para enfrentar una situación externa, tal vez porque está hambriento (y llora) o porque el cuidador ha ingresado en su campo (la madre sonríe y le habla). Este tipo de intercambio, que en los primeros días se produce principalmente entre el niño y la madre y otros cuidadores importantes, presenta una gran variedad de experiencias cualitativas, por ejemplo, puede existir una experiencia de alimentación buena, con una madre atenta y afectuosa, u otra alterada por interrupciones, o una en que la madre esté emocionalmente ausente. La calidad de la experiencia es reintegrada al sí-mismo, con las consiguientes modificaciones en la estructura y repertorio del sí-mismo, llevando al desarrollo del yo, dado que el yo es el de-integrado más importante del sí-mismo. El modelo de Fordham permite comprender que el desarrollo infantil posee contenido físico, mental y emocional, y que el sí-mismo se encuentra activamente comprometido con su propia formación y con la realización de su propio potencial en el tiempo, mientras simultáneamente se adapta a lo que el entorno, y en particular los cuidadores, le ofrecen en términos de variedad, calidad y contenido de la experiencia.

El logro de Fordham consiste en haber integrado los conceptos nucleares de Jung sobre el sí-mismo, y la naturaleza y función prospectiva de la psique, con una concepción del desarrollo psique-soma del lactante y del niño, demostrando al mismo tiempo cómo lo anterior influye directamente sobre la comprensión de lo que sucede en la consulta *entre* paciente y analista *dentro* de cada uno. El enfoque de Fordham se ha enriquecido con los aportes psicoanalíticos relativos al impacto que producen los estados mentales infantiles en la experiencia posterior entre el paciente adulto y el analista en la situación transferencial-contratransferencial, en permanente evolución y cambio. Astor (1995) ha señalado el vínculo existente entre la visión de Fordham y la de Jung respecto a cómo

> la inestabilidad de la mente da origen a feroces luchas internas, especialmente contra fuerzas negativas, negligencia, cinismo y todos sus derivados y perversos disfraces. A través de todas estas batallas, la belleza de la continuidad del sí-mismo, de aquello que Jung denominó la naturaleza «prospectiva» de la psique, y su capacidad para la autocuración, es lo que guía e impulsa al buscador interesado que no se rinde. El legado de Fordham reside en habernos demostrado, con su propio ejemplo y su obra publicada, que el sí-mismo y sus características unificadoras son capaces de

trascender aquello que se presenta como fuerzas opuestas, y que, mientras está luchando, resulta «excesivamente disociador», tanto destructiva como creativamente.

(Astor, 1995)

A Jung no le interesaban las diversas modalidades de transferencia infantil, pero en su trabajo con psicóticos adultos conoció por inferencia rastros de dichos estados mentales tempranos. Fordham demostró cómo, en la transferencia, la energía previamente dirigida al síntoma podía focalizarse, o ser transferida, a la persona del analista (Fordham, 1957). Fordham unió la importancia que Jung otorgaba a «la situación actual del paciente», el aquí y ahora, a la comprensión clínica de la transferencia de material de la temprana infancia en la relación analítica, investigando el sentido de los elementos constitutivos del conflicto neurótico contemporáneo del paciente.

Sin embargo, si la situación actual se define como la totalidad de las causas presentes y de sus conflictos asociados, las causas genéticas (históricas) entran en escena en tanto siguen activas en el presente contribuyendo a los conflictos que allí se manifiestan.

(Fordham, 1957, pág. 82, cit. por Astor, 1995)

El análisis de la transferencia es reductivo, en el sentido de que analiza los conflictos psicológicos que surgen en la relación entre paciente y analista aquí y ahora rastreando sus causas infantiles. El objetivo es simplificar estructuras aparentemente complejas, llegando a sus fundamentos básicos. A través del experimento de asociación de palabras, Jung había demostrado que los complejos, que vinculan las raíces personales y arquetípicas de las representaciones mentales, estaban «cargados de afecto», es decir, eran el vehículo de las muchas variedades diferentes de experiencias emocionales que constituyen la vida psicológica del individuo. A Jung le interesaba mucho más el estudio de la actividad prospectiva de la psique, tal como se manifestaba a través de la amplificación y la imaginación activa, que en situar en la biografía del individuo los orígenes de la afectividad mental negativa, incluida aquella que se revelaba en la transferencia. Sin embargo, gracias a su amplia experiencia en trabajo clínico con niños, Fordham percibía que los niños pueden tanto recibir proyecciones de sus padres como proyectar sus propios afectos sobre ellos, y comprendía que este proceso también puede producirse entre paciente y analista. Fue así como Fordham y quienes en Londres recibían la influencia de su trabajo comenzaron a conceder creciente importancia al análisis de la transferencia mediante el uso del diván. Esto permitía una mayor clarificación y elucidación de los contenidos de las complejas estructuras mentales y su localización histórico/genética en la psique del paciente.

Al mismo tiempo, Fordham otorgaba gran valor a la importancia concedida por Jung a la disponibilidad del analista hacia el mundo interno del paciente por la vía de un estado inconsciente mutuo. (Jung, OC 16, § 364). Por tanto comenzó a permitir que sus propios pensamientos se vieran afectados, cada vez más, por la relación con el paciente. Se podía entender esta experiencia como una identificación parcial, por la cual el analista se de-integra en relación al paciente para alcanzar una mejor comprensión de su mundo interno. Fordham denominó a este proceso de mayor disponibilidad por parte del analista en relación a los mecanismos de proyección y de identificación provenientes de lo inconsciente del paciente «transferencia/contratransferencia sintónica» (1957). Esto incluía:

> simplemente escuchar y observar al paciente, oír y ver lo que surge del sí-mismo en relación a las actividades del paciente, para luego reaccionar en consecuencia. Esto aparentemente implica de-integración; es como si lo que se pusiera a disposición de los pacientes fueran partes del analista que respondieran espontáneamente al paciente de la forma que éste necesita; sin embargo, estas partes son manifestaciones del sí-mismo.
> (Fordham, 1957, pág. 97, cit. por Astor, 1995)

Evidentemente, esta capacidad del analista solo resulta efectiva y útil si «se mantiene la estabilidad afectiva del analista» (*ibíd.*). Posteriormente comprendería que lo que había denominado contratransferencia sintónica era de hecho una identificación proyectiva con partes del paciente. Como tales, pertenecían a la interacción entre paciente y analista y eran por tanto cualitativamente diferentes del fenómeno de la contratransferencia tal como se concibe generalmente.

El reconocimiento por parte de Jung de que es necesario que el analista sea influido por el paciente, y del carácter recíproco de la relación que se establece en el tratamiento, está bien documentada (por ejemplo,

OC 16, § 163, y OC 16, § 285). El riesgo surge cuando el analista está disponible para el paciente a nivel personal de un modo que obstaculiza la libertad de éste para explorar su mundo interno sin peligro y sin una intromisión indebida por parte del analista. Al basar el tratamiento analítico en la comprensión de la transferencia infantil, Fordham prevenía contra la posible negación de la actitud analítica por parte del analista si se enfatizaba una cierta mutualidad en la consulta que pudiera suponer un abuso del paciente que se encuentra en relación de dependencia respecto al analista. La apertura subjetiva del analista a las comunicaciones inconscientes del paciente no supone que exista igualdad en la relación analítica. La actitud analítica se promueve protegiendo al paciente de auto-revelaciones indebidas por parte del analista, para poder trabajar con las fantasías del paciente sobre el analista, como material potencial a ser utilizado para la transformación interna del paciente.

Conclusión

En este capítulo se ha procurado ofrecer una visión de la situación teórica y clínica de la psicología analítica en el Reino Unido, que dio lugar al surgimiento de la llamada «escuela evolutiva de Londres». Resulta por fuerza un panorama apretado, que no incluye los aportes de muchos psicoanalistas y psicólogos analíticos, tanto del Reino Unido como de otros países, que han logrado avanzar en la teoría del desarrollo de los estados psicológicos infantiles y en la teoría del papel nuclear de la transferencia y la contratransferencia en la práctica analítica.

En Londres, en las décadas que siguieron a la Segunda Guerra Mundial, se desarrolló una intensa investigación psicoanalítica a partir de los análisis de pacientes adultos y de niños muy pequeños, siguiendo las conclusiones alcanzadas mediante la creciente tradición de meticulosas sesiones de observación de lactantes realizadas a lo largo de varios años, relativas al desarrollo de estados psicológicos tempranos y a la forma en que estos se revelaban en la relación analítica. Igualmente importantes fueron los hallazgos sobre el papel crucial de la respuesta interna del analista a la información contenida en las comunicaciones pre-verbales del paciente, generalmente sutiles, y a menudo poderosas.

Mientras se profundizaba en la comprensión psicoanalítica de estas áreas de la actividad analítica, algunos psicólogos analíticos de Londres, en particular el Dr. Michael Fordham, comenzaron a ser cada vez más conscientes de la necesidad de integrar el valioso enfoque prospectivo de Jung para trabajar con la psique inconsciente y, a la vez, basar dicho trabajo en la comprensión de aquellos estados afectivos y mentales primitivos mediante los cuales el lactante y el niño logran comprender sus propias vivencias. Se hizo evidente la necesidad de proteger el espacio analítico manteniendo un marco seguro y acotado que permitiera trabajar con la regresión cuando fuera indicado, sin peligros para el paciente, llegando hasta aquel grado de profundidad que fuese posible o necesario alcanzar para generar una transformación y posterior crecimiento.

Muchos junguianos de Londres consideran que el modelo de Fordham resulta de gran utilidad para demostrar de qué manera la psique va ganando profundidad e identidad a lo largo del tiempo mediante un proceso de de-integración y reintegración. De la misma manera, el modelo revela cuáles son los obstáculos que pueden surgir en dicho proceso cuando las dificultades internas o externas interfieren con un desarrollo sano generando estados mentales patológicos o desadaptados.

Resulta de hecho irónico que las grandes tradiciones freudiana y junguiana se separaran por motivos históricos, filosofías personales y políticas profesionales. Considerado como una totalidad, el movimiento de la tradición analítica en su conjunto, abarcando a ambos, psicoanálisis y psicología analítica, podría ofrecer, a pesar de las diferencias reales que pudieran existir, un terreno más amplio y potencialmente más creativo para el surgimiento de desarrollos enriquecedores en el extenso campo de la psicología profunda en general y de los contenidos y procesos del sí-mismo en particular.

REFERENCIAS

Álvarez, A. (1992) *Live Company: Psychoanalytic Psychotherapy with Autistic, Borderline, Deprived and Abused Children,* Routledge, Londres.

Astor, J. (1995) *Michael Fordham: Innovations in Analytical Psychology,* Routledge, Londres.

Bick, E. (1964) «Notes on Infant Observation in Psycho-Analytic Training», *International Journal of Psychoanalysis* 45/4, págs. 558-566.

Bion, W. R. (1956) «Development of Schizophrenic Thought», *International Journal of Psychoanalysis* 37, págs. 344-346; reed. 1967, en W. R. Bion, *Volviendo a pensar*, (trad. D. R. Wagner), Hormé, Buenos Aires, 1972, cap. 4.

—, (1957) «Differentiation of the Psychotic from Non-psychotic Personalities», *International Journal of Psychoanalysis* 38, 266-275; reed. 1967, en W. R. Bion, *ibíd*, cap. 5.

Fordham, M. (1957) *New Developments in Analytical Psychology*, Routledge & Kegan Paul, Londres.

—, (1993) *The Making of an Analyst: A Memoir*, Free Association Books, Londres.

Isaacs, S. (1948) «The Nature and Function of Phantasy», *International Journal of Psychoanalysis* 29, págs. 73-97; reed. 1952, en M. Klein, P. Heimann, S. Isaacs y J. Riviere (eds.), *Developments in Psycho-Analysis*, Hogarth, Londres, págs. 68-121.

Jung, C.G. (1956) *Símbolos de transformación*, OC 5 (versión revisada de la original publicada en 1912), (trad. L. Rosenthal/E. Butelman), Paidós, Barcelona, 1982.

—, (1955-1956) *Mysterium Coniunctionis,* OC 14/1 y 14/2.

—, (1958) *La práctica de la psicoterapia,* OC 16.

Klein, M. (1920) «El desarrollo de un niño», en *Obras Completas*, Paidós, Barcelona, 1988, vol. 1, cap 1.

—, (1946) «Notes on Some Schizoid Mechanisms», *International Journal of Psychoanalysis* 26, págs. 53-61, reed. 1952, en M. Klein, P. Heimann, S. Isaacs y J. Riviere (eds.), *Developments in Psycho-Analysis,* Hogarth, Londres. págs. 68-121, en *Obras Completas*, Paidós, Barcelona, 1988, vol. 3, cap. 1: «Notas sobre algunos mecanismos esquizoides».

—,(1955) «La técnica psicoanalítica del juego: su historia y significado», en *Obras Completas*, vol. 3, Paidós, Barcelona, 1988, cap. 8.

Kohon, G. (ed.) (1986) *The British School of Psychoanalysis: The Independent Tradition*, Free Association Books, Londres.

Piontelli, P. (1987) «Infant Observation from before Birth», *International Journal of Psychoanalysis* 68.

Ricoeur, P. (1967) *The Symbolism of Evil,* Harper & Row, Nueva York. (Versión original publicada en 1960 como *La Symbolique du mal*, Aubier, París.

Samuels, A. (1985) *Jung and the Post-Jungians,* Routledge & Kegan Paul, Londres.

Stern, D. (1985) *The Interpersonal World of the Infant*, Basic Books, Nueva York.
Trevarthen, C. (1984) «Emotions in Infancy: Regulators of Contacts and Relationships with Persons», en K. Scherer y P. Ekman (eds.), *Approaches to Emotion*, Erlbaum, Hillsdale, Nueva Jersey.
Winnicott, D.W. (1964) *El niño y el mundo externo,* (trad. N. Rosenblat), Hormé, Buenos Aires, 1993.
—, (1965) *Los procesos de maduración y el ambiente facilitador*, (trad. J. Piatigorsky), Paidós, Barcelona, 1993.

8 Christopher Perry

Transferencia y contratransferencia

Los escritos de Jung están sembrados de comentarios y afirmaciones, aparentemente al desgaire, que han contribuido a cimentar la reputación del análisis junguiano como forma de terapia psicodinámica que no se ocupa demasiado de la transferencia. Por ejemplo: «Personalmente, me alegro cuando la transferencia es moderada o prácticamente imperceptible», (OC 16, págs. 172-173).

Es evidente que, fuera de contexto, este tipo de afirmaciones pueden fácilmente debilitar la solidez de la totalidad del desarrollo realizado por Jung sobre el tema de la transferencia a lo largo de cincuenta años. Respecto a esta cuestión, ya en 1913 Jung escribió: «Freud fue capaz de descubrir dónde residía el efecto terapéutico del psicoanálisis en función de sus propios sentimientos personales», (OC 4, pág. 190).

Y, hacia el final de su vida, afirma con vehemencia: «El problema fundamental de la psicoterapia es la *transferencia*. Freud y yo coincidíamos plenamente en este punto», (Jung 1961, pág. 220).

Pero disentían profundamente en su concepción de la contratransferencia, que para Freud representaba una molesta interferencia en la receptividad del analista a los mensajes del paciente. Dicha interferencia se producía cuando el paciente activaba conflictos inconscientes del analista, que llevaban al analista a contradecir al paciente con la intención de mantener la distancia. La aproximación de Freud insistía en la necesidad de un esfuerzo por parte del analista para identificar y superar la contratransferencia, convicción que le llevó a pedir disculpas a su analizando Ferenczi por no ser capaz de eliminar sus propias interferencias contratransferenciales (Freud, 1910).

Ciertamente Jung era consciente de los peligros potenciales de la contratransferencia, que pueden manifestarse a través de una «infección inconsciente» y de «la transmisión de la enfermedad al médico» (OC 16, § 365). Fue precisamente esta concepción la que le llevó a insistir en su pionera iniciativa de exigir el análisis didáctico a los analistas en formación. Pero al tiempo que era consciente de los efectos potencialmente perjudiciales de la contratransferencia, y tal como era de esperar en él, Jung fue aceptando gradualmente que la contratransferencia era «una fuente de información sumamente importante» para el analista. En 1929 escribió:

> Es imposible ejercer influencia alguna si no se está al mismo tiempo dispuesto a ser influido (...) El paciente influye [en el analista] de manera inconsciente (...) Uno de los síntomas más conocidos en este sentido es la contratransferencia que se despierta con la transferencia.
> (OC 16, pág. 176)

De lo anterior se desprende que para Jung resulta evidente que en la relación analítica ambas partes se involucran en un proceso dialéctico. Pacientes y analistas son compañeros en un intercambio profundo y dinámico en el que los analistas ponen en juego el conjunto de su personalidad, formación y experiencia. En el espacio vacío que existe inicialmente entre ambos surgen los fenómenos de la transferencia y la contratransferencia, intrincado campo de interacción que abarca a dos personas, dos psiques; campo de interacción que se convierte en uno de los principales focos de la labor terapéutica.

En este capítulo me propongo rastrear la evolución del pensamiento de Jung sobre el tema transferencia-contratransferencia, atendiendo especialmente a su amplificación mediante la metáfora alquímica. Haré también referencia a los diversos aportes realizados por autores posjunguianos a la comprensión de la contratransferencia.

Transferencia

Las ideas propuestas por Jung acerca de la transferencia pueden agruparse en cinco tipos básicos, abiertos al debate y a la investigación:

1) la transferencia es una realidad vital;
2) es necesario discriminar la transferencia de la relación «real» entre paciente y analista;

3) la transferencia constituye una forma de proyección;
4) la transferencia posee una dimensión arquetípica y otra personal (infantil);
5) la transferencia sirve a la individuación más allá del encuentro terapéutico.

La transferencia como una realidad vital

Se puede reservar un tiempo al final de la jornada de trabajo para reflexionar sobre los diversos encuentros/sesiones que se han producido en las horas precedentes. Utilizo las palabras «encuentros/sesiones» expresamente, pues intento señalar la existencia de un área intermedia en la que no sabemos a ciencia cierta cuál de los dos, si acaso alguno, se ha producido. La conexión genera duda, palabra que proviene del latín *dubium*, que significa «de dos mentes». El «otro» puede ser *el* otro o *un* otro cualquiera. Nos enfrentamos a una paradoja. El primero despierta sentimientos bastante intensos, tal vez anhelo, amor, expectativa, temor, sometimiento, etc; el segundo anuncia otras posibilidades de imaginación, fascinación y atracción o rechazo. Ambos vehiculan sentimientos de familiaridad y desconocimiento; pero en un caso es como adentrarse en un río veloz y ser arrastrado por la corriente, mientras que en el otro es más parecido a un baño en una piscina calma y poco profunda. Uno está presumiblemente pleno de excitación y temores imprevisibles, el otro implica sumergirse en los confines de un recipiente bien definido —como una bañera— cuyos efectos se pueden eliminar como una parte más del devenir cotidiano.

Resulta interesante intentar recordar la primera experiencia de enamoramiento. Todos hemos pasado probablemente por un proceso muy específico, el tipo de proceso que Jung vivió con su propia esposa, con el ánima, con Toni Wolff, y probablemente con otras personas. Es posible resumirlo diciendo que nuestra atención libremente flotante investiga inconscientemente el entorno buscando una parte que le falta a uno mismo o al otro; de pronto se ilumina con exactitud inconsciente alrededor de una persona cuyo aspecto externo parece ajustarse a la imagen interna/externa del «otro»; se produce una atracción compulsiva, frecuentemente mutua, y la inmediata sensación de encaje; producida la primera separación, en su duelo se vive una profunda experiencia de pérdida, no solo del otro sino también de uno mismo, o de una parte de uno mismo; luego, con el tiempo, se van negociando reconexiones que conducen, poco a poco, al desengaño y la desilusión. Y nos encontramos nuevamente en el punto de partida, aquel espacio existente entre «el» otro y «un» otro cualquiera, donde resulta posible la interacción creativa. La pérdida y lo posible coexisten. Dicho en otras palabras, como mínimo es necesario reflexionar sobre la cuestión transferencia-contratransferencia.

Habrán observado que me refiero a la transferencia fuera del ámbito de la consulta, ya que no veo discrepancia alguna con Jung cuando dijo: «en realidad se trata de un fenómeno perfectamente natural que puede acontecer [al analista] de la misma manera que puede suceder al maestro, al sacerdote, al médico y, como no, al marido», (OC 16, pág. 172).

La transferencia y la relación «real»

Cuando analista y paciente se encuentran por primera vez para una evaluación inicial mutua es más que probable que parte de ese tiempo interactúen llevados por la transferencia, aunque la mayor parte de la sesión transcurre como un encuentro a nivel simétrico entre adultos. El paciente estudia la persona y profesionalidad del analista; la consulta, y especialmente su contenido y distribución, le ofrecen al paciente indicios sobre la personalidad del analista. La forma en que éste conduce la entrevista le da información sobre su profesionalidad, sensibilidad, empatía y dedicación.

Mientras, el analista procura no solo contactar a nivel profundo con el sufrimiento del paciente, sino que también trata de captar su fortaleza y su capacidad para asumir las condiciones prácticas y emocionales que exige un análisis. Esto incluye aspectos como la disposición del paciente a continuar trabajando en su análisis cuando el proceso se intensifica y surgen sentimientos de odio, ira y desilusión que invaden el espacio analítico. Tal como dice Jung: «Según reza un viejo tratado, *Ars requirit totum hominem*. Esta afirmación es aplicable en su máxima expresión al trabajo psicoterapéutico» (OC 16, pág. 199).

Y resulta válido tanto para el paciente como para el analista. Este aspecto de la relación es conocido como «alianza terapéutica», alianza concertada entre las partes adultas y conscientes de ambos, básicamente al servicio del desarrollo del campo de la consciencia del paciente y del aumento de su potencial para la elección consciente mediante el proceso analítico.

La transferencia es una forma de proyección

Mientras que, en un principio, para los psicoanalistas la transferencia constituía un desplazamiento (Greenson, 1965, pág. 152) Jung la concebía como

> una forma específica de un proceso de proyección más general (...) un mecanismo psicológico general que introduce en el objeto contenidos subjetivos de todo tipo (...) nunca es un acto voluntario (...) es de naturaleza compulsiva y emocional (...) constituye un vínculo, una especie de relación dinámica entre sujeto y objeto.
>
> (OC 18, págs. 136-138)

La forma es específica porque la regularidad y constancia de la relación analítica y el marco tienden a evocar y magnificar tanto el proceso como los contenidos. En la definición de Jung resulta especialmente interesante la frase «introduce en el objeto». En el resto de su obra se concibe la proyección como un proceso por el que algo se deposita *sobre* alguien o algo, de la misma manera en que un proyector lanza una imagen sobre una pantalla en blanco. Esta definición parece prefigurar, si bien no de forma explícita, el concepto de identificación proyectiva en Klein. El mismo Jung refuerza esta posibilidad, pues en un párrafo anterior de la misma conferencia dictada en la Clínica Tavistock dice: «Hablando de la transferencia (...) generalmente nos referimos a una embarazosa dependencia, a una relación adherente (...) el traslado de una forma al *interior* de otra» (OC 18, pág. 136).

En el marco de la transferencia, cualquier aspecto del paciente puede ser proyectado sobre o dentro del analista. Sentimientos, ideas, impulsos, necesidades, fantasmas e imágenes pueden sufrir por igual este acto involuntario. Al principio, gran parte de los contenidos tienden a ser de naturaleza infantil. Pero a medida que la relación analítica crece y se profundiza, los pacientes se preocupan menos de sí mismos y más del sí-mismo. Esto se produce como resultado del trabajo con la transferencia personal y la retirada de proyecciones, afectos, impulsos y otros contenidos psíquicos que el paciente necesita para poder vivir desinhibido.

La transferencia tiene un aspecto arquetípico

Una vez que se han asimilado estos contenidos personales, según Jung «La relación personal conmigo parece cesar; la situación se presenta como un proceso natural de carácter impersonal» (OC 9/1, pág. 294).

Nos podemos referir, por ejemplo, a un hombre con enormes carencias afectivas, que ha logrado instalarse en su análisis tras haber puesto a prueba la dedicación y estabilidad de su analista mujer durante un prolongado periodo. Hasta entonces ha prevalecido una intensa transferencia negativa, índice de un profundo temor, de vergüenza, rabia y hostilidad. La analista, con paciencia y esfuerzo, ha trabajado para comprender e interpretar la actitud negativa de su paciente, logrando que éste comience a experimentar sentimientos de anhelo, cariño y amor. Todo esto es rechazado a continuación mediante un proceso de erotización, que requiere profundizar mediante análisis reductivo de la relación con su madre antes de poder usar una aproximación más sintética y teleológica. En ese momento sería posible reintroyectar la proyección de la imagen contrasexual, el ánima, permitiendo que el paciente conectara a un nivel más profundo con su necesidad de relacionarse con su sí-mismo como fuente interna de amor y seguridad.

En relación a la transferencia arquetípica, Jung escribió lo siguiente:

> No es necesario aclarar que la proyección de estas imágenes impersonales (...) debe ser retirada. Pero lo que se disuelve es meramente el *acto* de la proyección; no se debería, y de hecho no resulta posible, disolver sus contenidos (...) Son proyectados precisamente por tratarse de contenidos impersonales; se tiene la sensación de que no pertenecen a la propia subjetividad, tienen que estar situados en algún lugar fuera del propio yo, y a falta de un receptor más adecuado, se les deposita sobre un objeto humano.
>
> (OC 18, pág. 161)

En lo relativo a la técnica, resulta evidente que el analista, idealmente, debe recurrir a interpretaciones tanto objetivas y subjetivas como reductivas y sintéticas. Ambas tienen por objeto la individuación. Las interpretaciones objetivo/reductivas constituyen para Jung la esencia de la segunda y tercera etapas de la terapia, elucidación y educación; las intervenciones subjetivo/sintéticas constituyen el trabajo de la cuarta etapa, de transformación. No son excluyentes sino que constituyen una espiral laberíntica donde se enfrenta y reencuentra una y otra vez lo infantil y lo arquetípico, durante y después del análisis.

La transferencia al servicio de la individuación

Como señalara Fordham, el surgimiento de proyecciones arquetípicas en un análisis puede marcar un hito (Fordham, 1978). Los analistas versados en mitología y otras fuentes de amplificación pueden proponerse «educar» al paciente, y trabajar creyendo ilusamente que la transferencia personal se ha disuelto. Otros podrán sencillamente asumir el testimonio del «proceso natural impersonal». Y otros, por temor a verse arrastrados a terrenos espirituales más elevados a costa de perder contacto con lo instintivo, se adhieran tal vez en exceso a la transferencia infantil. Pero existe un camino intermedio, que consiste en concebir la transferencia como un puente con la realidad (Jung, OC 4, págs. 190-191), que lleva al paciente a relacionarse con el analista tal cual es, descubriendo a la vez que «su propia personalidad única es valiosa, que ha sido aceptado por lo que es, y que posee la capacidad de adaptarse a las exigencias de la vida» (OC 16, pág. 137).

Concepción de transferencia en Jung

Hacia 1913 Jung ya reconocía la existencia de la transferencia personal infantil, y del proceso por el cual las imagos de los padres se proyectan en el analista. Entendía que era un proceso positivo, con la capacidad potencial de ayudar al paciente a separarse de la familia de origen, más allá de que el analista u otras personas consideraran que el camino elegido fuera erróneo. Pronto vislumbró que la madurez y personalidad del analista resultan de enorme importancia, y teniéndolo en cuenta comenzó a apoyar el análisis didáctico (OC 16, pág. 137).

En aquella época Jung mantenía correspondencia con el Dr. Löy. En sus cartas subraya la importancia de la transferencia erótica como medio para alcanzar una empatía más profunda en pos de una mayor «individualización»; en esos momentos, Jung veía el potencial para el crecimiento que existe tanto en la transferencia negativa como en la positiva.

Después hay una interrupción de ocho años, durante los que el pensamiento de Jung parece haber desarrollado cuestiones importantes. En «El valor terapéutico de la abreacción» (OC 16), Jung propone que la intensidad de la transferencia es inversamente proporcional al grado de entendimiento entre analista y paciente. Jung se opone a la utilización exclusiva del análisis reductivo y sugiere incluir un punto de vista teleológico.

La transferencia tiene como objetivo la retirada de las proyecciones por ambas partes, especialmente la del paciente. Se otorga gran importancia a la personalidad del analista.

Hacia 1926, (OC 7), Jung aborda el tema de lo que sucede con la energía psíquica cuando se libera de la transferencia personal. Llegó a la conclusión de que reaparece como «un punto de control transpersonal (...) No puedo darle otro nombre, *una función orientadora* que paso a paso reune en sí misma toda la anterior sobrevaloración personal» (OC 7, pág. 131). Resulta evidente que, en su opinión, la transferencia es una dinámica con una propulsión intrínseca orientada a la individuación.

Fue en el texto alquímico *Rosarium Philosophorum* donde Jung descubrió una amplificación visual de la transferencia, de la individuación y del despliegue de la dialéctica existente entre lo inconsciente en el analista y su equivalente en el paciente. El comentario de Jung sobre el texto y las diez xilografías es extremadamente complejo y difícil, apoyado en la alquimia, la mitología, la antropología, etc. Intentaré resumirlo, pero antes haré un breve repaso del diagrama de Jung, que me he permitido modificar para ganar simplicidad. El diagrama ilustra lo que Jung denomina «relaciones transferenciales cruzadas (...) el matrimonio *quaternio*» (OC 16, pág. 222).

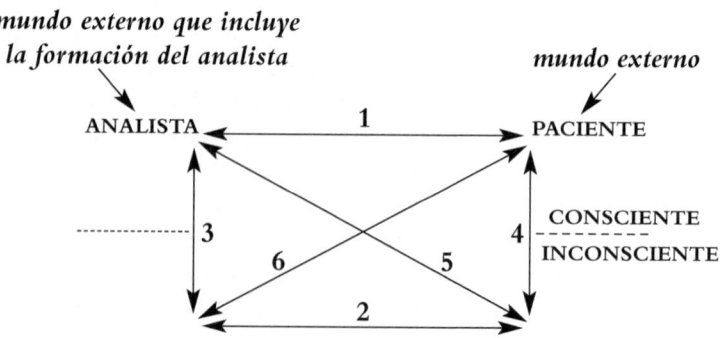

Fig. 2. Quaternio o «matrimonio» analítico

La línea número 1 se refiere a la relación consciente real entre analista y paciente, y representa la alianza terapéutica. La línea número 2 es la relación inconsciente, caracterizada por identificación proyectiva e introyectiva. La línea número 3 es la relación del analista con su propio material inconsciente, un canal de comunicación interna que, en función de la formación analítica y la experiencia, debería estar menos bloqueado que en el caso del paciente, representado por la línea número 4. La línea número 5 a su vez representa la necesidad que tiene el paciente del yo del analista, y es un canal para las proyecciones del paciente y para los esfuerzos conscientes del analista por comprender lo inconsciente en el paciente. Finalmente, la línea número 6 remite a las proyecciones del analista sobre el paciente y al acceso consciente del paciente a lo inconsciente del analista.

En los grabados del *Rosarium Philosophorum* Jung descubrió la ilustración gráfica de una historia de amor, la relación incestuosa entre el rey y la reina, el hermano y la hermana, lo consciente y lo inconsciente, lo masculino y lo femenino. Para Jung, estos grabados constituían la representación gráfica del desarrollo que se produce dentro y más allá de la transferencia propia del proceso de individuación. Quizá no sea casual que haya escogido el *Rosarium* para esclarecer su tesis, ya que se trata de uno de los pocos textos alquímicos donde la proyección recae sobre otra persona y no exclusivamente sobre sustancias químicas.

En todos los grabados resulta de vital importancia la representación del *vas mirabile*, la «retorta milagrosa [es decir, alquímica]» dentro de la cual se produce el proceso de transformación mutua.

> El *vas bene clausum* (recipiente herméticamente sellado) constituye una medida precautoria frecuentemente mencionada en los textos sobre alquimia, y es el equivalente del círculo mágico. En ambos casos se trata de proteger lo que está dentro de la intrusión e incorporación de lo que está fuera, así como de evitar fugas.
>
> (OC 12, pág. 167)

El *vas* aparece básicamente como un baño que contiene el agua de lo inconsciente, y representa el recipiente en que la *prima materia* (es decir, «materia prima» en el sentido de «ser esencial») del paciente y del analista, de lo masculino y lo femenino, lo consciente y lo inconsciente, se transforman para alcanzar la meta de la individuación —el *lapis phi-*

losophorum («piedra filosofal»)— es decir, la autorrealización o individuación. El recipiente remite al marco analítico y a las intervenciones del analista, necesarias para mantener activo el nivel de ansiedad adecuado con el fin de promover, en el paciente, autodescubrimiento y, en el analista, desarrollo como profesional y como ser humano.

El lector interesado puede remitirse a *La psicología de la transferencia* (OC 16), en donde se reproducen los grabados. Su naturaleza oscura invita a la contemplación prolongada, en parte porque se nos convoca directamente al dominio del incesto simbólico, que con tanta frecuencia parece como si pudiera tornarse real; pero el verdadero agente transformador reside en la capacidad y necesidad para las dos partes del cometido analítico de experimentar y llegar a simbolizar la sexualidad de lo erótico (eros) y la compasión de la caridad (cuya expresión en griego antiguo es *agape*).

En el grabado 1, la «Fuente Mercurial», vemos una fuente alimentada desde abajo y desde arriba, los aspectos conscientes e inconscientes de la relación entre paciente y analista, que en términos analíticos son relativamente impersonales. Ambos pueden concebir al otro simultáneamente como virginal, peligroso o dador de vida. Y en los tres aspectos hay una parte de verdad. Ambos inician un viaje desconocido, y ambos tienen sus resistencias. Las dos partes pueden ser transformadas por Mercurio, el tramposo, aquél que se encuentra en el umbral (del cambio); pero existe una advertencia de la que todos los analistas toman nota en su afirmación:

> *No hay fuente ni agua que se me parezca*
> *Puedo sanar o enfermar tanto al pobre como al rico*
> *Pues mortal puedo ser y venenoso.*

La fuente, el origen, puede por tanto ser el manantial de la vida psíquica, pero Jung también lo compara con el *foetus spagyricus* («feto alquímico»): es decir, en términos evolutivos, un estado neonatal a partir del cual se desarrolla una nueva visión interior. En este primer grabado vemos también lo masculino y lo femenino representados como el sol y la luna, motivos permanentes de la serie. A menudo esto ha provocado confusión, especialmente en aquellos casos en que analista y paciente pertenecen al mismo sexo. No podemos acogernos textualmente a Jung en este caso. Debemos buscar nuestra propia explicación de las complejidades que surgen de la unión y mezcla de diferentes combinaciones contrasexuales biológicas y psicológicas, así como de diferentes tipos de funciones y actitudes. Al igual que él, tenemos que luchar contra la mayor confusión posible. Sentimientos hetero/homosexuales, impulsos y fantasías que necesitan florecer: es decir, ser simbolizadas, para poder ser experimentadas.

El grabado 2 nos presenta al protagonista y al antagonista de la narración: el rey y la reina, que ahora se relacionan más claramente con el sol y la luna, hermano y hermana. Están en contacto, pero de un modo siniestro (con la mano izquierda), vía a menudo asociada a lo inconsciente y, por tanto, a los inicios de la identificación proyectivo/introyectiva implicada en la línea 2 de nuestro diagrama. Me refiero a los peligros de la falta de límites en el punto donde la relación puede dirigirse hacia una espiritualidad etérea o a la actuación del incesto. Protegiendo de estos peligros duales vemos la figura de la paloma, criatura que regresó a Noé con la evidencia de que la inundación de lo inconsciente había llegado a su fin. Aquí el *mundus imaginalis* (un «mundo de imágenes») está constelado (Samuels, 1989), la tensión entre el incesto simbólico y real se sostiene, se elabora y se transforma. El analista y el paciente se «enamoran»; pero no hay simetría. En el analista se evoca la imagen del niño-dentro-del-paciente y sus *necesidades* terapéuticas. El lugar del paciente es más difícil porque comienza a percibir las limitaciones del analista. Y es esto, cuando es señalado por el paciente, lo que ayuda al analista a revisar y reflexionar sobre sus errores.

Esto comienza a aparecer en el grabado 3, la «Verdad Desnuda», que simboliza al analista y al paciente despojados de sus personas. Por ejemplo, el analista puede «equivocarse» al concertar una entrevista, o al cobrar las sesiones. El paciente puede «perderse» en su camino a la sesión. Los elementos de la sombra de ambos empiezan a filtrarse. Y Sol y Luna se cogen uno al otro indirectamente a través y por medio de las dos ramas, ya presentadas en el grabado 2, donde uno de los extremos de cada una queda suelto en el aire. En un momento u otro, tanto analista como paciente se ven arrinconados; básicamente es el principio de la honestidad total, al tratar de descubrir, reconocer y elaborar la capacidad de perdonar (como objetivo a largo plazo) las limitaciones que ambas partes aportan al cometido analítico, así como la capacidad de perdonarse a sí mismos.

El grabado 3 presenta un desafío para las dos partes si quieren continuar con el proceso de transformación mutuo, protegido e impregnado por la paloma, el Espíritu Santo que unifica (posiblemente una referencia a la doctrina cristiana de la Trinidad). Nos encontramos en el terreno de la confianza en un tercero que surge de los dos, la confianza en la relación analítica. Por parte del analista, esto proviene del análisis didáctico; el paciente, por su parte, empieza a situarse incómodamente en la zona que hay entre lo real y lo simbólico, entre el contacto real y el sentirse alcanzado por el toque simbólico del analista. Así pues, la unión debe ser simbólica antes que real, a pesar de la intensidad apasionada del afecto que existe entre ambas partes. Jung nos recuerda:

> El incesto simboliza la unión con el propio ser, significa individuación o transformación en sí mismo (...) ejerce una fascinación pagana.
> (OC 16, pág. 218)

Los alquimistas estaban en cierta forma contra el ascetismo sexual de la Edad Media cristiana. Parecían conocer el proverbial anhelo de los amantes por sumergirse en el agua juntos y desnudos para fundirse. Así, en el grabado 4, «Inmersión en el Baño», la pareja se ve un tanto demudada, aún unidos simbólicamente. Se ve al Sol bastante relajado (posición falsa para el analista) y la Luna mira tímidamente la zona genital de su compañero. Los extremos de ambas varas cuelgan laxas, pero la potencial naturaleza erótica de la *coniunctio* («unión») es inmanente. Habitualmente se entiende que el agua del baño representa lo inconsciente, un estado de fusión conocido hoy como identificación proyectiva. Jung agrega una nota interesante:

> Por supuesto que no me refiero a la síntesis o identificación de dos individuos, sino a la unión consciente del yo con todo lo que ha sido proyectado *dentro* del «tú».
> (OC 16, pág. 245, n.16; [la cursiva es mía])

Y el Espíritu Santo permanece vigilante, una función presumiblemente proyectada sobre o dentro del analista, y a veces, por cierto, en el paciente. Imaginemos la siguiente situación: el paciente viene a su sesión y comienza a hablar. Pero su discurso no tiene unidad, es una narración fragmentada, como si se tratara de una emisión radiofónica de noticias.

El analista se siente perdido y perturbado por un sentimiento de «desentendimiento». El analista se despide sintiendo que durante la sesión no se ha logrado un contacto significativo, y cuando el paciente sale de la consulta, pone su mano sobre el hombro de éste y le dice: «Nos vemos mañana». El paciente «sabe» de inmediato que la actitud simbólica se ha perdido y le inunda un sentimiento de desesperación y anhelo. La iniciación del bautizo hacia el simbolismo se ha perdido, y el paciente se siente exasperado.

La sugerencia de que el grabado 5, la «Coniunctio Sive Coitus» («hacer el amor o sexo»), es una invitación a la actuación sexual queda descartada en la Figura 5a, donde la pareja incestuosa aparece con alas, a pesar de que el agua sugiere «la solución en ebullición en que las dos sustancias se unen» (OC 16, pág. 250). La tensión existente entre espíritu e instinto se mantiene a lo largo de la serie, si bien adoptando diferentes formas. También vale la pena destacar que reaparece la mano izquierda del Sol, intentando reconocer el pecho de la Luna, y la de ésta dirigiéndose al pene de su amante. Mientras él la mira, ella mira hacia afuera, más allá de la pareja. ¿Qué busca? Me lo pregunto, y Jung responde: «no dejes pasar un solo día sin recordar humildemente que aún queda todo por aprender» (OC 16, pág. 255).

Lo que Jung dice describe con exactitud el estado mental de la pareja que se ama y se odia profundamente (en la relación terapéutica, añadiría yo). La idealización de la luna de miel ha llegado a su fin; la frustración y el anhelo de unión está en su punto más alto. El analista y el paciente permanecen en estado fermentativo: una mezcla de amor y odio que lleva a un estado temporal de muerte.

Muerte, grabado 6: se dice que

El Rey y la Reina yacen muertos
El alma se aleja acongojada.

El *vas mirabile* se ha convertido en una especie de sarcófago, palabra que significa «devorador de carne», proyección de los aspectos relativos a la muerte en la Gran Madre, e imagen que nos evoca el ataúd. El flujo de la fuente mercurial del grabado 1 se ha detenido. Sin embargo, el título de la figura sugiere concepción vía putrefacción. Este es el momento más oscuro, el tiempo de la desesperación, la desilusión, los ataques de envidia; el momento en que eros y superyó se enfrentan

Grabado 3: *La verdad desnuda*.

armados, sin aparente salida hacia delante. En los tratados de alquimia se le llama *nigredo*, el oscurecimiento. Es necesario confiar en las capacidades regenerativas del compuesto durante los prolongados periodos de aparente inercia, inactividad y, sobre todo, desesperación. La confianza en el proceso, en la relación, en la autoconfianza del analista en el método/técnica, deben ser en esta etapa un contrapeso, en mi opinión, a la entrega a la duda absoluta, que clínicamente suele ser denunciada

Grabado 5a: *La conjunción*.

por el paciente como abandono, o manifestarse como relación psicótica, a veces generada por el analista. Falla la empatía, lo que en última instancia puede ser terapéutico; pero dicha eficacia terapéutica depende de la continuidad del autoanálisis por parte del analista, con la ayuda de los indicios que le ofrece el paciente.

El grabado 7, y no es de sorprender, presenta una paradoja. La «Ascención del Alma» se yuxtapone con el hecho de que ésta esté impregnada. El tan anhelado estado de fusión oculta la idea de que la identificación proyectiva conduce inevitablemente a la pérdida de alma, no a la falta de yo, sino a la falta de la experiencia de las relaciones yo/tú, yo/sí-mismo, consciente/inconsciente. Hay un cuerpo, dos cabezas y un *homunculus* entre las nubes. Esto puede conducir bien a una continuidad en la vía de la individuación o a una desintegración/disociación/escisión psicótica. El *vas mirabile* se ha desplazado ligeramente hacia la *izquierda*, y su extremo derecho se ve oscurecido, en un nivel profundamente inconsciente. Podemos entenderlo como negación de la diferencia —y proyección de esperanza y separación, escisión del niño analítico— como podría serlo una idea o una interpretación mesiánica.

El grabado 8 se titula «Mundificatio» (la «creación del mundo»), profunda alusión a la escena primaria. Podríamos llamarla «regreso a la tierra», aunque este proceso se encuentra más allá y fuera del yo consciente de cada participante. Lo que era negro se torna lentamente blanco; a la *nigredo* de la desesperación y la pérdida de alma sigue la caída del rocío celestial, que prepara el terreno de la relación analítica para el regreso del alma transformada. Es ponerse en contacto con este proceso corporalmente, caminar entre la bruma, y morar en la sensación de estar calado hasta los huesos sin perspectivas de satisfacción inmediata.

Los pies de la pareja se han trasladado desde el extremo izquierdo del *vas* (su lado siniestro, oscuro) a una posición más central. Las piernas se abren equilateralmente; y mientras la Luna sigue mirando hacia afuera y más allá del *vas*, el Sol mira hacia el rocío que cae, hacia lo divino, lo numinoso. En este momento, el analista depende aún más de los poderes de *logos* (la interpretación) y del *eros agapeico* (la compasión). Si bien nunca se habían separado, ahora pueden mostrarse juntos en la afirmación del analista que permita comprender la necesidad de sufrir por el encantamiento a que se ha renunciado, con sus profundas alegrías, tristezas e intensas frustraciones.

Animae jubilatio significa «la alegría del alma». Este es el título del grabado 9, también llamado «El Regreso del Alma». En los inicios del análisis, los analistas suelen estar más familiarizados con el dolor, el sufrimiento y la pena que con la alegría. Pero este es el sentimiento que acompaña el proceso gradual de autodescubrimiento del paciente, que tiene sus orígenes en el tentativo disfrute de la inmersión en el baño:

> No obstante, si bien el poder de lo inconsciente es temido como algo siniestro, este sentimiento está justificado solo parcialmente por los hechos, ya que también sabemos que lo inconsciente es capaz de producir efectos benéficos. La clase de efecto que tenga depende en gran medida de la actitud de la mente consciente.

(OC 16, pág. 293)

Pero la esperanza tiene que equilibrarse. Las dimensiones celestiales/ctónicas del grabado 1 reaparecen en el grabado 9. Observemos las dos aves (¿analista y paciente?), que parecen dirigirse una a otra. Una se encuentra sobre *terra firme*; la otra, emerge —o se hunde— *Materia* y *spiritus*, cuerpo y alma. Una vez más, analista y paciente están atrapados entre opuestos, donde la *coincidentia oppositorum* («el encuentro de opuestos») lleva a la creciente idea de que es «el cuerpo quien otorga límites a la personalidad» (OC 16, pág. 294). Por ejemplo, en la práctica clínica podemos pensar en la personalidad esquizoide, que durante la mayor parte del tiempo tiende a oscilar entre sentirse desencarnada (despersonalizada) o atrapada, a menudo con malestar, dentro del cuerpo, o del cuerpo de la madre. Una es agorafóbica, la otra claustrofóbica. De allí la tendencia de la persona esquizoide a permanecer en el umbral. La tarea reside en facilitar la encarnación.

Y así llegamos al grabado 10. El cuervo, (*corvex*), observa la escena: ¡el representante de la muerte! En otra versión se trata de un pelícano, icono de Cristo, que se picotea a sí mismo para alimentar a sus hijos. El hermafrodita, que mítica, sexual y espiritualmente constituye una versión sofisticada del andrógino, nace de la *unio mystica* («unión sagrada/secreta»), mirando a derecha e izquierda (consciente e inconsciente), en pie firme sobre la luna, el lunático mirando hacia arriba, a la zona genital abarcada por su creciente. Paciente y analista han continuado avanzando a lo largo del camino de la individuación; ambos han sido transformados por el trabajo. El paciente, cabría esperar, ha introyectado al analista como figura cooperadora, y ha internalizado la relación analítica, que continuará actuando como potente y positivo recurso interior, especialmente en los momentos difíciles. Por su parte, el analista habrá logrado ampliar y profundizar su experiencia y maestría clínica, y habrá cambiado básicamente como consecuencia de sus errores y fallos.

Para concluir esta sección, nada mejor que citar a Jung:

> El fenómeno de la transferencia es sin duda alguna uno de los síndromes más importantes del proceso de individuación; su riqueza de significados va mucho más allá de las meras tendencias personales. En virtud de sus contenidos y símbolos colectivos, trasciende la personalidad individual (...)
>
> (OC 16, pág. 323)

Grabado 10: *El Cuervo*.

Desarrollos posjunguianos

Respecto a la comprensión actual de la transferencia debemos mucho a Michael Fordham, cuyo trabajo tuvo como objetivo primario el rastrear la transferencia hasta «sus raíces en la infancia y la niñez de un modo congruente con los postulados de Jung» (Fordham, 1974a). Existe aún un desarrollo posterior, en su trabajo pionero sobre la transferencia alucinatoria, en la que se pierden temporalmente los componentes «como si» de la relación (Fordham, 1974b) y el paciente invierte la relación analista-paciente de forma tal que el analista siente que es el paciente. Reina la confusión y resulta vital para el analista acogerse a la posición analítica como forma de mantenerse en contacto y en relación con los aspectos sanos y ocultos del paciente.

J.W. Perry se refiere a este enfoque en su trabajo con pacientes psicóticos, demostrando que los terapeutas necesitan sumergirse en la transferencia alucinatoria/psicótica para que pueda existir una compenetración de aspectos transferenciales personales y colectivos, cuya interpretación llevará a «pasar de cuestiones relativas al poder y el prestigio a otras relativas al amor y la armonía social» (Perry, 1953). Este tema es retomado por Ledermann en su trabajo con personalidades narcisistas profundamente dañadas (Ledermann, 1982) y por Redfearn en su trabajo con personalidades esquizoides y psicóticas (Redfearn, 1978).

Peters (1991) ofrece una posición intermedia entre el enfoque clásico y el de aquellos que se adhieren al «híbrido Jung-Klein». Para este autor la transferencia es un apego libidinal al analista o a una figura en el mundo externo del paciente. Advierte que la interpretación mecánica y continua de la transferencia al analista puede convertirse en una imposición para el paciente, lo cual implícitamente puede dar lugar a una adhesión y obediencia patológica al método del analista. Tal vez yo exagere esta cuestión, pero en mi opinión tal enfoque mecánico puede actuar como una *contribución* a los análisis adictivos e interminables.

En el trabajo de los alquimistas resultaba de importancia nuclear la separación entre el *laboratorium* («lugar para trabajar»), en que se llevaban a cabo los experimentos, y el *oratorium* («lugar para conversar»), que proporcionaba un lugar psíquico y físico para reflexionar y meditar sobre el trabajo de transformación. El *oratorium* se ha convertido en el *temenos* («espacio sagrado») interno o externo de supervisión, en que el analista «observa y ve más allá» de su experiencia subjetiva con el paciente, denominada «contratransferencia». Ésta puede abarcar desde el contrapunto neurótico de la transferencia por parte del analista hasta la elaboración de la información sobre el paciente mediante el permanente autoanálisis de la subjetividad del analista. Me referiré a continuación a esta dimensión recíproca de la relación analítica.

Contratransferencia

A diferencia de Freud, Jung ha dejado muy pocos ejemplos de su forma concreta de trabajar. Pero parece haber sido el primer analista en reconocer el potencial terapéutico y anti-terapéutico de la contratransferencia. Su énfasis temprano en el «análisis didáctico» surgió al entender que los analistas solo podían seguir a sus pacientes hasta donde ellos mismos hubiesen llegado en la búsqueda de la autorrealización. Sin embargo, este punto de vista ya no parece ser totalmente válido. Su debilidad reside en suponer que el analista puede, en potencia, empatizar e identificarse con cualquier contenido psíquico de un paciente. Por ejemplo, es posible trabajar con víctimas de catástrofes sin haber experimentado una. Lo importante es que el analista pueda establecer contacto y relacionarse con su propio complejo interno de perseguidor/víctima. Lo que tiene más posibilidades de limitar al analista es el ángulo, o punto de vista, desde el que se percibe la dialéctica. Este es el motivo por el cual incluyo el mundo externo del analista y su formación en el diagrama de la transferencia. Los analistas también pueden contener aspectos aparentemente incomprensibles de sus pacientes para que estos pongan distancia y ganen objetividad al respecto. Es más, los analistas pueden acompañar y dar testimonio de experiencias desconocidas para ellos, siempre en espera entre las bambalinas del teatro de la vida. No obstante, Jung estaba al tanto de los peligros de los puntos ciegos del analista, y de los avatares de la mutua infección y contagio psíquico. Una y otra vez, de diferentes maneras, subraya la importancia de la personalidad del analista como «uno de los muchos factores intervinientes en la cura» (OC 4, pág. 260).

Al contrastar sus métodos con los de Freud, Jung escribió sobre la necesidad de que la enfermedad del paciente sea transferida a la personalidad del analista, y de que el analista se encuentre disponible y abierto a este proceso.

En sus últimos trabajos sobre la contratransferencia, Jung se refiere al mito de Asclepios, el «sanador herido». El factor esencialmente sanador es el sufrimiento del analista. Llega incluso a decir: «No es posible encontrar una solución a menos que tanto médico como paciente se conviertan en un problema mutuo» (Jung, 1963, pág. 142). Pero la tarea de investigar y llenar los vacíos dejados por Jung en sus escritos sobre la contratransferencia ha quedado como cometido para los posjunguianos de todo el mundo. Estos desarrollos pueden resumirse en la siguiente afirmación de

Machtiger: «En el análisis el factor terapéutico esencial es la reacción contratransferencial del analista» (Machtiger, 1982). Con esto quiere decir que el analista debe interpretar y utilizar sus respuestas y fantasías subjetivas para comprender el material y las experiencias del analizando. La habilidad y competencia del analista en la utilización de esta contratransferencia será determinante en gran medida del éxito o fracaso del análisis.

En 1955, Robert Moody escribió acerca de su trabajo con un niño, relatando cómo percibió que en algunas ocasiones su propio material inconsciente se había activado de una manera significativa (Moody, 1955). En esas ocasiones se vio relacionándose y comportándose de una manera poco habitual en un contexto terapéutico, al tiempo que seguía una vigilancia estrecha de la interacción que se estaba dando en un nivel inconsciente entre el niño y él mismo. Si bien temiendo una posible reacción de censura de parte de algunos lectores, Moody creía que

> A medida que este material emerge en el marco de la relación transferencial recíproca puede ser conducida de una forma que resulta decisivamente —y a veces rápidamente— terapéutica.
>
> (pág. 52)

Plaut (1956) procuró diferenciar las respuestas del analista frente a las proyecciones personales y arquetípicas. En el caso de las primeras, debido a su proximidad con la consciencia pueden fácilmente ser reintegradas por el paciente y no afectan en exceso al analista. Pero las segundas, debido a su numinosidad y carga de afecto, suponen un riesgo en tanto el analista puede identificarse con ellas y «encarnarlas». Es, pues, importante contener la proyección hasta que «el yo del paciente se fortalezca, para que pueda percibir el símbolo oculto en la imagen» (pág. 159).

Los artículos de Strauss (1960), Davidson (1966), Gordon (1968) y Cannon (1968) pueden agruparse, ya que todos estos analistas se han ocupado, desde sus respectivos puntos de vista, del uso lúdico del material transferencial/contratransferencial, en un encuentro entre lo consciente y lo inconsciente del yo, evidenciando una cierta semejanza con la imaginación activa.

El trabajo de Fordham sobre la «relación transferencial recíproca» abarca un periodo de aproximadamente cuarenta años. En uno de sus primeros escritos Fordham define la contratransferencia de una forma bastante clásica, como «prácticamente todo comportamiento inconsciente del analista» (Fordham, 1957). Pero más tarde prefiere restringir el uso del término «contratransferencia» a los momentos del análisis en que «se obstruyen los sistemas interactuantes», es decir, cuando el analista bloquea las proyecciones e identificaciones proyectivas del paciente (Fordham, 1985, pág. 150). Poco después elaboró la distinción entre dos tipos de contratransferencia, la alucinatoria y la sintónica. Se considera que la primera es neurótica, y se produce cuando se remueven conflictos inconscientes relativos a una persona del pasado del analista, provocando interferencias en el espacio terapéutico. La situación puede resolverse mediante supervisión y autoanálisis intensificado. En el caso de la contratransferencia sintónica, el terapeuta está empática y estrechamente sintonizado con el mundo interno del paciente y, por tanto, puede ser capaz de experimentar aspectos del paciente posiblemente incluso antes de que éste sea consciente de ellos. Los hallazgos de Fordham son sincronísticos con los de Racker (1968), cuyo trabajo sobre la contratransferencia complementaria y concordante fue posteriormente desarrollada por Lambert (1981).

Son tres los analistas que se han ocupado de los aspectos de la sombra presentes en la contratransferencia: Guggenbühl-Craig, Groesbeck y Lambert. Los dos primeros se refieren a los últimos postulados de Jung sobre el Sanador Herido. Guggenbühl-Craig advierte de los peligros de inflación y escisión para los profesionales de la salud, cuando el polo «herido» de la imagen arquetípica es proyectada y depositada en el paciente, quien a su vez proyecta el polo «sanador» en el analista (Guggenbühl-Craig, 1971). Este tema es desarrollado por Groesbeck, quien sostiene que ambos, analista y paciente, necesitan retirar dichas proyecciones para que se active el sanador interno en el paciente (Groesbeck, 1975). Lambert considera que los elementos de la sombra aparecen en la contratransferencia, en la puesta en práctica de la ley del Talión, por la que el ataque del paciente es respondido por un contraataque, lo que reduce en gran medida la confianza del paciente y actúa como repetición de anteriores relaciones hirientes. En este tipo de ocasiones, el analista pierde la empatía con el paciente y se encuentra bajo el influjo de la contratransferencia complementaria, identificándose con los objetos internos negativos del paciente y comportándose como ellos (Lambert, 1981).

El trabajo de Mario Jacoby sobre la transferencia-contratransferencia resulta innovador, pues introduce la noción de un espectro de respuestas contratransferenciales, en vez de referirse a una dicotomía entre lo neurótico y lo no-neurótico. Jacoby también incorpora las ideas de Kohut sobre «objetos sí-mismo», transferencias especulares, idealizantes y de fusión, y sus contrapartidas en el analista; se refiere especialmente a la contratransferencia alucinatoria, por la que el analista abdica de su aproximación simbólica al campo de interacción (Jacoby, 1984).

Esta cuestión ha sido objeto de un proyecto de investigación realizado por Dieckmann y sus colegas, quienes elaboraron la sorprendente, aunque no tanto, conclusión de que «el sí-mismo constela la sincronicidad de fantasías en dos personas» (Dieckmann, 1976, pág. 28). Esto se hizo evidente a partir del detallado registro realizado por los analistas de su propio material emergente en asociación al presentado por sus pacientes. La sombra implícita en esta notable correspondencia era la evidencia creciente de que la resistencia es un problema compartido por paciente y analista, y no prerrogativa del paciente.

La importancia concedida por Dieckmann a la sincronicidad y la influencia extensa del sí-mismo resulta estrechamente cercana a la concepción de Shwartz-Salant sobre la terapia como un proceso en que dos personas constelan mutuamente lo inconsciente. El enfoque de la contratransferencia en Shwartz-Salant es altamente idiosincrático: se basa en el desarrollo, tanto en el paciente como en el analista, de una capacidad para experimentar y participar de un terreno imaginal compartido, que existe fuera del espacio, del tiempo y de toda noción de causalidad, y que se manifiesta básicamente en la imaginería de la *coniunctio* (1989).

Goodheart (1984) ha incorporado al pensamiento junguiano un modelo creado y afinado por el psicoanalista Robert Langs. El cenit del híbrido Goodheart-Langs es un modelo de supervisión interna consciente y continua, donde la validez de cada intervención analítica es contrastada con la subsiguiente comunicación inconsciente del paciente. Estos autores sostienen que el paciente intenta corregir al analista permanentemente para mantenerlo en su rumbo, por decirlo de algún modo. Por eso se subraya la importancia de la comunicación inconsciente del paciente sobre el error analítico, lo cual es especialmente así cuando el marco —honorarios, hora, lugar, etc.— sufre una modificación, fenómeno que dispara el discurso inconsciente del paciente. Esta aproximación, junto con otras, depende de que el analista elabore con sumo cuidado la información contratransferencial y, de forma simultánea, el significado simbólico de lo que el paciente comunica inconscientemente.

Actuando como un puente entre Fordham, Lambert y Racker por un lado, y Schwartz-Salant por el otro, Samuels (1985) introduce los términos de contratransferencia «especular» y «encarnada», sosteniendo que el «mundo interno del analista es la *via regia* al mundo interno del paciente». Para decirlo de otro modo, paciente y analista contribuyen a un terreno imaginal compartido, del que ambos forman parte en el que es posible concebir las respuestas corporales, los sentimientos y las fantasías desde el punto de vista de la imagen. La contratransferencia especular consiste en la experiencia que tiene el analista del estado interno del paciente, por ejemplo, un sentimiento de tristeza. La contratransferencia encarnada es el estado en que el analista se vivencia a sí mismo como si fuera una persona en particular o una subpersonalidad perteneciente a la psique del paciente. Samuels también presta especial atención al campo de la transferencia-contratransferencia erótica, que efectivamente encarna y «terrenaliza» la imagen etérea del «matrimonio sagrado», al punto que afirma: «Para que se produzca una transformación psicológica a partir de la interacción analítica, ésta debe adquirir e irradiar algo de naturaleza erótica» (Samuels, 1989, pág. 187). Su aportación más reciente (1993) amplía su concepción de la contratransferencia, extendiéndola al campo político, en el cual «la valoración política de la subjetividad de un *ciudadano*» es entendida como la *via regia* a la «realidad social de la cultura» (pág. 28). Se trata de un pensamiento bastante revolucionario, cuyas implicaciones escapan a este texto.

En el presente apartado, he procurado reflejar el trabajo desarrollado por los posjunguianos a partir de las aportaciones pioneras de Jung sobre la contratransferencia. Gran parte de este trabajo se ha realizado al mismo tiempo que la muy extensa bibliografía, por la que ha sido influido, aportada por los psicoanalistas, desde la obra básica de Paula Heimann (1950) hasta nuestros días.

Persiste, no obstante, una zona de confusión entre la contratransferencia y la identificación proyectiva. Parece existir unanimidad respecto a que esta última contribuye a la experiencia de la contratransferencia, pero no es éste su único contenido. La identificación proyectiva, precursor evolutivo de la empatía, es un proceso primitivo, básicamente una defensa frente a la separación y, en opinión de Gordon (1993), el «equivalente psíquico de la fusión» (pág. 216). Su propósito es transmitir contenidos no asimilables del psico-soma a otro, con el objetivo inconsciente de comunicarlos, de controlar dichos contenidos y a la otra persona, y de crear un estado de fusión con el otro. Es posible concebir su modalidad normal como una forma de comunicación, y su modalidad patológica como un modo de evacuación. Se vincula estrechamente con la *participation mystique* de Jung, en la que no existe diferenciación entre sujeto y objeto. Una parte del trabajo de elaboración de la contratransferencia reside precisamente en alcanzar la diferenciación y en tratar de determinar qué pertenece a quién en la díada analítica.

La dinámica transferencia-contratransferencia es básicamente un *mysterium coniunctionis*. Y quiero subrayar la palabra *misterio*. A veces, también es un *mysterium disiunctionis,* conservado al abrigo de los recuerdos de pacientes y analistas como una especie de desajuste, desencaje, *impasse*, profundo fallo de la relación. Entonces, una vez más, podemos remitirnos a Jung:

> El psicoterapeuta poco o nada aprende de sus éxitos, ya que básicamente le confirman en sus errores. Pero sus equivocaciones son experiencias inestimables, porque no solo abren el camino a una verdad más válida, sino que nos fuerzan a modificar nuestras concepciones y nuestros métodos.
>
> (OC 16, pág. 38)

La persistente y consistente atención concedida durante el tercio de siglo transcurrido desde la muerte de Jung al profundo intercambio entre paciente y analista (la dinámica transferencia-contratransferencia), da muestras, en mi opinión, de una búsqueda compartida por los analistas junguianos, independientemente de su orientación, para aprender a elaborar y comprender las complejidades y sutilezas del encuentro analítico.

REFERENCIAS

Cannon, A. (1974) «Transference as Creactive Illusion», en M. Fordham *et al.* (eds.), *Technique in Jungian Analysis*, Heinemann, Londres.

Davidson, D. (1974) «Transference as a Form of Active Imagination», en M. Fordham *et al.* (eds.), *Technique in Jungian Analysis,* Heinemann, Londres.

Dieckmann, H. (1976) «Transference and Countertransference: Results of a Berlin research group», *Journal of Analytical Psychology* 21/1.

Fordham, M. (1974a) «Notes on the Transference», en M. Fordham *et al.* (eds.), *Technique in Jungian Analysis,* Heinemann, Londres.
—, (1974b) «Jung's Conception of Transference», *Journal of Analytical Psychology* 19/1.
—, (1978) *Jungian Psychotherapy,* John Wiley & Sons, Chichester.
—, (1985) «Countertransference», en M. Fordham, *Exploration into the Self,* Academic Press, Londres.
Freud, S. (1910b) Carta a Ferenczi del 6 de octubre de 1910, cit. en E. Jones (1955) *Sigmund Freud: vida y obra,* vol. II, (trad. M. Carlisky), Hormé, Buenos Aires, 1957.
Goodheart, W. B. (1984) «Successful and Unsuccessful Interventions in Jungian Analysis: The Construciont and Destruction of the Spellbinding Circle», en N. Schwartz-Salant y M. Stein (eds.), *Transference/Countertransference,* Chiron Publications, Wilmette, Illinois.
Gordon, R. (1974) «Transference as the Fulcrum of Analysis», en M. Fordham *et al.* (eds.), *Technique in Jungian Analysis,* Heinemann, Londres.
—, (1993) *Bridges: Metaphor for Psychic Processes,* Karnac Books, Londres.
Greenson, R. R. (1978) *The Technique and Practice of Psycho-Analysis,* The Hogarth Press, Londres.
Groesbeck, C.G. (1975) «The Archetypal Image of the Wounded Healer», *Journal of Analytical Psychology* 20/2.
Guggenbühl-Craig, A. (1971) *Power in the Helping Professions,* Spring Publications, Zúrich.
Heimann, P. (1950) «On Countertransference», *International Journal of Psychoanalysis* 31.
Jacoby, M. (1984) *The Analytic Encounter: Transference and Human Relationship,* Inner City Books, Toronto.
Jung, C.G. (1913) «Ensayo de exposición de la teoría psicoanalítica», OC 4, 9, en *Teoría del psicoanálisis,* (trad. F. Oliver), Plaza y Janés, Barcelona, 1983.
—, (1914) «Aspectos generales del psicoanálisis», OC 4, 10.
—, (1916/1945) *Las relaciones entre el Yo y lo Inconsciente,* OC 7, 2, (trad. J. Balderrama), Paidós, Barcelona, 1987.
—, (1921/1928) «El valor terapéutico de la abreacción», OC 16, 10.
—, (1929a) «Metas de la psicoterapia», OC 16, 4.
—, (1929b) «Los problemas de la psicoterapia moderna», OC 16, 5.
—, (1935) «Las Conferencias Tavistock», OC 18, I.
—, (1944/1968) *Psicología y Alquimia,* OC 12, (trad. A. L. Bixio), Salvador Rueda, Buenos Aires, 1953.

—, (1946) *La Psicología de la transferencia*, OC 16, 12, (trad. J. Kogen), Paidós, Barcelona, 1983.
—, (1950) «Acerca de la empiria del proceso de individuación», OC 9/1, 11, en *Formaciones de lo inconsciente*, (trad. R. Pope), Paidós, Barcelona, 1982.
—, (1961) *Recuerdos, sueños, pensamientos*, (trad. Mª. Rosa Borrás), Seix Barral, 1964.
Lambert, K. (1981) «Transference, Countertransference and Interpersonal Relations», en K. Lambert, *Analysis, Repair and Individuation*, Academic Press, Londres.
Ledermann, R. (1982) «Narcissistic disroder and its Treatment», *Journal of Analytical Psychology* 27/4.
Machtiger, H.G. (1985) «Countertransference/Transference», en M. Stein (ed.), *Jungian Analysis*, Shambhala, Boston/Londres.
Moody, R. (1955) «On the Function of Countertransference», *Journal of Analytical Psychology* I/I.
Perry, J.W. (1953) *The Self in Psychotic Process,* Spring Publications, Dallas.
Peters, R. (1991) «The Therapist's Expectation of the Transference», *Journal of Analytical Psychology* 36/I.
Plaut, A. (1974) «The Transference in Analytical Psychology», en M. Fordham *et al.* (eds.), *Technique in Jungian Analysis*, Heinemann, Londres.
Racker, H. (1968) *Transference and Countertransference*, International Universities Press, Nueva York.
Redfearn, J.W.T. (1978) «The Energy of Warring and Combining Opposites: Problems for the Psychotic Patient and the Therapist in Achieving the Symbolic Situation», *Journal of Analytical Psychology* 23/3.
Samuels, A. (1985) «Countertransference, the *Mundus Imaginalis* and a Research Project», *Journal of Analytical Psychology* 30/I.
—, (1989) *The Plural Psyche: Personality, Morality and the Father*, Routledge, Londres /Nueva York.
—, (1993) *The Political Psyche*, Routledge, Londres/Nueva York.
Schwartz-Salant, N. (1989) *The Borderline Personality: Vision and Healing*, Chiron Publications, Wilmette, Illinois.
Strauss, R. (1974) «Countertransference», en M. Fordham *et al.* (eds.), *Technique in Jungian Analysis,* Heinemann, Londres.

9 Elio J. Frattaroli

Mi ánima y yo: a través del oscuro espejo de la interfaz junguiana/freudiana

> Hoy día resulta verdaderamente impactante la escasa capacidad que poseen las personas para tener en cuenta el punto de vista del otro, aunque esta capacidad constituya condición fundamental e indispensable para toda comunidad humana. Quien se proponga ponerse de acuerdo consigo mismo debe afrontar este problema básico. En la medida en que una persona no otorga legitimidad al otro también niega la existencia del «otro» interior, y viceversa. La capacidad para el diálogo interior es la piedra angular de la objetividad externa.
> (C.G. Jung, «La función transcendente»)

> Sin Contrarios no hay progresión. Atracción y Repulsión, Razón y Energía, Amor y Odio son necesarios para la existencia Humana.
> (William Blake, *Las bodas del cielo y el infierno*)

Cuando Polly Young-Eisendrath me pidió que escribiera este capítulo sobre la interfaz entre la psicología analítica y otras escuelas psicoanalíticas me sentí intimidado ante la perspectiva de la tarea. Le pregunté con expresa ambigüedad a qué se refería exactamente con «otras escuelas psicoanalíticas». «Pues, ya sabes», contestó sonriendo vagamente, «enfoques hermenéuticos, teoría de las relaciones objetales, psicología interpersonal, las diversas psicologías del self, la teoría kleiniana, y *tu favorita*, la teoría de las pulsiones». La profunda certeza interior de que sería totalmente incapaz de escribir semejante capítulo me tranquilizó de inmediato.

En honor a la verdad, Polly no dijo concretamente «y tu favorita», pero es el tipo de cosa que podría haber dicho. Llevamos diez años debatiendo estas cuestiones en un grupo de estudio semanal constituido por psicólogos y psiquiatras. La diversidad del grupo es fascinadora, aunque a veces resulta frustrante, pero compartimos dos presupuestos: en primer lugar que «el niño es el padre del hombre», es decir (a nivel académico), la perspectiva evolutiva; y en segundo lugar, que la búsqueda de la verdad exige la dialéctica desde perspectivas diferentes, es decir, (popularmente) la necesidad de discutir. En función de dicha necesidad puedo asegurar que los demás miembros del grupo se quejarían desesperados ante la utilización inadecuada que hago de la cita de Wordsworth. La idea de que un niño puede ser su propio padre sugiere un individuo autocontenido, con una línea privada de evolución que puede considerarse independiente de la matriz interpersonal de la familia y la sociedad. Mis amigos protestarían enfáticamente: «¡De ningún modo! Un individuo se constituye y desarrolla en un contexto interpersonal, siempre en relación a un mundo poblado de otros, cada vez más numerosos, empezando por la madre». Se referirían tendenciosamente al comentario de Winnicott (1960) según el cual no existe tal cosa como un bebé, insistiendo tozudamente en que yo debería haber dicho «la díada es el progenitor de la persona». En especial Polly, quien suele argumentar que un sí-mismo privado e individual constituye una ficción social, el constructo compartido de una cultura dominada por hombres que se sienten aterrorizados por la intimidad.

Obviamente Polly admite que la preocupación y objetivo central de Jung no era ni más ni menos que el desarrollo de un sí-mismo privado considerado aisladamente. Ella se autodenomina junguiana, pero reconstruida, no ortodoxa. Me acusa precisamente de ser esa clase de freudiano. Yo sostengo que el proceso psicoanalítico, en su evolución tanto junguiana como freudiana, es la quintaesencia de un proceso que consiste en contactar con la propia interioridad como claramente distinta de la identidad construida socialmente. Esto no es lo que la mayor parte de los junguianos cree que piensan y ponen en práctica los freudianos. Jung (1913) se quejaba de que el sistema de Freud consistía en interpretaciones reductivas estereotipadas, orientadas fundamentalmente a mejorar la adaptación social, explicándolo todo en términos de una predisposición infantil innata al hedonismo perverso. Esta es la visión prejuiciada a la que se hubiera referido Polly en el caso de haber dicho realmente «y tu favorita» en vez de decir «la teoría de las pulsiones». No lo hizo. Yo solo lo imaginé, pero una vez que las palabras fueron apareciendo en la pantalla de mi ordenador me vi obligado a responder. Poco después me di cuenta de que lo que originalmente deseaba como una breve introducción personal al ensayo se estaba convirtiendo en un diálogo imaginario con mi imagen de Polly, un producto creativo de mi profunda interioridad privada, filtrado por años de construcción social con ella y los otros compañeros del grupo de estudio.

Tenía que tomar una decisión. ¿Debía «seguir la corriente» de mi impulso creativo y escribir un ensayo completo en forma de diálogo imaginario —una escena de mi propio teatro interior— o bien optar por la presentación académica más tradicional que los lectores esperarían de un estudio introductorio de Cambridge? Decidí comprometerme y continuar con el diálogo interior, pero agregándole el breve preámbulo académico que incluyo a continuación.

El presente capítulo debería ser leído a dos niveles: uno de contenido y otro de proceso o forma. En cuanto al contenido, es una discusión sobre las similitudes y diferencias entre las psicologías junguiana y freudiana. En cuanto al proceso es una escenificación *dramática*, bajo la forma de un diálogo interior, del concepto junguiano de ánima, en especial de la relación entre un hombre (yo mismo) y su ánima (mi *imagen* de Polly). El ánima es el aspecto femenino inconsciente de la personalidad del hombre (siendo el ánimus el equivalente aspecto masculino inconsciente en la mujer), con el que se encuentra en conflicto perpetuo, aunque finalmente deba reconciliarse con él para poder alcanzar el nivel de madurez que Jung denomina «individuación».

Se puede considerar al ánima como una forma general —un arquetipo— o como la encarnación particular del arquetipo en un individuo, es decir, un *complejo* personal. Un arquetipo es un patrón psicológico/motivacional inherente a la naturaleza humana, «una forma básica típica de ciertas experiencias psíquicas recurrentes» tal como lo definiera Jung (OC 6, pág. 444). Sus aspectos universales están representados en los mitos (algunos ejemplos típicos de mitos-ánima incluyen el de Eros y Psique, Plutón y Perséfone, Perseo y Medusa), expresiones culturalmente destiladas de motivos arquetípicos. Pero cada individuo tendrá su versión particular de cualquier arquetipo, un complejo que varía de persona en persona en función de las experiencias vitales y los factores constitucionales. Dicho complejo es un patrón actitudinal/emocional/motivacional estable dentro del conjunto de la personalidad del individuo.

En toda relación con una mujer un hombre tenderá a *proyectar* sobre ella diversos elementos de su complejo-ánima en tanto que *imagen*, percibiéndola a través de filtros que solo revelen en la mujer real aquellos aspectos que concuerdan con el prototipo inconsciente de su ánima. Esto genera un sesgo sutil en sus actitudes y respuestas hacia la mujer, basadas no tanto en cómo se presenta ella concretamente, sino en la imagen-ánima que él le proyecta (y que afecta a su *interpretación* del modo en que ella se presenta). De esta manera, al relacionarse con una mujer real un hombre también intenta relacionarse con su parte femenina no asumida, trabajando dialécticamente hacia un mayor nivel de integración en su conflictiva experiencia interior. La famosa «guerra de sexos» debe su ubicuidad a este hecho (y a su manifestación equivalente en las mujeres). Expresa externamente el conflicto interno que sufren hombres y mujeres.

Cuando la proyección del ánima y la consiguiente lucha con la «portadora del ánima» se produce en la relación de un paciente con su psicoanalista (como sucede inevitablemente, aun cuando el terapeuta sea hombre), aparece la *transferencia*[1]. Son pasos esenciales en un proceso dialéctico de integración (individuación) que culmina cuando el paciente es capaz de decir a la manera del personaje Pogo en la tira cómica de Walt Kelly: «Nos hemos encontrado con el ánima, y ella está entre nosotros». Este proceso terapéutico se produce más fácilmente cuando el analista se mantiene relativamente en silencio, evitando introducir en exceso su propia personalidad en el diálogo con el paciente, dejándole así en libertad para proyectar (para luego enfrentarse a) cualquier imagen que necesite proyectar, sin tener que considerar información superflua sobre cómo es el analista en realidad.

El diálogo imaginario que me propongo presentar entre Polly y yo tenderá a resaltar los efectos de la proyección, como sucede en la trans-

---

[1] La transferencia es un concepto importante en el psicoanálisis, tanto freudiano como junguiano. Se refiere a un modo de reaccionar frente al otro como si esa persona fuese una figura emocionalmente importante de la infancia del sujeto (la idea es que los sentimientos sobre la persona del pasado se «transfieren» a una persona del presente). Al mismo tiempo es un modo de reaccionar a otra persona como si fuese una parte de uno mismo emocionalmente importante pero inconsciente, atribuyendo a esta otra persona sentimientos, actitudes y motivaciones que están activos en nosotros pero de forma inconsciente (la idea es que los sentimientos sobre algo interno son «transferidos» a un otro externo), de forma que podamos reconocer en la otra persona lo que nos resulta intolerable reconocer en nosotros mismos.

ferencia analítica. Puesto que la Polly real no está presente para equilibrar mi tendencia proyectiva me será más fácil imaginar su mitad del diálogo en términos de mi imagen-ánima proyectada, que por tanto quedará mucho más en evidencia de lo que sucedería en una conversación real. Puede que al lector le impresione como una modalidad excesivamente reveladora de lo personal respecto a una discusión general sobre principios psicológicos, pero es también la *única* forma —conversación o diálogo interior interpersonal— de observar concretamente los fenómenos psicológicos que dichos principios describen. Así pues, mi objetivo no consiste en escribir una columna de cotilleo profesional sobre la persona real Polly, o sobre mi relación con ella (lo cual podría resultar muy divertido para el pequeño grupo de lectores que nos conocen y saben de nuestras opiniones teóricas, pero que sería irrelevante y confuso para todos los demás) sino que se trata de ejemplificar principios generales (arquetipo, transferencia, conflicto interior) tal como se manifiestan en detalle (mis proyecciones personales del ánima) en una psique individual.

Me atrevería incluso a agregar que considero esta modalidad de presentación más científica que la habitual de estilo académico. La naturaleza de los fenómenos psicológicos es tal que lo que se observa (experiencias interiores) no se puede distinguir con total claridad del observador: el sujeto introspectivo/empático al que corresponden dichas experiencias. La situación es análoga a la que se produce en la física nuclear cuando una partícula elemental no se puede distinguir claramente del aparato que la mide, es decir, del marco de observación. Para alcanzar la objetividad científica en cualquiera de los ámbitos, o en todo ámbito de la experiencia en que el observador constituye una parte importante de lo que se observa, resulta necesario contar con una descripción completa tanto de los fenómenos observados como del marco de observación a través del cual se lleva a cabo dicha observación. En psicología nos referimos nada más y nada menos que a la personalidad del observador. Por tanto, para obtener la descripción científica objetiva de una experiencia interior es esencial que describa aquellos conflictos, debilidades y prejuicios personales que puedan haber influido en mi observación introspectivo/empática de dicha experiencia. De modo que si en las páginas que siguen mi propia personalidad se revela en exceso, lo hago expresamente. Mi objetivo es describir mis experiencias personales de conflicto interno (entre mi ánima y yo) de una forma que permita al lector evaluar por sí mismo la validez de mis observaciones subjetivas y de las respectivas conclusiones objetivas. Es importante recordar que el hecho de no ver cuáles son los determinantes subjetivos de una teoría (tal como sucede en una presentación académica más convencional) no significa que no existan o que no hayan influido profundamente, incluso tal vez distorsionado las observaciones que luego se consideran como base objetiva de la teoría.

ELIO: Polly, decididamente no soy tu hombre, digo, *persona* —contesté—. No sé lo suficiente sobre Jung como para elaborar un trabajo que resulte creíble en un ensayo de este tipo. Por cierto, el único motivo por el cual crees que la teoría de las pulsiones es mi favorita es porque constituye tu objetivo *favorito* de crítica. Posiblemente no te veas atacando, pues lo haces con gran destreza y elegancia. Solo registras mis respuestas a tus ataques, porque son torpes y apasionadamente intensas. Cuando echas por tierra la teoría pulsional me afecta personalmente (por mí y por Freud) y siento la compulsión natural a defender nuestro honor. Sin embargo, y tal como he intentado decirte durante los últimos diez años, cuando reflexiono sobre los pacientes no pienso en términos de pulsiones instintivas. Pienso más bien en aspectos no asumidos del sí-mismo, o en sentimientos rechazados que luchan por llegar a la consciencia.

POLLY: Elio, precisamente por eso *deberías* escribir este capítulo [sonriendo dulcemente]. Esa forma de pensar es tan junguiana como freudiana. Como puedes ver, ¡ya has articulado la base de tu ensayo! Por cierto, ¿te importaría definir lo que quieres decir con «compulsión natural»? A mí me suena sospechosamente a pulsión instintiva.

ELIO: Bien, ciertamente es así [momentáneamente desprevenido], y precisamente por eso sostengo que la teoría pulsional tiene sentido. [Recuperando el aplomo]. Se encuentra muy próxima a la experiencia vivida.

POLLY: Elio, qué comentario tan extravagante. No me creo que realmente quieras decir eso [aún sonriendo]. No es posible que después de leer a Freud opines que la teoría pulsional esté próxima a la experiencia. Ha sido ampliamente admitido que esa teoría fue el intento fallido de Freud para lograr que la experiencia clínica encajara en el lecho de Procusto de la ciencia del siglo XIX. No puedo creer que ningún analista serio pueda sostener que la «catexis libidinal» sea un concepto próximo a la experiencia.

ELIO: Pues no se cuál es el caso con otros analistas, pero lo que sé es que basta iniciar una discusión contigo, Polly, para sentirme muy próximo a mi propia experiencia de ser-impulsado [mientras entro plenamente en el tema al mismo tiempo que pierdo su control]. No olvides de que «catexis» es la traducción de Strachey y no el término de Freud. Que un concepto esté próximo a la experiencia o no depende de cómo se interprete. Toma, por ejemplo, la idea de «libido acumulada que se desborda y convierte en ansiedad libremente flotante». Podrías decir burlonamente que es un concepto hidráulico, incluso ingenuamente cientificista, pero para mí constituye una forma perfecta de describir la cruda experiencia no científica. Si hacerlo resulta muy extravagante solo contribuye a mantener mi opinión de que deberías buscar a otra persona para escribir el capítulo.

POLLY: ¡No voy a caer en esa trampa! [por fin abandona la irritante sonrisa Mona Lisa]. Es la primera vez en diez años que te escucho referirte a «libido acumulada» siquiera en calidad de metáfora no científica. Sea cual sea la tonta lealtad machista que tengas hacia la teoría pulsional, estoy segura que acabarás por superarlo, porque cuando no estás burlándote de mí te expresas con mucha consistencia utilizando un lenguaje muy diferente.

ELIO: De acuerdo. Fue una provocación e intenté confundirte. La realidad es que hoy día ningún psicoanalista freudiano utiliza los conceptos de «catexis», «descarga instintiva» o ni siquiera «libido». Forman parte del pasado. Pertenecen a la así llamada teoría económica (hidráulica si quieres) de la energía psíquica de Freud, totalmente desautorizada por el conjunto de los trabajos de Hartmann, Rapaport y Jacobson en los años cincuenta (Apfelbaum, 1965).

POLLY: Un momento. Creía que esos tres autores aplicaban especialmente el modelo económico en sus escritos.

ELIO: Exactamente. Elaboraron la teoría llegando mucho más lejos de lo que Freud hubiera hecho, al forzar los conceptos más allá de los límites de su utilidad aclaratoria, hasta el punto de que se hizo evidente para todos menos para ellos mismos que el modelo hidráulico sencillamente no funcionaba. Nadie logró nunca entender realmente toda la cuestión de la catexis. Evidentemente en su momento todos asintieron sabiamente, pero la generación siguiente de analistas, en especial los alumnos de Rapaport, George Klein (1969), Merton Gill (1976) y Robert Holt (1976) comenzaron a decir con toda claridad que el emperador iba desnudo. Siempre me ha parecido irónico que Hartman, Rapaport y Jacobson fuesen conocidos como los teóricos de la «psicología del yo», cuando lo que hicieron en realidad fue partir del concepto de yo más progresista elaborado por Freud con posterioridad a los años veinte y transformarlo en algo irreconocible a través de una teorización confusa, tal como tú dices sobre el lecho de Procusto de sus teorías más reduccionistas anteriores a 1900. La elaboración dogmática que llevaron a cabo del elemento más débil del pensamiento freudiano fue una manifestación apenas encubierta del deseo de muerte reprimido del discípulo hacia su maestro: intento de homicidio por imitación, una caricatura burlesca inconsciente provocada por el temor al enfrentamiento abierto. Los auténticos psicólogos del yo fueron personas como Erikson (1950, 1959) y Waelder (1930, 1967), que no perdieron el tiempo expresando su desacuerdo con Freud, sino que se limitaron a no utilizar su modelo económico y su reduccionismo cientificista en absoluto. Respetaron lo mejor del pensamiento freudiano, siempre próximo a la experiencia, basado en la práctica clínica, y sintético, basado en la teoría del sí-mismo implícita en la terminología original del concepto de yo (*das Ich*, adecuadamente traducido como «el yo», y *das Über-Ich*, como «lo que está por encima»). El progresivo impulso sintético en la teorización de Freud estaba presente desde el principio, pero se hizo mucho más evidente después de que sustituyera el concepto de libido por el de Eros.

POLLY: Pero vamos a ver, eso no suena al Freud que yo conozco. No estaba al tanto de que ni Freud ni sus seguidores hubiesen jamás hecho gran cosa para desarrollar el concepto de Eros, sin embargo te refieres a ello como si fuese la piedra angular de su pensamiento maduro. Por otra parte, yo pensaba que creías a pie juntillas en la teoría pulsional, y ahora me dices que Robert Waelder, quien según tú es el principal pensador freudiano después del propio Freud, nunca la utilizó.

ELIO: No, no me has entendido, pero ahora veo por qué siempre acabamos discutiendo acerca de la teoría pulsional. Tú la confundes con la teoría de la libido. Es verdad que al principio iban juntas. Freud conceptualizó la libido como la única forma de energía psíquica correspondiente al instinto sexual. Pero el concepto de un instinto sexual nunca dependió del concepto de libido. Esto se hizo evidente cuando en 1920 Freud introdujo la llamada teoría dual. Agregó el nuevo concepto de la existencia de una pulsión destructivo/agresiva (el instinto de muerte) junto al instinto sexual, pero no agregó otra forma de energía para dar cuenta del mismo. Si bien no descartó oficialmente el concepto de libido, fue superado en mucho por la infinitamente más fructífera noción de Eros. Ya no se trataba de un concepto de energía, sino de una fuerza o tendencia, como el *élan vital* de Bergson. Preparó el camino para el surgimiento en 1923 de la teoría estructural, ello-yo-superyó (el *yo que está por encima*), así como para la revolucionaria revisión que Freud llevó a cabo en 1926 de la teoría de la ansiedad. Con la nueva metapsicología basada en el Eros y la pulsión destructivo/agresiva resultaba mucho más natural hablar de las pulsiones como algo próximo a la experiencia, como las fuerzas motivacionales compulsivas que acompañan las emociones de amor y odio.

POLLY: Bien, no has respondido totalmente a mi pregunta sobre Eros, pero dime, ¿cuál es tu definición concreta del instinto, y en qué difiere de la de Freud?

ELIO: Freud hablaba del instinto como un concepto límite entre lo psicológico y lo somático, pero su definición era confusa.

Waelder (1960) sostenía que el verdadero significado de «instinto» se encuentra en las connotaciones de la palabra alemana original que utilizó, *Trieb* [impulso y, en el ámbito freudiano, pulsión] que sugiere una fuerza poderosamente apremiante, dirigida a un objetivo y enraizada orgánicamente en la naturaleza física del hombre. Yo agregaría que *el instinto es un impulso poderoso enraizado en los aspectos psicobiológicos universales de la naturaleza humana, expresado en las peculiaridades psicobiológicas de la fantasía inconsciente.*

POLLY: Ya. Eso hace pensar en un arquetipo junguiano. ¿Cuál es tu definición de fantasía inconsciente?

ELIO: *Fantasía inconsciente es un escenario interpersonal, de tonalidad emocional, dirigido a un objetivo, que una persona se ve forzada a pasar al acto sin percibirlo como estado emocional o motivación consciente.* Se podría pensar en el instinto como en una especie de molde psicobiológico de una fantasía inconsciente. Los instintos encarnan la organización básica de la naturaleza humana. Determinan la carga emocional, los objetivos motivacionales y los propósitos adaptativos de las fantasías inconscientes y del comportamiento inconsciente que dichas fantasías generan.

POLLY: Esto es realmente interesante. ¿De dónde proviene tu noción de fantasía inconsciente? Porque suena exactamente a lo que Jung denominaba complejo.

ELIO: Bien, el concepto surgió cuando Freud (1897a) llegó a la conclusión de que sus pacientes no sufrían de recuerdos reprimidos sino de fantasías reprimidas. Él pensaba en las fantasías inconscientes como variaciones individuales del tema del complejo de Edipo. El concepto fue mucho más extensamente desarrollado por los autores de la teoría de las relaciones objetales, Melanie Klein y sus seguidores (1948, 1952, 1957), Fairbairn (1954) y, posteriormente, Kernberg (1980) y Ogden (1990), quienes sostienen que el mundo interno está totalmente estructurado en términos de configuraciones fantaseadas, no sólo del complejo de Edipo sino de las posiciones esquizoparanoide y depresiva. También me agradan los escritos de Arlow (1963, 1969), Lichtenstein (1961) y Stoller (1979, 1985) sobre la fantasía inconsciente, pero desconozco la relevancia que puedan tener para Jung. Sabes, me avergüenza reconocerlo, pero es muy poco lo que he leído de Jung desde aquellas charlas introductorias que diste cuando te incorporaste al grupo de estudio. Realmente no debería estar escribiendo acerca de Jung en esta *Introducción* de Cambridge.

POLLY: Basta ya, Elio. Aun antes de que hubieras leído nada sobre Jung te dije que eras de pensamiento más junguiano que yo.

ELIO: Eh, ¿qué culpa tengo de que mi contacto con mi experiencia interna se parezca a lo descrito por Jung? De cualquier forma eso sucedió durante un análisis freudiano totalmente ortodoxo, mientras me formaba en un Instituto reconocido por su ortodoxia.

POLLY: Seguro, pero también dijiste haber escogido dicho Instituto porque querías tener la certeza de conocer realmente a fondo la teoría clásica antes de rebelarte contra ella. Sabías que acabarías rebelándote, de modo que querías que tu rebeldía estuviese bien fundamentada, ¿verdad? Por eso tu comprensión del proceso psicoanalítico se parece tanto a la mía, porque te rebelaste, tal como hizo Jung, contra el estrecho modelo freudiano. No puedes de modo alguno considerarte un freudiano ortodoxo, ¡independientemente de cuál haya sido tu formación!

ELIO: No, si se define la ortodoxia en términos del psicoanálisis vigente en los años cincuenta. Pero el campo ha evolucionado mucho desde entonces. Las definiciones de instinto y de fantasía inconsciente que acabo de darte serían actualmente consideradas claramente como ortodoxas, incluso por analistas mayores que las hubieran considerado extrañas hace cuarenta años. En cuanto a lo que dije sobre mi necesidad de rebelarme, eso era lo que decía mi ánima traicionera antes de que yo lo reconociera y admitiera en mi análisis personal.

POLLY: ¿Tú reconociste tu ánima en un análisis freudiano ortodoxo?

ELIO: Bien, no fue ese el nombre que le di. Me refería a contactar con mi envidia de la feminidad y mi deseo de ser mujer. Admití que mi necesidad de rebelarme era compulsiva, basada en el hecho de que haber aceptado la ortodoxia tenía el sentido inconsciente de ser como una mujer sometida.

POLLY: No sé, Elio. Teniendo en cuenta que dentro del grupo del estudio eres la voz discrepante, no me parece que hayas superado tu necesidad compulsiva de rebelarte, ni tu sexismo machista defensivo.

ELIO: De modo que no he logrado la perfecta iluminación. ¡Que me registren...! dijo amablemente el pobre médico incomprendido.

POLLY: En tu análisis ortodoxo, ¿también aprendiste a desautorizar?

ELIO: Sí, pero aún no me he perfeccionado. Ahora, hablando seriamente, Polly, no creo que una persona pueda jamás superar la tendencia a sentirse impulsada, o que deje de actuar sus fantasías inconscientes. ¡Sobre todo cuando se sufre la permanente provocación que yo recibo por vuestra parte en el grupo de estudio! El objetivo de la integración psicológica sería lograr percibir que se es impulsado, que se pueda captar la actuación de una fantasía. Entonces es posible reconocer que existe otra forma de ser interior, una disposición para un tipo diferente de acción, contra la que se lucha aun cuando parezca que se lucha contra un dragón externo. Eso no quiere decir necesariamente que se deba dejar de luchar con el dragón. Ya sabes lo que dijo William Blake: «Sin Contrarios no hay progresión».

POLLY: Ya, en *Las bodas del cielo y el infierno*. Y es precisamente el tipo de contrario que quiero para la *Introducción* de Cambridge. Tú sabes lo que dijo Heráclito: «La guerra es padre de todas las cosas». Ese era uno de los aforismos preferidos de Jung.

ELIO: Venga, ¡duelo de citas! Pues bien, si soy realmente semejante junguiano de salón, ¿por qué me siento tan poco seguro de comprender siquiera términos básicos como ánima? Ya intenté leer al respecto, pero no podía con toda la mitología y decidí que me resultaba más productivo consultar mi propia experiencia interna sobre la feminidad. Entiendo que se supone que la mitología, de hecho, representa la experiencia interna, pero no fue así para mí. ¿Sabes lo que dijo Keats sobre la capacidad negativa?: «¿cuándo ha logrado el hombre ser capaz de soportar la incertidumbre, el misterio y la duda sin buscar irritado hechos y razones?». Bien, creo que a veces Jung pecaba de una irritante persecución del mito.

POLLY: De hecho, si te encuentras bien predispuesto, basta una pequeña «suspensión voluntaria del descreimiento» [*touché*] para que todas esas referencias mitológicas provenientes de diferentes épocas y culturas puedan ayudarte a expandir tu percepción de la experiencia interior. Por otro lado, realmente pienso que a veces Jung acumula referencias mitológicas para resaltar una cuestión, para demostrar que ciertas experiencias son universales, arquetípicas.

ELIO: Vale. Entonces dime una vez más, ¿qué son los arquetipos y los complejos?

POLLY: *Los arquetipos son formas organizadoras básicas para expresar las respuestas instintivo-emocionales humanas en el ámbito relacional. Los complejos son configuraciones integradas de imágenes, nociones, sentimientos e ideas personales que se organizan alrededor de arquetipos.* Pienso en los complejos como esquemas afectivos, de un modo similar a lo que tú describiste hace poco como escenarios de tonalidad emocional, generalmente actuados en las relaciones y en los sueños. Pueden ser vivenciados como estados de ánimo o fantasías o proyecciones, y también se pueden expresar en síntomas.

ELIO: A mi entender eso suena a pulsiones y fantasías inconscientes. ¿Es así como se refería Jung a ellos?

POLLY: Bueno, no creo que se hubiera opuesto a la forma en que lo dije, pero él resaltaba mucho más la imagen, el símbolo mítico que llega a la consciencia a través del trabajo de la imaginación activa. Él pensaba en el arquetipo como una imagen arcaica de lo inconsciente colectivo y en el complejo como una versión individualizada de esa imagen primordial en lo inconsciente personal. Pero debes comprender que para Jung una imagen mitológica, aun cuando tuviera la forma de una figura mandálica, no era meramente una representación pictórica. Tenía todas las connotaciones del impulso que tu adscribías a una fantasía inconsciente compulsiva y poderosamente emocional.

ELIO: Como el complejo de Edipo. Esa es ciertamente una imagen mitológica. De hecho, ¿no crees que fue posiblemente la discusión de Freud sobre el Edipo lo que llevó a Jung a interesarse por la mitología?

POLLY: Seguramente. Cuando leyó *La interpretación de los sueños* por primera vez en el año 1900 Jung tenía solo veinticinco años y se acababa de graduar como médico, y no comenzó a estudiar mitología seriamente hasta 1909. Para entonces ya era una figura clave del círculo más próximo de Freud, y todos ellos se ocupaban de la mitología.

ELIO: Pues sí, creo que *El mito del nacimiento del héroe* de Otto Rank fue publicado en 1909. ¿Sabes que aunque Freud ya había elaborado la teoría edípica de las neurosis en 1897, según consta en una carta a Fliess (1897b), no le dio oficialmente el nombre de «complejo de Edipo» hasta 1910, cuando su idilio con Jung alcanzaba su punto máximo? Debió de decidir llamarlo «complejo» en honor a Jung.

POLLY: Es posible. Por supuesto, sabes que finalmente se separaron debido a su interpretación diferente del complejo de Edipo y del significado del incesto.

ELIO: Bien, sé lo que escribió Freud sobre la separación, en el sentido de que Jung no admitía la importancia nuclear de la sexualidad infantil.

POLLY: Exacto. Jung creía en un concepto amplio de la libido como energía vital, a la manera en que describiste el concepto de Eros en Freud como fuerza vital. Para Jung, los deseos edípicos de un niño de cinco años, si bien contienen una corriente de sexualidad infantil, se refieren principalmente a su dependencia y a su deseo de poseer a la madre debido a su poderoso factor protector. No es un deseo incestuoso concreto, sino un deseo del amor nutriente de la madre y de la sensación de seguridad que le acompaña. Jung creía que esta dependencia infantil adquiría carácter sexual algunas veces, y solo más tarde, durante el conflicto neurótico pospuberal. En las neurosis adultas los impulsos incestuosos realmente se activan como refugio regresivo de las exigencias que el deseo sexual maduro impone al individuo en desarrollo para que se separe de la órbita parental. Pero Jung sostenía que estos impulsos incestuosos representan no solo una huida patológica del conflicto sino también un «retroceso y reorganización» adaptativos, paso necesario hacia la resolución del conflicto. Contrastando su posición con la de Freud, Jung subrayó que la neurosis encarna no solo un objetivo de regresión sexual sino una meta progresiva, evolutiva y espiritual.

ELIO: Bien, la idea general de que los síntomas neuróticos representan un propósito tanto progresivo como regresivo es esencialmente freudiana. Añadiría, además, que la idea de una progresión evolutiva y espiritual es también freudiana. Como sabes, he escrito sobre el psicoanálisis como filosofía de la búsqueda (1991), entendida en términos tanto evolutivos como espirituales. A pesar de la teoría de la libido, siempre existió una poderosa dimensión espiritual en la teorización de Freud. Resulta casi explícita en sus conceptos de Eros y superyó.

POLLY: Por cierto, jamás he entendido el concepto de superyó de esa forma, Elio. ¿Acaso Freud no lo describió como la internalización de las restricciones y prohibiciones paternas? Según tengo entendido, Freud veía las neurosis como una expresión del conflicto entre el instinto y la cultura, representada esta última por el superyó; mientras que para Jung el conflicto era una tensión inherente entre fuerzas opuestas dentro del sí-mismo. No era una cuestión de instinto contra cultura, sino instinto contra espíritu.

ELIO: Estás describiendo solo un aspecto del superyó, lo que podrías llamar «complejo del superyó» como opuesto al *yo que está por encima* como arquetipo. Deberías realmente leer lo escrito por Waelder (1930, 1960, 1965) sobre el superyó, o bien mi trabajo (1990) sobre *Hamlet*, donde hablo del enfoque de Waelder. La idea de un *Über-Ich*, un *yo que está por encima*, surgió de las reflexiones de Freud sobre el delirio psicótico de ser observado, que él entendió como una especie de percepción de un agente autoobservador dentro de uno mismo. Luego incorporó este agente junto al *yo* y el *ello* en su modelo tripartito de la psique, una contrapartida moderna del elemento racional/espiritual del alma tripartita de Platón (razón, voluntad, apetito). De modo que esta visión de la neurosis como instinto contra cultura realmente representa un comprensión muy equivocada del superyó en Freud. La propia idea del complejo de Edipo es que el conflicto en torno a la agresividad y lo sexual es inherente a la naturaleza humana, no una función de valores culturales. Evidentemente Freud se refirió al choque entre instinto y cultura, y a la internalización de las prohibiciones parentales y culturales, pero, ¿por qué alguien motivado únicamente por puro instinto ciego habría de internalizar algo que rechaza también ciegamente? El «yo que está por encima» es la parte de la identidad que concuerda con la cultura. ¡Es la parte de la identidad que de hecho dio lugar a la cultura!

POLLY: Elio, ¿cuándo fue la última vez que leíste *El malestar en la cultura* (1930)? ¿De qué trata sino del conflicto entre instinto y cultura? Sabes, Jung no es el único que rechaza la teoría freudiana por considerarla una filosofía del hedonismo. Es imposible negar que Freud describió a los seres humanos como máquinas infantiles en busca de placer, programadas para procurar la gratificacion inmediata de cada impulso cuando no son forzadas a postergarlo, reorientarlo o sublimarlo bajo la presión de una sociedad hostil y punitiva.

ELIO: Y dime Polly, ¿cuándo fue la última vez que *tú* leíste *El malestar en la cultura?* Ya sé que contiene muchas referencias al conflicto que existe entre los instintos y la cultura. Pero hacia el final, Freud hace algo muy junguiano y recurre a un mito para expresar la esencia de ese conflicto en el origen del superyó. Se trata del mito que él mismo elaboró en *Totem y tabú* (1913) acerca de la horda primitiva de hermanos que asesinan al padre tribal. Freud sostiene que en aquella época atemporal de la imaginación primigenia no existía aún un superyó individual ni prohibición cultural que impidiera dar muerte al padre. Ambas cosas surgieron a la vez a través del gran *remordimiento* que sintieron los hermanos tras haberlo hecho. Freud afirma inequívocamente que este remordimiento surgió del amor innato incondicional de los hijos por el padre, así como el asesinato surgió de su odio innato, la otra mitad de una ambivalencia arcaica. Para Freud, el sentido de culpa que constituye la base de la civilización es una expresión de esa misma ambivalencia, la eterna lucha entre el instinto de destrucción y Eros. Él no llegó a denominarlo conflicto entre el instinto y el espíritu, pero al fin y al cabo es la misma cosa.

POLLY: Tienes razón, había olvidado esa parte de la discusión. ¡Admito mi error! [sonriendo realmente]. Aun así, ¿serías capaz de negar que Freud nos deja con la aplastante sensación de que la oposición entre instinto y cultura es irreconciliable?

ELIO: No me parece. Esto es lo que piensa la gente cuando lee *El malestar en la cultura*. Y te diré por qué. Ese libro en particular es un buen ejemplo de la propia ambivalencia no resuelta de Freud entre la antigua teoría de la libido y la nueva teoría sobre las dos pulsiones. Él va y viene entre el modelo antiguo y el nuevo, mezclando formulaciones de tipo económico sobre la energía libidinal con discusiones sobre Eros como si pudieran combinarse. Pero el hecho es que la teoría de la libido se basaba en el principio de la constancia, que es la antítesis de Eros. De hecho, es lo que sucede con el principio del Nirvana y el instinto de muerte, la idea de que el organismo busca mantener el nivel más bajo posible de energía por medio de la inmediata descarga de toda la energía pulsional. Eso es lo que tu llamas filosofía freudiana del hedonismo. Eros, por otro lado, pertenece a la filosofía freudiana de la búsqueda.

POLLY: ¿El instinto de muerte se basa en el mismo principio que la antigua teoría de la libido?

ELIO: Exactamente. En algún sitio Freud incluso admite que el principio de constancia y el principio del Nirvana son la misma cosa, pero nunca reconoció la incómoda implicación de que de ser así la libido en realidad estaría bajo el signo del instinto de muerte, y no bajo el signo de Eros. Es preciso leer *El malestar en la cultura* de una forma muy sutil y cuidadosa para detectar cómo evoluciona esta confusión, también presente en todos los principales trabajos de Freud, incluyendo los tempranos, como el capítulo 7 de *La interpretación de los sueños*.

POLLY: Un momento. ¿Cómo iba a confundir los modelos entonces si en esa época solo existía uno de ellos?

ELIO: Bien, durante la primera fase de su elaboración teórica la confusión existía entre los dos sentidos diferentes que daba al concepto de libido, uno el que he subrayado —energía sexual acumulada que busca una vía para la descarga hedonista— y otro, más próximo a la experiencia, como fuerza que impulsa al deseo, o una idea de sexualidad ampliada que era una forma de hablar de amor sin admitirlo; básicamente una versión temprana de Eros.

POLLY: Esa es en realidad la idea de libido de Jung.

ELIO: Tal vez, pero quizá tomó la idea de Freud, simplemente destilando la mitad ambivalente de la utilización del término que hacía Freud. Sabes que yo creo que en el caso de Freud, como sucede con cualquier gran pensador, existía una tensión creativa entre dos polos en su pensamiento: el polo *regresivo*, en el que se veía constreñido por actitudes familiares y los presupuestos dominantes de la cultura en la que creció, y el polo *progresivo*, con su contribución «contracultural» auténticamente original. La verdadera creatividad generalmente depende de que el elemento progresivo antitético sea lo bastante fuerte como para trascender las limitaciones del paradigma anterior, pero el proceso nunca es lineal. Al final, los grandes pensadores son todos como los «Prisioneros» de Miguel Ángel, luchando noblemente para liberarse de la constricción del mármol inarticulado y lográndolo solo parcialmente. Freud no es la excepción.

POLLY: Elio, ¡eres un romántico perdido! Pero debes admitir que has tenido que tallar una gran cantidad de mármol para encontrar una filosofía de la búsqueda en el psicoanálisis freudiano.

ELIO: Bien, de hecho el psicoanálisis contiene dos filosofías en conflicto, aunque complementarias; una es la filosofía de la búsqueda de Eros y la otra es la filosofía egoísta y hedonista del placer/dolor en la teoría de la libido. Pero no llegué a la idea de la búsqueda a través de la lectura de Freud. Fue mucho más una cuestión de experiencia personal en mi proceso psicoanalítico, que luego llevé a mi lectura de Freud y Waelder. En realidad, no. Me estoy olvidando de los años en que di clases en la Escuela Ortogenética de Bruno Bettelheim (Frattaroli, 1992, 1994). Bettelheim frecuentemente hablaba y escribía (1967) acerca de la vida como una especie de búsqueda, una lucha continua por alcanzar niveles de integración más altos por medio de la resolución de conflictos internos. El primer capítulo de *El corazón bien informado* (1960) se llama «La concordancia de los opuestos», refiriéndose con ello a la búsqueda de la autorrealización a través del proceso continuo de integración psicológica en el marco de un conflicto básicamente irreconciliable.

POLLY: Pero esa es la idea de Jung. A veces la llamaba *complexio oppositorum*, otras veces *coniunctio oppositorum*, pero se estaba refiriendo exactamente a lo mismo que Bettelheim.

ELIO: Es posible, pero Bettelheim ciertamente la consideraba una idea de Freud. Sus antecedentes psicoanalíticos eran estrictamente freudianos, y no creo que supiera gran cosa sobre Jung hasta que dio con el libro de Carotenuto sobre Jung y Sabina Spielrein en 1983. Erikson también es freudiano y también tenía básicamente la misma idea de la búsqueda. Describe el ciclo de la vida como una lucha progresiva hacia la sabiduría y la virtud, a través de una serie de crisis evolutivas organizadas en torno a conjuntos de opuestos: confianza contra desconfianza; autonomía contra vergüenza y duda; iniciativa contra culpa; creatividad contra inferioridad; identidad contra difusión; intimidad contra aislamiento; generatividad contra estancamiento; integridad contra desesperación. Creo que tanto Bettelheim como Erikson llegaron a sus ideas de autorrealización a través de la integración de opuestos desde Freud y no desde Jung. Freud tal vez nunca haya utilizado el término *coniunctio oppositorum* pero su teoría sobre las dos pulsiones decididamente sugiere la idea. Plantea una combinación conflictiva de Eros e instinto de muerte en cada parte de la vida psíquica. Por cierto, Freud admitió que existían antiguos equivalentes filosóficos de su teoría, no solo en el Eros de Platón sino en la dialéctica universal de Amistad y Odio de Empédocles. Me imagino que es una especie de arquetipo de la dialéctica interpersonal del proceso psicoanalítico. De esta forma, la filosofía de la búsqueda está implícita en el objetivo del proceso psicoanalítico para integrar las tendencias opuestas y ambivalentes de Amistad y Odio a través de la continua experiencia dialéctica de la transferencia. Esa es la labor de Eros: reunir, integrar, sintetizar, amor en el pleno sentido platónico de la palabra. Se podría decir que la fuente espiritual de la filosofía de la búsqueda en Freud se encuentra en las originarias filosofías griegas de la búsqueda, el Eros del *Banquete* de Platón y el dualismo dialéctico de Amistad y Odio en Empédocles.

POLLY: Lo cual es muy similar a la fuente espiritual de la filosofía de la individuación de Jung en Heráclito. También él postula la existencia de una dialéctica creativa eterna, en la que la guerra de opuestos se resuelve por la función transcendente.

ELIO: Si es así existe por tanto un poderoso tema común entre Freud y Jung. Piensa en el famoso epigrama de Freud para el proceso psicoanalítico: *Wo Es war, da soll Ich werden*, «donde era Ello, debe llegar a ser Yo», es decir, «Yo llegaré a ser lo que era ello». Si entendemos el *ello* de Freud como lo psicobiológico desconocido, el dominio inconsciente de los impulsos, y concebimos el *yo*, junto con el *yo que está por encima*, como el sí-mismo integrado y autorreflexivo que evoluciona a través de su permanente choque con el *ello*, ¿no llegaríamos más o menos a lo que dijo Heráclito? Ciertamente no he tomado la idea de Jung, pero a partir de lo que tú has dicho suena como si también fuese su opinión.

POLLY: ¡Eso es restarle importancia! De hecho, fue la esencia del trabajo de toda su vida, que comenzó mucho antes de conocer a Freud. De eso trata su concepto seminal de individuación. Jung concebía la individuación como el proceso de convertirse en una persona auténtica e integrada mediante la síntesis de opuestos en la personalidad. Esa es la labor de la función transcendente, sobre la que escribió por primera vez en 1916, y creo que de modo similar a la idea de Winnicott (1971) de «espacio potencial», sosteniendo la tensión entre opuestos hasta que surge el descubrimiento de una nueva perspectiva. Y, por cierto, es ahí donde se incorpora la visión diferente que tiene Jung sobre el incesto. Al igual que respecto a todo lo demás, Jung entendía la individuación en términos de símbolo, en este caso de «matrimonio» simbólico interno entre el complejo del yo consciente y los complejos inconscientes, el sí-mismo no descubierto, en especial el ánima o ánimus. Pues bien, un matrimonio con tus propios ánima o ánimus es como el incesto, un matrimonio dentro de la familia nuclear (edípica), por decirlo de algún modo. De modo que Jung llegó a entender finalmente los deseos incestuosos no como primariamente sexuales sino espirituales, el anhelo de la unión interna, y comenzó a entender el incesto como símbolo místico del proceso de individuación.

ELIO: ¿Y esa idea de individuación es la piedra fundamental de la psicología de Jung?

POLLY: Absolutamente.

ELIO: ¿De modo que al final Jung coincidía con Freud en que el complejo de Edipo, por lo menos en su parte incestuosa, es la clave de la neurosis?

POLLY: Bien, esa es ciertamente una forma freudiana de decirlo, resaltando la patología más que la adaptación. Jung lo hubiera llamado la clave del crecimiento. Pero es totalmente cierto que continuó bastante preocupado con el tema del incesto a lo largo de toda su vida. Las imágenes incestuosas eran centrales en sus visiones casi psicóticas, casi místicas, de los años inmediatamente posteriores a la ruptura con Freud, y en sus visiones místicas posteriores a su ataque cardíaco de 1944. En algunos de los trabajos más importantes que escribiera después de 1944 el programa explícito de Jung era una revisión del complejo de Edipo de Freud como arquetipo del proceso de individuación. Pienso concretamente en *La psicología de la transferencia* y en su último gran trabajo, *Mysterium Coniunctionis*, subtitulado «Estudio sobre la separación y la síntesis de opuestos psíquicos en la alquimia». De hecho todos los trabajos más oscuros de Jung sobre alquimia, que resultan tan alienantes e intimidatorios a los lectores, tratan realmente sobre el incesto simbólico. Si bien, y tal como hemos dicho, la síntesis de opuestos psíquicos es un concepto válido y poderoso aun independientemente de la alquimia, Jung sentía la necesidad de conceptualizarlo como una unión incestuosa alquímica, que producía un sí-mismo integrado, del modo como se suponía que el «matrimonio químico» de los alquimistas producía oro. También conceptualizó la relación psicoanalítica como una especie de unión incestuosa actuada simbólicamente, concibiendo la transferencia como un recipiente alquímico de donde habría de emerger el oro de la individuación.

ELIO: Ya, bien, considerando sus relaciones con Sabina Spielrein y Toni Wolff, parece que a Jung le costaba discriminar dónde terminaba el simbolismo y empezaba la relación sexual. Cosa que como freudiano yo diría que demuestra con bastante convicción que él nunca elaboró realmente su complejo de Edipo sexual infantil. En vez de elaborarlo lo actuaba, negando al mismo tiempo que el complejo de Edipo siquiera existiese en esos términos. ¿Acaso no fue Jung quien dijo a Freud que toda teoría psicológica se ve limitada por las particulares limitaciones personales de su autor? ¿Qué pasa si aplicamos esto a su persona? Como feminista, ¿no te parece que todas esas ideas grandilocuentes sobre el simbolismo incestuoso de la alquimia suenan sospechosamente a racionalización lisa y llana, excusa erudita para las transgresiones de Jung como terapeuta?

POLLY: Francamente, debo decir que sí. Pero sabes, en realidad Jung no negaba la versión sexual infantil del complejo de Edipo. Solo insistía en que era una sexualización regresiva de un complejo que no era primariamente sexual en su origen, de forma similar a lo que pensaba Heinz Kohut. Hecha esa salvedad, sí consideraba que el complejo de Edipo constituía un núcleo importante y necesario del análisis de individuos que se encuentran en la primera mitad de la vida. No obstante, reconozco que la mala conducta de Jung como terapeuta y su falta de respeto por las mujeres está relacionado con un complejo de Edipo poco analizado, y con un potente complejo materno y un ánima no integrada.

ELIO: ¿Admitirías que su fracaso en llegar a un acuerdo con su complejo de Edipo freudiano implica inevitablemente una seria limitación del grado de individuación que Jung podía alcanzar?

POLLY: Por supuesto, aunque Jung jamás negó sus limitaciones. Y no nos dejemos llevar por esto. Obviamente estás de acuerdo con lo esencial de la teoría de Jung sobre la individuación. El hecho de que algunos aspectos de dicha teoría puedan haber supuesto una racionalización para él no significa que la teoría en sí sea incorrecta.

ELIO: Bien, ¡pero debe haber algo errado en ella! Si su teoría, como la de cualquier otro, expresa inevitablemente sus propios escotomas, como mínimo le debe faltar algo. ¿Y qué dirías sobre el tema de su antisemitismo?

POLLY: Eso es complicado. La Fundación C.G. Jung organizó una serie de conferencias sobre el tema en 1989, cuyas actas se han publicado (Maidenbaum y Martin, 1991). La opinión general fue que, a pesar de existir muchos ejemplos sobre su falta de prejuicios y su relación positiva con amigos, colegas y pacientes judíos, el pensamiento y las acciones de Jung contenían cierta tendencia antisemita, que reflejaba su propia sombra, su educación religiosa y el persistente clima cultural antisemita que predominaba en todas partes hasta el Holocausto. Supongo que eso fue una parte del mármol inarticulado del cual Jung no consiguió liberarse totalmente. No obstante, durante la conferencia hubo una importante diferencia de opiniones no resuelta en torno a si esta carencia personal de Jung se traduce en una deficiencia de la teoría junguiana.

ELIO: ¿Cómo podría no serlo? Tal como dije, ¡tiene que faltar algo!

POLLY: ¿Y no le faltaba algo a Freud?

ELIO: Por supuesto. Jung señaló muchas veces que en la obra de Freud faltaba la valoración de la dimensión espiritual de la experiencia. Él mismo reconoció abiertamente en la primera parte de *El malestar en la cultura* que nunca había experimentado nada semejante al sentimiento oceánico de la sensibilidad espiritual. Esa era decididamente un área de conflicto neurótico no resuelto en él. Creo que lo espiritual le fascinaba pero también le aterrorizaba, en especial la versión místico-psicótica oculta de Jung. Estoy seguro que se hubiera opuesto al significado espiritual que otorgó a Eros y a su postulado «Donde era Ello, debe llegar a ser Yo». Para mí esos sentidos resultan obvios, pero Freud hubiera renegado de ellos. Y a pesar de lo que he dicho acerca de Eros y la filosofía de la búsqueda, tienes razón al decir que Freud nunca lo planteó realmente como paradigma psicoanalítico. De modo que podría decir, a pesar de Bettelheim y Erikson, que a la teoría de Freud le falta el concepto de individuación. Estuvo siempre implícito, se hizo parcialmente evidente, pero al final quedó atrapado en el mármol. Por tanto, ¿qué es lo que le falta a la teoría de Jung? ¿Es acaso el concepto de pulsión?

POLLY: Bien. Sí y no. Los arquetipos están ciertamente relacionados con las pulsiones, pero no poseen la cualidad de proximidad a la experiencia que según tú poseen las pulsiones. Los arquetipos, al igual que las pulsiones, son portadores de emociones poderosas, pero, de hecho, la idea de Jung acerca de las emociones poderosas era un tanto disociada. Sostenía que, a diferencia de los sentimientos, las emociones nos hacen perder el control, como si estuviéramos poseídos por otra personalidad.

ELIO: Eso *es* disociado. ¿Cómo explicaba el sentimiento de ansiedad que se activa cuando una emoción fuerte amenaza con imponerse?

POLLY: Pues no lo hizo. En realidad Jung habló bastante poco acerca de la ansiedad.

ELIO: ¡Vaya! Pues tal vez sea eso lo que falta. Ya sabes que para Freud la ansiedad fue una preocupación nuclear durante toda su vida, tal como fue la individuación para Jung. Quizá el misticismo de Jung nunca fue una experiencia totalmente integrada. Quizá el motivo por el cual siempre tuvo un aire casi psicótico se deba a que también representaba una huida de la profunda ansiedad que no reconocía como tal; quizá ansiedad acerca de su propia destructividad más que de su sexualidad. Nunca se ocupó de los aspectos destructivos del complejo de Edipo, actuados en su abuso de pacientes y en su antisemitismo, actitudes ambas que intentó racionalizar a través de las discusiones teóricas con Freud.

POLLY: Es muy posible, pero debo decirte que al tratar de penetrar en las carencias de Jung a través de un análisis freudiano has evidenciado tu dominio en varias teorías ¡y te has demostrado capaz de escribir el artículo!

ELIO: De ningún modo. Me limité a seguirte. De modo que ve y escribe tú el artículo. Ya has escrito sobre la psicología del sí-mismo de Jung y sus paralelismos con Sullivan, Piaget y la teoría de las relaciones objetales (Young-Eisendrath y Hall, 1991).

POLLY: Sí, pero no soy capaz de escribir sobre Freud como tú lo haces. Aunque yo *pensaba* que los elementos progresivos en Freud que tú, Bettelheim y Erikson han elaborado como filosofía de la búsqueda tal vez llegaran realmente a su teoría a través de la influencia de Jung. Son todos posteriores a 1920, lo cual le hubiera dado a Freud cinco años para procesar emocionalmente la ruptura con Jung y luego utilizarlo para impulsar un poderoso salto hacia adelante en su pensamiento. Eso es lo que hizo Jung. Durante casi cuatro años estuvo bastante loco elaborando la ruptura con Freud, pero salió del proceso con *Tipos psicológicos* (1921), que da comienzo a la fase más creativa de su pensamiento. De modo que tal vez tanto Freud como Jung pasaron por versiones paralelas en espejo del mismo proceso. Si bien ninguno de los dos valoró en absoluto nada de lo producido por el otro con posterioridad a 1923, tal vez ambos pasaron el resto de sus vidas tratando de integrar la contribución del otro a su propia teoría nueva y mejorada.

ELIO: Vaya. ¡Ciertamente la guerra es el origen de todo! Pero si la tarea principal en la individuación es la integración del ánima, ¿significa eso que Freud y Jung eran figuras-ánima mutuas, aun cuando ambos eran hombres?

POLLY: A lo largo de sus vidas los hombres tal vez tienden a proyectar su ánima en tantas personas como sea necesario. Y esa combinación de atracción carismática y antagonismo compulsivo es bastante típica de la lucha de un hombre con su ánima proyectada y no integrada.

ELIO: Entonces es a eso a lo que se refería Heráclito. Pero si la guerra era el padre, ¿quién era la madre?

POLLY: Hmmm. ¿Estás pensando lo mismo que yo?

ELIO: Sí, pero no quiero. Sabina Spielrein.

POLLY: ¿Por qué? ¿Acaso te molesta que haya sido una mujer la responsable de las ideas más creativas de Freud y Jung?

ELIO: No, de hecho esa es una idea de Bettelheim (1983), y además me agrada. Lo que me molesta es que John Kerr (1993), sin pretenderlo, demostrara la tesis de Bettelheim. Presentó material nuevo del «diario de transformación» de Spielrein, una larga carta a Jung escrita en 1907 donde ella postula que toda la vida mental está gobernada por dos tendencias fundamentales, el poder de la persistencia de los complejos y un instinto de transformación que procura transformar tales complejos. Spielrein reformuló la idea en una publicación de 1912, argumentando que el impulso sexual posee tanto un instinto de destrucción como de transformación. Allí se encuentra el origen de la filosofía psicoanalítica de la búsqueda, tanto en la teoría freudiana de las dos pulsiones como en la teoría junguiana de la individuación. Pero Kerr no valora esta evolución, y no se da cuenta de la verdadera importancia de la idea de Spielrein. Su objetivo bastante evidente es desautorizar a Jung, a Freud y a todo el método psicoanalítico, que, lamentablemente, tampoco entiende. Cree que a menos que el método pueda ser formulado en una especie de manual de interpretación no puede considerarse seriamente. Pero sucede que el método psicoanalítico ¡jamás fue una técnica de interpretación! Es una técnica de autopercepción reflexiva, un modo de atención a la experiencia interior, en el marco de una relación en que lo inconsciente puede volverse consciente con tanta claridad que a menudo exige muy poca interpretación. Kerr no se da cuenta de esto ni de que el proceso psicoanalítico es la búsqueda de autorrealización. Él cree que el psicoanálisis es un ejercicio hermenéutico de interpretación teorética. Por cierto, no hablaré sobre hermenéutica. Odio ir a la deriva en el mar de los significantes autorreferenciales sin esperanza alguna de llegar jamás a la tierra firme del significado. *El psicoanálisis no es un asunto de hermenéutica.* Tiene que ver con poner palabras a la experiencia vivida.

POLLY: ¡Pues dilo en el artículo! Mira, Elio, *necesito* un autor para ese capítulo. Comprendo que te niegues a hacer nada que se parezca a lo que yo tenía pensado, puedo aceptarlo, siempre y cuando te mantengas más o menos cerca del tema. Créeme, he pasado una semana tratando de pensar en *alguien* que pudiera escribir ese artículo, y tú eras el único que se me ocurría.

Me fascinó y cautivó la idea de que yo fuese la última persona que Polly hubiese tenido en cuenta, pero la única en quien podía pensar para hacer esta tarea. «Es así como las mujeres se salen siempre con la suya», pensé vagamente mientras me sometía a mi destino. «Vale, lo haré. No se qué, pero seguro que se me ocurre algo en un sueño».

REFERENCIAS

Apfelbaum, B. (1965) «Ego Psychology, Psychic energy and the Hazards of Quantitative Explanation», *International Journal of Psychoanalysis* 46, págs. 168-182.

Arlow, J. (1963) «Conflict, Regression and Symptom Formation», *International Journal of Psychoanalysis* 44, págs. 12-22.

—, (1969) «Unconscious Fantasy and Disturbances of Conscious Experience», *Psychoanalytic Quarterly* 38, págs. 1-27.

Bettelheim, B. (1960) *El corazón bien informado*, (trad. Carlos Valdés), Fondo de Cultura Económica, México, 1983.

—, (1967) *La fortaleza vacía*, (trad. A. Abad), Laia, Barcelona, 1987.

—, (1983) «Escándalo en la familia», introducción a *Una secreta simetría*, de A. Carotenuto, 1980, (trad. S. Ferrante), Gedisa, Barcelona, 1984.

Erikson, E. (1950) *Childhood and Society*, W. W. Norton, Nueva York.

—, (1959) *Identity and the Life Cycle: Selected Papers,* International Universities Press, Nueva York.

Fairbairn, W. R. D. (1954) *An Objects Relations Theory of the Personality*, Basic Books, Nueva York.

Frattaroli, E. (1990) «A New Look at *Hamlet*: Aesthetic Response and Shakespeare's Meaning», *International Journal of Psychoanalysis* 17, págs. 269-285.

—, (1991) «Psychotherapy and Medication: The Mind-Body Problem and the Choice of Intervention», en *The Psychiatric Times*, noviembre, págs. 73 sigs.

—, (1992) «Orthodoxy and Heresy in the History of Psychoanalysis», en N. Szajnberg (ed.), *Educating the Emotions: Bruno Bettelheim and Psychoanalytic Development*, Plenum Press, Nueva York, págs. 121-150.

—, (1994) «Bruno Bettelheim's Unrecognized Contribution to Psychoanalytic Thought», *The Psychoanalytic Review* 81, págs. 379-409.

Freud, S. (1897) Carta del 21 de septiembre, en J. Masson (ed.), *Cartas a Wilhelm Fliess, 1887-1904*, (trad. J. L. Etcheverry), Amorrortu, Buenos Aires, 1994, págs. 283-287.

—, (1897b) Carta del 15 de octubre, *ibíd.*, págs. 291-294.

—, (1900) *La interpretación de los sueños,* (trad. L. López-Ballesteros), Biblioteca Nueva (BN), tomo II: trad. J. L. Etcheverry; Amorrortu (A), tomos 4 y 5.

—, (1910) «Sobre un tipo especial de la elección de objeto en el hombre», BN t.V/A t. 11.

—, (1913) *Tótem y Tabú,* BN t.V/A t. 13.

—, (1920) «Más allá del principio de placer», BN t.VII/A t. 18.

—, (1923) «El yo y el ello», BN t.VI/A t. 9.

—, (1926) «Inhibición, síntoma y angustia», BN t.VIII/A t. 20.

—, (1930) *El malestar en la cultura,* BN t.VIII/A t. 21.

Holt, R. R. (1976) «Drive or Wish?», en M. Gill y P. Holzman (eds.), *Psychology versus Metapshychology: Psychoanalytic Essays in Memory of George S. Klein,* International Universities Press, Nueva York, págs. 158-197.

Jung, C.G. (1916) «La función transcendente», OC 8, 2, *La dinámica de lo inconsciente.*

—, (1921) *Tipos psicológicos,* OC 6, 1, (trad. A. S. Pascual), Edhasa, Barcelona, 1994.

—, (1946) *La Psicología de la transferencia,* OC 16, 12, (trad. J. K. Albert), Paidós, Barcelona, 1983.

—, (1955-56)*Mysterium coniunctionis,* OC 14 (2 t.).

—, (1913) «Ensayo de exposición de la teoría psicoanalítica», OC 4, 9, en *Teoría del psicoanálisis,* (trad. F. O. Brachfeld), Plaza y Janés, Barcelona, 1961.

Kernberg, O (1980) *Internal Word and External Reality,* Jason Aronson, Nueva York.

Kerr, J. (1993) *La historia secreta del psicoanálisis,* (trad. B. Blanch), Crítica, Barcelona, 1995.

Klein, G. (1969) «Freud's Two Theories of Sexuality», en M. Gill y P. Holzman (eds.), *Psychology versus Metapsychology: Psychoanalytic Essays in Memory of George S. Klein,* International Universities Press, Nueva York, 1976, págs. 14-70.

Klein, M. (1948) *Contributions to Psychoanalysis: 1921-1945,* Hogarth Press, Londres.

—, (1957) *Envy and Gratitude and Other Works: 1946-1963.* Delacorte, Nueva York; *Obras Completas,* vol. 3, Paidós, Barcelona, 1988.

Klein, M. Heimann, P. Isaacs, S. Riviere, J. (1952) *Developments in Psychoanalysis,* Hogarth Press, Londres.

Lichtenstein, H. (1961) «Identity and Sexuality», *Journal of the American Psychoanalytic Association* 9, págs. 179-260. También en *The Dilemma of Human Identity,* Jason Aronson, Nueva York, 1977.

Maidenbaum, A. y Martin, S. (eds.) (1991) *Lingering Shadows: Jungians, Freudians and Anti-Semitism,* Shambhala, Boston.

Ogden, T. (1990) *La matriz de la mente,* (trad. José L. López Muñoz), Tecnopublicaciones, Madrid, 1989.

Stoller, R. (1979) *Sexual Excitement: Dynamics of Erotic Life,* Pantheon Books, Nueva York.

—, (1985) *Observing the Erotic Imagination,* Yale University Press, New Haven.

Waelder, R. (1930) «The Principle of Multiple Function: Observations on Overdetermination», en *Psychoanalysis: Observation, Theory, Application, Selected Papers of Robert Waelder,* International Universities Press, Nueva York, págs. 68-83.

—, (1960) *Basic Theory of Psychoanalysis,* International Universities Press, Nueva York.

—, (1965) *Psychoanalytic Avenues to Art,* International Universities Press, Nueva York.

—, (1967) «Inhibitions, Symptoms and Anxiety: Forty Years Later», en *Psychoanalysis: Observations, Theory, Application. Selected Papers of Robert Waelder,* International Universities Press, Nueva York, págs. 338-360.

Winnicott, D. W. (1960) «La teoría de la relación entre progenitores-infante», en *Los procesos de maduración y el ambiente facilitador,* (trad. J. Piatigorsky), Paidós, Barcelona, 1993.

—, (1971) *Realidad y juego,* (trad. F. Mazía), Gedisa, Buenos Aires, 1972.

Young-Eisendrath, P. y Hall, J. (1991) *Jung's Self Psychology: A Constructivist Perspective,* Guilford Press, Nueva York.

10 BEEBE/NEELY/GORDON

El caso Joan: enfoques clásico, arquetipal y evolutivo

Tres analistas de formación y experiencia reconocidas nos cuentan cómo imaginan el posible tratamiento de «Joan», comentan qué harían y señalan cuáles serían los principales puntos de atención. Previamente se les entregó a cada uno de ellos un informe con el historial de Joan (seudónimo de la paciente). Los analistas examinaron cuidadosamente el material antes de emitir su punto de vista. El informe contenía el caso real de una paciente de cuarenta y cuatro años, ingresada en el Renfrew Center for Eating Disorders, hospital privado del área de Filadelfia para el tratamiento de trastornos alimentarios. La institución facilitó el material, que ya había sido presentado públicamente en una jornada sobre el tema a nivel nacional.

Se solicitó a cada uno de los analistas que trataran el caso desde la perspectiva de su «escuela» correspondiente, pues los tres son destacados representantes de los respectivos enfoques. El Dr. Beebe responde, por tanto, desde un enfoque clásico, la Dra. McNeely lo hace desde el arquetipal y la Dra. Gordon desde el punto de vista de la escuela evolutiva. Los analistas no se consultaron entre sí respecto a este caso. A medida que se leen sus informes resulta evidente de qué forma ejemplifica cada uno el modelo respectivo bosquejado por Andrew Samuels en la Introducción del presente volumen, donde señala la importancia diferencial que para cada escuela junguiana poseen los conceptos arquetipo, sí-mismo y evolución de la personalidad, así como los aspectos clínicos relativos al campo transferencial, las vivencias simbólicas del sí-mismo y la fenomenología de la imagen. El esquema que Samuels presenta como modelo de interpretación de las tres escuelas de psicología analítica (v. págs. 48–52) resulta de gran utilidad para comprender la interpretación de cada uno de estos tres autores. Es preciso recordar que ninguno de ellos entrevistó personalmente a la paciente, por lo que sus ensayos no deben entenderse como la comparación de diferentes prácticas terapéuticas. Por el contrario, la intención es ilustrar diferentes *enfoques* sobre un caso real. A continuación se ofrece la información que les fue entregada, a excepción de algunas instrucciones básicas que recibieron para reflexionar sobre el caso.

Joan

Cuando ingresó en Renfrew derivada por su médico de cabecera a causa del trastorno alimentario que sufría, Joan pesaba 65,3 kg y medía 1,67 m. En ese momento tenía por lo menos tres episodios diarios de bulimia seguida de vómito provocado.

Seis semanas antes de ser ingresada, Joan se encontraba extremadamente deprimida y ansiosa. Llegó a decir «quisiera arrojarme a un río». Solía despertarse en la madrugada, presa de ansiedad. Admitió haberse golpeado la cabeza o el estómago y morderse los dedos durante los episodios de angustia.

En la entrevista inicial de admisión, Joan expresó el deseo de «trabajar con los sentimientos que me he estado tragando». Se describió a sí misma como «realmente gorda», manifestando temor a ser abandonada por su marido, y se preguntaba cómo era posible que se hubiese casado con ella. En los últimos tiempos se sentía acosada por recuerdos incestuosos con su padre, cada vez más conscientes, algo que siempre había sabido pero que jamás había logrado afrontar. Esperaba lograrlo ahora en su tratamiento. También manifestó el deseo de llegar a comer adecuadamente, interrumpir los episodios de su adicción bulimia/vómito y mejorar su comunicación con su marido, con quien llevaba casada cuatro meses.

Joan vivía con su tercer marido, Sam (todos los nombres son seudónimos), con quien se había casado apenas cuatro meses antes de ingresar en el hospital. Habían trabado amistad hacía tiempo, conviviendo durante dos años antes de casarse. Actualmente también viven con ellos Amy, la hija de Joan, de veintiséis años, y David, el hijo de Sam, de quince años de edad. La madre de David había muerto de diabetes cuando el niño tenía tres años. David es una fuente de conflicto para la pareja, pues tiene problemas en la escuela y amenaza con abandonar el hogar.

Joan trabaja a jornada completa como cajera y camarera en un supermercado local, donde desempeña tareas múltiples y tiene muchas responsabilidades. Además de su trabajo, ha organizado un grupo de autoayuda para mujeres con problemas alimentarios, lo que le despierta gran entusiasmo. Su objetivo a largo plazo es convertirse en consejera sobre adicciones. Tiene pensado empezar a estudiar cuando termine el tratamiento.

Estando Joan en Renfrew, su madre de ochenta y un años enfermó gravemente con una afección renal. Aun así, a Joan le resultaba difícil hablar de la rabia por el fracaso de su madre al no haberla protegido en el pasado de un padre abusador. Joan y su madre habían convivido un tiempo, pero para la paciente la situación resultaba tan estresante que acabó por sugerir a su madre que regresara a su casa, situada a considerable distancia por encontrarse en otra región del país.

Al ingresar, Joan también se quejaba de hemorragias menstruales muy intensas, generalmente cada tres semanas. A pesar de tener ginecólogo no le había consultado, aduciendo que no consideraba que la situación fuese lo «bastante seria» para necesitar atención médica. Por lo general, al encontrarse enferma Joan dudaba en abandonar el trabajo y buscar la ayuda médica que necesitaba.

Joan dejó la casa paterna a los dieciocho años para casarse por primera vez. Su hija, Amy, fue fruto de ese matrimonio. Joan describió esta boda como «dolorosa y ofensiva». Amy tiene un historial de depresión crónica y se le ha diagnosticado «trastorno bipolar». Joan abandonó a su marido tras dos años de convivencia. En su segundo matrimonio tuvo dos hijos más, un varón, Jack (actualmente de diecisiete años), y una mujer, Lynn (de veintiuno). Tanto Amy como Lynn sufrieron abusos sexuales de parte del segundo marido de Joan, por lo que ella se siente muy culpable. «Ojalá hubiese podido proteger a mis hijas, pero sencillamente no me di cuenta».

Cuando estaba en el quinto mes del embarazo de Jack, Joan acogió a un niño llamado Johnnie, de dieciséis meses de edad, afectado de parálisis cerebral. Finalmente lo adoptó.

Su segundo marido era infiel y abusador, y un buen día abandonó a la familia sin dar explicaciones. Como Joan entonces no trabajaba, y no estaba preparada para este cambio repentino, lo perdió todo a la vez: su hogar y todos sus hijos, excepto Lynn. Ambas vivieron en un refugio durante un año. En esa época Joan consiguió trabajo como camarera, haciendo los preparativos para reagrupar a su familia.

Cuando conoció a Sam, su actual marido, le resultó extremadamente difícil confiar en él, pero las cosas finalmente evolucionaron bien.

Joan había crecido en el medio rural de Arkansas, Estados Unidos, en una casa de madera de cuatro habitaciones. Vivía con sus padres y su única hermana, once años mayor. Su padre era un «ingeniero sanitario», estricto y distante. La mayor parte del tiempo la comida era escasa y vivían sin comodidades. Joan recuerda a su padre absorto en la reparación de su coche cuando estaba en la casa, y comenta que «para él era más importante que nosotras». Su madre estaba «siempre deprimida» y era muy obesa, pesaba más de 135 kg. Joan recuerda sentirse avergonzada de ella.

Joan informó haber sufrido abuso sexual por parte de su padre desde muy temprana edad. Solía dormir en la misma habitación que sus padres, mientras su hermana mayor dormía en otro cuarto. Su padre acostumbraba a juguetear con los genitales de la niña antes de irse a trabajar por la mañana, y cuando Joan se quejaba a su madre ésta no hacía nada. También tiene vagos recuerdos de haber sido forzada a acariciar los pechos de su madre durante el tiempo en que compartían el mismo dormitorio. En general, describe su infancia como «insegura y llena de temor».

John Beebe
El enfoque clásico

Lo primero que me preguntaría acerca del caso de Joan es qué creo conocer sobre la paciente. Es decir, tengo que descubrir cuáles son mis propias fantasías y expectativas más conscientes, para luego averiguar con profundidad lo que ya puede haberse procesado inconscientemente en mí a resultas de su presencia en mi panorama psicológico. Y puesto que he de funcionar como su psicoterapeuta, intentaré descubrir aquellos aspectos suyos con los que puedo relacionarme naturalmente, aquello en ella que permite orientarme desde mi propio centro.

Comencemos por un interés en común. Mientras leía el historial no sentía nada en especial, más allá de una cierta monotonía, hasta que descubrí que Joan trabajaba «a jornada completa como cajera y camarera». Por algún motivo este detalle me atrapó. Desde hace mucho tiempo estoy interesado en las formas que adoptan en nuestra cultura las relaciones entre la comida y las distintas actividades, y especialmente el modo en que la comida puede servir de vehículo para la comunicación interpersonal. Disfruto conociendo personas que venden, preparan y sirven comida. Y me encanta comer, e incluso seguir regímenes, lo que me proporciona una nueva relación con los placeres de la selección de los alimentos.

En el enfoque clásico el analista sigue al sí-mismo; es decir, confía en que su propia psique le proporcionará la libido —energía— necesaria para relacionarse con el paciente, dejando entre paréntesis consideraciones sobre el «narcisismo» o la «corrección» de permitir que las fantasías sobre el paciente sigan su curso libremente hasta establecer un esquema que pueda ser examinado. La tradición junguiana clásica de análisis de la transferencia consiste en permitir que la contratransferencia del analista se manifieste, cosa que éste logra, básicamente, atendiendo a sus reacciones espontáneas hacia el paciente, para someterlas solo en segundo término a un autoanálisis evaluativo. Este es el enfoque que sigo en este caso.

El hecho de que Joan sufra un trastorno alimentario me estaba produciendo desinterés, pero saber que su trabajo tiene que ver con la comida despierta mi curiosidad: es posible que para ella los alimentos tengan un valor positivo, o pueda al menos relacionarse positivamente con mi propio interés instintivo por la comida, creando tal vez una base de conexión espontánea entre ambos, proporcionar una especie de aglutinante basado en un misterio compartido, un placer secreto y una pasión común. (En una reflexión posterior concibo la posible conexión positiva de Joan con la comida como el aspecto potencialmente creativo de su neurosis: la fuente de recursos que acompaña a su problema oral, el «propósito» en sentido junguiano que daría sentido a sus síntomas).

También me atrae la afirmación de Joan durante la entrevista de admisión respecto a su deseo de «trabajar con los sentimientos que me he estado tragando». Me gusta el giro de su mente hacia esta metáfora, aunque reconozco que puede estar repitiendo la retórica de su propio grupo de autoayuda para personas con problemas alimentarios. Por otro lado, ha sido ella misma quien creara el grupo, y esto es otro indicio de sus recursos potenciales frente a su sintomatología «oral» adversa y regresiva.

Creo que me gusta su energía; siento que es un buen auspicio para la terapia. En el enfoque clásico es importante que el analista pueda encontrar algo que le guste del paciente, pues de otro modo no se puede garantizar que se dé en el proceso analítico la energía que permite fortalecer al sí-mismo emergente del paciente. En tal caso al paciente le iría mejor —y estaría más a salvo— con otro analista.

En mi opinión, a medida que leo el caso, el hecho de que ella haya recuperado recientemente sus recuerdos incestuosos constituye un punto especialmente favorable. Al analista clásico «le gustan» los indicios de una actitud seria hacia el sí-mismo personal como algo a ser respetado y no violado, ya que este sí-mismo «con minúscula» constituye el núcleo de la integridad, base del trabajo analítico dirigido a construir un puente hacia el Sí-mismo más amplio para integrar la personalidad. (La psicología psicoanalítica del self, que tanto se parece al enfoque junguiano clásico, a veces se refiere a este valioso núcleo personal como el «sí-mismo que sabe lo que le conviene»). Es como si la noción que tiene Joan del valor de su sí-mismo hubiese aumentado precisamente ahora, y su imaginación está activa, pronta a captar aquellas violaciones de la integridad que han comprometido su funcionamiento en el pasado. Tal vez esto sea parte del efecto «luna de miel» derivado de haberse casado con Sam.

Imagino a Sam como una figura positiva para ella, si bien cuando manifiesta preguntarse cómo es posible siquiera que él se haya casado con ella creo que expresa su dificultad para aceptar que merece recibir la atención y el cuidado de otro. Para decirlo de una forma más clásicamente junguiana, Sam —con quien «las cosas han evolucionado bien»— representaría, o estaría evocando en Joan, la imagen del ánimus cuidador, el «marido» interior de sus recursos vitales. Él le abriría las puertas a una conexión más centrada consigo misma, orientada a cuidar mejor a la persona que ella es.

En este punto comenzaría a criticar la fantasía que sencillamente me he permitido. Me he formado para reflexionar sobre las presunciones que he estado haciendo: tal *reflexio* es el siguiente paso crucial en el manejo junguiano clásico de las fantasías contratransferenciales cuando se procuran evitar las intervenciones inadecuadas (OC 8 pág. 117)[1]. Me doy cuenta de que la fantasía que se ha desarrollado hasta aquí imagina a Joan en una encrucijada positiva en su vida tras haberse casado con Sam. Me lleva a confiar en que el tratamiento iniciado

---

[1] «La *reflexio* es una introspección a partir de la cual, en vez de un acto instintivo, surge una sucesión de contenidos o estados derivados que pueden ser denominados reflexión o deliberación. De esta forma, allí donde podía darse un acto compulsivo surge un cierto grado de libertad, y, en vez de lo previsible, aparece una relativa imprevisibilidad respecto del efecto del impulso» (OC 8, pág. 117).

ahora será más fructífero de lo que se podría predecir a partir de la prolongada sucesión biográfica disfuncional y repetidas frustraciones relacionales. Tengo que admitir que, al adoptar una visión positiva en términos de la teoría de Jung sobre tipos psicológicos, he puesto de manifiesto mi propia actitud característica frente a situaciones nuevas. Un analista junguiano clásico percibiría que he enfocado el caso de acuerdo con mi naturaleza intuitiva extravertida, es decir, captando la posibilidad a largo plazo a expensas de una mirada más realista sobre las limitaciones de la paciente, que surgen claramente de los hechos presentados en el crudo historial. No obstante, confío en mi intuición y me siento capaz de arriesgarme y opinar que, a pesar de las apariencias, esta es una terapia que puede funcionar.

No obstante, Joan pronto será una persona real hablando en la consulta. Me pregunto cuánto debo compartir con ella de mis propias experiencias con la lectura del material. Por lo general, me gusta iniciar un tratamiento diciéndole al paciente aquello que conozco de su historia, incluyendo las reacciones que dicha información me haya provocado. Pero, ¿debo contarle a Joan mi afición por la comida, o hablarle de mi respeto por lo que parece sano en su matrimonio con Sam? Jung dice claramente que se permitía decir a ciertos pacientes lo que sentía sobre ellos, incluso durante una primera sesión. Le parecía muy importante compartir sus reacciones espontáneas, ya que consideraba que eran dirigidas por lo inconsciente. «Mi reacción es lo único con lo que, como individuo, puedo enfrentar legítimamente al paciente» (OC 16, pág. 5). Así, una alternativa para construir la relación transferencial con Joan sería revelar estas cuestiones sobre mí mismo al principio. Pero en cuanto mis fantasías elaboran la forma de crear una relación con esta nueva paciente, comienzo a percibir una cierta seducción en la forma que he imaginado, un fácil ensamblaje de nuestras naturalezas en torno al inequívoco y compartido deseo de que mejore, como si no existiera problema alguno entre nosotros en la colaboración psicoterapéutica.

Al analizar críticamente mi fantasía inicial me doy cuenta de hasta qué punto mi conexión con ella —hasta aquí— tiene una base narcisista. No tengo fantasía alguna acerca de cómo es ella realmente. ¿Será que ya me estoy comportando como el padre incestuoso, que debe haberse relacionado con ella casi exclusivamente a partir de sus propias necesidades y preocupaciones? Recuerdo la referencia al tiempo que le llevó a Joan poder confiar en Sam. Me doy cuenta de que ella no confiará en mí si me muevo en el sentido de «fusionarme con» ella, aun cuando —o de forma especial si— ella inicialmente se muestre obediente. Posiblemente se defendería de mi entusiasmo extravertido por medio de mensajes disuasorios cada vez más frecuentes. Incluso si lograra convertirme en un objeto bueno para ella, es decir, alguien a quien percibe como dispuesto idealmente a favorecer el surgimiento en ella de un sí-mismo potencialmente sano, no existen pruebas de que Joan no sienta ambivalencia frente a una fusión con un objeto bueno semejante. A partir de la persistencia en su historia de elecciones que la han llevado a fracasar, sospecho que puede sufrir de aquello que en otro momento he denominado «ambivalencia primaria hacia el Sí-mismo», y veo que, para poder funcionar eficientemente como su «objeto sí-mismo», tendré que dar espacio a su ambivalencia hacia las personas que puedan ayudarla a luchar (Beebe 1988, págs. 97-127).

Interpolando datos del historial referidos tanto a la desatención y abuso parental, como a su propio comportamiento autodestructivo posterior, es posible que, en sus fantasías sobre la vida, una parte de ella esté aún identificada con figuras parentales que no siempre procuraron lo que le resultara más favorable, y que por tanto le resulte difícil entregarse totalmente a un programa orientado a su mejoría. Es más, aunque haya decidido que quiere ser ayudada, su elección no puede más que estar acompañada de incertidumbre en relación al potencial compromiso pleno de un determinado cuidador con este objetivo. Así pues, sé que seré puesto a prueba para ver si puedo ser un buen médico que no anteponga las propias necesidades a las suyas.

También percibo que si bien Joan tiene como meta convertirse en terapeuta, y en algunos momentos disfrutará observando cómo hago mi trabajo, ella es más que otro adulto en formación que podría aprender fusionándose conmigo a modo de aprendiz. En una situación así yo podría hablarle permanentemente, instruyendo al terapeuta que existe en ella, tal como haría con un colega en supervisión. Creo que en el caso de Joan este enfoque sería contraproducente. Existe en ella una necesidad infinitamente más fundamental a cuidar, por lo que se desprende de su historial, relacionado con el abandono materno. Yo no podría siquiera adoptar la actitud de un buen padre sin evocar este abandono materno: tras un probable periodo de obediencia a la conducción de sus esfuerzos conscientes hacia la mejoría, Joan posiblemente entraría en depresión severa.

Es probable que no pidiera alivio para su depresión dentro del espacio terapéutico de las sesiones, pero señalaría su necesidad de un modo más indirecto, tal vez cancelando sesiones o sufriendo enfermedades físicas recurrentes. He observado una dificultad característica para pedir ayuda directamente, (no creyó que sus hemorragias menstruales intensas fuesen lo bastante serias como para justificar una consulta médica). Puede que resulte muy difícil llegar a la niña abandonada en Joan. Tendré que tener mucho cuidado en no aliarme tan directamente a la parte aparentemente adulta de Joan, mientras su niña interior sigue desnutrida y abandonada. Si yo ignorase a la niña ella se vería forzada a pedir ayuda a través de síntomas, incluyendo tal vez una regresión a los comportamientos suicidas mencionados en el historial.

Para un terapeuta que trabaja en el marco de la tradición junguiana clásica, el hábito de confiar en la psique para dar forma a la actitud hacia el paciente significa dejar que la misma fantasía clínica desarrolle su propia tensión entre opuestos. Si permitimos que emerja la natural ambivalencia sobre cómo plantear el tratamiento se evita el peligro de adoptar una actitud contratransferencial unilateral. En este punto mi identificación inicial con el papel de padre bueno da lugar espontáneamente a una ansiedad maternal. Esta tensión entre opuestos es señal de la autorregulación del analista, en la que se podrá confiar si el analista se ha analizado lo suficiente como para sentirse cómodo permitiendo que se despliegue la función compensadora de lo inconsciente, y si ha aprendido a soportar los conflictos que surjan. De este modo, aunque se comience, tal como yo hice, con una actitud hacia Joan que procure trascender su profundo problema con la madre para estimular la «huida hacia la salud», representada por una fusión con un padre-analista progresista, si se permite que la reflexión clínica siga su curso, finalmente aparecerá en la fantasía del analista una ansiedad maternal hacia la niña abandonada que existe en esta paciente.

Considerando ahora el problema de Joan con la madre, comienzo a concentrarme más conscientemente en los indicios de la niña herida. Inmediatamente percibo, según planteamientos junguianos clásicos, el significado prospectivo —el valor— de la imagen infantil. ¿Será tal vez la niña el camino a la madurez que vislumbro como posible para Joan? Su deseo de tirarse a un río, que constituye la imagen arquetípica más concreta que aparece en el material, podría entenderse como su deseo de regresar al estado intrauterino para renacer en el flujo sanguíneo de la madre a través de lo que Jung denomina el «viaje nocturno por el mar». Tal vez pueda ayudarla a concretar este deseo en la terapia mediante una inmersión en lo inconsciente. Esto implicaría atender a sus sueños y fantasías, pero no de modo excesivamente verbal, cosa que equivaldría a enfrentarla otra vez prematuramente en el nivel del padre y del orden patriarcal de las palabras.

He recurrido al método junguiano clásico de amplificación para atender este deseo manifestado por Joan de ahogarse, entendiendo esta alarmante amenaza como un motivo arquetípico, analizándolo de un modo menos literal y más simbólico, ya que para poder curarla es necesario contar con algún indicio sobre lo que su propia psique pueda pensar. Una vez más se enfrentan en mí el clínico y el arquetipólogo: me doy cuenta de que su inmersión en el río, aun cuando pueda indicar un bautizo hacia un nuevo modo de ser, tiene más posibilidades de concretarse si acepto un periodo de regresión durante el que una Joan menos organizada y quizá menos verbal sea la precursora de su transformación. Puede que deba contenerla durante un periodo del tratamiento en que no sea capaz de hablar mucho. Se me ocurre que quizá quiera dibujar, o por lo menos saber dónde guardo las pinturas y el papel para que disponga de un medio fluido de comunicación mientras permanece «bajo el agua» en lo inconsciente. Ante todo, no puedo pretender que sea consciente de lo que está haciendo en terapia. Puede que durante bastante tiempo necesite simplemente sentirse segura en mi presencia acotada. Una de las fuerzas infravaloradas de la posición junguiana clásica, ejemplificada por el propio Jung, quien conservó una sólida inserción en la psiquiatría junto con su interés en la curación «religiosa» por medio del simbolismo tradicional, es esta habilidad para estar a caballo entre actitudes clínicas y simbólicas al servicio de la recuperación del paciente.

Sea cual sea el proceso que finalmente resulte más favorable para ayudar a Joan, sé que tendré que respetar mi propia naturaleza al ponerlo en práctica: el análisis junguiano clásico se concibe como proceso dialéctico, encuentro de dos almas, y ambas deben ser respetadas para lograr un intercambio auténticamente terapéutico. Tal como dice Jung, el analista está «en análisis tanto como el paciente» (OC 16, pág. 72). Un analista extravertido como yo solo puede participar en un periodo de regresión maternal de un paciente de forma interactiva. Según el enfoque clásico, esto puede darse de forma verbal en un encuentro cara a cara, sencillamente atendiendo a los pormenores prácticos de la vida cotidiana del paciente: sus esfuerzos por cubrir sus gastos, cumplir con las tareas domésticas, ocuparse de su familia. Es clásicamente junguiano aceptar a los pacientes allí donde se encuentren. Si como terapeuta me someto a la realidad mundana de la situación de Joan y respondo sin ofrecer interpretaciones que la fuercen a alcanzar una comprensión simbólica más elevada a nivel psicológico, tal vez logre meterme en el río sanador con ella. Allí tendré que permanecer en su corriente afectiva, básicamente sirviendo de espejo, pero casi nunca insistiendo en esclarecerla. Tendré que ofrecerle respuestas muy simples tales como «eso es especialmente duro», o «aquello es solitario», o «esto atemoriza», para atravesar el río que, en su fantasía suicida, ella imaginara como la forma de terminar con su disforia crónica.

A medida que me atrapa esta segunda ola de fantasías sobre cómo sería trabajar con Joan, me doy cuenta de que estoy intentando querer transformarme en la madre compañera que Joan nunca tuvo. Una vez más, debo reflexionar sobre lo que he imaginado. Veo que, al ser por principio cómplice del deseo que imagino en Joan de tener una madre así, he caído en otra trampa, fracasando de modo aún más sutil que en el primer intento, al aceptar a Joan como mi paciente siendo su padre bueno. No es posible simplemente deshacer las heridas del pasado compensándolas en el presente por medio de una experiencia regresiva correctora. De hecho, de repente siento que Sam, su buen marido, puede estar precisamente intentando esto mismo: me lo imagino en gran medida como un cuidador maternal, que acompañó a su anterior esposa con su diabetes, y ahora acompaña a Joan en su ambivalencia sobre si merece o no la ayuda de él. O tal vez sea una proyección que hago en él del papel materno en que temo caer.

En cualquier caso, es evidente que tendré que hacer algo más difícil que ser la madre suficientemente buena de Joan. Se trata de ayudarla a vivir el duelo por no haber tenido este tipo de madre, y por el hecho definitivo de que nunca la tendrá, no al menos en la etapa evolutiva en que fue necesario este tipo de madre. Tengo que permitirle sufrir la falta de esa madre necesitada, así como sentir la rabia por la falta de un padre también necesario.

De repente veo cuál es la manera (y ahora se presenta como la única manera) de trabajar en análisis con esta mujer dañada. Le proporcionaré un espacio en el que pueda contarme, o no, qué es lo que ha sentido siendo ella misma —como una persona cuyos padres fueron ambos incapaces de ocuparse de sus necesidades— y en el que pueda empezar a articular de qué forma se propone lograr ser su propio padre y su propia madre.

Entonces me veo súbitamente liberado de mis propias fantasías y capaz de atender a la psique de Joan libre de prejuicios. El surgimiento de una actitud nueva derivada de la tensión entre soluciones opuestas y parciales constituye lo que Jung denominó función transcendente (OC 8, págs. 67-91), y es lo que otorga confianza al analista sobre la posibilidad de elaborar una aproximación sólida al paciente. La emergencia de la función transcendente es anunciada por una liberación de energía creativa para el propio trabajo terapéutico.

Antes o después, Joan me contará un sueño. Lejos de la pretensión de convertir dicho sueño en la solución simbólica trascendente a todos sus problemas, o en ocasión para promover una regresión a un estado menos consciente desde el que nutrir su regreso a un estado de mayor salud mental, tal vez sea capaz de atender al sueño como la expresión auténtica de la postura psíquica de Joan hacia la persona que ha sido y la factibilidad de la persona que puede aún llegar a ser. Mi trabajo consistirá en escuchar el sueño, aceptarlo. Será la visión auténtica sobre quién es realmente, más allá de las fantasías que no puedo evitar aportar al vacío existente, que no es sino la contrapartida de los sucesivos abandonos y restituciones parciales, y no todavía la visión auténtica de la psique, que solo puede ser proporcionada por la propia paciente. Para el análisis junguiano clásico, el plan del tratamiento es dictado por la psique del paciente. Será necesario adaptar cualquier planificación real del tratamiento de Joan en función de lo que el propio sueño sugiera como posible, con la expectativa por mi parte de que el sueño genere para mí un papel inconsciente en su vida, con su efecto sumamente inductivo sobre mi actitud inconsciente hacia el tratamiento y, por tanto, un efecto aún mayor sobre la planificación del mismo. Al no contar con tal sueño, de momento solo puedo proporcionar una idea totalmente aproximada sobre el posible curso del tratamiento de Joan.

Me imagino que le propondría una psicoterapia de frecuencia semanal, explicando que éste es un espacio donde puede venir a decir lo que quiera acerca de su vida. Podría agregar que no sigo una metodología de trabajo prefijada, pero que yo también iré diciendo lo que quiera a medida que avanzamos, y que estoy abierto a sus comentarios y preguntas sobre lo que estemos haciendo a medida que lo hagamos. Le permitiría sentarse tanto en una silla frente a mí o en el sofá-diván que tengo colocado en ángulo recto. Supongo que ella permanecería sentada. Por el momento no le indicaría el cajón con papel y pinturas, ni sugeriría que se acueste en el diván, ya que, al reflexionar sobre ello, creo que ambas cosas suponen promover una regresión que todavía no sé si es realmente oportuna para ella. De la misma manera, tampoco insistiría sobre el hecho de que atiendo tanto a los sueños y las fantasías como al material y las asociaciones más conscientes, ya que esto me comprometería a efectuar comentarios de un nivel interpretativo que prefiero evitar en esta primera etapa. Fundamentalmente, intentaré dar lugar a que esta mujer pueda decirme lo que quiera, para, a mi vez, poder responderle a partir de lo que también yo quiera realmente decir.

Me animo a suponer que Joan pasaría la mayor parte de nuestra primera sesión manifestando su vergüenza por tener que buscar tratamiento nuevamente, y que ella cree que se trata simplemente de un caso del estilo de «de tal madre tal hija»: no puede evitar ser gorda. Posiblemente yo le diría que parece como si, junto con el odio que siente por ella misma, tuviera mucha energía invertida en tratar de hacer algo para resolver el problema, e incluso que parece que en este momento también es tarea suya resolver muchos de los problemas que su madre dejó sin resolver por el camino. Intentaría transmitirle que puedo aceptar su idea de haber heredado el problema de la gordura aunque no sea tan gorda como su madre. Si percibiera un cierto interés en mí probablemente diría que sé lo que se siente al ser atraído por la comida, y que hay cosas peores de las que ocuparse. Si me preguntara qué quiero decir con eso contestaría que la lucha con la comida puede ser creativa y no solo un problema patológico. De este modo confiaría en proporcionar desde el principio una especie de contexto determinado para continuar discutiendo el tema, dando así la pauta de que mi consulta puede ser un espacio para la ambivalencia creativa.

Puedo imaginar que Joan se sentiría contenida por esta aproximación, comprometiéndose activamente con el trabajo analítico. Posiblemente el tratamiento duraría varios años. Puedo prever que al principio mi capacidad para aceptar su ambivalencia hacia el tratamiento sería puesta a prueba repetidas veces, básicamente a través de la cancelación de sesiones a última hora, sobre todo después de aquellas sesiones más «integradoras» (siguiendo el modelo de los ataques de bulimia y purga). Mi respuesta básica consistiría en seguir «estando allí», aceptando las cancelaciones con calma y señalando en el encuentro siguiente que, en mi opinión, con esos comportamientos continúa tratando de descubrir si en mi consulta existe algo que sea nutritivo, y si es capaz de aceptar los sentimientos asociados a la terapia como partes significativas de sí misma.

Gradualmente, a medida que comenzara a entender su ambivalencia, supongo que su asistencia a las sesiones se regularizaría. Tal vez entonces resultaría posible identificar más específicamente las formas en que para ella yo pudiera representar una madre desatenta, o un padre atemorizante, demasiado íntimo, demasiado bueno. Tal vez pudiera facilitar la percepción de su necesidad de distanciarse de mí cuando yo representara el papel de un padre excesivamente entusiasta, y a su vez cómo, cuando asumiera yo el papel de una madre más distante, se hundiría en la desesperación del abandono vivido. Quizá pudiéramos de esta manera «elaborar» a lo largo de un prolongado periodo la transferencia de los objetos sí-mismo más tempranos.

Pero también estaría atento a la aparición de otros momentos en que yo pudiera resultarle interesante de una manera nueva, pues en aquellos momentos yo estaría encarnando a la persona que ella podría llegar a ser. Intentaría captar especialmente los momentos de «encuentro» relajado entre nosotros, aquellos en que yo me sintiera naturalmente aceptado como el terapeuta que soy, observando una parte de ella que aún no se ha desplegado demasiado en ningún sitio. (En esos momentos ella podría parecer una «cara nueva», y yo estaría vivenciando el carácter único de su dimensión personal). En ocasiones así no me importaría compartir su risa o responder con entusiasmo frente a su creciente sentido de vida psicológica.

En este tratamiento yo pasaría mucho tiempo sin saber si de hecho estaba atendiendo a las necesidades especulares de un sí-mismo sumamente joven, de uno o dos años de edad, o bien proveyendo de una valoración edípica (y por tanto erótica) a un sí-mismo de cinco años de edad que puede también tener la tranquilizadora certeza de que no intentaré apropiarme de su desarrollo sexual para gratificar mi propia necesidad de intimidad. En suma, no sé si en la transferencia habría que ejercer de madre o de padre adecuadamente interesado, y tampoco me sorprendería acabar siendo no ya ni lo uno ni lo otro, sino más bien una especie de hermano transferencial, un compañero de sufrimiento disfrutando de un respiro de los agobios de la adultez, y un modelo para el ánimus, que se relacionaría con algún aspecto creativo de su persona.

En dichos momentos Joan y yo estaríamos vivenciando al Sí-mismo en la función que Edward Edinger (1973, pág. 40) denomina «órgano de aceptación». Sería en estos momentos cuando trascenderíamos la ambivalencia hacia el Sí-mismo en favor de la gratitud pura y simple por las posibilidades del ser humano. En mi opinión, estos momentos servirían como aglutinante para los muchos años que tendríamos que trabajar juntos, que posiblemente incluyeran periodos suicidas, momentos en que la odiaría por su tozudez e inercia, y periodos en que ella sentiría desprecio por mis limitaciones para comprender o aceptar la inevitable lentitud de su camino de curación.

Permitir que la fantasía ayude a estructurar el plan de tratamiento, tal como hace un analista junguiano clásico, significa inevitablemente vivenciar el problema de los opuestos y, en términos prácticos, el rechazo de métodos artificialmente abreviados tales como psicoterapias breves de tiempo limitado, o del rigor metodológico para asegurar la profundidad del trabajo a través, por ejemplo, de varias sesiones por semana trabajando con diván. En el análisis junguiano clásico, la frecuencia es marcada por la experiencia del analista en relación al punto justo de tensión. Posiblemente en el caso de Joan no aumentaría la frecuencia de las sesiones, ya que perturbaría el equilibrio entre lo prometido y lo realmente brindado. Me vería en la obligación de sostener la tensión para asegurar suficiente integridad en el trabajo; por tanto evitaría forzar la profundización. Lo que sí aumentaría sería mi nivel de compromiso en el tratamiento y en mi disponibilidad para con Joan, involucrándome con su cualidad personal en cada encuentro, independientemente de su nivel de angustia.

Jung dice (OC 16) que el médico «también forma parte del proceso psíquico del tratamiento y, por tanto, está igualmente expuesto a las influencias transformadoras». Creo que mi propia relación con la comida se haría más consciente a través del trabajo con Joan. Debería investigar mi propia ambivalencia hacia la comida, tal vez contactando con esa parte de mí desconfiada, controladora y devoradora respecto a la procedencia del alimento. Este autoanálisis liberaría a Joan de la necesidad de cargar eso por mí en situación de paciente eternizado.

Espero que Joan concrete su objetivo de convertirse en consejera para personas con problemas alimentarios. Puedo imaginarla como pilar de su propia comunidad de autoayuda con los alimentos, tal vez incluso montando una empresa como una tienda de productos naturales y dietéticos. A medida que disminuya su dependencia de Sam, y sea por tanto menos responsable por el ánima herida de éste, él podría finalmente entrar en una depresión severa, de la cual saldría con ayuda de Joan, logrando contactar mejor con su propio aspecto necesitado. Imagino que hacia el final del tratamiento Joan habrá logrado establecer vínculos reparadores con todos sus hijos, valorando estas relaciones y descubriendo su propia capacidad nutricia.

REFERENCIAS

Beebe, John (1988) «Primary Ambivalence toward the Self: Its Nature and Treatment», en *The Borderline Personality in Analysis*, Nathan Schwartz-Salant y Murray Stein, (eds.), Chiron Publications, Wilmette, Illinois.
Edinger, Edward (1973) *Ego and Archetype*, Penguin Books, Baltimore.
Jung, C.G. ([1916]1957) «La función transcendente», OC 8, 2.
—, (1935) «Consideraciones de principio acerca de la psicoterapia práctica», OC 16, 1.
—, (1929) «Los problemas de la psicoterapia moderna», OC 16, 5.

DELDON MCNEELY
El enfoque arquetipal

Me han pedido que demuestre cómo aplico la orientación arquetipal. Aun a riesgo de simplificar excesivamente la cuestión, considero que existen tres aspectos definitorios de dicha orientación que se despliegan en mi trabajo clínico. En primer término quiero señalar que concedo más importancia a la forma en que el paciente se relaciona con el material arquetípico seleccionado por la psique que a las cuestiones relativas a la transferencia. No es mi interés subestimar el valor esencial que posee la intimidad relacional como factor transformador, sino señalar que la relación terapéutica es uno entre los muchos campos donde resulta posible enfrentarse con los arquetipos. Ya sea que el paciente ponga el énfasis en los síntomas, los conflictos, el aspecto relacional social, los sueños, etc., tiendo a concebir mi papel como el de explorador-acompañante y testigo, salvo que exista una clara proyección sobre mi persona de alguna poderosa figura interna del paciente.

En segundo lugar, el espectro de comportamiento que considero «humano» e investido de alma, antes que patológico, es más amplio que lo que constituye la norma entre colegas con enfoques no arquetipales. Y si la patología es obvia, mi intención inicial consiste en investigar y comprender el sentido que posee la patología para la individuación del paciente. Me siento desanimada frente a la rapidez con que actualmente se prescriben fármacos, se deciden ingresos hospitalarios y se utilizan pautas directivas, y me agobia la presión generalizada que incluso yo misma llego a sufrir en el sentido de orientar las intervenciones con el objetivo de arreglar lo que no funciona, prometer redenciones, resolver el conflicto, salir del *impasse*, retirar el sufrimiento, siempre por medio de alguna intrusión heroica en un proceso natural, como si en el paciente no existieran recursos internos que se pueden estimular y activar. Yo apuesto por la sabiduría de la psique, y confío en que la atención a las fuentes arquetípicas del sufrimiento permitan que la psique se autooriente al margen de intervenciones forzadas. Procuro promover la búsqueda de alma antes que la mejoría.

En tercer lugar, la atención a los temas arquetípicos abre el proceso analítico a una gama de posibilidades por la vía de la imaginación, desde los impulsos fisiológicos más densos hasta las experiencias psíquicas más etéreas, al margen de todo orden preconcebido o expectativa de etapas, a excepción de lo determinado por el flujo y la dirección proveniente de la propia psique del paciente. Teóricamente maduramos a lo largo de niveles evolutivos pero, como terapeutas, en nuestra aproximación al mundo interno del paciente rara vez asistimos a una progresión lineal de crecimiento o integración por etapas; únicamente la mirada retrospectiva permite ver cómo se vinculan en un cuadro más amplio todas las experiencias aparentemente diversas o irrelevantes. Los arquetipos se manifiestan a través de la vida instintiva del cuerpo, sus revulsiones, puntos muertos y atracciones, así como por la vía del contenido ideacional y las inclinaciones espirituales. Me cuido mucho de imponer probabilidades y certezas a la psique del paciente.

La psicología arquetipal habla de «psique» o «alma» respecto a lo que la naturaleza humana tiene de misterioso y que jamás puede reducirse a determinantes simples. El alma implica un nivel de asociación con la vida y la muerte que va más allá de nuestras biografías personales y nos conecta con la intensidad de lo transpersonal, no lo transpersonal remoto, sino lo siempre presente, la otra cara de todo lo que es común y corriente. Imagino el viaje analítico en la compañía de Mercurio, a quien Jung (OC 13, § 284) designó como «arquetipo de la individuación»; asimismo imagino la presencia de Hestia, diosa del hogar, como el principio que centra y arraiga, que mantiene el foco del proceso equilibrando la energía hermética.

Dejando a un lado lo abstracto[2] me referiré a cómo se refleja la teoría en el caso del historial de Joan. En cierta medida, contar con dicho material me priva de la clase de impacto inicial que busco tener con un paciente nuevo. Por el bien de los terapeutas noveles que puedan leer este artículo, debo admitir que esta expectativa no es totalmente cómoda, ya que siempre experimento una cierta ansiedad antes de conocer a un paciente nuevo. Dicha ansiedad puede durar algunos minutos o algunas semanas, hasta que algo en la relación precipita y cuaja. Los sentimientos de incomodidad inicial por cualquiera de ambas partes no implican que la terapia sea imposible, sino que hay material personal profundo potencialmente en juego.

A pesar de la ansiedad, anticipo la primera sesión como un encuentro excepcional. Las primeras impresiones, provenientes de un básico olfato animal, aportan una información esencial que es rápidamente sepultada por palabras y propósitos conscientes. Es posible comparar después esta primera visión de la interacción con datos posteriores para obtener una comprensión de la dinámica inconsciente de la relación y de las proyecciones de mi sombra, es decir, lo que esta otra persona me permite ver sobre mis propios aspectos descartados.

El hecho de contar con el historial de Joan también tiene ciertas ventajas, aun cuando disminuya el fenómeno-totalidad-Joan inicial al colorear el encuentro con información previa. Solo cuando conozca a Joan uniré estas impresiones, ya codificadas por otros, a su propia presencia fisionómica, atendiendo a su voz, gestos, posturas, contacto visual, olores, vesti-

---

[2] Además del debate teórico del capítulo 6, v. Hillman, 1975, págs. 170-195.

menta y abalorios, etc. Solo cuando ella finalmente se revele comprobaré si los datos históricos que hemos recibido son auténticos y relevantes.

Existe una importante diferencia entre una primera entrevista realizada sin contar con información previa y una realizada en el contexto de su historial, y es uno de los puntos que separan la experiencia entre la consulta privada y la mayor parte del trabajo institucional. Personalmente prefiero trabajar con ambigüedad y con la mayor espontaneidad posible, y no suelo recurrir a los historiales antes de las primeras entrevistas con pacientes adultos. Por lo general permito que la historia se despliegue lentamente, confiando en que los hechos poseen menos importancia que lo que con ellos haya hecho el narrador interno del paciente. Los analistas suelen diferir en este aspecto, y cada cual debe encontrar su punto de trabajo adecuado.

Otra cuestión relativa a la primera entrevista: la persona que deriva al paciente juega un papel emocional significativo. El paciente transfiere la preconcepción de ser acogido al primer contacto profesional; sea que imagine a esa primera persona como salvador, confesor, juez, sanador, padre o sirviente, el «encaje» entre la recepción real y la imagen que tiene el paciente de la terapia tiene una enorme influencia en el trabajo inicial. Algunas veces el paciente puede desarrollar una unión tan intensa con el primer profesional que le ha visto que el miedo y la pena de dejar a esa persona debe ser atendida y elaborada antes de que se pueda avanzar con ninguna otra cosa.

Todo esto es importante en el caso de Joan. ¿Qué es lo que ha inferido sobre la terapia el médico de cabecera que la deriva, y cuál es la relación de Joan con este profesional? ¿Qué imagen tiene ella de la psicoterapia? ¿Qué espera de mí y de ella misma? ¿Trabajaré con ella mientras esté ingresada? ¿Podré continuar viéndola como paciente externo, o tendrá que ser nuevamente derivada? Cuando Joan deje el hospital —y el efecto de contención intrauterina permanente que éste ofrece— es posible que se genere un periodo de duelo o ansiedad de separación, a la que agregar la experiencia de pérdida del primer terapeuta. Lamentablemente, en algunos casos se da poca importancia al seguimiento de esta poderosa dinámica en el tratamiento posterior a un ingreso. Los pacientes experimentan abandono. En cualquier caso, yo recomendaría cuidado intensivo, incluyendo terapia prolongada, aunque el tratamiento durante el ingreso haya sido exitoso.

No obstante, antes de hacer sugerencias quiero señalar mi reacción inicial al retrato verbal de Joan que hemos recibido. Mi primera impresión es que Joan posee tal fortaleza de espíritu y esperanza encarnada que me siento apoyándola intensamente, deseándole lo mejor. Tras mucho dolor y fracaso reactualiza su esperanza con un nuevo intento de sanar, un nuevo matrimonio, una nueva profesión. Respeto su sólido compromiso con la vida, con Eros, que se manifiesta en su iniciativa de formar un grupo de autoayuda para poder cuidar de otros, en su continuo esperar que las cosas mejoren, aunque por momentos se sienta desesperadamente suicida. Tengo la expectativa de conocer a una mujer fuerte, terrenal, plena de vitalidad, posiblemente sin que ella sea consciente de este carácter vibrante, y tal vez con una percepción de ella misma muy diferente. Si es capaz de elegir una terapia prolongada mi respuesta positiva facilitará el trabajo. Sin embargo, en tanto que actitud contratransferencial, este sentimiento positivo debe ser objetivado. No puedo permitir que mi respeto y admiración dominen mi comportamiento hasta brindarle un falso sentido de seguridad, o la impresión de actuar de modo condescendiente o manipulador; tampoco deseo crear en ella una dependencia innecesaria, o esperar demasiado de ella al principio, ni prometer demasiado de mi parte, o cegarme a sus aspectos oscuros.

En relación con lo oscuro, me pregunto cuál será para ella el atractivo que ofrece «tirarse a un río», imagen de transformación cualitativamente muy diferente a, por ejemplo, estrangularse con una cuerda o estallar en pedazos. ¿Acaso se trata de que es tan cálida y dócil que necesita hundirse en el agua para enfriar y endurecer, o tal vez anhela disolverse en una sustancia mayor que fluye, ser absorbida y devuelta al medio amniótico? Tal vez pueda sumergirme con ella mediante una combinación de curiosidad y compasión, para conocer sus fantasías de transformación y descubrir cuáles son los componentes esenciales de Joan capaces de sobrevivir a la disolución. La imagen de Joan como invocación al proceso alquímico de *solutio* merece una cuidadosa atención. En términos del yo la fantasía de muerte a través del agua conlleva un deseo del sí-mismo orientado a la renovación y al bautizo espiritual. Durante el análisis podremos investigar este deseo, en vez de objetivarlo como «nada más que» un impulso suicida[3] ¡Pero atención al peligro de un acercamiento excesivo! ¿Me permitiría Joan colaborar en esta investi-

---

[3] Existen muchas fuentes que esclarecen las imágenes referidas a operaciones alquímicas. Edinger (1985) ofrece una revisión exhaustiva del tema.

gación? ¿Sería yo tal vez tragada por ella y posteriormente vomitada con disgusto? Tras las impresiones iniciales se generan innumerables preguntas por el estilo, cuyas respuestas espero averiguar si Joan llega a confiar en mí. Mi curiosidad es bienvenida como prueba de que su historia me ha conmovido, pero me abstendré de formular las preguntas. Permitiré por regla general que Joan decida el tema a discutir y en qué orden. Una vez escogido el contenido, puedo ser más activa al promover más asociaciones, perseverando y amplificando algunos temas, confrontando las inconsistencias que aparezcan, y así sucesivamente; pero quiero dejar bien claro desde el principio que el paciente asume la responsabilidad principal del material que se trabaja en la terapia, si es capaz de hacerlo.

Mientras tanto, aquellas preguntas se van acumulando. ¿Seré rechazada por Joan tal como rechaza a su nuevo marido (por medio de la identificación proyectiva, es decir, facilitándole el abandono)? El principio femenino aparece en Joan muy vívido en toda su ambivalencia primaria, sin haberse depurado en una autoimagen armoniosa (tal como la madre nutricia, la médium artista, la diosa del sexo, la esposa abnegada, la musa inspiradora, etc.). ¿Es ella capaz de albergar bajo su cálido manto terreno al hijo de su marido en proceso de duelo, o será éste la joven presa masculina vulnerable de su sadismo inconsciente? Ya que, como queda claro en el síntoma bulímico, la necesidad de acumular dentro y la necesidad de expulsar fuera coexisten en conflicto, como un asunto que parece acompañarla desde que luchaba por sobrevivir en su propia hambrienta familia de origen.

Siento curiosidad por esa temprana vida familiar, y por los misterios que se desarrollaban en los pequeños dormitorios de su primera infancia y niñez. ¿Qué es lo que se entregaba a, y qué lo que se recibía de, aquellos silenciosos y frustrados padres, incapaces de saciar el hambre mutua? ¿Cuáles eran las fuerzas que mantenían juntos a los padres de Joan?, ¿qué impulsaba al padre a emprender cada día de arduo trabajo?, ¿qué fue lo que mantuvo a la madre viva durante más de ochenta años? También me interesa conocer la historia de la madre. ¿Tal vez sentía un desesperado anhelo de contacto, procurando obtener alguna gratificación a través de su bebé? Si analizamos nuestras fantasías y mitos culturales honradamente, no podemos negar el placer sensual que se deriva del contacto con el cuerpo de los niños; lo que protege a los adultos del abuso sexual infantil no es la negación sino la capacidad de frenar y reorientar esos deseos. ¿Qué fue lo que impidió a sus padres el control de su sensualidad? ¿Qué ansiedad yacía asfixiada bajo la obesidad de la madre, y por qué su marido no lograba saciar esa ansiedad? Este hombre, al volcar toda su atención en su coche, evitaba durante el día un contacto esencial con sus mujeres; una máquina es predecible, no sangra, no engorda, no huye, ni insiste, ni rompe a llorar, sino que acepta la manipulación y el intento de dominio. Esta pareja se nos presenta aparentemente atrapada en la decepción y resignación mutua, con el cometido vital de abrir al mundo a dos niñas razonablemente esperanzadas. ¿Por qué motivo no eran capaces de dormir juntos y brindarse consuelo el uno al otro, disfrutando de su sexualidad, atendiéndose mutuamente? ¿Tenían miedo de tener más hijos? ¿Se sentían de alguna manera frustrados por su desajuste sexual? ¿Tal vez uno de ellos, o ambos, sintieran temor ante la intimidad de ser visto y conocido? ¿Eran demasiado amenazadoras la natural irritación y rabia generadas por la convivencia cotidiana? ¿Se veían acaso impedidos por mitos familiares y fantasmas ancestrales presentes en autoimágenes mutiladas y limitaciones irracionales?

Solo podemos especular acerca de lo que no funcionó en aquella pequeña casa que podría haber resplandecido con el calor humano y la risa, pero que, contrariamente, giró hacia la escasez, el secretismo, la perversidad y el temor. Trato de imaginar la atmósfera reinante en la casa, y la respuesta de Joan a la misma. Lo hago porque resulta interesante y siento curiosidad, pero también porque esa información será útil cuando ella inevitablemente trate de recrear la atmósfera en el marco de nuestra relación, tal como una parte de ella parece intentarlo en su relación con Sam. Mi sensación de la ambivalencia reinante en ese hogar es muy triste y fría, pero la confusión existente en nuestro campo profesional acerca del incesto y los recuerdos encubridores señalan lo importante que resulta permitir que el paciente exponga sus interpretaciones acerca de su vida temprana, evitando cuidadosamente la inducción de respuestas al respecto con preguntas e inferencias concretas.

El hecho de vivir en un mundo tan circunscrito como el que compartían esas cuatro personas debe haber influido poderosamente en la formación de las imágenes y expectativas de Joan acerca de la vida, los hombres, la maternidad. Sin embargo, no determinó aquello en lo que habría de convertirse, ya que su psique desplegó sus elecciones y expresó sus inclinaciones. Ella fue capaz de obtener alguna forma de satisfacción esencial de dicho mundo, emergiendo con un cuerpo cuyo deseo de intimidad y generación la impulsaron fuera de esa casa hacia una vida plena de vivencias. Pienso en el principio femenino en ella, estimulando intereses instintivos tales como el disfrute de la emoción relacional, el apareamiento sexual con un hombre, la concepción de un niño, el dar a luz a un proyecto generativo contribuyendo a una empresa comunitaria o estética; e imagino su principio masculino vinculándose al mundo, decidida a lograr que dichos intereses se articulen y actualicen más allá del plano de la fantasía. A los dieciocho años de edad Joan demostró tener suficiente ímpetu, proveniente de su principio masculino, o ánimus, para afirmar su independencia respecto a sus padres y buscar un compañero que la ayudara a ampliar y diferenciar su imagen de la masculinidad respecto del complejo paterno. Lamentablemente, y como suele suceder con mujeres privadas de la experiencia de un padre íntegro que estimule en la hija el sentido de la autoestima y la valoración adecuada, la salida de Joan pasó por no ser autosuficiente, sino por entrar en una situación de dependencia diferente, probablemente proyectando al padre bueno y poderoso en su joven marido. Las dos primeras elecciones de compañero de Joan reflejan falta de juicio y una atracción inconsciente por el tipo de atmósfera peligrosa que había abandonado. Solo ahora, en la mitad de su vida, parece haber adquirido —no por tener buenos modelos y una preparación temprana, sino a través de la experiencia, el ensayo y error y el sufrimiento— una fuerza interna que yo concibo como masculina: es decir, la fuerza de reafirmar sus elecciones, de trazar planes realistas, de criticar y estar dispuesta a alejarse de juicios errados, de buscar y pensar a partir de experiencias positivas en vez de dejarse ir siguiendo únicamente los deseos de su corazón y sus elecciones intuitivas. Estas funciones comienzan a equilibrar su poderosa necesidad femenina de nutrición, apego e intensidad emocional. Tal vez sea ahora capaz de internalizar las tensiones existentes entre lo que le resulta inicialmente atractivo en un hombre y lo que la beneficia a largo plazo; y puede que le resulte más fácil resolver aquellas tensiones a nivel intrapsíquico en vez de actuarlas en relaciones con hombres reales. Debo agregar que no todos los psicólogos arquetipales consideran que la diferenciación de género de la funciones psicológicas sea útil. Algunos analistas junguianos de las diferentes escuelas consideran que el concepto ánima/ánimus resulta más perturbador que heurístico, por razones cuyo esclarecimiento escapa al objeto de este artículo. Para mí, el concepto de principios femenino y masculino es valioso y me ayuda a organizar mi percepción de la personalidad del paciente.

Es posible que a esta altura de su vida Joan haya adquirido algunas cualidades ánimus saludables, pero como joven adulta su vida se vio más influida por el complejo materno, en la medida en que su vida transcurría en medio de preocupaciones relativas a la dependencia, anulando la posibilidad de discernir las características personales de sus maridos, o de encontrar su lugar en el mundo del trabajo y la independencia, o de desarrollar su mente y su potencial. Imaginemos a una mujer embarazada de veintiocho años de edad, con otros dos hijos pequeños y un marido problemático, que decide hacerce cargo de un cuarto niño discapacitado. ¿Qué es lo que intentaba hacer? Solo puedo adivinar que se trataba de una cuestión físicamente relativa a pesar más de 135 kg, manifestando algo afín con el hambre de su madre..., una nutrición descontrolada llevada a un extremo inevitablemente colindante con el colapso, con lo cual surge el lado opuesto: lo pierde todo y se convierte en víctima indefensa. Le retiran la custodia de sus hijos y pasa a depender del Estado para su propia subsistencia y la de uno de sus hijos. Unos instintos nutricios tan potentes reflejan una energía creativa que, al ser filtrada por la reflexión, pueden servir y gratificar a Joan y a quienes la rodean.

La historia de Joan evoca tantas imágenes de hambre voraz que me pregunto cómo he de reaccionar a tales estímulos durante un determinado periodo de contacto. Muy posiblemente, además de mi inicial admiración por su matiz heroico, surja una contratransferencia dominada por el pecho; sea por la necesidad de brindar cuidado, o por la tendencia retentiva, eso está por verse. Debo estar atenta a ambas reacciones posibles, así como a la incitación a ser arrastrada como su adversaria contra los malos tratos recibidos de parte de los hombres en su vida. Ahora que cuenta con la protección de un marido y una terapeuta puede empezar a sentirse lo suficientemente segura como para expresar sus necesidades juveniles, y es muy posible que se repita el deseo insatisfecho de contar con una madre que se alíe con ella frente al principio abusador (sea en el padre o la madre, pero ciertamente ahora incorporado a su propia estructura caracterial). Si bien ha sido lo bastante fuerte como para salirse de dos matrimonios arduos, no parece haber enfrentado la agresión de sus maridos con gran potencia propia. Ahora se enfrenta a Sam con más autodeterminación, aun cuando parece que esto la asusta. Quiero permitirle sentir la fuerza de su necesidad de convertir a la madre en salvadora sin tener que actuarla, prolongando innecesariamente dicha imagen como real. Me veo conteniendo y controlando al progenitor abusador, devorador y hambriento, mientras el espacio sagrado del marco terapéutico crea una oportunidad para que la madre plena y generosa florezca en Joan.

Todas las imágenes alimentarias evocan y demandan una cualidad atemporal que permita que todas las necesarias funciones de introyección y absorción puedan madurar de acuerdo con sus propios ritmos. Lo ideal sería poder trabajar con Joan sin límites de tiempo, ya que mi experiencia en casos con contradicciones vitales tan fundamentales como el suyo demuestra que, a pesar de una buena motivación, el cambio es muy lento y tenue. En el nivel del sistema digestivo nos encontramos con los monstruos primitivos de las estructuras celulares básicas y del eje cerebral, donde la introspección es virtualmente inútil, por lo que se hace necesario proteger repetidamente el territorio frente a esta monstruosa e insidiosa avaricia. Me refiero a que resulta necesario tratar los mismos temas e incidentes una y otra vez, manifestando los mismos afectos, aclarando más de una vez los mismos malentendidos en la relación terapéutica. Desearía poder verla diariamente como paciente ingresada hasta que fuese posible contener y limitar la purga suicida. Posteriormente, y como paciente ambulatorio, sugeriría de una a tres horas de trabajo semanal durante varios años. Con un esquema así, y siempre que su fuerza y motivación correspondieran a mis expectativas iniciales, el pronóstico es favorable.

Es posible que en este momento no pueda afrontar el pago de los honorarios habituales. Esta es una cuestión que deberíamos discutir a fondo, ya que alcanzar un acuerdo monetario factible resulta esencial para el proceso terapéutico que establece entre adultos una relación que debe poder ser también infantil y regresiva. En su caso, la cuestión monetaria puede convertirse en una forma de caer en el complejo materno de desnutrición, y si la cuestión no es debatida frontalmente, puede llevar a que una de las dos se sienta en desventaja. Quiero que Joan considere nuestro trabajo como mutuamente valioso y pleno de sentido, que le exija un aporte de energía emocional y financiera, equiparado con la contrapartida de mi fiabilidad y apoyo psicológico e, idealmente, con unos conocimientos sobre la psique que puedan resultarle útiles. Si no somos capaces de establecer este tipo de mundo materno atemporal en el que ella pueda frecuentemente acceder confiada a un marco terapeútico seguro y permisivo, mi pronóstico en cuanto al posible cambio sustancial sería más reservado. En tal caso, le indicaría que se rodeara de un sólido sistema de apoyo, incluyendo por ejemplo su propio grupo de autoayuda, tal vez un programa educativo con acceso a consejeros y tutores, quizá un programa de doce pasos, o unas sesiones con un consejero familiar o de pareja, y un seguimiento periódico conmigo o con alguna otra persona, pero donde yo pudiera fomentar la continuidad de su interés en averiguar el sentido de sus problemas. Estos encuentros periódicos podrían continuar mientras fuera necesario para ambas.

Supongamos, no obstante, que resulta posible un tratamiento prolongado. Creo que nada puede sustituir la clase de autorreflexión que solo resulta posible gracias al apoyo estrecho que genera un contacto prolongado. Todo el que haya vivenciado esto terapéuticamente ha conocido aquellos indescriptibles momentos de transformación. Estos acontecimientos (que yo solo puedo denominar «momentos», aunque un momento así pueda englobar años) implican una integración que tal vez sea más fácilmente transmitida por imágenes: imágenes químicas, tales como el espesamiento de una salsa, o la fusión de metales, o una cristalización; imágenes físicas, como la coordinación de movimientos en el manejo de una maquinaria, o el torno de un ceramista; imágenes mentales como la «captación» del sentido que esconde una fórmula, o la automatización del dominio de una lengua extranjera. Algo por el estilo sucede en la terapia cuando se alcanza un lugar de aptitud, pero esto no sucede de la noche a la mañana. No es el deslumbramiento de una visión de apertura, o una experiencia cumbre, sino algo tranquilo y duradero. Como terapeuta tengo mi imagen personal para facilitar que esto suceda, que consiste en seguir los «ajá», que reflejan la movilidad y excitación de Mercurio, permaneciendo al mismo tiempo firmemente arraigado en el cálido terreno de Hestia, donde todas las radiaciones y brillos llegan a la integridad del reposo.

De acuerdo con la teoría de Jung, el lenguaje a dominar es la comunicación entre el yo consciente y su fuente arquetípica en el sí-mismo, el arquetipo de totalidad que corresponde a la circunferencia del ser, la fuente y el poder, y que se manifiesta como la vivencia de ser contenido, estar centrado o ser guiado. La adaptación natural a la sociedad exije actitudes defensivas que no es posible vivenciar conscientemente, ni desmontar rápidamente, actitudes que disminuyen la consciencia que posee el yo de su origen arquetípico y que nos fuerzan a continuar buscando la completud en el mundo de los acontecimientos conscientes. No obstante, los complejos que existen fuera del área de influencia consciente del yo conservan su conexión numinosa con el sí-mismo, y esta es la razón por la cual tienen tal poder sobre nosotros y no pueden ser «controlados» por la fuerza de voluntad del yo. Las terapias que se basan en la fuerza del yo, como es el caso de todas las terapias cognitivas breves, ignoran esta cuestión que constituye la base de toda la psicología profunda. Es posible que, en su deseo por sanar, los pacientes acepten las sugerencias y las interpretaciones, pero que, finalmente, estas percepciones sean reabsorbidas por los complejos dominantes, a menos que se produzca una relación dialéctica con el complejo que permita aceptarlo más o menos cómodamente dentro de la consciencia del yo. Las alteraciones alimentarias reflejan complejos que dominan al yo y que normalmente no pueden ser contenidos únicamente por la fuerza de voluntad. Al descubrir la fuente arquetípica del complejo esperamos encontrar la clave para la transformación. ¿Cuáles son los dioses y demonios activos en el paciente que impulsan el hambre?, ¿a quién representa el alimento irresistible?, ¿quién posee el sentido de seguridad, saciedad y plenitud?, ¿qué es lo que se compensa, y qué lo que se evita?

En las terapias breves, la relación entre paciente y terapeuta no dura lo suficiente como para alcanzar las cuestiones de confianza que constituyen el destino inevitable de cualquier relación prolongada y que reflejan el poder que poseen los complejos autónomos para atacar nuestro amor y determinación. La luna de miel de la confianza total tiene que dar lugar finalmente a la duda para que comiencen los procesos de transformación. Las relaciones románticas flaquean en este punto, cuando surgen los aspectos verdaderos de la personalidad. De modo similar, el trabajo más duro y más potencialmente compensador comienza en la terapia cuando el paciente empieza a cuestionar el valor del trabajo o la integridad del terapeuta.

Supongamos que Joan ha elegido iniciar un tratamiento prolongado. Además de registrar mis primeras impresiones, intentaré hacerme una idea de la forma en que ella percibe su situación en ese momento. ¿Cuáles son sus sentimientos más conscientes? ¿Qué es lo que atrapa su atención y su afecto? ¿Es capaz de pensar simbólicamente, es capaz de sentir simbólicamente? Lo primero requiere una capacidad intelectual para abstraer una esencia o cualidad universal del hecho concreto, y es obviamente un requisito mínimo para la psicoterapia profunda. De hecho, se trata de una capacidad frecuentemente débil o ausente, que esperamos florezca en una psicoterapia exitosa. La psique no solo incluye contenidos mentales e imágenes visuales, sino contenidos y vivencias fisiológicas y trascendentales. Jung se refirió a los mismos como eventos psicoides, experiencias en el umbral de la consciencia en el nivel de la percepción instintiva y espiritual. La imaginación no es solo visual, sino también quinestésica y auditiva.

Los teóricos psicoanalíticos freudianos, no freudianos y neo-junguianos han concedido extrema atención al desarrollo infantil, en un intento por comprender cómo la capacidad de gratificación simbólica se convierte en parte de los recursos psicológicos del ser humano, ya que toda la vida comunitaria depende de la habilidad que posean la mayor parte de los miembros de postergar la gratificación fisiológica mediante el simbolismo. El niño que logra negociar la sustitución de la madre incompleta e inconstante por un objeto transicional adquiere una de las herramientas mágicas que hacen posible el viaje de la individuación. Sin embargo, los pacientes que buscan individuarse a menudo llegan a la consulta sin haber desarrollado jamás esta capacidad para simbolizar sentimientos, este instrumento o habilidad que les permitirá relativizar y objetivar sus necesidades emocionales. En estos casos esperamos recrear en el espacio terapéutico el contexto arquetípico que permita el salto de confianza que da lugar a que una psique relativamente no diferenciada pueda anticipar y esperar la gratificación con cierto grado de autorreflexión. Este tema aparece en innumerables cuentos de hadas, bajo la forma del viaje laberíntico del héroe o heroína en pos de la paciencia y la autocontención hasta que llegue el momento adecuado y propicio para actuar.

Puedo prever que Joan permanecerá bastante tiempo en el mundo no simbólico materno y que le resultará difícil traducir sus síntomas a significados psicológicos, pero que aportará a su trabajo una energía vivificante que se tornará gradualmente más simbólica y disponible para utilizar creativamente el material inconsciente. Si recuerda sueños, aprende la práctica de imaginación activa, logra dar a sus sentimientos alguna forma simbólica —por medio de la imaginación, el dibujo, la pintura, la danza, la escritura o su traducción musical— estos conductos psíquicos se convertirán en rituales para canalizar el mundo mítico hacia los acontecimientos emocionales significativos de la vida y las relaciones cotidianas. Cuando éstas están imbuidas de sentido, por la dimensión primaria de los hechos arquetípicos, adquieren espíritu; en vez de estancarse en bloqueos emocionales la vida se inunda de pasión y desaparecen los motivos para escapar de la realidad con temores y deseos inhibidos. Estamos entonces abiertos a encuentros con mundos materiales y espirituales para lo que puedan ofrecer, para bien o para mal, hasta que la muerte nos separe.

Es inevitable que se produzca un interjuego entre niveles de integración a lo largo de la vida y durante la sesión analítica. Si el proceso fluye, tanto paciente como terapeuta se sumergen en estados tempranos de la infancia, niñez y adolescencia. También incluso aquellos pacientes con una integridad frágil pueden alcanzar estados altamente diferenciados o lúcidos que pasarían desapercibidos si estuviéramos condicionados para esperar menos de esa persona. Por tanto es importante que el terapeuta se mantenga abierto para poder percibir y reconocer estos estados de iluminación. Me temo que cuanto más definamos o diagnostiquemos más cerrados estaremos para esta percepción. Por eso considero cada sesión como una aventura potencial y procuro no caer en expectativas y predicciones basadas en diagnósticos y pronósticos. A veces la aventura tiene más que ver con arrastrar pesos enormes o estar rodeado de obstáculos..., casi fuera del alcance de la influencia del dios Mercurio, el patrón de los viajeros. A pesar de todo no deja de ser un viaje sujeto a cambios imprevistos tras cada curva del camino.

En su familia de origen Joan aprendió una actitud de abuso hacia sí misma, probablemente a través de una relación despectiva entre los modelos de principio masculino y femenino de la familia y que se pone de manifiesto en su actitud caballeresca frente a su hemorragia menstrual excesiva, así como en el forzar su cuerpo a competir con sus propios procesos digestivos. Este obstinado rechazo a aceptar los procesos fundamentales de la nutrición refleja una profunda furia hacia su cuerpo y sus necesidades. Sea como sea que se imagine las necesidades del cuerpo, ya como madre devoradora, pecho envenenado, niño voraz insaciable, padre implacable, es importante descubrir y resaltar esa imagen. Me niego a aceptar que exista una dinámica universal subyacente a todos los casos de bulimia (como la rabia hacia el padre). Este presupuesto es tan poco válido como afirmar que un determinado símbolo onírico tiene el mismo significado para todas las personas. Si bien al observador pudiera parecerle que existe un conflicto entre el hambre incontrolable y el repudio de dicho impulso devorador, no podemos presuponer en qué consiste el conflicto subyacente hasta que las imágenes del paciente no hablen de su relación con el síntoma.

Actualmente se tiende a tratar los problemas alimentarios con antidepresivos y ansiolíticos. Yo desconfío de la medicación que pueda interferir en el esclarecimiento de las imágenes, nuestra clave del significado arquetípico que se esconde en los síntomas, precisamente aquellos significados capaces de desbloquear su carácter compulsivo. Es necesario un cierto grado de ansiedad para que se despliegue la individuación, y para el tipo de búsqueda y trabajo de ensayo y error que requiere el pasar el arado una y otra vez por la misma parcela de alma hasta que se pulverice y sea posible volver a plantar algo nuevo. La repetición es una moneda de dos caras. ¿Cómo saber cuándo estamos frente a un patrón de compulsión cíclica estéril, y cuándo abriendo camino a la individuación? Aquí es donde la terapia promueve la autorreflexión que permite que el paciente formule la pregunta adecuada, investigue el sueño, repare en la vivencia interna, o distinga la voz auténtica, lo cual indica que se está ablandando el terreno, aunque sea lentamente. A pesar del autodesprecio evidente en los síntomas de Joan, y de su rechazo frente a las demandas de su cuerpo, existe un contramovimiento orientado al cuidado de sí misma que está generando cambios constructivos en ella. Confío en que haya tiempo de investigar tanto el rechazo como el cuidado de sí misma para que sea posible reconciliar estas alternativas aparentemente duales.

Para mí la terapia tiene éxito cuando termina por mutuo acuerdo entre paciente y terapeuta, en un determinado punto en que se logra una integración significativa del contenido de los complejos. Idealmente existe una elaboración del final, tal vez unos sueños que confirmen la decisión, y una oportunidad de volver sobre el proceso, en particular sobre la relación que ha dejado su marca en ambos como una conexión de dos almas.

REFERENCIAS

Edinger, Edward (1985) *Anatomy of the Psyche: Alchemical Symbolism in Psychotherapy*, Open Court Publishing Company, La Salle, Illinois.
Hillman, James (1975) «Archetypal Theory», en *Loose Ends: Primary Papers in Archetypal Psychology*, Spring Publications, Dallas.
Jung, C.G. (1967) *Estudios sobre representaciones alquímicas,* OC 13.

Rosemary Gordon
El enfoque evolutivo

Cuando leí por primera vez el historial de Joan entregado por el Renfrew Center me impactó la desolación que transmitía su biografía. El conjunto de su vida aparecía desprovisto de toda vivencia de amor, apoyo, cuidado, sin que nadie hubiese sido capaz de sostenerla, contenerla, estimular su autoestima, el cuidado y la protección de sí misma. Un historial de este tipo puede provocar desesperación, pesimismo, pena y desmotivación.

Pero en su historia también había un par de aspectos a modo de puntos de luz titilando como pequeñas estrellas en un espacio muy oscuro. Su mera presencia genera una pregunta: ¿hasta qué punto es realmente Joan solo una víctima del destino o, por el contrario, es o ha sido también la creadora de su destino?

Antes de tratar estas cuestiones quiero referirme brevemente a la teoría y práctica clínica que caracterizan a la escuela evolutiva. También intentaré describir mi forma de aplicarla, si bien limitándome a unos pocos aspectos de la misma.

En su libro *Jung y los posjunguianos* Andrew Samuels (1985) describe la diferenciación de los psicólogos analíticos según tres escuelas: «clásica», «arquetipal» y «evolutiva». Hasta entonces se solía pensar en la escuela de Londres en oposición a la escuela de Zúrich, lo que tenía un aire tribal, chauvinista, incluso agresivo. Samuels introdujo una clasificación más significativa basada principalmente en el predominio o desinterés por uno u otro de los conceptos teóricos y prácticas clínicas de Jung. No tuve dificultad en reconocerme como perteneciente a la escuela evolutiva en la que él me había incluido, aceptando esta atribución.

Ahora que ya han pasado diez años, quiero reconsiderar si continúo teorizando y trabajando como una analista junguiana «evolutiva», y si todavía valoro este enfoque. En otras palabras, comprobar si todavía creo que:

1) La evolución es, o debería ser, un proceso que dura toda la vida, desde el nacimiento —o incluso antes— hasta el final mismo de la vida (el trabajo esencial de Fordham y los hallazgos recientes de Daniel Stern nos han llevado a reconocer que en realidad la individuación comienza muy pronto);

2) Que el hecho de entrar en contacto y hacerse cargo de los acontecimientos importantes, etapas evolutivas y experiencias vitales y biográficas es una gran ayuda y estimula el crecimiento de una persona, o de su terapeuta;

3) Que los hombres y las mujeres: *a)* poseen cuerpos físicos, por lo que experimentan vivencias físicas o sensoriales; *b)* que son seres sociales, con necesidades emocionales y sociales que se ven inmersos en el contexto emocional y social de sus padres, familias y comunidades; y *c)* que experimentan un mundo interno de personajes y relaciones internalizadas, y de imágenes y fantasías que poseen, de forma simultánea, características que provienen de recuerdos y otras que son innovadoras, no familiares, o numinosas;

4) Que la investigación y el uso de la transferencia y la contratransferencia es fundamental en el trabajo analítico porque pone en juego valiosos procesos conectivos, tendiendo puentes entre uno mismo y el otro, entre las diferentes partes y tendencias existentes en la psique, y entre el deseo básico de fusión o unión y el deseo opuesto de identidad y separación; más aún, mediante la transferencia los hechos y conflictos del pasado pueden convertirse en un «pasado presente» vivenciado ahora, aunque tal vez de un modo nuevo y diferente. En cuanto a la contratransferencia del analista, puede ayudar a recuperar lo que parecía perdido y puede incluso colaborar en su potencial transformación; finalmente, y por encima de todo, la transferencia y la contratransferencia pueden servir para potenciar la evolución de la función simbólica.

Retomando ahora el caso de Joan, su historial presenta muchas condiciones adversas, mucho daño temprano, y sus imágenes y síntomas pertenecen con toda claridad a una etapa pre-edípica. Los indicios de una naciente capacidad para experimentar y comunicarse mediante metáforas y símbolos y una identificación potencial con el sanador herido son aspectos que han disparado mi interés y un cierto optimismo. Estos aspectos me llevan a sentir que el resultado de su evolución y su terapia puede demostrar que los hombres y las mujeres no son meros espectadores pasivos de su destino. No son tan solo el campo en que se despliegan fuerzas biológicas, instintivas, o incluso arquetípicas.

Creo que me siento a gusto en el marco de la escuela evolutiva porque se da su justo valor tanto al análisis como a la síntesis y a los procesos psicológicos de diferenciación y de integración.

A partir de una fría consideración clínica del caso de Joan, creo que es una persona depresiva con tendencias masoquistas bastante marcadas, que frecuentemente se disparan de modo compulsivo. Una y otra vez ha logrado encontrarse en situaciones que la exponen a condiciones significativamente similares a algunas de sus dolorosas experiencias infantiles tempranas. Esto permite sospechar que existe una necesidad inconsciente de repetir lo que ha sido; que no puede desprenderse del pasado. ¿Será que no se atreve a enfrentarse a lo nuevo? Su inconsciente compulsión a la repetición se ve cuidadosamente disimulada y sobrecompensada por sus comportamientos y pensamientos conscientes: parece moverse con fluidez de un compañero sexual a otro, de un nacimiento a otro, de un trabajo u ocupación a otro.

Parece existir en Joan, producto de una combinación naturaleza-nutrición, una predisposición a la depresión y a las alteraciones alimentarias. Ha descrito a su madre como «siempre deprimida» y con unos desconcertantes 135 kg de peso; a su propia hija mayor, Amy, le ha sido diagnosticado un «trastorno bipolar».

Aparentemente, ambos progenitores, padre y madre, han abusado de ella. Su padre, si bien estricto y emocionalmente distante, abusó de ella sexualmente desde que tenía cinco años de edad, mientras que su madre quería que Joan «acariciara sus pechos». En otras palabras, todas las sustancias, vivencias y sentimientos potencialmente placenteros, nutricios y enriquecedores le han sido impuestos más que ofrecidos como regalos; no hubo posibilidad de que se desarrollaran natural y orgánicamente a partir de relaciones significativas, relevantes y emocionalmente simétricas. Es fácil empatizar con ella y creer que recuerda su niñez como «insegura y plena de temores».

Cuando Joan ingresó en Renfrew sufría de bulimia y tenía episodios de «ingestión y vómito provocado (purga) por lo menos tres veces al día». Creo que su bulimia se asocia a una intensa distorsión de su imagen corporal. Su peso era normal (65,3 kg) en relación a su altura (1,67 m), pero ella se veía gorda; me sugiere una identificación inconsciente con su excesivamente obesa madre. Esto debe ser especialmente doloroso, teniendo en cuenta que ella tiende a experimentar una explosiva combinación de ambivalencia hacia su madre. Posiblemente deseando que esta madre se transforme en una madre que la quiera y la cuide, pero sintiendo a un nivel más básico y realista un profundo odio y desconfianza por alguien que, en vez de protegerla del abuso paterno, había organizado de hecho sus vidas para que esto se produjera, después de que su hermana mayor se alejara huyendo de la manipulación paterna y de la connivencia en la traición.

A partir del historial y sin haberla visto ni trabajado con ella, sospecho que sus ataques de bulimia constituyen una dramatización caricaturesca, una actuación de lo que sus padres hicieran con ella. Al fin y al cabo su madre le forzó a acariciar sus pechos, pechos asociados a la comida, es decir a la leche y a los placeres orales vinculados a la succión. Y el padre le había forzado a una experiencia prematura de la excitación y los placeres vinculados a los genitales.

De este modo, lo que podría y debería ser potencialmente satisfactorio y pleno se pierde y se pervierte, porque la estimulación del cuerpo es impuesta y escapa al propio control. ¿Acaso la voracidad compulsiva de Joan no genera el mismo efecto de humillación e incluso despersonalización, transformando el placer en intenso displacer?

Creo que la experiencia corporal de una persona bulímica deriva de sentir alternativamente que su interior está o bien demasiado lleno o bien abismalmente vacío. En el caso de Joan, lo que ella vomita y expulsa representa simbólicamente la leche materna rechazada y el semen del padre que no desea.

El papel de víctima impotente vivenciado por Joan durante su niñez, especialmente en relación con sus padres, puede entenderse en la Joan adulta transformado en las compulsiones y adicciones que siguen haciéndola sentirse indefensa e impotente.

El hecho de que no fuera capaz de «darse cuenta» de que su segundo marido abusaba sexualmente de sus dos hijas pequeñas demuestra hasta qué punto había escindido y reprimido su propia experiencia de abuso paterno. El tema del incesto padre-hija se debe de haber asociado a sentimientos muy complejos y ambivalentes que la dejaron insensible, ciega y sorda, separada de sus hijos; posiblemente exista aquí también algún tipo de identificación con su madre.

Las propias tendencias masoquistas de Joan parecen haberla llevado a dos matrimonios en los cuales repitió y revivió las heridas y los dramas de su infancia. Sus dos primeros maridos fueron crueles, abusadores, infieles y violentos; el segundo la abandonó de forma imprevista dejándola sola con tres niños, sin aviso, explicación o preparación alguna. A su llegada a Renfrew ya se había casado por tercera vez, pero aún no tenemos información o modo de saber cómo evolucionará esta unión.

En Renfrew también comentó que algunas veces, cuando se sentía especialmente ansiosa o dolida, se golpeaba la cabeza o el estómago. Me pregunto si esto no indica una cierta escisión de la consciencia del yo, ya que al golpearse no solo da salida a su masoquismo, es decir su adicción al dolor, sino también a su sadismo, pues estas actitudes no solo suponen una víctima sino también un ejecutor.

El hecho de haber adoptado otro bebé dañado, un niño con parálisis cerebral, cuando cursaba su tercer embarazo, me sugiere otra actuación masoquista, aunque considero también que quizá podría entenderse quizá como la expresión de un esfuerzo inconsciente hacia una actitud casi heroica de cuidado y sanación.

Esto me recuerda mi primera impresión de que, a pesar de los aspectos en general adversos de las relaciones en su infancia y posteriormente, existen ciertos reflejos de luz. Pienso en el hecho de que haya «organizado recientemente un grupo de autoayuda para mujeres con alteraciones alimentarias», o en que, habiéndolo «perdido todo» tras el abandono de su segundo marido, fuera capaz de encontrar un empleo como «cajera y camarera», y conservarlo. Para cualquier propósito terapéutico resulta aún más alentador que existan indicios de la capacidad de Joan para el pensamiento y la expresión metafórica y simbólica, como cuando manifestó en Renfrew su deseo de ayuda para «trabajar con los sentimientos que me he estado tragando». Su meta de convertirse a largo plazo en consejera sobre adicciones también confirma mi intuición de que, asociada a las vivencias de dolor, desconfianza e impotencia, existe en ella una fuerza opuesta, el impulso a sanarse a sí misma y sanar a los demás.

De este modo, al dedicar más tiempo a estudiar con detenimiento el historial de Joan y de sus problemas actuales, mi escaso optimismo original se vio iluminado por algunos rayos de luz; es decir, vislumbré una o dos señales posiblemente esperanzadoras que me hicieron pensar que sería posible y útil algún tipo de trabajo analítico.

Intentaré ahora suponer o adivinar de qué forma procedería, en función de mi experiencia teórica y clínica y mi punto de vista, dado lo que ya sé sobre Joan.

Tras tener una entrevista inicial de evaluación con Joan tal vez decida aceptarla como paciente en psicoterapia analítica. Puede que me haya caído bien; puedo verla como un mujer que ha sido muy dañada, con escaso sentido de su propio valor, muy insegura sobre quién es y qué es; intuyo, no obstante, un inesperado y profundamente enterrado núcleo de resistencia y tenacidad. Esta impresión me lleva a sentir que podemos crear una relación de comunicación suficiente para enfrentar el mal tiempo y la calma, el odio y el amor, los sentimientos persecutorios y la confianza, el deseo y también el furioso rechazo de la dependencia, la proximidad, la intimidad.

Asimismo, veo la necesidad de comenzar el trabajo analítico muy lentamente, es decir, explorando las experiencias conscientes e inconscientes, su biografía, sus recuerdos, sus fantasías y sus sueños, así como sus actuales frustraciones, satisfacciones, acontecimientos, conflictos, esperanzas y temores. Es ante todo muy importante respetar su privacidad y los límites para evitar todo lo que pueda despertar sospechas sobre una posible intrusión de mis pensamientos y especulaciones, haciendo y emitiendo interpretaciones. Al haber sufrido abuso tanto sexual como en su calidad de persona, mi función es orientarla lentamente hacia sus propias introspecciones posibles. Todo lo que yo diga deberá expresarse como una pregunta, excepto, por supuesto, cuando quiera expresar y transmitirle algo relativo a mis propios sentimientos y reacciones.

El hecho de expresarme recurriendo a preguntas más que a afirmaciones, modalidad que considero especialmente importante en el caso de Joan, es algo que tiendo a aplicar con la mayor parte de mis pacientes, porque la interrogación lleva al paciente a ejercer un papel activo en el trabajo analítico en lugar de permanecer como receptor pasivo de la producción del terapeuta. En otras palabras, el paciente debe descubrir si lo que se le ofrece es adecuado y tiene sentido; si surgen distorsiones pueden dar indicios y revelar lo que está sucediendo en la relación paciente-terapeuta y cuál es el complejo intrapsíquico que domina las funciones de sensación, pensamiento, sentimiento e intuición.

Para la terapia con Joan claramente sugiero el trabajo cara a cara. El diván resultaría poco apropiado para alguien tan inmovilizado y manipulado por ambos progenitores. Si en una etapa muy posterior, tras haber elaborado los traumas de su infancia —y sus dos matrimonios—, ella se interesara en su propio profundo mundo interior inconsciente, un mundo de fantasías y símbolos, tal vez se pudiera considerar y experimentar el trabajo con diván. Pero la idea del cambio debería provenir de ella misma ya verbalmente o mediante ocasionales o aparentemente casuales miradas dirigidas al diván.

En cuanto a la frecuencia de las sesiones, comenzaría con dos por semana. Al tomar decisiones es preciso llegar a un equilibrio delicado, por un lado es preciso contenerla y lograr que su depresión sea soportable y, por otro, hay que propiciar la caída de las defensas y estructuras externas que ha logrado construir y mantener. Pienso en el trabajo, la familia, los hijos y el tercer matrimonio. También debo recordar que tiende a las adicciones: si bien una adicción a la terapia o al terapeuta puede ser menos perjudicial que su adicción bulímica, a largo plazo puede minar el potencial transformador de la terapia.

Como en toda terapia analítica la función más importante es la transferencia y la contratransferencia, es decir, todo lo que se siente, cree, proyecta e introyecta de aquello que sucede entre paciente y terapeuta. Tal como he dicho en otro lugar, «la transferencia es un *puente vivenciado* entre el yo y el otro, entre el pasado, el presente y el futuro, entre lo inconsciente que constituye las partes escindidas de la psique, por una parte, y entre lo consciente y lo racional, por otra» (Gordon, 1993, pág. 235). Dicho de otra manera, la transferencia crea un «pasado presente». Por medio del proceso de proyección las personas y los personajes, reales, históricos, fantaseados o arquetípicos que habían habitado el mundo interno del paciente en el pasado son depositados sobre o dentro del analista. Es así, a través de la transferencia, como es posible evocar, redescubrir y volver a experimentar aquellos temores, esperanzas, anhelos, estados de ánimo y sentimientos que se habían vivido y perdido.

Habiendo leído las notas sobre el caso de Joan, ahora querría ver a la paciente e investigar en mis propias reacciones, comprensión intuitiva y expectativas. Intentaría poner en suspenso los datos del informe de evaluación y vaciarme lo suficiente como para recibir mis propias impresiones sobre ella, pues sabemos que no existen observaciones imparciales, puras y neutrales; todos los intereses y características personales de cada evaluador inevitablemente afectan a su visión de un paciente, además del hecho de que cada persona reacciona y pone en juego diferentes partes de sí misma frente a distintos entrevistadores. De llegar a ser la psicoterapeuta de Joan, debería tratar de conocerla y percibirla lo más pronto y libre de influencias como fuese posible.

Me pregunto a qué Joan conoceré en la primera entrevista. Tiene 44 años de edad. Amy, su hija mayor, del primer matrimonio, tiene ahora veintiséis años de edad. De modo que Joan tenía dieciocho años cuando se casó por primera vez. Me la imagino rellenita y de estatura mediana.

Imagino que su acercamiento y actitud hacia mí en este primer contacto denotará conflicto y ambivalencia. Desea ser ayudada y cuidada pero no le resultará fácil confiar en mí: confiar en que no me aprovecharé de su necesidad de ayuda. A ella le da rabia darse cuenta de que depende de alguien, en este caso de mí, su terapeuta. Se avergüenza de su necesidad y teme que se piense que es una molestia, que no merece realmente atención profesional (me refiero a su indecisión en consultar al ginecólogo frente a sus hemorragias menstruales intensas, vacilando a la hora de pedir permiso laboral para hacerlo. Por supuesto que también influye el miedo a perder el trabajo y el costo de la atención médica, razones a tener en cuenta).

En caso de sospechar que dichas contradicciones internas le impiden aprovechar este primer encuentro para establecer algún tipo de contacto conmigo, estando ella demasiado tensa y ansiosa e incapaz de hablar o mirarme, intentaría transmitirle que he captado algo de esta agitación interna. Imagino que ella también pueda verme como su terapeuta, lo que supone una relación prolongada, regular y periódica. Esto puede resultar tranquilizador pero puede también aumentar su reticencia a hablar, temiendo que yo recuerde y retenga todo lo que ella diga, con lo que ella ya no podría volver a olvidarlo, sepultarlo, reprimirlo o negarlo; yo podría traerlo nuevamente a la consciencia y enfrentarla con aquellos recuerdos y sentimientos que ha experimentado y continúa sintiendo como demasiado dolorosos, demasiado vergonzantes y cargados de culpa.

Antes de terminar la primera sesión trataré con ella cuestiones prácticas: número de sesiones por semana, horas y fechas, honorarios, duración de las sesiones, periodo de vacaciones, etc. Pero también he de preguntarle si desea iniciar esta empresa terapéutica y, en ese caso, si será conmigo.

Sus tendencias masoquistas y su compulsión a repetir los abusos sufridos tempranamente con sus padres pueden también obstaculizar o incluso sabotear el trabajo analítico. El masoquismo puede, de hecho, obstruir la terapia porque conlleva una negación de la propia responsabilidad y de la experiencia de culpa. En este caso el displacer y el dolor tampoco actúan como incentivo para el cambio, el desarrollo, o el crecimiento, ya que el dolor y el displacer son deseados y procurados. Si el masoquismo es —como ocurre en el caso de Joan— el objeto de la compulsión a la repetición, es muy probable que obstruya la efectividad de la terapia. Como ya mencionara al principio de este apartado, la presencia de dicha compulsión sugiere la necesidad de la persona por retener el pasado, lo familiar, al margen de lo malo o doloroso que haya sido, antes que adentrarse en lo nuevo y relativamente desconocido. «Más vale lo malo conocido que lo bueno por conocer» es un conocido refrán popular.

Imagino que al conocer a Joan decida que, a pesar de las referencias pesimistas del historial y del grave daño sufrido durante su infancia y posteriormente, e incluso de los diversos aspectos psicopatológicos del conjunto, le proponga un tratamiento. De hecho, me doy cuenta de que me cae bien. Puede que vea en ella algo conmovedor, tal vez porque da la impresión de una vulnerabilidad frente a la que no ha levantado defensas impenetrables. Si bien se dirige al otro con una vigilante suspicacia, intuyo la existencia en su interior de una firme tenacidad que me resulta estimulante.

Evidentemente no será fácil trabajar con ella; puedo anticipar crisis y enojos, y periodos de intensa dependencia, así como rabia y desesperación frente a las separaciones inevitables como las de fin de semana o vacaciones. Puede que me convenza —¿o seduzca?— para confiar en que su tenacidad sea eficaz, y logre finalmente rescatarla a ella y a nuestro trabajo en terapia.

Lo que puede resultar aún más importante y esperanzador son los diversos indicios de la existencia en ella de la imagen arquetípica bastante activa del sanador herido; puede que se identifique con este personaje intrapsíquico permitiendo que la guíe y la inspire. La adopción de un niño con lesiones cerebrales, su meta de convertirse en consejera sobre adicciones, el haber logrado ya organizar un grupo de autoayuda para mujeres con problemas alimentarios, todo ello sugiere que el arquetipo del sanador herido está presente y funciona; creo que es un buen augurio para la empresa psicoterapéutica.

Supongo que sus sentimientos hacia mí, es decir su transferencia, oscilará violenta y frecuentemente entre el odio y el amor, entre una demanda de disponibilidad total, y de suministro total, a otra de rechazo absoluto de todo lo que pueda ofrecerle, o entre una confianza casi ciega y una profunda desconfianza. Ella no podrá confiar en mí, sobre todo al principio de nuestro trabajo juntas, no será capaz de creer que yo pueda darle voluntariamente algo bueno y nutritivo, cuidarla, y todo ello sin exigirle a cambio sumisión o renuncia a su individualidad, a su propia sensualidad, a sus necesidades instintivas.

En función del abuso soportado —de su cuerpo, de sus sentimientos, de su identidad— me doy cuenta de que tendré que ser extremadamente cuidadosa al hacer o decir cualquier cosa que pueda disparar una mayor proyección sobre mí de estos progenitores abusadores.

Tener que contener y reprimir mi deseo de ofrecerle mi comprensión, algunas de mis percepciones, lo que descubra sobre sus personalidades y fuerzas inconscientes, todo esto posiblemente me genere en algunas ocasiones rabia, impaciencia, frustración. Incluso retrospectivamente no siempre podré distinguir si estas reacciones casi hostiles hacia Joan surgirán de una ilusión contratransferencial o de una sintonía contratransferencial (en cuyo caso serán indicio, vía identificación proyectiva, de lo vivenciado inconscientemente por ella). En otras ocasiones puede que me sienta inundada de tristeza y desesperación, temiendo no ser útil, sintiendo que nada puede mejorar. Es posible que sienta entonces una especie de compasión impotente hacia Joan y me imagine transmitiéndole, hasta con palmadas, la certeza de que ella es valiosa, que ha logrado mucho, que se volverá más atractiva y querible. Como muchos pacientes bulímicos, Joan tiene poca autoestima y teme despertar rechazo y disgusto en los demás. Dado que sus autoataques son tan intensos y persistentes, es fácil caer en la tentación de equilibrarlos ocasionalmente con alguna expresión de confianza sencilla y directa. Una mejor autovaloración puede ayudarla cuando tenga que enfrentarse y lidiar con algunos de los impulsos y experiencias que, sospecho, existen activos en su interior, pero que han sido relegados a la sombra: impulsos, por ejemplo, de rabia, odio y resentimiento, o fantasías de violencia, asesinato, venganza, o incluso placer sexual furtivo.

Será obviamente necesario trabajar muy duro con el tema de la bulimia y de la conversión, interdependencia e interacción de cuerpo y psique, y sobre el desplazamiento de la experiencia genital a la experiencia oral, con todo el simbolismo implícito. Ella misma parece dispuesta a hacerlo, a juzgar por su comentario durante la entrevista en Renfrew al expresar el deseo de «trabajar con los sentimientos que me he estado tragando». Esta afirmación resulta especialmente significativa en el momento de decidir el inicio de una psicoterapia analítica.

Parece existir una relación inversa entre la tendencia a desarrollar síntomas psicosomáticos o una enfermedad real y la capacidad de simbolizar. Estar atento a este hecho puede ser determinante a la hora de decidir la estrategia terapéutica y muy importante al trabajar con Joan.

De momento es poco lo que se sabe sobre su temprana infancia, o sus impulsos y fantasías pre-edípicas. A partir de los cinco años sus vivencias al sufrir el abuso de sus padres fueron obviamente tan dolorosas, tan intensas, atemorizadoras y conflictivas que su carácter oscuro, su sombra, ha ocultado acontecimientos anteriores y posteriores de su vida. Creo que algunos de estos hechos se podrán revelar a través de la transferencia y contratransferencia, a través de las cuales tal vez sea posible reflotar no solo recuerdos de lo que le sucedió, sino volver a experimentar, en el aquí y ahora, los afectos asociados a esos hechos. La transformación y la curación pueden producirse precisamente al revivir estas experiencias en un contexto presente nuevo. La relación en el presente con su analista puede ayudar a aumentar su confianza, confianza en el «otro» y en sí misma, en sus propios recursos y capacidades. Puede también ayudarle a liberarse de partes oscuras y siniestras de su propia historia psicológica, en las que se sintió atrapada y condenada a repetirlas una y otra vez.

REFERENCIAS

Gordon, R. (1993) *Bridges: Metaphor for Psychic Processes*, Karnac Books, Londres.
Samuels, A. (1985) *Jung and the Post-Jungians*, Routledge & Kegan Paul, Londres.

III

LA PSICOLOGÍA ANALÍTICA
EN LA SOCIEDAD

11 POLLY YOUNG-EISENDRATH

Género y contrasexualidad: la contribución de Jung y su desarrollo posterior

> La sexualidad corresponde a esa área de inestabilidad que se juega en el registro de la demanda y el deseo, representando cada sexo mítica y exclusivamente lo que podría satisfacer y completar al otro. Cuando las categorías «masculino» y «femenino» se conciben como una división absoluta y complementaria pierden el misterio, con lo que la dificultad de la sexualidad desaparece al instante.
>
> (Jacqueline Rose, Introducción a J. Lacan, *Feminine Sexuality,* 1982, pág. 33)

Género y diferencia

La división universal de la humanidad en dos sexos marcados por signos y símbolos genéricos tiene efectos poderosos y persistentes sobre nuestro funcionamiento psicológico como individuos, parejas y grupos. No solo nacemos en el curso de historias que involucran a ambos sexos, historias que limitan y también abren posibilidades de acción e identidad, sino que también desarrollamos poderosas imágenes internas sobre la feminidad y la masculinidad. Al tiempo que nos identificamos con una de ellas, desarrollamos un complejo inconsciente en torno al Otro (con mayúscula el Otro subjetivo, para distinguirlo del otro interpersonal).

El género constituye un organizador central de la realidad interpersonal. Posee tanto significado que sentimos la necesidad de determinarlo rápidamente cuando nace un niño o, en cualquier caso, cuando nos encontramos con un desconocido. «¿A qué sexo pertenece esta persona?» es una pregunta que abre vías a la fantasía, el símbolo y la palabra. Toda confusión o falta de claridad sobre el género de una persona genera ansiedad. ¿De qué manera he de dirigirme, actuar o relacionarme con esta persona si no conozco con certeza la categoría que determina gran parte de lo que espero y percibo?

Son muchas y fecundas las consecuencias, conscientes e inconscientes, de la división en dos géneros. En el marco de la psicología profunda solo en contadas ocasiones se ha tratado el tema con seriedad, sin el condicionamiento de los argumentos biológico o esencialista, según los cuales los hombres y las mujeres «nacen así». Los misterios de la sexualidad se ven reducidos a fórmulas acerca de las diferencias que deberían existir o que, sencillamente, son. Esto da lugar, a su vez, a teorías psicológicas sobre lo que falta, queda fuera o está disminuido en uno u otro sexo. Puesto que la mayor parte de los teóricos de la psicología profunda han sido androcéntricos (considerando a los hombres como medida de salud y éxito), la mayor parte de las teorías sobre género y sexo han descrito a las mujeres en términos de déficit —*falta* de pene, poder, fuerza moral, impulso cultural o inteligencia— dando por supuesto que son sujetos «naturalmente» narcisistas, depresivos, envidiosos. Si bien existen excepciones, especialmente entre los teóricos de las relaciones objetales y las psicoanalistas mujeres que entienden que la envidia afecta a ambos sexos, la mayor parte de la teorización sobre género tiene el defecto de reducir las diferencias de sexo a una fórmula que imita estereotipos.

En ciertos aspectos la psicología de Jung es una excepción. Él llama la atención sobre una cuestión importante respecto a las diferencias sexuales: el papel del sexo opuesto como factor generador de proyección. Jung nos invita a considerar aquellos aspectos propios que negamos conscientemente (por ser insoportablemente desagradables o por estar idealizados) y proyectamos sobre los demás. Su teoría sobre la contrasexualidad, según la cual todos poseemos biológicamente una personalidad del sexo opuesto derivada de los rastros genéticos del otro sexo (hormonales, morfológicos, etc.), *también* peca de esencialismo, aunque resulta clara en el terreno psicológico. Esta condición genera un Otro interior, una personalidad inconsciente. Dicha subpersonalidad tiene vida propia, generalmente disociada y frecuentemente proyectada sobre el sexo opuesto, como un fetiche o un aspecto del mundo orientado a defendernos de la ansiedad y el conflicto.

La teoría de Jung sobre el ánima y el ánimus (nombres latinos con que identificó estas subpersonalidades) como arquetipos es a la vez un análisis cultural de los opuestos universales y una teoría psicológica sobre los «factores generadores de proyección». En la teoría de Jung, el ánima, subpersonalidad femenina del hombre, y el ánimus, subpersonalidad masculina de la mujer, son resultado de la evolución natural de la contrasexualidad impulsada biológicamente. Si bien se desarrollan a lo largo de toda la vida, entran especialmente en juego hacia su mitad, dada la naturaleza cambiante que adquiere en esa época el desarrollo de la identidad. En su manifestación como imágenes cargadas de afecto, estos arquetipos estructuran aquello que poseemos del sexo opuesto en estado de latencia, una especie de alma gemela de potenciales tanto ideales como desvalorizados. La teoría de la contrasexualidad es un aporte a la psicología profunda que problematiza al «sexo opuesto», devolviendo la sombra de la Alteridad a su dueño. Contrastando con las teorías de Freud, que centran su interés en la ansiedad de castración y la envidia del pene (poniendo así el énfasis en el pene, el falo y el poder masculino), la teoría junguiana de los géneros es fluida y de amplias aplicaciones potenciales en un mundo posmoderno y descentrado. Jung había desarrollado ya un modelo de personalidad disociada, subrayando sobre todo la escisión de la identidad entre el género consciente y el Otro contrasexual menos consciente (o inconsciente), mucho antes de que los teóricos de las relaciones objetales (como Melanie Klein, Ronald Fairbairn o Wilfred Bion inicialmente, o Thomas Ogden, James Grotstein o Stephen Mitchell entre los contemporáneos) desarrollaran el concepto de personalidad descentrada en suborganizaciones autónomas.

En mi práctica clínica y mi conceptualización de la psicología analítica (Young-Eisendrath, 1993; Young-Eisendrath y Wiedemann, 1987) he considerado nuevamente las definiciones de la contrasexualidad y del ánima/ánimus frente a las críticas contemporáneas del feminismo y el constructivismo. En mi opinión, y en la de muchos otros psicoanalistas, estas críticas han debilitado efectivamente la certeza acerca de la existencia de diferencias de género universales relativas a las formas de ser biológicamente «masculina» o «femenina». En lugar de referirme a los arquetipos de lo masculino, lo femenino, el ánima o el ánimus, procuro centrarme en la oposición o dicotomía universal en un mundo de género escindido. La concepción de los dos sexos como opuestos portadores de potenciales complementarios se encuentra presente en infinidad de fantasías y símbolos psicológicos, culturales y sociales. Según dice la psicóloga Gisela Labouvie-Vief (1994) refiriéndose a los constructos culturales sobre el género:

> No solo *reflejan* cierta autoidentificación interna y la realidad social externa, sino que llegan incluso a *crear* esas mismas realidades internas y externas. De esta forma, la terminología resultante sobre los atributos de género se convierte en un marco de referencia respecto del cual se auto-

definen las identidades en desarrollo, intentando validar su «adecuación» como hombres y mujeres en la cultura.

(pág. 29)

Antes de avanzar algunas aplicaciones culturales y clínicas de esta revisión de la teoría junguiana sobre los géneros y la contrasexualidad creo que resultará útil esclarecer algunas definiciones.

Considero que existe una diferencia entre sexo (como en las diferencias sexuales) y género. El «sexo» con que nacemos y el «género» que se nos asigna al nacer no confluyen en lo mismo, si bien uno deriva del otro. El sexo corresponde a la diferencia de propiedades corporales, estructurales y funcionales de la anatomía humana (incluyendo las hormonas y la estructura cerebral) que proporcionan tanto las posibilidades como los límites de aquello que podemos ser. La mayor parte de estos aspectos se relacionan de alguna forma con la vida reproductiva, si bien existen diferencias biológicas entre los sexos —tal como sucede con las diferencias entre la mortalidad neonatal y la longevidad— que quedan al margen de nuestro periodo reproductivo.

El género es la identidad, la categoría social que se nos asigna al nacer (y actualmente, gracias a las ecografías, antes incluso) en función del sexo del cuerpo. Mientras que el sexo es inflexible, las identidades de género varían de cultura en cultura, incluso entre familias. Por ejemplo, en algunas sociedades se espera que los hombres estén más volcados al hogar y la nutrición que las mujeres, ocupándose del cuidado de los pequeños (v. Sanday, 1981). En nuestras sociedades norteamericana y europea se espera que los hombres sean más autónomos que nutricios, pero en algunas subculturas esto puede variar. Por ejemplo, tal como lo describe la antropóloga Mary Catherine Bateson (1994), los jóvenes iraníes (incluso en Estados Unidos) se separan de sus familias mucho más lentamente que sus equivalentes estadounidenses, y frecuentemente se espera que se sacrifiquen para cuidar a sus madres, ganándose el respeto de los varones adultos. Según ella misma explica,

> La cultura estadounidense es la que más ha valorado al individuo autónomo, relativizando la importancia de lo relacional. En un determinado momento fue virtualmente la única que prefería que los niños durmieran solos en cuartos separados.

(pág. 60)

El modo en que una cultura resuelve la oposición entre autonomía y dependencia se refleja a menudo en los papeles que se esperan de ambos sexos. Cuando el terreno de lo relacional y lo nutricio no posee gran valor tiende a ser asignado a las mujeres. Cuando posee más valor pertenece a ambos sexos y la individualidad pierde relevancia (v. Sanday, 1981).

Asimismo hay pruebas de que las personas pueden tener expectativas diferentes sobre el género en contextos diversos, según se refieran a sí mismos o a terceros (Spence y Sawin, 1985). Por ejemplo, los hombres estadounidenses tienden a evaluar su propio género en función de la fuerza o el tamaño, mientras las mujeres se refieren a papeles como el de madre o esposa. Sin embargo, ambos sexos tienden a considerar el género como un «hecho de la vida», y no como una construcción basada en su socialización. Muchos de nosotros confundimos el carácter inmutable de los rasgos sexuales con el carácter variable del género. Según se deduce de los estudios existentes sobre las diferencias entre sexo y género, aparentemente *no* se establecen conexiones permanentes entre determinados rasgos de personalidad y las diferencias concretas que existen entre varones y mujeres (Maccoby, 1990; Unger, 1989, pág. 22).

Una vez que se percibe el género como una construcción social —asignación a hombres y mujeres de papeles, identidades y estatus— las explicaciones biológicas sobre las diferencias sexuales pierden peso. No solo se trata de que no «nacemos así» sino que actualmente los papeles e identidades de hombres y mujeres sufren cambios continuos en la mayor parte de las principales sociedades, con una excepción. Los hombres siguen teniendo más poder que las mujeres, jerárquico y decisorio, en todas las principales sociedades. Amenazar esta dicotomía de poder (por la cual los hombres son más poderosos que las mujeres) supone amenazar el propio tejido de la vida civilizada. La mayor parte de los sistemas económicos mundiales dependen del trabajo femenino gratuito o mal pagado (v. Young-Eisendrath, 1993, caps. 1-3). La mayor parte de las personas, tanto hombres como mujeres, sienten incomodidad cuando las mujeres ganan más que los hombres, o cuando las mujeres ocupan puestos políticos prioritarios, y ante la realidad del mundo actual, con mayoría de mujeres. La relativa flexibilidad de los papeles de género y de la diferencia de poder entre los sexos tiene que ser reconocida en cualquier aproximación contemporánea al tema, sea dentro o fuera de la consulta terapéutica. Los cambiantes significados del género, aceptar que se trata de una construcción y los efectos duraderos del dominio masculino son igualmente importantes, tanto en la práctica clínica como en la revisión de la teoría junguianas, para resultar aplicables a la vida contemporánea.

Cuando las personas insisten en sostener una marcada división entre los sexos, asumiendo que las mujeres son naturalmente más relacionales y los hombres más naturalmente autónomos, se arriesgan a perder para siempre partes de ellos mismos. La manifestación de estas partes mediante proyección, envidia e idealización puede convertirse en una forma de vida. La elección de pareja puede estar consciente o inconscientemente determinada por la disponibilidad voluntaria del otro a ser portador de partes idealizadas o desvalorizadas de uno mismo. Según afirma la psicoanalista Evelyn Cleavely (1993):

> Al (...) elegir una pareja que por razones personales está dispuesta a recibir ciertas proyecciones, es posible proyectar ciertos aspectos no deseados al exterior, conservando al mismo tiempo una relación vital con ellos a través del otro. Lo proyectado y luego redescubierto en la pareja recibe el mismo trato anterior. Lo que no soportamos en nosotros mismos es lo que localizamos y atacamos (o fomentamos) en el otro.
>
> (pág. 65)

Las proyecciones sobre aquellos que nos rodean se despliegan de acuerdo con el teatro interno de la identificación proyectiva, una *participation mystique* inconsciente según las acertadas palabras de Jung. La mística de la identificación proyectiva consiste en su infalible capacidad de evocar en otro, generalmente alguien muy cercano, los aspectos más temidos e idealizados de uno mismo.

Proyección, identificación proyectiva y escisión

Si bien Jung no llegó a comprender plenamente el mecanismo de la identificación proyectiva, se dio cuenta de la potencia latente que existe en la combinación de la dinámica inconsciente de dos personas tal como se produce en el análisis, en la psicoterapia y en las relaciones de pareja. Para referirse al fenómeno, utilizó el término antropológico *participation mystique*, acuñado por Lévy-Bruhl, que indudablemente se refería al mismo fenómeno posteriormente denominado «identificación proyectiva» por todos los teóricos de las relaciones objetales, desde Klein a Ogden. Bion (1952) fue posiblemente el primero en destacar la presencia de un componente interpersonal en la identificación proyectiva. Describió los sentimientos del receptor de la proyección como «ser manipulado para representar un papel, por difícil de reconocer que pueda ser, en la fantasía de otra persona» (pág. 149). El receptor de la proyección se siente atrapado o forzado a poner en práctica la fantasía inconsciente de quien proyecta. La única posibilidad de resistirse a la coerción y simbolizar la experiencia consiste en luchar por ser consciente y permanecer diferenciado, disponiendo la proyección para que pueda ser reconocida por el emisor.

Cuando se dicotomiza intensamente el género, sea en un individuo o en un grupo, las personas pierden partes de sí mismas al «demostrar» que los demás poseen dichas partes en exclusividad. Por ejemplo, si me veo solo como una persona femenina, dadivosa, tenderé a proyectar mis aspectos más exigentes y agresivos en los demás, sobre todo en los hombres si creo en el estereotipo que presenta a los hombres como naturalmente agresivos y egoístas. Al sostener que mis motivos *nunca* son egoístas, puedo estimular en mi compañero una respuesta irritada o agresiva que me «demuestre» que el agresivo es *él*.

Los hombres no llegan a percibir sus propias capacidades nutricias y relacionales cuando las «ven» exclusivamente como propias de las mujeres; las mujeres pueden acallar su propia autoridad si asumen que los hombres son más racionales, decisorios u objetivos por naturaleza. Y así sucesivamente. El efecto de la proyección es externalizar aspectos propios y «encontrarlos» en otras personas, animales o cosas. El efecto de la identificación proyectiva es evocar en el otro aquello que se ha externalizado de uno mismo, para luego «demostrar» que dicho aspecto no nos pertenece a nosotros sino al otro. Tal como dice la psicoanalista Jacqueline Rose en la cita inicial, el misterio de la sexualidad como contrapunto entre opuestos se desdibuja e incluso puede perderse cuando se conciben ambos sexos como divisiones absolutas y complementarias. El contenido ya está preestablecido y no es posible evocar ni descubrir nada nuevo, con lo cual ambos sexos pierden aspectos de sí mismos para siempre.

La teoría junguiana ha retratado con excesiva frecuencia a los sexos como una división complementaria de Masculino y Femenino. Esto, a su vez, ha llevado a un escisión defensiva de los mundos interpersonal e intrapsíquico tanto en la teoría como en la práctica. De este modo cada uno de los sexos parece representar una parte preestablecida de la experiencia humana. En este tipo de marco teórico, el significado de la Masculinidad, los hombres y lo varonil responde al Logos, la racionalidad, la independencia y la objetividad. En cuanto al significado de la Feminidad, las mujeres y lo femenino se traduce en Eros, capacidad relacional y subjetividad. Este es el retrato de los sexos esbozado por Jung reflejando los sesgos culturales de su época.

No obstante, y superando dichos sesgos, agregó el concepto de contrasexualidad, la capacidad potencial de cada sexo para desarrollar cualidades y aspectos de sexo opuesto en la segunda mitad de la vida por la vía del proceso de individuación, realización del sí-mismo. De esta forma, cada sexo podría integrar su opuesto en un momento de la vida en que resulta posible realzar el poder de reflexión y la creatividad personal, una vez que se ha logrado ocupar un lugar en la sociedad y se ha alcanzado el desarrollo de género «apropiado». Esta escisión de los géneros planteada por Jung ha sido criticada por muchos teóricos junguianos como Demaris Wehr (1987), Andrew Samuels (1989), Claire Douglas (1990), Deldon McNeely (1991) y yo misma (1987,1993). Se han propuesto varias estrategias diferentes para llevar a cabo la revisión de la teoría junguiana del ánima y el ánimus, a saber: *1)* suponer que la identidad de género es flexible y que hombres y mujeres poseen tanto ánima como ánimus, entendidos como la feminidad y masculinidad prototípica inconsciente; *2)* suponer que la identidad de género es flexible pero que la biología es el principal determinante de las diferencias sexuales y que el ánima y el ánimus son arquetipos relacionados con el sustrato biológico de la sexualidad, con lo cual los hombres solo tendrían ánima y las mujeres solo ánimus, y 3) suponer que el género es flexible pero que la división en dos sexos no lo es, de donde deriva la concepción del ánima y el ánimus como *complejos* inconscientes del «sexo opuesto», portadores de la carga afectiva del (de los) Otro(s) a medida que aparecen en un individuo, una familia o la sociedad.

Personalmente suscribo esta tercera estrategia. Utilizo los conceptos de Jung sobre el ánima y el ánimus como teoría de la contrasexualidad (los complejos psicológicos del sexo opuesto presentes en cada uno de nosotros), por su fructífera riqueza teórica, al considerar los efectos de la proyección y de la identificación proyectiva, y por su utilidad clínica para promover el cambio tanto en individuos como en parejas. Esta teoría también da cuenta de la encarnación de las diferencias sexuales (con sus posibilidades y limitaciones inherentes) que llevan a la envidia y a la idealización del contrario, así como de la división universal de los opuestos y del género como construcción fluida que cambia a lo largo del tiempo y en diferentes contextos. En este enfoque el término ánimus se refiere exclusivamente al complejo contrasexual de la mujer y ánima a su equivalente en el hombre, subrayando el carácter exclusivo del género y del sexo: nadie puede tener *ambos* géneros o sexos, y no existe una tercera alternativa.

La división del orden simbólico (es decir lenguaje, imagen y expresión) en opuestos da lugar a una división intrapsíquica entre una identidad femenina o masculina consciente y un complejo contrasexual opuesto. Tanto el yo como el Otro son complejos psicológicos de tonalidad emocional organizados en torno a arquetipos. El núcleo del yo es el arquetipo del sí-mismo; el núcleo del Otro es el arquetipo de la contrasexualidad (el sexo opuesto). El yo y el Otro se expresan en imágenes, hábitos, pensamientos, acciones y significados que surgen y se apoyan en una matriz relacional. Al explicar la teoría de los «objetos internos» de Fairbairn, Ogden (1994) describe la forma en que los complejos psicológicos (objetos internos en su lenguaje) operan en el conjunto de la personalidad:

> Cuando Fairbairn dice que los objetos internos no son «meros objetos» sino estructuras dinámicas parece dar a entender que (...) las figuras internas no son simplemente representaciones mentales de los objetos, sino agentes activos, y las características específicas de su actividad resultan evidentes tanto para ellos mismos como para otras estructuras dinámicas (...)
> (pág. 95)

En el caso del complejo del yo, la subpersonalidad más consciente, estas características se comprueban fácilmente, pero reconocer al «agente activo» del ánimus y del ánima es más difícil. Generalmente requiere autopercepción y comprensión psicológica, capacidad para reconocer y adueñarse de lo que se ha proyectado en la pareja, en un amante, amigo, padre, hijo o terapeuta.

Lo que confiere a la contrasexualidad su poder como determinante emocional del desarrollo es el carácter único de su relación con el yo: el Otro contrasexual restringe y define aquello que el yo puede ser. La forma en que yo actúo y me imagino en tanto mujer conlleva una limitación en términos de lo que considero «no-mujer»: macho, masculino, no yo. Paradójicamente, el complejo contrasexual es producto de un yo con atributos de género. Aquello que para el hombre es ánima, o (según lo he denominado en otro trabajo, 1993) su «amante ideal» femenino —en sus aspectos positivos o negativos—, es el resultado de la masculinidad de ese hombre, lo que él se permite ser en tanto hombre. Aquello que para una mujer es ánimus, su amante ideal masculino, es de modo similar un producto de su feminidad. Nuestras fantasías sobre el sexo opuesto se basan en lo que se excluye de uno mismo, a menudo de forma absoluta.

Cuando el género se dicotomiza excesivamente y el mundo se divide en dos, masculino y femenino, lo más probable es que el individuo procure defenderse escindiendo totalmente el complejo contrasexual, reconociéndolo exclusivamente en los demás. A un amplio nivel cultural existen muchos síntomas al respecto. Basta con ver en cuánta literatura, cinematografía y arte visual se retrata a los personajes femeninos como vírgenes poderosas, prostitutas, madres abrumadoramente seductoras o destructivas, brujas, suegras insoportables, etc. Estas son las imágenes predominantes, en su mayoría producto de la contrasexualidad masculina, las imágenes, hábitos, pensamientos, acciones y significados de tonalidad emocional que resultan del hecho de ser hombre en una sociedad que teme al poder femenino. Dicen poco sobre lo que significa ser mujer, a pesar de lo cual pueden ser internalizadas por las mujeres a través de una especie de introyección cultural. Culturalmente se ha atribuido a la identidad femenina gran poder emocional (frecuentemente negativo), y se espera que las mujeres carezcan de autoridad y poder de decisión. Las imágenes masculinas de las amantes ideales se alimentan de sentimientos familiares y cuestiones de identidad en las mujeres, pero no constituyen retratos auténticos de vidas femeninas reales.

¿Qué sucede con los amantes ideales de las mujeres? Dado que el impacto de la mujer en la cultura data de los últimos veinticinco años, ahora tenemos acceso a los complejos contrasexuales femeninos a través del cine, la literatura y el arte. Podemos asistir a personajes masculinos demoniacos y prepotentes bravucones, jóvenes desorientados e incompetentes tanto evolutiva como relacionalmente, héroes eróticos sensibles y amantes andróginos. Muchos hombres adultos llegan a la terapia de pareja quejándose de «no entender qué sucede», sin saber de qué se quejan sus parejas o por qué sus propios modos de comunicación no funcionan. Cuando la contrasexualidad se queda en proyección se filtra al mundo circundante trabando el desarrollo con barreras que pueden durar toda la vida si la fuerte dicotomización de los sexos persiste.

Individuación, autopercepción, función transcendente

Jung describe la individuación como el proceso de reconocimiento e integración de conflictos internos, de complejos conscientes e inconscientes, incluida la contrasexualidad. Este reconocimiento de la propia división aporta una nueva libertad, el conocimiento de la complejidad de la propia naturaleza, la habilidad para «desidentificarse» de ciertos aspectos de la misma. Con «desindentificar» me refiero a ver, clasificar y admitir ciertos aspectos de la personalidad *sin* actuarlos. Esto supone desarrollar la capacidad de autorreflexión para ejercer tanto el conocimiento como la elección de los propios motivos. Si bien todas las personas son potencialmente capaces de desarrollar la autopercepción y de liberarse relativamente de la infancia y otros complejos, solo unos pocos lo consiguen realmente. Todos estamos invitados a hacerlo, pero pocos llegan a lo que Jung llamó individuación: la experiencia de la «totalidad psíquica».

La puerta a la individuación a menudo se abre por medio de la experiencia neurótica: el primer golpe de la escisión. Las formas que suele adoptar el despertar incluyen una frustración relacional, la falta de identidad, la incapacidad para alcanzar las propias metas por mucho que se se intente, la dolorosa actuación de los complejos negativos (por ejemplo, comportándose como un padre agresivo, una madre deprimida o un niño-víctima). Nuestros sueños y fantasías se alejan de metas realistas y nuestra capacidad de decisión parece anulada. Mientras nuestros complejos infantiles constituyan los soportes de la realidad, ya sea porque nos identifiquemos inconscientemente con el niño y proyectemos la imagen parental o porque nos identifiquemos con el progenitor agresivo y proyectemos al niño indefenso, en cualquiera de estos casos es imposible ser consciente de la propia escisión.

Una persona que no es capaz de sentir su propia escisión no es un «individuo psicológico» en términos junguianos, no accede a la reflexión sobre sí mismo ni a la creación de sentido. Una persona así cree que el significado proviene totalmente de «cómo son las cosas» y de «cómo nacemos». De preguntarle por qué cree en lo que cree, aunque la creencia pueda parecer irracional, dirá «porque es verdad», aun cuando se trate de un síntoma (una adicción, un trastorno alimentario). No existe consciencia del marco de referencia, los supuestos y las emociones que condicionan la «verdad».

Muchos adultos del hemisferio Norte viven sin desarrollar esta autopercepción; no son individuos psicológicos. Evolucionan a través de la tradición y los rituales. Si bien resulta posible convertirse en un individuo psicológico por la vía de la tradición y los rituales (ciertamente, en algunas tradiciones, como el budismo, de eso se trata), muchas de las personas que se atienen a la tradición siguen siendo niños a nivel psicológico durante toda su edad adulta. No son conscientes de los factores subjetivos presentes en su experiencia, ni se sienten responsables de las vidas que han llevado.

Algunas culturas parecen incitar a la neurosis. Se da más valor a la diversidad y la individualidad que a la homogeneidad y la comunidad. El código individual se destaca más que el colectivo y las personas sufren muchos conflictos para determinar qué es lo ideal, verdadero o deseable. Una sociedad de este estilo —como las democracias de América del Norte— generan caos social e individualismo jerárquico, pero también generan libertades individuales y vivencia del conflicto. Las personas se enfrentan regularmente a ideales y deseos *diferentes* y las diferencias son legitimadas por la cultura. Por el contrario, otras sociedades valoran el compartir y una comunidad no competitiva, de modo que es menos probable que se desarrollen neurosis. En una sociedad comunal de este tipo es posible que no exista una percepción muy definida de uno mismo, de la propia división, de las necesidades y verdades individuales. Las tradiciones colectivas proporcionan los medios para un desarrollo ordenado a lo largo de toda la vida. Tal vez para aquellos de nosotros que no poseemos tradiciones definidas el único modo de desarrollo realmente disponible sea la consciencia psicológica. Por la vía de dicha consciencia creamos de forma gradual un orden a partir del caos interno y nos hacemos responsables de nuestros estados subjetivos.

¿Qué sucede con las personas que no llegan a experimentar la propia escisión o que no logran resolverla? Siguiendo a Jung, la identificación con la «persona» precede a la experiencia de la escisión y puede, al mismo tiempo, evitar que se produzca. Esta persona es la máscara defensiva que asumimos como papel o «aspecto social», y se genera con la formación de la identidad en la infancia. El individuo se presenta tal y como «se espera que actúe». En la adolescencia, para quienes pertenecen a culturas que valoran la individualidad, la persona adopta la función de *aparecer* como un individuo psicológico en un momento en que se hipervalora lo *único*, pero esto constituye para el individuo un misterio total. La persona funciona, así, como un simulacro de individualidad, como una *pose* imitada de algo único. El concepto de D.W. Winnicott sobre el «falso self» (en defensa de un núcleo verdadero) es comparable al concepto de persona en Jung, pero el falso self es originaria y básicamente patológico. La persona es originariamente adaptativa, es la función que permite imitar o actuar una manera de ser antes que comprenderla. La persona solo deviene patológica si evita el desarrollo de la autoconsciencia, la autenticidad y otras capacidades propias de los adultos jóvenes.

Cuando los adolescentes, en su búsqueda de sí mismos, se preguntan «¿quién soy?», responden en términos de la persona: o bien imitando o bien oponiéndose a valores e ideales recibidos. En condiciones normales, cuando no existe trauma infantil, la persona de la adolescencia tardía es «solo una máscara de la psique colectiva, una máscara que *finge individualidad*, haciendo creer a los demás y a sí mismo que se es individual» (Jung, OC 7, pág. 157, la cursiva es del original).

Para alcanzar la autoconsciencia el sujeto debe quebrar la identificación con la persona y hacerse responsable de la multiplicidad de voces subjetivas de su identidad. Para Jung la neurosis ofrece a menudo la primera oportunidad de dar este paso evolutivo:

> La neurosis es escisión. En la mayor parte de las personas se debe a que la mente consciente quiere aferrarse a su ideal moral, mientras lo inconsciente persigue su (...) ideal amoral, que la mente consciente trata de negar.
> (OC 7, pág. 20)

El conflicto neurótico lleva a la pérdida del autocontrol y esto a menudo hace que el individuo se cuestione sus motivos e ideales.

La meta de la individuación es lograr la capacidad de recurrir a la función transcendente y a la tensión e interjuego de opuestos en la vida cotidiana. Para alcanzar esta meta es necesario desarrollar los «procesos metacognitivos», esto es, la capacidad de sostener diferentes estados subjetivos y pensar en ellos desde diferentes perspectivas. Con este propósito el sujeto llega a verse no solo desde la perspectiva del complejo del yo consciente, ni desde la perspectiva única de un complejo hiperemocional («visceral»). Por el contrario, es posible encontrar un «tercer» punto de vista desde el cual sostener simultáneamente los anteriores, pudiendo observarlos sin tener que actuarlos impulsivamente. Esta tercera perspectiva es la función trascendente (comparable al «espacio potencial» de Winnicott), desde la cual es posible entablar una relación dialéctica con aspectos de uno mismo. A nivel teórico, Jung considera que esta función ejemplifica la existencia de un sí-mismo subyacente que constituye un «sujeto supraordinado» (Jung, OC 7, pág. 240). En el ámbito vivencial, se llega a ser testigo y a aceptar una variedad de estados subjetivos sin culpa y con cierto ánimo lúdico y ligero. Este proceso habitualmente desemboca en un aumento del coraje, introspección, empatía y creatividad, como diría Jung, por la vía de la unión de opuestos.

El género y la contrasexualidad en la neurosis y la individuación

> Del mismo modo en que los varones y las niñas experimentan el desarrollo temprano a modo de caminos primarios diferentes, el desarrollo posterior también es vivido de formas diferentes por hombres y mujeres. En los hombres, las cuestiones básicas de identidad y desarrollo giran en torno a una sensación de pérdida e incapacidad a medida que avanzan en sus modos de conocer y formas de ser que previamente consideraban «femeninas». En contraste, el foco principal del desarrollo de las mujeres consiste en una desidealización de lo «masculino» a medida que luchan con cuestiones de capacitación personal.
>
> (Labouvie-Vief, 1994, pág. 18)

En la adolescencia, la persona omnipotente incluye poderosos papeles e identidades relativas a la masculinidad y la feminidad, que frecuentemente resultan agobiantes para los jóvenes.

Se estimula a las jovencitas a apreciar su valía en función de su aspecto y a creer que son inferiores en fuerza e inteligencia a los varones. Aun hoy, cuando se estimula a algunas jovencitas a percibirse en términos de «igualdad», siguen siendo más recompensadas por su aspecto (belleza y esbeltez) que por sus desempeños en atletismo, disciplinas académicas o servicios sociales.

La escritora y periodista Naomi Wolf (1991) habla del «mito de la belleza» que se exige al cuerpo femenino. Nos recuerda que se socializa a las adolescentes para convertirse en objetos de deseo más que en sujetos de su propio deseo. A pesar de todos los logros alcanzados por las mujeres al reclamar y desarrollar su propia autoridad, el mito de la belleza sigue apareciendo como una «verdad» esencial basada en una ideología biológica. En términos de Wolf:

> La cualidad «belleza» existe objetiva y universalmente. Las mujeres deben desear encarnarlo, y los hombres deben desear poseer a aquellas mujeres que la encarnan. Esta encarnación es un imperativo para las mujeres, no para los hombres (...) porque es biológico, sexual y evolucionista: los hombres fuertes luchan por mujeres hermosas, y las mujeres hermosas son más exitosas reproductivamente (...)
>
> (Wolf, pág. 12)

La dicotomía mistificadora de género entre hombres «fuertes» y mujeres «hermosas» tiene gran influencia en la adolescencia y conlleva implicaciones mayores en los posteriores desarrollos de la neurosis y la individuación.

El «doble vínculo» de la autoridad femenina entra en juego por primera vez en la adolescencia. Si las jóvenes exigen su autoridad muy directamente se las considera «por exceso»: demasiado emocionales, demandantes, intelectuales, agresivas o masculinas. Si por otra parte renuncian a su autoridad, se las considera «por defecto»: muy dependientes, débiles, inmaduras o incluso emocionalmente trastornadas. No importa cómo trate la cuestión de su autoridad, la mujer inevitablemente lo hará «mal» porque toda la cuestión es un doble vínculo (v. Young-Eisendrath y Wiedemann, 1987). Puesto que las jóvenes son socializadas para ser marginales y secundarias a los hombres, el complejo contrasexual de fuerza, inteligencia y competencia está disociado o proyectado en individuos masculinos e instituciones. Así es como las jóvenes se identifican como defectuosas, problemáticas, débiles o incompetentes. Sobre todo subestiman su fuerza y sus habilidades, haciendo depender su autoestima de los recursos de su aspecto (y si no los encuentran allí, pierden su autoestima).

Por otra parte se estimula a los chicos a sobreestimar sus habilidades y posibilidades. Necesitan ver al mundo como «un mundo de hombres», y a menudo caen en la inflación de la persona basada en una identificación con el hecho de ser especialmente atlético, fuerte, inteligente o creativo. El desánimo que provocan los posibles fracasos o debilidades pueden llevarles a creer que están exentos de los apremios cotidianos, dedicándose a actividades obviamente peligrosas o temerarias. La persona del joven macho blanco se moldea en torno a cuestiones relativas al éxito, la competición, la fuerza y la independencia. El complejo contrasexual disociado de debilidad, limitación, dependencia, necesidades personales y vulnerabilidad es considerado «femenino» y como perteneciente en exclusividad a las mujeres. Aunque puedan verse sensibles, creativos y expresivos, los chicos tenderán a creer que esas cualidades son poderosas y únicas, una forma de reflejar su privilegio diferencial y estatus en el orden simbólico.

Esta persona masculina solo comienza a debilitarse tras una o dos décadas de vida adulta. Especialmente en la mitad de la vida los hombres sufren una dolorosa decepción por las cosas que no han logrado: el reconocimiento de amigos que no han cultivado, el estatus y poder que no han alcanzado, el dinero y los bienes materiales que se les han escurrido. En esta etapa suelen producirse enfrentamientos con miembros de la familia por sus carencias relacionales.

Para algunos hombres, por lo demás saludables en general, una ruptura neurótica de la persona suele ir acompañada de depresión frente a lo que parece faltarle. Aquellos hombres que hayan sucumbido anteriormente a una inflación de la persona se tornarán narcisistas, defendiéndose absolutamente de un posible sentimiento de dependencia hacia los demás. Otros hombres pueden haber experimentado una inflación del yo, sufriendo estados maniacos, compulsivos o de ansiedad en su autoexigencia por triunfar. Cuando la persona juvenil se quiebra, la mayor parte de los hombres experimentan una profunda desesperación, derivada de la inflación de la persona o del yo, ante la posibilidad de no llegar a poseer nunca las cualidades o habilidades de que carecen. En vez de *culparse* (como haría una mujer, según describo más adelante) sienten impotencia. La distancia que media entre la persona o el yo previamente inflados y la percepción de lo que existe en realidad resulta insoportable.

En el caso de las mujeres la situación suele ser bastante diferente. Dado que se han enfrentado frecuentemente al doble vínculo de la autoridad femenina y la imposibilidad de «hacer las cosas bien», la neurosis suele aparecer mucho antes bajo la forma de una crisis de identidad disparada por problemas laborales, amorosos o relativos al cuidado de los hijos. Se ven a sí mismas como la causa de los desaciertos. La autoculpabilización y los sentimientos de inferioridad son dos de los síntomas neuróticos más comunes en las mujeres que han asistido a mi consulta buscando psicoterapia. En el caso de aquellas mujeres, por lo demás saludables, que no han sufrido traumas infantiles, el doble vínculo de la autoridad femenina constituye frecuentemente la entrada a la neurosis.

El trabajo evolutivo para una mujer supone la percepción de la autoridad disociada a la que se ha renunciado, la competitividad, bondades y poder que se perciben como perteneciendo a otros y la disolución de la persona de la feminidad adolescente. Si bien la terminología psicoanalítica tradicional habla de «fortalecer el yo», considero que los conceptos junguianos resultan clínicamente más útiles. Las cuestiones que con mayor frecuencia aparecen en psicoterapia con mujeres adultas en mi consulta remiten, más que a la fortaleza del yo, a situaciones relativas a una persona cuyo valor reside en el aspecto exterior (de donde lo «no atractivo» es inferior), el complejo contrasexual de las habilidades a las que se ha renunciado y el complejo materno. Es el caso de mujeres que frecuentemente justifican y defienden sus sentimientos de inferioridad y culpa en función de una identificación inconsciente con una madre insatisfecha o deprimida, proyectando su propia fuerza en los demás. No pueden utilizar su agresividad, rabia o autoridad confiadamente y en su propio provecho, ni son capaces de contar con su propia inteligencia o conocimientos. El ejemplo típico es una mujer en su treintena que ha logrado una licenciatura, trabaja en su profesión, educa a un par de niños y se siente totalmente desprovista de habilidades e incapaz de tomar decisiones por sí misma. A menudo se siente insatisfecha o enojada, pero no puede decidir qué es lo que quiere. El camino de la individuación se abre por la vía de la integración del complejo contrasexual negado en la subjetividad consciente, mediante la disolución de la persona adolescente de inferioridad femenina, y mediante el análisis del complejo materno de depresión y resentimiento. Lo que se pretende es poder reconocer los diversos complejos subjetivos de la personalidad, descubrir cosas sobre la propia biografía y mantener un punto de vista flexible y creativo.

¿Qué es lo que sucede en psicoterapia con un paciente masculino desesperado, en plena crisis de la mitad de la vida? Suele ser necesario, en primer lugar, descubrir la vivencia de la depresión y de la pérdida en términos del complejo femenino disociado y proyectado. Ser capaz de percibir y sentir la propia dependencia, las necesidades personales y las debilidades constituye una experiencia liberadora pero no estimulante. Sin embargo, si el sujeto logra expresarlo será gradualmente capaz de encontrar en él mismo aquellas partes o recursos que al principio parecían inimaginables. A menudo tales recursos están en sus relaciones con los demás, así como en su capacidad de ser más amable consigo mismo, con menos exigencias de perfección, éxito, ambición, disponibilidad, etc.

La empatía adecuada y la devolución de las imágenes de vulnerabilidad y necesidad resultan especialmente importantes para permitir que el complejo contrasexual surja en el tratamiento de estos pacientes masculinos. La experiencia de la contrasexualidad puede llevar la impronta del complejo materno durante los años de la identificación con la persona. La psicoterapeuta mujer debe poseer una gran sensibilidad para las experiencias masculinas, ya que en la transferencia tenderá a ser percibida como una Madre poderosa (sea punitiva o seductora). Uno de mis pacientes, que se encontraba reelaborando su complejo materno narcisista y exigente pero indulgente, se sorprendió al oírme hacer un comentario sobre la *diferencia* que existe entre la admiración y el amor. Con total inocencia preguntó «¿son realmente diferentes?» Rápidamente me predispuse a escuchar esta pregunta no como una defensa sino como el interrogante de una persona que había confundido genuina y profundamente ambas cuestiones. El paciente había sido durante su adolescencia muy admirado por sus habilidades atléticas e intelectuales, y se había identificado con la invulnerabilidad frente al fracaso o la derrota. Debía ahora enfrentarse a una operación a corazón abierto, siendo relativamente joven, y no conseguía entender qué le había sucedido. Desconfiaba de toda demostración de afecto que se acercara en exceso a lo compasivo, y muy a menudo actuaba su complejo materno manifestando que no podía tolerar la incompetencia. Su contrasexualidad estaba escindida entre una mujerzuela «hermosa pero exigente» y una mujer joven «femenina y admiradora» que le resultaba erótica. En su caso la integración del complejo contrasexual exigía la capacidad de sentir su propia necesidad de dependencia, de manifestar sus debilidades y temores y percibir con claridad su potencial emocional presente en la relación con su esposa e hijos.

En las terapias de pareja, especialmente si son heterosexuales, se trabaja con la elaboración de la contrasexualidad, ya que en una pareja dañada el principal motivo de sufrimiento remite generalmente a la identificación proyectiva. Cada uno de los miembros encarna los aspectos más idealizados, temidos y primitivos del otro de una manera que saca de quicio a ambos. Mediante el conocimiento de los complejos contrasexuales, y especialmente sus conexiones sociales y culturales con el género, el psicoterapeuta es capaz de ayudar a las parejas a transformar ciertos antagonismos paralizantes y ataques hirientes en un diálogo efectivo (v. Young-Eisendrath, 1993).

El enfoque junguiano de la psicoterapia con parejas supone, generalmente, una enriquecedora aproximación psicoanalítica a la poderosa dinámica inconsciente que existe entre los miembros de la pareja. Al hacer conscientes a los Otros internos, la terapia junguiana con parejas crea un espacio de diálogo donde los miembros pueden descubrir la función transcendente en los conflictos. Al sostener las tensiones de los «opuestos» proyectados y reflexionar sobre los significados que tienen para cada uno, los miembros de la pareja pueden descubrir que su «matrimonio» es una «relación psicológica» tal como la denominara Jung en un artículo publicado en 1925 (OC 17, pág. 187). Jung no se refería a una relación terapéutica, sino a un espacio sagrado en que cada miembro se enfrenta tanto con lo temido como con lo ideal a través de las reflexiones del otro. De este modo, una relación íntima constituye un lugar de individuación para ambos, en la medida en que se reflejan mutuamente en la transformación y descubren una actitud lúdica para lidiar con los demonios y falsos dioses de la contrasexualidad. El objetivo es proteger el espacio seguro y de compromiso de una amistad íntima al tiempo que se asume la responsabilidad de las exigencias primitivas, destructivas y creativas de la contrasexualidad. Si bien el conflicto y la diferencia siempre forman parte de una amistad íntima, especialmente en un matrimonio o relación de compromiso mutuo, adquieren nuevo significado cuando se convierten en la progresiva revelación de las propias verdades.

Comentarios finales

En este capítulo he tratado de mostrar de qué manera se puede ampliar la teoría junguiana de la contrasexualidad por medio de las nociones contemporáneas sobre el género y la identificación proyectiva. Solo he mencionado algunas de las maneras en que el sexo, el género y la contrasexualidad marcan nuestro desarrollo.

En la primera parte del capítulo he explicado por qué la división en dos géneros constituye un organizador psicológico tan poderoso de las identidades conscientes e inconscientes. Al admitir que el hecho de ser una persona implica subjetividades múltiples, Jung ha sido pionero en proporcionar al psicoanálisis contemporáneo la comprensión de los factores que provocan la proyección de lo opuesto en relación al sexo y al género. No obstante, todavía es necesario revisar los sesgos culturales de Jung y su tendencia a universalizar las diferencias de género a la luz de los hallazgos contemporáneos de la investigación evolutiva y antropológica sobre los sexos.

Una vez hecha esta revisión, su teoría se verá libre para fluir más allá de los estereotipos sexuales de las normas culturales del propio Jung. Dichos estereotipos a veces han llevado a los terapeutas y teóricos junguianos a asignar fórmulas preestablecidas de lo Masculino y lo Femenino a las vivencias de los individuos, en vez de descubrir los significados que las personas han asignado al género.

Si bien las teorías en sí no son otra cosa que historias siempre particulares, la teoría de la contrasexualidad resulta especialmente fructífera y fluida para comprender cómo las personas actúan lo más temido, deseado, idealizado —y excluido de sí mismas— en sus relaciones y fantasías eróticas. La integración de los significados de la contrasexualidad y su aprovechamiento en el logro del desarrollo creativo y de relaciones responsables constituye un componente fundamental del proceso permanente de individuación.

REFERENCIAS

Bateson, M.C. (1994) *Peripheral Visions: Learning along the Way,* HarperCollins, Nueva York.
Bion, W. (1952) «Dinámica de grupo: revisión», en *Experiencias en grupos,* (trad. A. Nebbia), Paidós, Barcelona, 1980.
Cleavely, E. (1993) «Relationships: Interaction, Defense and Transformation», en *Psychotherapy with Couples: Theory and Practice at the Tavistock Institute of Marital Studies,* Karnac, Londres.
Douglas, C. (1990) *The Woman in the Mirror: Analytical Psychology and the Femenine,* Sigo, Boston.
Jung, C. G. (1966) *Dos escritos sobre psicología analítica,* OC 7.
Labouvie-Vief, G. (1994) *Psyche and Eros: Mind and Gender in the Life Course,* Cambridge University Press, Cambridge.

Lacan, J. (1982) *Feminine Sexuality*, J. Mitchell (ed.), (trad. J. Rose), W.W. Norton, Nueva York. «Ideas directivas para un congreso sobre la sexualidad femenina» (1960), en *Escritos*, I, (trad. T. Segovia), Siglo XXI, México, 1971.

Maccoby, E. E. (1990) «Gender and Relationships: A Developmental Account», *American Psychologist* 45/4, págs. 513-520.

Mattoon, M. y Jones, J. (1987) «Is the Animus Obsolete?», *Quadrant* 20/1, págs. 5-22.

McNeely, D. (1992) *Animus Aeternus: Exploring the Inner Masculine*, Inner City, Toronto.

Ogden, T. (1994) «The Concept of Internal Object Relations», en *Fairbairn and the Origins of Object Relations*, J. S. Grotstein y D. Rinsky (eds.), Guilford, Nueva York.

Samuels, A. (1989) *The Plural Psyche: Personality, Morality and the Father*, Routledge, Nueva York.

Sanday, P. (1981) *Female Power and Male Dominance: On the Origins of Sexual Inequality*, Cambridge University Press, Cambridge.

Spence, J. T. y Sawin, L. L. (1985) «Images of Masculinity and Femininity: A Reconceptualization», en V. E. O'Leary, R. K. Unger y B. S. Wallston (eds.), *Women, Gender and Social Psychology*, Erlbaum, Hillsdale, Nueva Jersey, págs. 35-66.

Unger, R. (1989) «Sex, Gender and Epistemology», en M. Crawford y M. Gentry (eds.), *Gender and Thought*, Springer-Verlag, Nueva York.

Wehr, D. (1987) *Jung and Feminism: Liberating Archetypes*, Beacon, Boston.

Wolf, N. (1991) *El mito de la belleza*, (trad. L. Moreno), Emecé, Barcelona, 1992.

Young-Eisendrath, P. (1993) *You're Not What I Expected: Learning to Love the Opposite Sex*, William Morrow, Nueva York.

Young-Eisendrath, P. y Wiedemann, F. (1987) *Female Authority: Empowering Women through Psychotherapy*, Guilford, Nueva York.

12 JOSEPH RUSSO

Análisis junguiano del Odiseo de Homero

I

Cuando intentamos representar parte del misterio y el poder que percibimos en el mundo que nos rodea recurrimos generalmente al pensamiento simbólico. Esta producción simbólica puede ser tanto inconsciente como consciente, siendo los sueños, mitos y relatos vehículos privilegiados para su expresión y elaboración artística. Por tanto no sorprende que la literatura en general, y sobre todo los géneros más próximos a la estructura fantástica de los mitos y los sueños, como las leyendas populares y los relatos épicos, se presten más fácil y adecuadamente a una lectura simbólica.

La psicología y la antropología (con su punto de partida en el folclore) son las dos disciplinas que nos han ofrecido de modo más sistemático teorías y metodologías que permiten encontrar un sentido a los elaborados sistemas simbólicos que individuos y sociedades emplean para expresar su concepción de los aspectos más esenciales de la vida. Confío en poder demostrar que la teoría de los arquetipos de la psicología junguiana, auxiliada por las ideas derivadas del folclore y la antropología, puede esclarecer un aspecto significativo del que es uno de los pilares de la tradición literaria occidental, la *Odisea* de Homero.

Gran parte de la complejidad característica de este poema épico resulta de la ambigüedad moral de su héroe Odiseo (Ulises), cuestión generalmente aceptada por los críticos pero nunca plenamente explicada. Considero que esta cualidad del héroe nos impacta y perturba profundamente porque extrae su energía de un arquetipo universal mayor, el del *pícaro*[1].

---

[1] *Trickster*, en el original, se ha traducido a nuestro idioma de foma diversa, siendo «embaucador» y «tramposo» los términos más comunes. En esta edición se ha optado por «pícaro», siguiendo la observación de Kerényi en el libro de Radin citado en la bibliografía.(*N. del E.*)

De todas las contribuciones de Carl Gustav Jung al mundo de las ideas, sin duda la más conocida y la más importante, tanto para psicólogos como para legos, es su teoría de los arquetipos de lo inconsciente colectivo. El concepto de arquetipo ha sufrido muchas redefiniciones desde que Jung lo introdujo por primera vez, incluyendo muchas llevadas a cabo por el propio Jung. Su concepción algunas veces sugiere algo afín a las formas ideales de Platón (OC 9/1, § 5 y 149), entidades que existen más allá del mundo de los fenómenos sensoriales particulares y que ofrecen paradigmas intemporales a los cuales referir los ítems individuales. En otras ocasiones, Jung distingue claramente entre estos arquetipos «en sí», más abstractos e «irrepresentables», y las múltiples imágenes e ideas arquetípicas que pertenecen a los individuos y que, según podemos inferir, pueden representar vivencias de un tiempo y lugar determinados (OC 8, § 417). A fin de evitar el elevado grado de abstracción y separación implícito en algunas de las formulaciones de Jung, el saber junguiano más reciente ha seguido resaltando la *inmanencia* de los arquetipos en lo inconsciente individual y su *sensibilidad* hacia ciertos contextos socio-históricos específicos (Wehr, 1987, págs. 93-97; Samuels, 1985, págs. 24-47, ofrece un sumario de las últimas críticas a la teoría de los arquetipos). La mejor manera de entender los arquetipos es como patrones de energía con capacidad potencial para crear imágenes, y es posible compararlos con los Mecanismos Innatos de Desencadenamiento descubiertos por los etólogos como parte de la estructura fisiológica y, por tanto, de la herencia biológica del cerebro animal (Storr, 1973, pág. 43; Stevens, 1990, págs. 37 y 59, siguiendo a Tinbergen, 1963). Los arquetipos son de gran importancia para la interpretación literaria debido a ese potencial para organizar la percepción en torno a ciertas ideas e imágenes clave, infundiendo una energía excepcional a dicha percepción. Instintivamente, los creadores literarios dan forma a sus narraciones en torno a personajes, situaciones y secuencias dramáticas con una elevada carga de impacto emocional o espiritual. Podemos decir sin temor a equivocarnos que, de hecho, los grandes creadores literarios son aquellos que poseen la combinación óptima de intuición para invocar los principales arquetipos y de habilidad para manipularlos eficazmente.

La *Odisea* de Homero ha cautivado a oyentes y lectores a lo largo de un milenio, y gran parte de su poder reside en sus arquetipos. Menciono como ejemplos los Monstruos Devoradores (Cíclopes, Lestrigones, Caribdis), las Poderosas Hechiceras Colaboradoras/Obstaculizadoras (Calipso, Circe), la fuerza propulsora del Regreso a Casa, el Descenso al Mundo Subterráneo, el Viejo Hombre Sabio (Tiresias) y el Encuentro de Padre e Hijo, y centro mi atención en el héroe singular que pasa por todos ellos y da nombre al poema.

Odiseo es sin duda una especie extraña de héroe épico, tal como lo destacara W. B. Stanford (1963) en dos de los capítulos de su gran libro, *The Ulysses Theme*, denominados «The son of Autolycus» [El hijo de Autólico] y «The untypical hero» [El héroe atípico]. Stanford demuestra poseer una gran intuición al detallar muchos atributos negativos y ambivalentes de este héroe atípico, pero no intenta conectar la compleja figura resultante de su análisis a ningún esquema mayor o a una teoría explicativa, carencia que pretende salvar el presente capítulo.

Personalmente prefiero conectar a Odiseo con el linaje de la figura arquetípica del pícaro en la mitología mundial, supuesto que no ha sido aún analizado exhaustivamente por ningún otro estudioso. La única referencia que apunta a una identificación entre Odiseo y la figura del pícaro que he podido encontrar en la bibliografía junguiana se debe a Anthony Storr (1973, págs. 33-34), quien presenta el concepto de arquetipo en el segundo capítulo de su estudio introductorio. Storr invoca a Odiseo en el curso de una excelente explicación sobre cómo el arquetipo es una «matriz flexible» que permite que diferentes culturas impongan su sello distintivo o local a una figura universal. Refiriéndose al ejemplo del arquetipo del héroe señala que, en la cultura inglesa, el héroe será un modelo de autocontrol, un «perfecto y amable caballero», mientras que en otra cultura, como la griega, el héroe es un maestro del engaño y la impostura, un pícaro como Odiseo.

Según mi punto de vista la interpretación que hace Storr de los héroes griegos en general y de Odiseo en particular exige una ligera corrección. En primer lugar es erróneo suponer que si la impostura resulta un rasgo admirable para la cultura griega haya que dar por sentado que sus héroes serán paradigmas de astucia. La literatura y la mitología griegas presentan consistentemente a Odiseo como una *excepción* a la norma heroica, claramente encarnada por los «caballeros» más o menos «perfectos» como Aquiles, Diomedes, Ajax y Héctor el troyano[2]. En segundo lugar, y más concretamente, Storr ha obviado lo que yo veo como la verdadera naturaleza arquetípica de Odiseo: no es el *arquetipo del héroe* universal, con connotaciones locales en términos griegos, como pícaro, sino que es una particular encarnación griega del propio *arquetipo del pícaro* universal de Jung[3]. Me propongo sostener que en la creación de la *Odisea* se ha adaptado una figura del linaje del pícaro a las necesidades del héroe épico tradicional, y que para esto fue necesario omitir algunas cualidades negativas y presentar otras de un modo más «civilizado». El resultado es una figura compuesta —el «héroe atípico» de Stanford— que oscila con cierta inestabilidad entre un héroe aristócrata de la guerra de Troya y un líder poco fiable con una sombra peligrosa.

II

Dado que constituye una de las pocas figuras realmente universales de la mitología mundial, el pícaro merece una teoría que pueda explicar adecuadamente su omnipresencia y significado. Jung concibió al pícaro como el arquetipo que encarna los aspectos no socializados,

---

[2] En la *Ilíada* IV, 339-348, encontramos el primer retrato de Odiseo, en el cual se le presenta como un dudoso representante del arquetipo del héroe. Cuando pasa revista a sus lugartenientes, Agamenón alaba especialmente a Diomedes como ejemplo de caballero perfecto y condena a Odiseo como sujeto astuto que siempre busca la ventaja personal y se escabulle de los peligros de la batalla. El retrato más completo de Odiseo posterior a la épica de Homero (finales del siglo VIII) se encuentra en las dos obras de Sófocles *Ajax* y *Filoctetes* (segunda mitad del siglo V). En la primera aparece como un adversario diestro y astuto, un héroe pragmático que contrasta con otro autodestructivo (Ajax), aunque no exento de cierta nobleza, es decir, más o menos el mismo tipo de figura compleja que conocemos a través de Homero. Sin embargo, en la segunda obra se ha convertido en una criatura totalmente oportunista y artera, como si el componente pícaro se hubiera apoderado del conjunto, inclinando la balanza decisivamente hacia el lado negativo o de la «sombra». Hacia el siglo IV, en el diálogo platónico supuestamente espurio llamado *Hipias Menor*, la discusión inicial gira en torno al contraste existente entre los dos héroes: Aquiles como valiente, sencillo e íntegro, y Odiseo como falso y artero.

[3] Jung se ocupa en detalle del arquetipo del pícaro en OC 9/1,9, texto publicado nuevamente en Radin, 1956.

infantiles e inaceptables del sí-mismo. Es la figura que simboliza la infancia psicológica del individuo y que, de algún modo, constituye su «sombra». La descripción que ofrece el antropólogo Paul Radin (1956) de Wakdjunkaga, pícaro de los sioux winnebago, y posiblemente el pícaro más documentado de la mitología norteamericana, dice lo siguiente:

> El pícaro es simultáneamente creador y destructor, dadivoso y (...) quien engaña a los demás y resulta siempre engañado. Sus deseos nunca son conscientes. Se ve siempre obligado a comportarse como lo hace, forzado por impulsos que no controla. No conoce ni el bien ni el mal pero es responsable de ambos. No posee valores sociales ni morales, está a merced de sus pasiones y apetitos y, sin embargo, todos los valores adquieren vida a través de sus acciones.
>
> (pág. xxiii)

En otras palabras, el pícaro representa un nivel de consciencia arcaico, un sí-mismo «animal» o primitivo entregado a intensas manifestaciones de libido, glotonería y abuso físico. Las versiones más puras de su presencia tal vez se encuentran en los pícaros indígenas norteamericanos Wakdjunkaga, Raven y Coyote (que sobrevive en la serie de dibujos animados del Coyote y el Correcaminos), y en la figuras africanas de Ananse, Eshu y Legba[4]. Aunque esencialmente son buscapleitos, estos dioses-pícaro son al mismo tiempo grandes benefactores y, en la mitología indígena norteamericana, el pícaro es a menudo el héroe principal de la cultura.

Los principales dioses-pícaro de la Europa arcaica son Loki, Hermes y Prometeo. Al haber sido reelaborados sucesivamente en varios géneros literarios han desarrollado personalidades más complejas que los pícaros indígenas norteamericanos y africanos. El escandinavo Loki, por ejemplo, surge como uno de los gigantes enemigos (*jotnar*) «adoptado» por los dioses (*aesir*), en apariencia felizmente integrado en la sociedad de Asgard. Acompaña y ayuda a Thor en sus aventuras, su carácter juguetón entretiene a los dioses y su astucia les ayuda, aunque les

---

[4] Véase una descripción detallada de estas deidades-pícaro africanas en Pelton, 1980; v. también Gates, 1988, que describe su asimilación a la literatura afroamericana.

preocupan sus trucos. Por otro lado, como «padre de los monstruos», papel aparentemente influido por la tradición escolástica medieval (Roothe, 1861, págs. 162-175), Loki es la fuente de las mayores amenazas a la estabilidad del mundo de los dioses. En última instancia, este lado oscuro prevalece a medida que se transforma en una figura un tanto diabólica, posiblemente debido a la influencia distorsionadora del cristianismo, interesado en «satanizar» a Loki (Davidson, 1964, pág. 176; Roothe, 1861, págs. 82-88).

En los registros que se han conservado de la mitología griega, las dos deidades-pícaro, Prometeo y Hermes, carecen del carácter decididamente buscapleitos que encontramos en Wakdjunkaga o Loki[5]. La actitud griega hacia ambos es siempre positiva. Prometeo es un gran fundador de cultura, portador del fuego y de sucesivas tecnologías, y sus trucos solo se ejercen a expensas de Zeus y en beneficio de la humanidad. En cuanto a Hermes, generalmente es percibido como una figura benigna para las cuestiones humanas, a pesar de su fundamental asociación con el robo y lo furtivo; Brown, (1947), destaca cómo se relacionan ambos conceptos, tal como se ve en las palabras inglesas «*steal*» (robar) y «*stealth*» (furtivo) (ambas expresadas por la raíz griega *klept-*). Resulta casi paradójico que un «dios de los ladrones» sea una de las deidades griegas más genuinamente populares. Es evidente que para los griegos sus atributos «asistenciales» superan a las negativas asociaciones picarescas.

Para poder comprender cómo la mezcla heterogénea de atributos existentes en estas diversas divinidades no solo coexiste en una única figura, sino que puede alcanzar una cohesión tan lograda que se convierte en una presencia mitológica universal, puede ser útil combinar la teoría junguiana de los arquetipos con otras teorías desarrolladas desde perspectivas antropológicas, folclóricas y religiosas, que ofrecen más detalles sobre la textura de la realidad socio-cultural y sus nece-

---

[5] Todos los estudios que han intentado establecer un núcleo primitivo original para las múltiples características de la compleja deidad que es Hermes carecen de convicción. Los argumentos a favor de un Hermes original como dios de la pila de piedras (herma) o como Patrón de los Animales (Chittenden, 1947) fueron totalmente refutadas por Herter, 1976. V. también en Kahn, 1978, págs. 9-19, un resumen de las primeras teorías con bibliografía más extensa.

sidades espirituales. Al aplicar un modelo idealista o esencialista como el de Jung de modo simplista se corre el riesgo de caer en el reduccionismo, atribuyendo todas las manifestaciones de diferentes culturas a una esencia subyacente común, subestimando así el carácter distintivo y el valor de su adaptación local. La mejor aplicación de la teoría junguiana de los arquetipos seguirá el camino de Storr y su visión de un molde lo suficientemente flexible como para permitir que el contexto y la cultura local refracten la imagen original según sus variantes específicas y distintivas, las cuales deberían ser nuestro verdadero objeto de estudio.

De esta manera resulta posible combinar la verdad que poseen los arquetipos psicológicos de Jung con la visión de la antropóloga Laura Makarius (1965), quien ve al pícaro como el espíritu de la posibilidad de transgredir la prohibición del tabú, funcionando de este modo en los contextos sociales como un espíritu altamente positivo, liberador y vitalizador. También es afín la interpretación del pícaro que ofrece la folclorista Barbara Babcock (1975), para quien constituye el espíritu del desorden necesario, «el margen de confusión tolerado» que resulta preciso para alejar la entropía siempre amenazada por el exceso de orden y de control. El gozo de la ruptura y liberación de los límites del orden se convierte en el don de la risa del pícaro. A través de sus parodias de las formas y estructuras sociales, su inversión de papeles, jerarquías y valores, el pícaro nos ofrece el estímulo para captar que todo patrón social establecido es en última instancia prescindible, que se puede dudar de todas las finalidades, y que todas las posibilidades están disponibles. O tal como lo expresara el estudioso jesuita Robert Pelton (1980),

> más que mero símbolo del hombre liminar, el pícaro es un símbolo del estado liminar en sí y de su permanente accesibilidad como fuente de poder recreativo (...) Es posible que reste importancia a la verdad, o mejor dicho, al requisito social de que las palabras y los hechos sigan una cierta tosca armonía, del mismo modo que puede saltarse las exigencias de la biología, la economía, la lealtad familiar e incluso las posibilidades metafísicas. Puede que no respete los poderes sagrados, a los seres sagrados ni al centro mismo de lo sagrado, el propio Dios, no tanto como desafío sino como nuevo ordenamiento de los límites.

(pág. 35)

Este complejo y compuesto retrato nos permite entender mejor la extraña necesidad para los dioses escandinavos de la entretenida y provocativa compañía de Loki, a pesar de que permanentemente los perjudica hasta convertirse finalmente en su traidor, regresando al lado de sus congéneres los gigantes y los monstruos en la batalla final de Ragnarok. También nos permite comprender por qué los pícaros de las mitologías indígenas norteamericanas y africanas son figuras divertidas e incluso ridículas, aunque al mismo tiempo muy reverenciadas. Y quizá nos ayude a comprender por qué la mitología griega no solo necesitaba escindir el arquetipo sino hacerlo en los dos niveles representados por Prometeo, el arcaico titán benefactor, y Hermes, el joven dios olímpico. Cada divinidad está a su vez dividida: Prometeo es fundamentalmente asistencial, pero su *alter ego*, Epimeteo, es portador de sus aspectos negativos, tal como lo señala Kerényi (v. Radin, 1956, págs. 180-181); y Hermes es portador de aspectos tanto positivos como negativos en contradicción simultánea, al ser al mismo tiempo un dios de la buena suerte y un dios de los ladrones.

La afirmación clásica sobre las capacidades contradictorias de Hermes en el mito griego es el relato narrado en el homérico «Himno a Hermes», donde el niño Hermes roba las vacas de Apolo e invierte con astucia sus rastros (haciéndolas avanzar de espaldas), inventa sandalias (una dádiva a los humanos) para cubrir sus propias huellas y luego miente hábilmente a Apolo. El dios recién nacido ya es prolífico en la violación de las reglas, los límites, señales y verdades, tanto como el héroe humano Odiseo. Se podría pensar que la deidad patrona de Odiseo fuese Hermes y no Atenea, como sucede en la *Odisea*. Mi objetivo es argumentar a continuación que la *Odisea* de Homero representa un intento deliberado de remodelar una tradición griega *anterior* y reemplazar a Hermes por Atenea.

Pero antes concluyo este apartado sobre la figura mitológica del pícaro resumiendo en el cuadro de la página siguiente los rasgos de la figura arquetípica a partir de representantes característicos de mitologías estudiadas en detalle. La columna de la izquierda enumera cualidades que definen al pícaro como se lo concibe en la mitología indígena americana y africana. Se agregan los atributos correspondientes a tres figuras principales de la mitología europea, el escandinavo Loki y los griegos Prometeo y Hermes. Los detalles específicos enumerados tendrán sentido para quienes estén familiarizados con estas tradiciones.

Características del pícaro: cuadro comparativo

WAKDJUNKAGA, ANANSE	LOKI	PROMETEO	HERMES
espíritu no socializado de la anarquía y la intriga; invierte los valores sociales	intriga, tanto inofensiva como grave (muerte de Balder); cambia de lado	desafía a Zeus y al orden del Olimpo	intriga contra otros dioses; mata a Argos
daña y es dañado; tiene una naturaleza doble paradójica	ofende y es castigado (se le cosen los labios, es atado a una roca, una víbora vierte veneno)	ofende y es castigado (es encadenado a una roca, un águila le come el hígado)	ofende a Apolo, quien amenaza con castigarle
generador de cultura: benefactor y facilitador; inventor de primicias tanto negativas como positivas	ayuda a los dioses contra los gigantes; ayuda a construir Asgard; le roba el martillo a Thor; da a luz a Sleipnir, Hel y a la Serpiente Midgard	concede el fuego y la tecnología; da origen a los primeros seres humanos; inventa el sacrificio; trae los males de Pandora a la humanidad	inventa la lira, la antorcha, las sandalias; ayuda a Odiseo y a Príamo; es el dios más amigable; ayuda a los ladrones
cambia de forma y de disfraz	adopta la forma de salmón, halcón, mosca, gigante, etc.		disimula las huellas de las vacas y los humanos; se aparece a Príamo disfrazado
nivel primitivo de funciones corporales; relación con el ano y el falo	seductor de diosas	[crea a Pandora la seductora]	aspecto fálico en «hermas»; seduce ninfas; junto a Afrodita es el patrono de la seducción
roba	roba el cabello de Sif, el collar de Freyja, etc.	roba el fuego a los dioses	patrono de los ladrones; roba vacas; da a Pandora el *ethos* del «robo»
miente	miente constantemente	engaña a Zeus	miente a Apolo; concede a Pandora «mentiras y labia lisonjera»
codicioso	glotón		«típico Hermes», proverbio que expresa codicia e impulsividad

III

Hemos consultado e intentado sintetizar los trabajos de los estudiosos que han analizado relatos y mitos referidos a la figura del pícaro. Pero el objetivo de mi investigación es comprender la introducción de una figura al estilo del pícaro en un género diferente y con otro propósito: la épica heroica. Me interesa sobre todo el proceso por el que se adapta el material mitológico con objetivos literarios, para tratar de identificar qué es lo que se modifica y qué es lo que se conserva, así como las respectivas razones para lo uno y lo otro. Evidentemente estas razones tienen que ver con la naturaleza del género que se esté apropiando de la mitología.

Hemos de referirnos nuevamente a la diferencia que existe entre el Odiseo de Homero y otras figuras heroicas de la épica y la leyenda griegas para profundizar en esta cuestión. Aquiles, Ajax, Heracles, Perseo, Teseo, Jasón y otros por el estilo se enfrentan a tremendos obstáculos humanos y sobrehumanos triunfando por su coraje y fuerza, inducidos algunas veces por un cierto hábil maniobrar y la ayuda de algún colaborador mágico o divino. Odiseo, por el contrario, es la encarnación misma de las maniobras diestras, inducidas por una pequeña proporción de coraje y fuerza. También suele contar con una considerable ayuda divina, generalmente por parte de Atenea, concebida tradicionalmente como la diosa de la sabiduría, o más exactamente la diosa de la inteligencia astuta: la palabra griega es *metis*, nombre tanto de la cualidad como de la madre titánica que Zeus se tragó para provocar el nacimiento de Atenea desde su cabeza. Si la divinidad protectora es la deidad de la Astucia y encarna esta cualidad no nos puede sorprender que Odiseo logre triunfar recurriendo a su astucia innata.

Quienes estén familiarizados con el pensamiento griego antiguo observarán que el recurso a la astucia es un talento muy admirado en toda la cultura griega (Vernant y Detienne, 1978), que no es privilegio exclusivo o primario del pícaro. Siendo así, ¿en razón de qué, por el hecho de encarnar esta cualidad, Odiseo se convierte no meramente en un héroe «atípico» sino específicamente en un pícaro y en la refracción de un arquetipo? Existen dos razones. La primera es la forma en que combina sus astutos recursos con rasgos significativos de otras cualidades esenciales del pícaro. La segunda es su conexión con Hermes.

Para desplegar su vínculo con Hermes debemos regresar a la figura de Atenea y verla como una especie de alternativa positiva a la suprema ambivalencia de Hermes. Ella es la perfecta diosa «buena», demasiado elevada e íntegra como para ser la patrona de un pícaro. Considero que esta diosa se incorpora posteriormente a la carrera de Odiseo como hábil estratega, lo que de hecho constituye una sustitución. El abuelo de Odiseo era Autólico, cuyo «nombre parlante» significa «todo un lobo», y su bisabuelo —parentesco deliberadamente suprimido en un pasaje crucial de la rapsodia 19 sobre los orígenes de Odiseo— fue Hermes, dios del robo y la cautela. En la *Odisea*, 19, líneas 396-398, nos enteramos de que Autólico recibe su naturaleza engañosa de Hermes, «quien le acompañara con amables intenciones», aunque Homero omite decir lo que toda la tradición griega dice claramente: que el *padre* de Autólico —y por tanto el bisabuelo de Odiseo— fue Hermes.

Si además de esta elaboración (o «encubrimiento») de la tradición que hace Homero nos referimos a algunos fragmentos del también temprano poeta Hesíodo (fragm. 64, 66, 67), y los combinamos con otros detalles de fuentes tales como el «Himno a Hermes» de Homero y de escritores posteriores, Apolodoro (I, 9,16) y Pausanias (II, 3,4; VI, 26,5; VII, 27,1), resulta posible componer la siguiente imagen de conjunto. Hermes era el diospícaro y sus principales atributos incluían destreza y pillaje (especialmente el robo de ganado); disfraz, invisibilidad y posibilidad de cambiar de aspecto; creador de invenciones útiles y astutas; fertilidad, protección de los rebaños y suerte, así como la permanente capacidad de resultar potencialmente útil a la sociedad humana (cuando no estaba ayudando a ladrones); una representación fálica en escultura y finalmente el principio más general pero crucial de la movilidad e intercambio entre zonas, como patrono de las transacciones y del intercambio es el dios de los caminos y los viajeros, de los comerciantes y de los intérpretes (el verbo griego que deriva del nombre de Hermes, *hermeneuein*, significa «traducir entre idiomas», de donde la moderna hermenéutica significa «interpretación»)[6].

---

[6] Cuanta mayor atención prestamos a las primeras representaciones de Hermes en la literatura griega temprana, más evidentes son los detalles que coinciden en presentarle como la deidad más misteriosa, multiforme y evasiva, el pícaro arquetípico. Por ejemplo, de todos los dioses que se nombran en la poesía griega temprana (Homero, Hesíodo y los *Himnos* homéricos) donde los epítetos descriptivos constituyen la norma para los caracteres humanos y divinos, Hermes es el único cuyos epítetos permanecen oscuros y se resisten a la interpretación de los lingüistas

Asimismo como dios del espacio liminar y especial su estatua se encontraba en edificios públicos y en la entrada de casas particulares, en función de sus poderes protectores en general y frente a los ladrones en particular.

Hermes tuvo un hijo llamado Autólico, que heredó la cualidad más negativa de su padre pero ninguna de las positivas. Era un ladrón de ganado que se salía con la suya en virtud de su capacidad para tornar invisibles todas las cosas. En general, poco querido por traicionero y, más específicamente, por ser alguien que manipulaba los juramentos de forma engañosa a fin de aprovecharse de las personas con las que tenía trato.

Su nieto Odiseo heredó estas cualidades negativas de Autólico, así como su negativo nombre «autolicano», que sugiere «generador de dolor/pena (*odyne*)», aunque de forma suavizada, mezcladas con algunas de las cualidades más positivas de su bisabuelo Hermes. Al haber heredado la habilidad de Autólico para «el pillaje y la blasfemia» (19, 396) Odiseo sabe perfectamente que los juramentos se pueden utilizar muy hábilmente, y en la *Odisea* es sumamente cuidadoso en el empleo de los juramentos más fuertes para obligar a los demás a no traicionarle. Es codicioso y desconfiado, teme que los demás le roben. Por otro lado, su capacidad para cambiar de forma, si bien en una ocasión impuesta mágicamente por Atenea, está en un nivel humano y realista: es un maestro del disfraz, el único héroe griego famoso por esto. Su destreza en general es positiva, al contrario del caso de su abuelo, en quien era negativa; de esta forma le dota de unos recursos que salvan a sus hombres del peligro una y otra vez. Aun así algunas veces puede desbordarse —como corresponde a un pícaro— provocando la total destrucción de esos

---

modernos más brillantes e ingeniosos. Posee seis epítetos comúnmente utilizados. Solo dos de ellos tienen significados claros indiscutidos: *chrysorrapis* («con vara de oro») y *Kyllenios* («de Cilene»). El conocido *Argifontes,* traducido convencionalmente como «verdugo de Argos», ha sido rebatido recientemente por tres eminentes filólogos. No se posee un sentido claro del verdadero significado de los restantes epítetos: *diaktoros, eriounios* o *akaketa*. Existe además el misterioso e intraducible *sokos*, utilizado por él una única vez en la *Ilíada* 20, 72. Pasando de autores del periodo arcaico a los del posterior periodo clásico descubrimos que se concede a Hermes el adjetivo *dolios* («tramposo») en las obras de Esquilo, Sófocles y Eurípides y, muy posteriormente, Pausanias (7, 21, 1) hace referencia a un culto de «Hermes dolios».

mismos hombres, cosa que casi sucede en las aventuras con el Cíclope y los Vientos de Eolo, y que finalmente se produce en el episodio de los Lestrigones.

La habilidad de Odiseo para mediar y lidiar con nuevas situaciones y personas, su permanente movilidad y búsqueda del siguiente encuentro nos recuerda a Hermes como dios de los viajeros, los caminos y la buena suerte que acompaña este intercambio; la vuelta final a su reino se describe como un regreso a la legitimidad y al buen orden bajo el mandato de un gobernante benefactor. Los sucesivos recordatorios de que Odiseo fuese otrora el bondadoso y amado rey de Ítaca contrastan extrañamente con su poderosa capacidad para provocar dolor, pérdida y la muerte a un sorprendente número de personas. Él es la causa de la muerte de su tripulación cuando sus miembros se comen las vacas del dios del Sol, y de la de los ciento ocho pretendientes de Penélope, concebidos en paralelo a la tripulación (en ambos casos se habla de «tontos que perecieron por su propio comportamiento irresponsable»); provoca la pérdida del barco a los feacios que le llevan a su hogar; por su causa, el Cíclope sufre la pérdida de un ojo y grandes penurias; en el libro final del poema somete a su padre a una innecesaria tortura mental antes de despojarse de su disfraz y revelarse como el hijo perdido largo tiempo y por fin de vuelta. Este último episodio les ha parecido tan irracional a algunos críticos que han asumido que no fue compuesto por Homero sino que es parte de una adición posterior espuria. Pero desde el punto de vista que estamos desarrollando, este sufrimiento gratuito es perfectamente adecuado al pícaro y parte legítima del legado arquetípico de Odiseo.

En esta escena del deseo aparentemente irracional de Odiseo de manipular cruelmente los sentimientos de su padre, encontramos un interesante juego con nombres significativos. Se presenta como un extranjero llamado Epérito, que podría significar «objeto de lucha o contienda». Esto encaja con la connotación negativa de su verdadero nombre, Odiseo, objeto de un relevante juego epistemológico en la rapsodia 19, donde se le hace derivar de la carrera de Autólico como «generador de resentimiento en muchas personas». El autor dice «por lo tanto nombro a su nieto Odiseo», restando importancia a la transparencia etimológica del nombre en tanto «hombre de resentimiento» (19, 407-409). La propia forma verbal de la que deriva el nombre Odiseo es sugerente en su indeterminación: puede poseer un singnificado activo o medianamente pasivo y denotar tanto al hombre que odia activamente o a quien es receptor del odio de los demás (v. Stanford, 1952, pág. 209; Clay, 1983, págs. 59-62; y Russo *et al.*, 1992, pág. 97).

Existen otras cualidades negativas del pícaro que no parecen evidentes en Odiseo, pero que surgen a poco que se busquen. Por ejemplo, parece que carece de glotonería y lujuria, las cualidades fálicas y el dualismo animal-humano que a menudo caracterizan al pícaro mitológico. Pero la sexualidad y la lujuria son evidentes en sus relaciones con Circe y Calipso y en su incitación sexual a Nausícaa. La glotonería se percibe en el tema recurrente que simbólicamente identifica a este héroe con un vientre (en griego *gaster*), representado también por las ingestas excesivas o transgresoras frecuentes a lo largo de toda la *Odisea*[7].

Así, en el Odiseo de Homero encontramos una figura que contiene muchas contradicciones: salvador y destructor de personas; hijo devoto que sin embargo provoca sufrimiento gratuito al padre; héroe intrépido pero que envía a otros a enfrentarse con el peligro (tanto en el episodio de los Lotófagos como en el de Circe o en el de los Lestrigones provoca la pérdida de once de sus doce barcos al enviarlos a amarraderos peligrosos que están a tiro de las armas de los gigantes caníbales, mientras mantiene su propio barco insignia amarrado a salvo fuera de su alcance); hombre alabado por Atenea y por Zeus debido a su excepcional compasión, no obstante es capaz de pedir a un amigo que le proporcione veneno para la punta de sus flechas, veneno que le es negado alegando que recurrir a un comportamiento tan poco digno de un héroe sería ofensivo a los dioses. Héroe por cierto contradictorio.

Existe asimismo la aparente contradicción entre los impulsos centrífugos y centrípetos del poema, que abarca el conjunto de su estructura épica: la permanente tendencia de Odiseo a buscar nuevos encuentros y alejarse más del hogar, contrapuesto al objetivo prometido de regresar a casa junto a la esposa y el hijo que ansía volver a ver. Stan-

---

[7] Pucci, (1987), págs. 157-172, 181-187, traza un sugerente patrón temático en ambos poemas épicos de Homero, donde «corazón» (*Thymos*) es emblemático del énfasis que pone la *Ilíada* en el coraje, y «vientre» (*gaster*), que representa el énfasis de la *Odisea* en el instinto, el hambre y las necesidades sexuales. Simon, (1974), concibe la trama de la *Odisea* estructurada por una fantasía inconsciente de rivalidad masculina entre hermanos, que evoluciona desde la etapa oral (con los relatos de excesos alimentarios) a una etapa edípica (la competencia por Penélope).

ford señala (1963, págs. 50-51; 180-183; 211-240) que dicha contradicción ha sido lograda y casi milagrosamente equilibrada en la *Odisea* de tal modo que no se percibe tan intensamente como una contradicción, pero en la literatura posterior a esta tradición tiende a simplificarse optando por una de las dos orientaciones. El Ulises del *Infierno* de Dante, por ejemplo, se entrega al puro impulso centrífugo y se destruye a sí mismo y a su tripulación declamando con grandiosidad: *fatti non foste a viver come bruti, / ma per seguir virtute e conoscenza,* («No nacisteis para vivir como animales, sino para observar la virtud y el conocimiento»), (*Infierno* 26, líneas 119-120). Las únicas obras lo suficientemente complejas como para poder remontar el conjunto en su total y contradictoria grandeza, simultáneamente centrípeta y centrífuga tal como señala Stanford, son la *Odisea* de Kazantzakis y el *Ulises* de Joyce.

IV

Mi lectura de la *Odisea* demuestra que el Odiseo de Homero, el héroe de la tradición épica de la Edad del Bronce, encubre una figura más oscura: Odiseo el descendiente de Hermes, el dios-pícaro. Homero era ciertamente consciente, al menos en parte, de la complejidad de su héroe, y parece haberse esforzado expresamente en elevarle a los niveles épicos. Las épicas siberianas poseen héroes chamánicos y los relatos folclóricos tienen héroes-pícaros, pero la épica heroica debe tener héroes mortales guerreros y reyes, aventureros y líderes de éxito. Así pues, Homero tuvo que evitar la asociación directa de Odiseo con su bisabuelo Hermes y toda presentación directa de su héroe de la guerra troyana como la versión a escala humana inferior de un pícaro divino (mientras que en la *Ilíada* podía presentar muchas veces a Aquiles pidiendo directamente ayuda a Tetis, su madre diosa, puesto que su linaje divino no le impide ser un héroe). Era necesario encontrar un nuevo protector divino para Odiseo, y la diosa Atenea era la elección perfecta.

Si bien es una diosa totalmente respetable, sin rasgo alguno de la ambivalencia propia del pícaro, Atenea es la diosa de *metis*, la inteligencia astuta que supera los obstáculos de una forma ingeniosa, una inteligencia de amplia base, muy admirada en la cultura griega y no confinada meramente a la astucia ambivalente del pícaro, a veces asistencial y otras perjudicial. El estudio de *metis* llevado a cabo por Detienne y Vernant ofrece una buena distinción entre su aspecto positivo en Atenea y Hefesto, como estrategia y destreza, y el aspecto ambivalente en Hermes y Afrodita, correspondiente a ladrones y amantes. El patronazgo de Atenea sustituyendo a Hermes es lo que permite que Odiseo sea un favorito del Olimpo (como se deduce de los consejos celebrados por los dioses que se relatan en las rapsodias 1 y 5 de la *Odisea*), a pesar de conservar los rasgos evidentes de la irregularidad e incorrección que delatan su genealogía picaresca. Por ejemplo, en la rapsodia 10 Odiseo vuelve ante el dios de los vientos Eolo para pedirle una vez más que reúna y recoja los vientos por él, ya que sus hombres han arruinado su regreso a casa al dejar en libertad los vientos del saco de Eolo. El dios se niega a su petición y le despide enojado llamándole el «más vergonzante de los hombres, hombre odiado por los dioses benditos». Y agrega, «Vete, pues vienes a los inmortales lleno de odio» (10, 72-75), en una caracterización que no se desprende del propio poema. Se percibe la influencia de una tradición que Homero ha suprimido parcialmente.

En la rapsodia 13, cuando Odiseo miente a una Atenea encubierta por un disfraz, (no siendo lo bastante listo como para darse cuenta de a quién está intentando engañar), ella, divertida, dice: «Esta es la razón por la cual no puedo abandonarte, eres siempre tan diestro, tenaz y persistente» (331-332). Al utilizar estos dos últimos adjetivos, Atenea no pone el énfasis en sus argucias sino en su prudencia y cuidadosa planificación, cualidades propias de esta diosa, pero no de Hermes. La única escena (incluida por Homero en la rapsodia 10) que relata un *encuentro concreto* entre Odiseo y Hermes no refleja sorpresa alguna, como es de esperar entre un hombre y el dios que, según la tradición, fuera el padre de su abuelo. Una vez más Homero lleva a cabo una transferencia lograda. En esta escena Hermes otorga a Odiseo un hechizo que le protegerá de Circe. Aquello que confiere inmunidad a su magia proviene de una pequeña planta que Hermes arranca del suelo, el ajo silvestre «de raíz negra y flores blancas» (304). El unir opuestos en una exitosa combinación orgánica tiene el poder de evitar la escisión forzada de la naturaleza mixta del hombre en las polaridades extremas de lo humano y lo bestial, contraponiéndose eficazmente a la magia de Circe. De esta manera Hermes, como dios que controla el cambio de formas y los cruces, utiliza su poder para preservar a su bisnieto Odiseo de sufrir transiciones negativas. Es una escena breve y sin dramatismos, pero vemos que posee un gran contenido comprimido que solo se puede desplegar si sabemos que estamos tratando de un dios-pícaro clásico que extiende su protección mágica característica a un descendiente mortal favorito. Para la tradición folclórica arcaica, anterior en varios siglos a la *Odisea* creada por Homero, sería comprensible que Hermes, el dios-pícaro, fuese la deidad patrono de Odiseo; en esa época Atenea no tenía conexión alguna con este héroe poco respetable[8]. Pero la creación de poesía épica heroica para ser cantada en la corte exigía nuevos paradigmas que encarnaran el *ethos* más digno, propio de las leyendas de la guerra de Troya, y la necesidad de enraizar el presente en un pasado glorioso, insertando a los héroes cotidianos en un prestigioso linaje conectado con protectores divinos. Fue así como Odiseo perdió su conexión especial con su bisabuelo Hermes, dios de la inventiva y los ardides, para obtener a cambio como especie de progenitor adoptivo a Atenea, diosa «buena» de la inteligencia civilizadora.

A pesar de la cuidadosa transformación de la tradición llevada a cabo por Homero, el mismo nombre de Odiseo y las contradicciones inherentes a su carácter y acciones revelan el arquetipo que subyace al héroe mortal. Es una figura más fascinante y misteriosa que cualquier otra de la tradición heroica griega precisamente porque el arquetipo del pícaro es más inefable, sus paradojas son más irreconciliables que en los arquetipos del héroe, guerrero o rey. La visión que nos brinda la teoría de los arquetipos de Jung nos permite así comenzar a entender el ilimitado atractivo de la extraordinaria épica de Homero.

---

[8] En la épica existen varios detalles interesantes que sugieren la usurpación por parte de Atenea de atributos originaria y más adecuadamente pertenecientes a Hermes. Ambos dioses recurren a la invisibilidad y a las sandalias que aceleran el viaje divino. Stanford (1965), al comentar el fragmento 1, 96 sigs. de la *Odisea*, sugiere concretamente que Homero ha transferido a Atenea una de las principales características de Hermes, las sandalias divinas que le transportan sobre tierra y mar. Su carácter intercambiable como deidades asistenciales también resulta evidente en los dos consejos del Olimpo relatados en las rapsodias 1 y 5, cuando Atenea y Hermes son tratados de forma paralela como portadores de la disposición favorable de Zeus hacia Odiseo. Hay otros episodios que permiten suponer una similar equivalencia entre ambos, por ejemplo en su papel compartido al equipar al héroe Perseo para triunfar en su enfrentamiento con la Gorgona (Apolodoro 2, 4, 2-3). En su reciente comentario sobre la *Odisea* (Hainsworth *et al.*, 1988), J. B. Hainsworth, en los fragmentos 6, 329 y 8, 7, caracteriza a Atenea como «el símbolo de la fortuna y el éxito», cualidades que los estudiosos de la tradición griega normalmente atribuyen específicamente a Hermes, (v. por ejemplo, Burkert, [1985] págs. 158-159).

REFERENCIAS

Apolodoro (140 a. C.) *Biblioteca mitológica*, (trad. J. G. Moreno), Alianza, Madrid, 1993.
Babcock, B. (1975) «A Tolerated Margin of Mess: The Trickster and His Tales Reconsidered», *Journal of the Folklore Institute* II, págs. 147-186.
Brown, N.O. (1947) *Hermes the Thief*, University of Wisconsin Press, Madison, Wisconsin.
Burkert, W. (1985) *Greek Religion*, (trad. J. Raffan), Harvard University Press, Cambridge, Massachusetts.
Carpenter, Rhys (1947) *Folktale, Fiction and Saga in the Homeric Epics*, Universtiy of California Press, Los Ángeles/Berkeley.
Chittenden, J. (1946) «Master of the Animals», *Hesperia* 16, págs. 69-114.
Davidson, H. R. E. (1964) *Gods and Myths of Northern Europe*, Penguin, Harmonsdsworth, Middlesex.
Gates, H.L. (1988) *The Signifying Monkey*, Oxford University Press, Nueva York.
Hainsworth, J. B. *et al.* (1988) *A Commentary on Homer's «Odyssey»*, Clarendon Press, Oxford.
Herter, H. (1976) «Hermes Ursprung und Wesen eines griechischen Gottes», *Rheinisches Museum* 119, págs. 193-241.
Hesíodo (VIII-VII a. C.) *Obras y fragmentos*, (trad. A.P. Jiménez y A.M. Díez), Gredos, Madrid, 1978.
Jung, C.G. (1934) «Sobre los arquetipos de lo inconsciente colectivo», OC 9/1, 1, en *Arquetipos e inconsciente colectivo*, (trad. M. Murmis), Paidós, Buenos Aires, 1977.
—, (1946) «Consideraciones teóricas acerca de la esencia de lo psíquico», OC 8, 8, *ibíd.*
—, (1954) «Acerca de la psicología de la figura del pícaro», OC 9/1, 9.
Kahn, L. (1979) *Hermes Passe, ou les ambiguités de la communication*, Maspéro, París.
Makarius, L. (1965) «Le mythe du trisckter», *Revue de l'Histoire des Religions* 175, págs. 17-46.
Pausanias (II d.C) *Descripción de Grecia*, (trad. Mª. C. H. Ingelmo), Gredos, Madrid, 1994.
Pelton, R. (1980) *The Trickster in West Africa*, University of California Press, Berkeley/Los Ángeles.
Pucci, P. (1987) *Odysseus Polytropos*, Cornell Univ. Press, Ithaca, Nueva York.

Radin, P. (1956) *The Trickster: A Study in American Indian Mythology*, con aportaciones de K. Kerényi y C. G. Jung, Schocken Books, Nueva York.

Roothe, A.B. (1861) *Loki in Scandinavian Mythology*, C.W.K. Gleerup, Lund.

Russo, J. et al. (1992) *A Commentary on Homer's «Odyssey»*, vol. III, Clarendon Press, Oxford.

Samuels, A. (1985) *Jung and the Post-Jungians*, Routledge & Kegan Paul, Londres/Boston.

Simon, B. (1974) «The Hero as Only Child», *International Journal of Psychoanalysis* 55/4, págs. 552-562.

Stanford, W.B. (1952) «The Homeric Etymology of the Name Odysseus», *Classical Philology* 47, págs. 209-213.

—, (1963) *The Ulysses Theme: A Study in the Adaptability of a Traditional Hero*, (2ª rev.), University of Michigan Press, Ann Arbor.

—, (1965) *La «Odisea» de Homero*, (2ª rev.), St. Martin's Press, Nueva York.

Stevens, A. (1990) *Jung o la búsqueda de la identidad*, (trad. F. Chueca), Debate, Madrid, 1994.

Storr, A. (1973) *C. G. Jung*, Viking, Nueva York.

Tinbergen, N. (1963) «On Aims and Methods of Ethology», *Zeitschrift für Tierpsychologie* 20/4, págs. 410-433.

Vernant, J.-P. y Détienne, M. (1978) *Las artimañas de la inteligencia*, (trad. A. Piñero), Taurus, Madrid, 1988.

Wehr, D. (1987) *Liberating Archetypes*, Beacon Press, Boston.

13 TERENCE DAWSON

Jung, la literatura y la crítica literaria

> ¿Cuál es la parte desconocida de mí mismo que me guía?
> (Fernando Pessoa, 1917)

> Todo creador es un mediador para los demás.
> (Friedrich Schlegel, finales de 1790)[1]

Jung solía decir que se consideraba un «empírico»[2]. Su afirmación permite deducir que su trabajo se basaba en el análisis de los casos clínicos de sus pacientes. Sin embargo, descubrimos que muchas de sus principales ideas derivan de la interpretación de un notable repertorio de *textos* que abarca desde el relato de las fantasías de una joven (publicados en una revista profesional) al libro de Job, y desde los textos espirituales de Oriente a los escritos de los alquimistas de Occidente[3]. Resulta, pues un poco desalentador descubrir que los tres ensayos que escribió sobre la psicología de obras específicamente *literarias* son, dentro del conjunto de su obra, trabajos menos logrados (OC 15, págs. 65-134). Su ensayo

---

[1] Schlegel, 1790/1991, pág. 98 (traducción ligeramente modificada).
[2] Por ejemplo en su carta al pastor Ernst Jahn del 7 de septiembre de 1935; en Jung, 1973, 1976, vol I, págs. 195-197, y en su «Respuesta a Martin Buber» escrita en Febrero de 1952, OC 18, págs. 663-670.
[3] Respecto al análisis de Jung del texto de la Srta. Frank Miller (seudónimo) «Quelques faits d'imagination créatice subconsciente» [1906], v. *Transformaciones y símbolos de la libido* (OC B; reeditado como *Símbolos de Transformación*, OC 5); respecto a su ensayo «Respuesta a Job» y al «Comentario psicológico sobre *El libro tibetano de los muertos*», v. OC 11; respecto a la alquimia «occidental», v. OC 12, 13, 14.

sobre el *Ulises* de James Joyce (1932) es de una gran vaguedad, y su argumentación en 1930 de la diferencia entre dos formas posibles de creación artística, obras «psicológicas» (donde las implicaciones psicológicas son explicadas detalladamente por el autor) y obras «visionarias» (que de modo confuso reclaman un comentario psicológico), no resulta convincente ni útil.

En los últimos sesenta años se ha publicado una gran cantidad de trabajos de crítica literaria de orientación junguiana: algunos de ellos son excelentes[4]. Sin embargo, muchos de los ensayos, especialmente los escritos en las décadas de los sesenta y los setenta, parten de premisas muy dudosas. Aplican los conceptos de Jung como verdades comprobadas, bien imponiendo dichos conceptos de modo esquemático a un texto determinado, bien interpretando un texto dado apelando a su afinidad con una interacción arquetípica cuyo significado se asume *a priori*. Aunque esta ingenuidad metodológica prácticamente se ha superado, la crítica junguiana ha sufrido las consecuencias: permanece bastante al margen del debate contemporáneo.

Uno de los mayores méritos del enfoque junguiano deriva de la actitud básica del propio Jung hacia sus pacientes. Aunque la psicoterapia está inevitablemente «orientada por la teoría», Jung insistía en iniciar los encuentros clínicos con la autoadvertencia de procurar evitar los preconceptos sobre la naturaleza del dilema del paciente. Incluso prevenía a sus seguidores del error de entender sus ideas como una cerrada teoría que «imponer» a sueños y situaciones. La crítica literaria contemporánea también está orientada por la teoría. Los críticos tienden a «proyectar» sus presupuestos y preconceptos en los textos que leen, sofocando su propia capacidad de percibir las posibilidades inesperadas. Un texto es un producto autónomo y como tal debe ser respetado.

---

[4] Existen dos textos de publicación reciente que constituyen una introducción indispensable al enfoque junguiano de la literatura: Van Meurs y Kidd, 1988 (la introducción ofrece un breve resumen crítico de este ámbito) y Sugg (ed.), 1992, una antología de algunos de los mejores trabajos sobre el tema. Un buen ejemplo de trabajo sustancial es el estudio desarrollado por la terapeuta Marie-Louise von Franz sobre el libro de Saint-Exupéry *El principito*, incluido en *Puer Aeternus* (Franz, 1981). El texto de Tacey (1988) constituye una obra sólida escrita por un crítico literario.

La interpretación siempre es tentativa. Jung no pretendía que sus ideas se adoptaran como verdades confirmadas. Él las consideraba meros «instrumentos» auxiliares[5]. Del mismo modo que la psicología analítica se desarrolló para investigar el posible significado de la experiencia individual, la crítica literaria de orientación junguiana busca investigar las posibles implicaciones psicológicas de un texto literario. La primera parte de este capítulo sostiene la necesidad de: *a)* establecer quién experimenta los acontecimientos que se reflejan en una narración, y *b)* considerar todos los hechos narrados como la representación de un dilema que enfrenta dicho sujeto. La segunda parte del capítulo ofrece el esbozo de una teoría de historia literaria en el que se subraya la existencia de una interrelación entre las dos características determinantes de la literatura moderna: su compromiso simultáneo con las cuestiones personales y sociales.

Aproximación a un texto individual: la lectura de *Pamela*

Toda metodología dedicada al análisis de las implicaciones psicológicas de un texto plantea interrogantes sobre la psicología del autor. Debemos, pues, dejar claro desde el principio qué queremos decir con «autor». Personalmente no me refiero a todo aquello que se sabe acerca del autor histórico en cuestión. La psicología profunda no se dirige desde el hecho biográfico al texto, sino desde un texto a sus implicaciones psicológicas, es decir, a la manera en que un texto revela un complejo específico de problemas concernientes a un «supuesto autor» en el momento de escribir dicho texto. Es casi inevitable intentar referirse al material biográfico a fin de corroborar una u otra afirmación y sostener su pertinencia respecto del autor histórico, pero el análisis en sí debe derivar totalmente del texto.

Muchos analistas contemporáneos (especialmente los pertenecientes a la escuela arquetipal) afirmarían que *todas* las personificaciones que aparecen en un sueño poseen el mismo nivel y que es posible relacionar dicho sueño con cualquiera de ellas. Esta visión tiene el mérito de

---

[5] En 1952, Jung afirmó: «No he creado ni un sistema ni una teoría general, sino que simplemente he formulado conceptos auxiliares que me sirven como instrumentos, tal y como sucede en todas las ramas de la ciencia» (OC 18, pág. 666).

«abrir» una gran cantidad de posibilidades interpretativas. Por el contrario, en el presente capítulo se sostiene el punto de vista por el cual los hechos presentes en un sueño deben ser referidos o al soñante (es decir, al individuo específico) o al carácter que Jung describió como «yo onírico» (es decir, la única figura en el sueño que puede definirse como el «portador principal» de la personalidad inconsciente del soñante). Dado que a la crítica literaria no le interesa incorporar material biográfico a un análisis literario, intentaré demostrar que la interpretación psicológica de un texto literario se apoya en la relación existente entre los acontecimientos narrados y aquel personaje que más se asimile al portador principal de la personalidad inconsciente del autor. No se puede asumir, sin embargo, que dicho personaje de una novela sea equivalente al yo onírico en un sueño. En las próximas páginas defino al portador principal de la personalidad inconsciente del autor de una narración como *protagonista efectivo*.

Para identificar al protagonista efectivo de una novela es necesario: *1)* comparar las situaciones que se describen al principio y al final de la misma, y *2)* determinar cuál es el personaje que más se ha *transformado* a partir de los acontecimientos descritos (v. von Franz, 1970). Si coincide con el héroe evidente tal vez no sea necesario averiguar nada más. Pero frecuentemente se descubre que otro de los personajes —puede incluso ser un personaje aparentemente menor— experimenta el cambio más significativo. Si resulta posible relacionar de modo convincente todos los acontecimientos de la novela con este personaje aparentemente menos central, el protagonista efectivo será éste.

Investigar las posibles implicaciones psicológicas de un texto literario supone concebir su estructura superficial (es decir el relato narrado) como una representación proyectada de su estructura profunda[6]. En mi opinión, la estructura profunda remite a los acontecimientos descritos en la estructura superficial *cuando se consideran en relación al protagonista efectivo*. Me propongo investigar y verificar dos supuestos:

---

[6] Estos términos provienen de la antropología estructural: véase, por ejemplo, Lévi-Strauss, 1958. La expresión «estructura profunda» tendrá significados diferentes no solo para un estructuralista, un freudiano y un junguiano, sino que posiblemente también surjan diferencias significativas entre críticos pertenecientes a la misma «escuela».

1) que los acontecimientos descritos en la estructura superficial de una novela ofrecen una representación proyectada del dilema al que se enfrenta el protagonista efectivo al inicio del relato, y

2) que los acontecimientos en una narración describen la forma en que dicho personaje enfrenta el desafío del dilema en cuestión.

En otras palabras, sostengo que una novela está condicionada por un desafío —del que es también una representación proyectada— que afronta el protagonista efectivo a lo largo de los acontecimientos narrados.

La siguiente lectura pone a prueba esta hipótesis en un experimento metodológico. He elegido trabajar con el texto *Pamela*, de Samuel Richardson (1740), el primer «*bestseller*» de la literatura inglesa, en parte porque podría parecer una elección poco probable para un análisis posjunguiano, y en parte porque prepara el terreno para una afirmación que presento en la segunda mitad de este capítulo. Dicha novela consiste principalmente en cartas escritas por una empleada doméstica de 15 años a sus padres.

En la primera carta, Pamela Andrews comunica a sus padres el fallecimiento de la dama para la cual ha estado trabajando, quien en el lecho de muerte ha pedido a su hijo que cuide de la «pobre Pamela». El nuevo patrón de Pamela se llama Sr. B. (convención propia del siglo XVIII para dar apariencia de realismo). A pesar de la aparente buena voluntad que él le demuestra, ella pronto comienza a dudar de sus intenciones. Sin que Pamela lo sepa, él obliga a otro sirviente a mostrarle todas las cartas de ella, muchas de las cuales se refieren a sus temores respecto de la conducta del Sr. B. Éste, si bien reivindica la honestidad de su interés, intenta repetidamente aprovecharse de ella. Pamela siempre logra escapar, sea huyendo de sus brazos o teniendo «ataques». La señora Jervis, ama de llaves, intenta ayudarla, pero es inútil. Finalmente el Sr. B. acepta la renuncia de la criada y le dice que su cochero la llevará de regreso a su casa paterna. En vez de ello es conducida a la casa del Sr. B en Lincolnshire, donde permanece en cautiverio. Durante este periodo, al no poder enviar sus cartas, éstas se convierten en un diario.

Aunque el Sr. B. promete a Pamela que no irá a la casa sin obtener antes su permiso, sigue importunándola. Esta vez cuenta con la ayuda de su ama de llaves, la Sra. Jewkes. Pamela pide ayuda al Sr. Williams, capellán del Sr. B., pero la Sra. Jewkes obstaculiza sus planes. Súbitamente, y sin obtener el permiso, llega el Sr. B. Una noche, disfrazado (bastante improbable) como una de las criadas, entra en el dormitorio de Pamela. Intenta violarla mientras la Sra. Jewkes la sujeta, pero la joven tiene otro ataque y nuevamente se libra. A continuación, la Sra. Jewkes busca el diario de Pamela y se lo entrega al Sr. B., quien lo lee a pesar de las protestas de la jovencita. Este es el momento clave. Él comienza a tenerle más consideración y finalmente le permite regresar con sus padres. Sin embargo, tras la partida de Pamela, él descubre que no puede vivir sin ella. Le envía una carta. Ella cede y regresa. El Sr. B. le dice que su hermana, lady Davers le ha amenazado con retirarle la palabra si él se casa con una criada. Pero la negativa absoluta de Pamela a convertirse en su amante finalmente obliga al Sr. B. a proponerle matrimonio. Pamela recibe la visita de todos los vecinos de alta cuna, que quedan encantados con ella. Pronto se celebra el matrimonio. La prueba final para Pamela es superar sus celos cuando se entera a través de lady Davers de que el Sr. B. tuvo en el pasado relaciones con la Srta. Sally Godfrey. El final se aproxima. Todo se resuelve, incluso la Sra. Jewkes es perdonada, y Pamela decide cuidar de la Srta. Goodwin (hija del Sr. B. y de Sally Godfrey).

Pamela es una novela larga: casi quinientas páginas en la edición de Penguin[7]. Un análisis completo haría referencia a todos los encuentros principales, por lo que requeriría mucho más espacio del que dispongo aquí. Me limitaré a señalar algunas de las maneras en que los «instrumentos auxiliares» de Jung pueden ayudar a explicar y especificar los diversos rasgos interrelacionados del vínculo central. Mi objetivo es ejemplificar una metodología posible.

La mayor parte de los lectores y de los críticos literarios asumen que las narraciones de ficción siempre tratan de los acontecimientos que suceden al personaje principal en la estructura superficial. Esto puede ser adecuado en términos literarios aunque, cuando se busca descubrir el significado *psicológico* de un texto, el aparente personaje principal puede no ser su protagonista efectivo. Así pues, nuestra primera tarea consiste en identificar al protagonista efectivo de la novela.

La novela en cuestión consiste, básicamente, en cartas escritas por Pamela: por tanto la estructura superficial es percibida desde el punto

---

[7] En la preparación de este capítulo he utilizado la edición de Richardson de 1980. Todas las citas de números de página remiten a esta edición.

de vista de *ella*. También parece ser el personaje principal, hasta que observamos que cambia muy poco a lo largo de la novela. Lo que es aún más significativo, nunca determina los acontecimientos, se limita a responder a ellos: su resistencia es pasiva. El subtítulo de la novela, *El premio a la virtud*, sugiere que ella es premiada con el prestigio de acceder a un nivel social más alto y, supuestamente, con la posesión permanente del afecto del Sr. B. Pero, a pesar de las parodias de Fielding[8], la novela no se refiere (al menos de forma principal) a su posible ambición respecto de ninguna de las dos cosas.

Por el contrario, los acontecimientos del relato transforman considerablemente al Sr. B. Al principio desenfrenado, en el transcurso de la novela su carácter se transforma de modo radical (si bien no de forma muy convincente). La novela trata de su fascinación y su deseo de poseer un modelo de virtud intachable. Al leer el diario de Pamela descubre que ella es la extraña criatura que siempre ha deseado, una virgen en cuerpo y mente. Al final consigue ganar la esposa que siempre ha querido. Lo que determina la narración es la obsesión del Sr. B. por Pamela: él crea los acontecimientos. Es él quien toma todas las decisiones significativas y los hechos siempre se relacionan (directa o indirectamente) con él[9]. Él es el protagonista efectivo.

Por tanto, si nos interesan las implicaciones psicológicas de la novela, debemos considerar *todas* las interacciones descritas por Pamela en relación al Sr. B. La estructura superficial cuenta la historia de Pamela; la estructura profunda se refiere a los mismos acontecimientos, pero desde el punto de vista del Sr. B.

Algunos críticos, como Morris Golden (1963), W. B. Warner (1979), Roy Roussel (1986) y otros, percibieron el carácter central del Sr. B.

---

[8] *Pamela: or Virtue Rewarded* fue publicada en noviembre de 1740; bajo el seudónimo de «Mr. Conny Keyber», Henry Fielding respondió con una parodia titulada *An Apology for the Life of Mrs. Shamela Andrews,* publicada el 4 de abril de 1741. En diciembre de 1741 Richardson publicó la «continuación», *Pamela: Part Two*. Dos meses después, el 22 de febrero de 1742, Fielding publicó de forma anónima *The History of the Adventures of Joseph Andrews*, que presenta como «héroe» al hermano de Pamela: Joseph es el lacayo de lady Booby, y su «virtud» es amenazada primero por lady Booby y luego por su criada personal, la Sra. Slislop.

[9] Esto resulta evidente incluso en el bosquejo de la trama: sería difícil resumir los hechos sin que el Sr. B. aparezca como el protagonista efectivo.

hace tiempo[10]. Aun así, existen tres diferencias fundamentales entre sus respectivos análisis y esta aproximación junguiana. En primer lugar, quiero manifestar que no solo algunos sino *todos* los acontecimientos —incluyendo los deseos de la propia Pamela— se deben considerar en relación al Sr. B.; en segundo lugar, Roussel (1986, pág. 78), por ejemplo, afirma categóricamente que la situación entre el Sr. B y Pamela «no es principalmente psicológica». Yo sostengo que sí lo es. En tercer lugar, si bien todos estos críticos señalan paralelismos entre el Sr. B. y Richardson, dichos paralelismos prácticamente no establecen distinciones entre la parte y el todo. El presente capítulo sostiene que el individuo se compone de numerosas personalidades diferentes y que no podemos confundir la personalidad total con lo que solo es uno de sus aspectos. En las páginas siguientes veremos que los términos de Jung proporcionan una forma posible de *especificar* tanto la naturaleza del dilema que condiciona los eventos de la narración como la naturaleza de los paralelismos que se pueden establecer entre el Sr. B. y el autor.

Considero que todas nuestras ideas sobre la sociedad representan una proyección de nuestros propios intereses sobre el mundo que nos rodea[11]. *Pamela* ha sido definida a menudo como un ejemplo temprano de novela con un trasfondo social realista, y lo es. Pero es necesario matizar: la novela se basa en el supuesto de que no es posible encontrar una mujer «honesta y justa» en la clase social a la que pertenece el Sr. B. Recordemos que el Sr. B. tiene en la novela una hija ilegítima con la Srta. Sally Godfrey, que pertenece a la clase privilegiada (aunque solo en grado menor). Notamos, asimismo, que el Sr. B. ya no siente interés por las jóvenes pertenecientes a su clase: habiendo sido un tanto «desenfrenado» y habiendo seducido a varios miembros de la clase alta, con una de las cuales ha tenido una hija, cree que *todas* las mujeres de su clase quitan importancia a la virtud. En otras palabras, sus ideas sobre la sociedad están inseparablemente unidas a su actitud instintiva hacia las mujeres. El retrato de la sociedad que traza el Sr. B. es una proyección de su propia manera de ver el mundo. La moral laxa que adscribe a la sociedad es un reflejo de sus propios deseos reprimidos: el hecho de que

---

[10] Véase asimismo Kinkead-Weekes, 1973; Doody, 1974; Miller, 1980. Armstrong, 1987, ofrece una lectura inspirada en Michel Foucault.

[11] Véase la descripción de proyección en von Franz, 1980.

oculte su relación con Sally Godfrey corrobora esta hipótesis. De modo similar, el deseo de Pamela de hacer el bien al final de la novela refleja el deseo inconsciente del Sr. B. de convertirse en un miembro mejor integrado y más útil para la sociedad. La cuestión social —el deseo de mejorar la sociedad— también puede entenderse como una metáfora proyectada de su deseo inconsciente de desarrollo personal.

Tenemos que suponer que el Sr. B. es un joven agradable —el sentido del final de la novela depende de esto— y, sin embargo, en el transcurso del relato no se comporta como tal ni es consciente del carácter reprobable de su comportamiento hacia Pamela. De modo que en la novela existen *dos* Sres. B. La repetida idealización sugiere que ese Sr. B. no es el portador del auténtico, si bien hipotético, centro de la consciencia (el yo), sino la *persona*, es decir, una representación de la forma en que al individuo le gusta imaginarse que es.

El «otro» Sr. B. es el patrón brutal, la personificación de todo lo que el primer Sr. B. no ve de sí mismo. Esto puede concebirse a la luz del concepto de *sombra* en Jung. Él utilizó el término para describir dos fenómenos relacionados entre sí pero diferentes: *1)* la totalidad de lo inconsciente, es decir todo aquello que no logramos ver en nosotros mismos; y *2)* la personificiación específica de aquello que una persona «no desea ser» (OC 16, § 470), «la suma de todas aquellas cualidades desagradables» que el sujeto procura ocultar (OC 7, pág. 65n). La sombra es así la personificación de un aspecto de la propia personalidad *tal cual es en realidad*. Puesto que el yo tiende a reprimir tales aspectos de su personalidad, la sombra suele manifestarse compulsivamente. A lo largo de las primeras dos terceras partes de la novela, el primer Sr. B. está «poseído» por el segundo Sr. B., es decir, por las tendencias de la sombra del mejor de los caballeros. Tras leer el diario de Pamela, el primer Sr. B. finalmente comprende el mérito de ella: dicho de otra manera, lee el relato que quiere leer. Pero no lee lo que el relato realmente narra: lo referente a su propio comportamiento sexualmente agresivo e incluso violento. El Sr. B. se resiste a admitir las tendencias de su propia sombra o, utilizando las palabras de Pamela, a aceptar cómo es en realidad (pág. 54).

La intensidad de su deseo por Pamela sugiere que la inviste con atributos arquetípicos. En la actualidad, los críticos literarios interesados en aplicar las ideas de Jung a un texto se suelen ocupar sobre todo de establecer cuál es la imagen o patrón arquetípico dominante. Este enfoque me parece cuestionable por dos motivos: asume que el significado del material arquetípico es siempre esencialmente el mismo, y supone que las estructuras narrativas similares poseen un significado psicológico similar.

Los esquemas míticos no son estáticos, son estructuras en evolución. Algunas veces el significado de un motivo puede disminuir. En la época clásica, la batalla entre los Lapitas y los Centauros poseía suficiente importancia como para ser escogido como tema para las metopas del lado sur del Partenón ateniense, pero con el tiempo el relato dejó de aparecer representado artísticamente. En otros casos, un mito puede desarrollar nuevos niveles de significado. El mito de Narciso tal vez sea el ejemplo más obvio. Si bien en tiempos clásicos su importancia era relativamente menor, a partir del Renacimiento en adelante su importancia fue creciendo gradualmente hasta que, a principios del siglo XIX, era uno de los mitos dominantes del periodo romántico. Existen, por ejemplo, paralelismos notables entre la versión de Ovidio de la historia de Narciso y la novela en verso de Alexandr Pushkin *Eugenio Oniegin* (1823–1831). Pero es poco probable que incluso una amplificación elaborada de estos paralelismos pueda arrojar luz sobre más que un aspecto (a pesar de que tal vez sea un aspecto importante) de la novela. El significado del material arquetípico cambia constantemente y cada nueva formulación de un patrón básico modifica las implicaciones ya existentes del mismo.

Existen evidentes paralelismos entre las estructuras superficiales del mito de Dafne y Apolo y *Pamela*, pero se derrumban en cuanto consideramos los acontecimientos en relación al protagonista efectivo. El mito griego de una joven mujer que huye del más brillante de los dioses y una novela inglesa del siglo XVIII sobre un hombre joven obsesionado con la imagen arquetípica de la virginidad tienen implicaciones psicológicas muy diferentes[12]. En otras palabras, si se desea investigar un patrón arquetípico es antes necesario establecer el punto de vista desde el que se concibe, es decir, es necesario identificar al protagonista efectivo.

Pamela solo existe en relación al Sr. B., que no logra entender por qué ella no se entrega a sus avances. Cuando ella le rechaza, su deseo aumenta. La desea porque ella es una virgen; si hubiese logrado satisfacer sus deseos, ella hubiera perdido la virginidad y (presumiblemente) él la hubiera repudiado tal como hiciera con Sally Godfrey. El permanente rechazo de

---

[12] Layard, 1972, ofrece una descripción de la «virgen» como figura arquetípica.

Pamela alimenta su deseo por ella. Dado que él es el protagonista efectivo de la novela (es decir, los acontecimientos corresponden a su deseo), el enviarla a Lincolnshire representa no solo el deseo de librarse de la irritación que ella le provoca, sino también librarse de su propio deseo. Su violencia sexual hacia ella puede ser vista como la representación de una compulsión para poner fin a su propio deseo, que no puede controlar.

En los últimos treinta años, la crítica se ha interesado notoriamente por la forma en que Pamela se enfrenta al Sr. B. y le contesta. Ella demuestra una considerable fortaleza de carácter tanto al rechazar sus avances como al asumir posteriormente la responsabilidad por sus carencias[13]. Pero dicha fortaleza de carácter también genera una pregunta: «¿Por qué Pamela posee características tan opuestas a las del protagonista efectivo?». Dos de los conceptos de Jung permiten explicarlo.

Según el primero, las figuras que se encuentran en lo inconsciente *compensan* una actitud consciente unilateral (v. OC 7, págs. 171-185). Jung decía que la psique posee una función autorreguladora, es decir, lo inconsciente expresa una necesidad instintiva para «corregir» toda unilateralidad equivocada en la orientación consciente de una persona. Es posible identificar al menos tres formas en las que Pamela encarna cualidades de las que el Sr. B. carece.

1) Ella encarna la rectitud moral, que compensa la visión que posee él sobre la laxitud moral de la sociedad. Para que él pueda recuperar el sentido de su propio valor moral debe ser redimido por una joven y muy decidida mujer no perteneciente a su propia clase social. Pamela proviene de una clase de agricultores respetables, una clase inferior a la de él, pero con la cual no sería totalmente impensable un matrimonio.

2) Ella encarna la fidelidad a su propio ser auténtico, lo que compensa la falta en él de una identidad auténtica propia. Para que él vuelva a ser «el mejor de los caballeros» debe ser redimido por una mujer que personifique el «ser fiel a sí misma».

---

[13] Este aspecto de Pamela corresponde a la autoridad moral con que suele investirse al ánima. Lo cual plantea una pregunta interesante: la autoridad moral que se adjudica a las mujeres, ¿es una proyección masculina? Si este es el caso, ¿cuál es su naturaleza?

3) Ella encarna la convicción de que la única relación entre un hombre y una mujer es la duradera, compensando la incapacidad que él tiene de formar una relación estable. Esto se puede explicar haciendo referencia al concepto de eros en Jung, término que utilizó para describir un principio de «relación» psíquico (OC 13, § 60). El Sr. B. puede sentirse profundamente atraído por una mujer (como Sally Godfrey o Pamela), pero no es capaz de establecer con ellas una relación a largo plazo. Pasa de una relación a otra sin comprometerse jamás. Esta tendencia es compensada desde lo inconsciente por la irresistible compulsión de poseer a la encarnación arquetípica de eros. Pamela desafía al Sr. B. a enfrentarse con su temor a eros en tanto que relación. Observamos que ella solo acepta casarse cuando él finalmente le demuestra que desea tener una relación duradera.

Al principio de la novela, la muerte de su madre libera al Sr. B. del freno moral que aquélla representa, con lo cual él se cree libre de hacer lo que le plazca. Por el contrario, se descubre cautivado no solo por un modelo de virtud intachable, sino también por la intensidad de su propio deseo por Pamela. El cautiverio concreto que le impone a ella puede entenderse como representación simbólica del modo en que sus mejores características se encuentran bajo el yugo de su sombra, es decir de su naturaleza «inferior»[14].

Su dilema se puede definir como un desafío doble: *1)* el de reconciliarse con las tendencias de su propia sombra, y *2)* el de reconciliarse con los valores personificados por Pamela. La novela acompaña el proceso por el cual ella obliga al Sr. B. no solo a reconciliarse con cualidades de las que carece, sino además, hacia el final, a convertirse en un miembro más útil para la sociedad. La fascinación que el Sr. B. siente por ella está entrelazada con la cuestión de la diferencia de clase. Las figuras femeninas idealizadas en la literatura con anterioridad a esta novela (como la Dido de Virgilio, Isolda o la Eva de Milton) tienen poca

---

[14] Jung utiliza la palabra «inferior» para describir aquellas funciones de la personalidad que por una razón u otra han sido *reprimidas* o *no se han desarrollado*; en consecuencia, cuando se manifiestan suelen hacerlo con el carácter de una compulsión irracional: v. Franz, 1971.

o ninguna conexión con una realidad social, tal como entendemos esta expresión hoy día: existen como imágenes arquetípicas que actúan en interacciones arquetípicas. Pamela desafía al Sr. B. a conectarse con la sociedad en la que vive. La novela manifiesta evidente preocupación por las cuestiones sociales. Los temas sociales y personales son diferentes aspectos del mismo problema. El reto que se presenta al Sr. B. consiste en reconocer y enfrentarse a aspectos de su propia personalidad y responsabilidad social que él ni siquiera admite como parte de su propia constitución psicológica o de su interés[15].

Hasta este punto todas las deducciones señaladas derivan del análisis del texto. Es hora de poner a prueba nuestra hipótesis frente a lo que conocemos del autor.

Preguntarnos si es posible identificar al Sr. B. con Samuel Richardson supone poseer una teoría acerca de la naturaleza de la producción literaria. Es fácil entender por qué gran parte de la crítica literaria de inspiración junguiana se ha dedicado a la narrativa de ficción, especialmente novelas de los siglos XIX y XX. Muchos novelistas han afirmado que la idea básica para un texto habría surgido en un sueño, de forma que la novela resultaría de la reactivación consciente de la situación vivida en el sueño[16]. Esto es muy similar a lo que Jung denomina «imaginación activa», proceso por el cual se induce una ensoñación en estado de vigilia para vivenciar el desarrollo de la propias fantasías espontáneas[17].

Pamela surge de un encargo hecho al autor para producir una especie de manual «epistolar», una serie de cartas modelo destinadas a ayudar a las mujeres a expresarse de forma elegante en su correspondencia. Richardson se concentró a tal punto en lo que una joven criada podría escribir a sus padres acerca de las dificultades a las que hacía frente en su trabajo, que pronto dejó de lado el manual epistolar

---

15 Una gran cantidad de relatos de ficción responden a un intento similar para escapar de una situación que se vive como «cautiverio»: v. Dawson, 1989a, 1989b y 1993.

16 Por ejemplo, Mary Shelley describe vívidamente como surgió la idea para su primera novela durante el verano de 1816: v. «Author's Introduction to the Standard Novels Edition» (1831), en Mary Shelley, 1992 (incluida en la mayor parte de las ediciones modernas).

17 Véase la descripción de imaginación activa en Watkins, 1984; Hannah, 1981.

para escribir una novela sobre la criada[18]. Escribía por las noches, después de trabajar todo el día como impresor, y solo le llevó dos meses completar el larguísimo manuscrito. El hecho de pensar en los posibles problemas de una criada activó en él evidentemente una imagen interna de mujer con fuerte carga emocional, es decir su ánima. Del mismo modo en que el Sr. B. dice sentirse hechizado por Pamela, la novela refleja claramente la situación de un hombre que cae bajo el embrujo de su ánima. Es válido definir a Pamela como el ánima de Richardson. La novela se desarrolló a partir de una experiencia que se puede comparar con la imaginación activa. De este modo es factible considerar al Sr. B. como una personificación de los deseos inconscientes del autor al enfrentarse a una figura del ánima que le fascinó poderosamente.

En términos psicológicos se puede describir toda la acción como una representación proyectada del dilema que acosaba a Samuel Richardson en ese momento. Aun así, nuestra lectura ha sugerido que se debe especificar la naturaleza de todo paralelismo que se pretenda establecer entre el Sr. B. y Richardson. El Sr. B. como el «mejor de los caballeros» representa su persona. El otro Sr. B., protagonista de los acontecimientos, es una figura sombra. La sombra es solo una parte de la personalidad. No es posible equipararla con la totalidad y por definición es inconsciente. Esto sugiere que, a pesar de dar indicios de ciertos paralelismos en sus cartas, Richardson era más bien inconsciente de las implicaciones psicológicas de su propia novela.

Esta conclusión se ve confirmada por el carácter tentativo del final de la novela. El Sr. B. logra finalmente superar el orgullo que le ha impedido considerar la posibilidad de casarse con un criada. Es el primer paso y abre el camino hacia la resolución feliz, aunque, sin embargo, tentativa.

Tras la boda, Pamela acepta hacerse cargo de la hija ilegítima del Sr. B. (es decir de sus limitaciones) y le obliga a hacer lo propio. De esta

---

[18] El manual epistolar fue finalmente acabado y publicado un año más tarde, con el título *Letters written to and for Particular Friends, on the most important Occasions, Directing not only the Requisite Style and Forms to be observed in writing Familiar Letters; but how to think and act justly and prudently, in the common Concerns of Human Life* (1741).

forma se integra el pasado, lo que sugiere que el Sr. B. ha logrado reconciliarse, por lo menos parcialmente, con su naturaleza inferior. Pero el que nunca hubiese reconocido realmente su mal comportamiento anterior nos indica que todavía hay mucho por elaborar. Permite entrever los problemas domésticos que constituyen el núcleo de la continuación *Pamela: Part Two* (1741). También queda claro que Richardson continuaba al margen de las implicaciones de sus propias novelas, ya que la siguiente, *Clarissa* (1747-1748), mucho más larga y mejor novela, se centra prácticamente en el mismo tema. Solo que en *Clarissa* la heroína es un personaje mucho más acabado, perteneciente a la clase media.

Esto nos conduce al punto crucial de la novela. En términos psicológicos tal vez el rasgo más impactante resida en que no es posible definir al protagonista efectivo como una figura «yoica». Por una parte el Sr. B. es una persona idealizada, por otra una representación de la sombra. Por definición la sombra es una imagen arquetípica. El Sr. B. está vinculado a Satanás, imagen arquetípica de la sombra dominante en la literatura occidental: él es «astuto como Lucifer» (pág. 89) y su objetivo es «tentar» a Pamela (págs. 116-117)[19]. Aun así, es evidente que no se le puede concebir como una «variante» del diablo en versión dieciochesca. Él es una imagen arquetípica (en el sentido de que comparte algunos de los atributos de la sombra colectiva), pero en relación a la novela es solo una personificación de las tendencias de la sombra del Sr. B. En *Pamela* no existe una figura «yoica». La novela ejemplifica una etapa en la evolución de la consciencia inmediatamente anterior a la diferenciación de la sombra como separada del «yo», percepción que resulta necesaria para que el individuo se haga consciente de su identidad individual.

Sería difícil exagerar la importancia de *Pamela*. La lucha del Sr. B con las tendencias de su sombra y su compulsión de poseer a una joven de una clase social inferior son anticipaciones de dos grandes temas presentes en el *Fausto* de Goethe (1808). Pamela también sirvió como modelo de innumerables figuras posteriores de mujeres cuya fortaleza de carácter puede resumirse en su habilidad para lidiar con un marido intolerable que acaba haciéndose útil por sus buenas acciones. Dichas mujeres se convirtieron en un prototipo de la ficción victoriana, espe-

---

[19] Esto resulta aún más obvio en el caso de Lovelace en *Clarissa*.

cialmente en novelas sobre mujeres[20]. Las características de Pamela proporcionaron un patrón de comportamiento que resultó tremendamente perjudicial para la realización personal de varias generaciones de mujeres. A todas luces es necesario comprender mejor no solo *cómo* surgieron dichos estereotipos sino también *por qué*. Ya que, si bien no es posible investigar esa cuestión en este capítulo, mi postura asume que las implicaciones psicológicas que una obra tenga para la sociedad en que surgió, o para su autor, son equivalentes al significado que sigue teniendo para el lector actual.

Hace tiempo se ha establecido y aceptado que *Pamela* gira en torno a cuestiones referidas a los conflictos de clase, estereotipos de género y poder sexual, y que todo ello confluye en la figura del Sr. B. Mi lectura confirma todo ello y lo amplía. Por supuesto que las cuestiones sociales presentes en la novela deben ser examinadas como cuestiones sociales. Solo pretendo insistir en que las tres cuestiones mencionadas sobre diferencia de clase, estereotipo de género y poder sexual también constituyen, y de forma inherente, aspectos de un complejo psicológico. Nuestra lectura de *Pamela* ha resaltado la existencia de una combinacion de dilema y desafío, a un tiempo *único*, en el sentido de que se relaciona con un texto específico (y por tanto con un autor específico), y de interés *colectivo*, ya que el dilema del Sr. B. es una variante de un complejo psicológico muy difundido, cuya importancia sigue vigente.

Pamela es una de las primeras novelas de la tradición inglesa que posee un sentido bien desarrollado de la realidad social, y tal vez la primera en que los acontecimientos pueden entenderse como una proyección de las inquietudes personales del autor. En función de lo que hemos descubierto acerca del Sr. B., esto sugiere que la propia consciencia de la realidad está inseparablemente relacionada con la autoconsciencia de las tendencias de la propia sombra. En otras palabras, solo se puede empe-

---

[20] Los ejemplos más claros son las heroínas de las novelas de George Eliot, especialmente Romola y Dorothea Brooke, ambos retratos de mujeres que tuvieron que sufrir las consecuencias de expectativas proyectadas, predominantemente masculinas pero no obstante colectivas (y por tanto también femeninas): v. *Romola* (1863) y *Middlemarch* (1871-1872). Encontramos otro paralelismo con George Eliot en el hecho de que Pamela se haga cargo de Sally Godfrey: basta comparar la disponibilidad de Nancy Lammeter para adoptar a Eppie al final de *Silas Marner*. V. Terence Dawson, 1993.

zar a tener una idea de uno mismo como «yo» (distinto de la consciencia colectiva de la propia sociedad) o una percepción consciente del lugar que se ocupa en la realidad social cuando se ha logrado una cierta aceptación, aunque sea tentativa, de la propia sombra. Esta es la hipótesis que se desarrolla en la segunda parte de este capítulo.

Hacia una teoría de la consciencia literaria

Según el filósofo italiano del siglo XVIII Gianbattista Vico, es un error manifiesto asumir que las personas siempre han pensado como lo hacemos actualmente (Pompa, 1990). Sin embargo es precisamente así como procede la mayor parte de la crítica que se escribe actualmente, incluida la de orientación junguiana. A pesar de su sofisticada retórica, el debate posmoderno se hunde en lo que Vico denomina «la vanidad académica», es decir, el error intelectual de asumir que las personas siempre han pensado de la misma manera. Los críticos enfocan textos escritos hace cien, cuatrocientos o dos mil cuatrocientos años como si hubiesen sido escritos por personas con su misma psicología básica. Esto resulta inadmisible: no es posible asumir que en el pasado las personas pensaran, o siquiera pudieran pensar, de la misma manera que lo hacen actualmente: ese falso punto de vista da lugar a una crítica literaria de mala calidad y a una psicología aún peor.

La notoria dificultad implícita en tratar de definir la evolución gradual de la consciencia no es motivo para dudar de que se haya producido de hecho. Todos los productos culturales así lo testimonian, especialmente en lo relativo a textos escritos de todo tipo. Así como cualquier intento de especificar la naturaleza de la consciencia puede ser únicamente tentativo, es necesario continuar investigando formas posibles de describir y medir tanto la consciencia en sí misma como su evolución.

En el curso de dos conferencias sobre alquimia, dictadas en el verano de 1942, Jung bosquejó una teoría para explicar cómo gradualmente retiramos nuestras diferentes proyecciones, es decir, las integramos en la naturaleza del dilema implícito en la proyección (OC 13, págs. 199-201; Franz, 1980, págs. 9-19). Cada etapa corresponde a un tipo diferente de consciencia.

La primera etapa describe un estado en el que las personas son totalmente inconscientes de cualquier distinción posible entre ellas y el mundo en el que viven. Poseen poca o ninguna noción de sí mismas como seres diferentes de lo que la sociedad espera de ellas. Sus ideas concuerdan totalmente con las expectativas sociales.

La segunda etapa consiste en una separación larga y a veces dolorosa entre una persona y el «otro». Describe el proceso por el cual una persona descubre gradualmente su propia identidad, generalmente por la vía de un proceso dialéctico con diferentes aspectos del «otro» (por ejemplo, figuras que representen autoridad o lo diferente).

La tercera etapa se refiere a la diferenciación de las cualidades morales. En esta etapa, la persona en cuestión pone constantemente a prueba la moralidad colectiva de su sociedad a fin de cerciorarse del marco de su propio código ético.

La cuarta etapa comienza con la percepción de que el aura y la autoridad con que se ha investido el marco de normas y expectativas colectivas en el que se vive son una producción propia. Se rompe así la proyección y se ve el mundo tal cual es, dejando a la persona en libertad para ser el sujeto humano específico que es. Esta etapa podría parecer la meta del proceso, pero según Jung no lo es. Ya que, desprovisto de todo su mana, el mundo puede parecer carente tanto de certeza como de significado, percepción que rápidamente puede conducir a sentimientos de alienación. Esto evidentemente no se puede describir como tipo alguno de meta.

De esta manera, según Jung, comienza una quinta etapa en la que iniciamos una nueva dialéctica con nosotros mismos, un cuestionamiento consciente de nuestras tendencias innatas, especialmente de aquellas que nos resultan menos conocidas y que se nos revelan únicamente a través de un análisis e investigación de los propios sueños y fantasías diurnas. El fin de este largo proceso consiste en conocerse a sí mismo no en calidad de rebelde o marginal, sino como el ser humano *específico* que somos dentro de nuestra sociedad. De esta manera se completa el círculo del proceso, ya que el objetivo es una nueva integración social, totalmente diferente de la existente en la primera etapa y fruto de la *consciencia* plena de las propias naturaleza, función y limitaciones.

No se trata de concebir estas cinco etapas como una «secuencia fija» de diferencias exclusivas. No se abandona totalmente la primera etapa cuando se entra en la segunda, ni la segunda cuando comienza la tercera. Partes diferentes de nosotros mismos a menudo «habitan» en distintas etapas. Una parte de uno mismo puede ser relativamente independiente, otra puede ser totalmente incapaz de liberarse, sea de las expectativas de la familia inmediata o de los propios anhelos inmaduros. De modo similar, habrá personas viviendo en la *primera* etapa que tendrán que poseer algún tipo de consciencia acerca de la realidad del mundo en el que viven, es decir, el equivalente a la *cuarta* etapa de Jung.

El esquema de Jung descansa en la definición de la cuarta etapa, es decir, en cómo se entiende la «realidad». La frase «tal cual es» no pretende implicar que la realidad sea un absoluto. La realidad es definida por nuestra necesidad de adaptarnos a ella. Un miembro de una tribu del interior de Brasil necesita un sentido de la realidad tan marcado como un habitante de Nueva York, pero sus respectivas definiciones de la realidad serán radicalmente diferentes. Esto da cuenta de los aspectos interrelacionados de la cuarta etapa. Uno de ellos describe la habilidad de ver el mundo tal cual es para uno mismo, pero es imposible siquiera empezar a entender el mundo tal cual es (en relación a las propias necesidades inmediatas) hasta no haber comenzado por lo menos a comprenderse uno mismo como el ser específico que se es (es decir, haber llegado a una conciliación al menos tentativa con la propia sombra). Puesto que la realidad es tentativa, el esquema se aplica de modo diferente a cada individuo. En otras palabras, cada una de las cinco etapas de Jung es *relativa*: miden la adaptación solo en relación a un determinado punto de vista que en sí mismo implica una clase y nivel particular de autoconsciencia.

Sugiero que las cinco etapas que plantea Jung para la retirada de las proyecciones puede resultar útil al crítico literario de dos maneras: *1)* puede ayudar a identificar varios aspectos de la percepción consciente que manifiesta el protagonista efectivo de cualquier narración dada, y *2)* proporciona un marco dentro del cual comprender la evolución de los intereses literarios.

Identificación del interés psicológico dominante de un texto

Así como diferentes partes de un determinado individuo pueden habitar en distintas etapas del desarrollo, es posible adscribir invariablemente diferentes aspectos de la percepción consciente, evidenciada por el protagonista efectivo de una narración, a cada una de las cinco etapas de Jung[21]. Intentemos aplicar esta posibilidad en el caso de *Pamela,* basándonos en nuestra identificación del Sr. B. como su protagonista efectivo.

1) No existe nada «individual» en el Sr. B.: él es simplemente un joven y guapo caballero, casi totalmente contenido, y por tanto «definido», en las expectativas sociales sobre él. Es posible investigar este aspecto del Sr. B. en relación a la primera etapa de Jung.

2) La novela incluye varios enfrentamientos con «otro»: el de Pamela con el Sr. B., el del Sr. B. con Pamela, y esencialmente el del Sr. B. en tanto persona con los atributos de su propia sombra[22]. Estos enfrentamientos se pueden investigar a la luz de la segunda etapa.

3) Si bien toda la novela gira en torno a los diversos dilemas morales representados por los anteriores enfrentamientos, el Sr. B. no llega a reconocer las tendencias de su propia sombra. La tercera etapa definida por Jung ofrece una manera de investigar estos dilemas.

4) Los conceptos que tiene el Sr. B. de la sociedad están determinados por sus conceptos sobre las mujeres. La única *decisión* suya que podría adscribirse al yo (como opuesto a la persona) es el hecho de enfrentarse a lady Davers para casarse con Pamela, pero resulta evidente que es capaz de hacerlo únicamente porque sus vecinos se han mostrado muy elogiosos con Pamela. La tensión entre lo social y lo personal se puede entender en términos de la cuarta etapa de Jung.

5) El Sr. B. se resiste a reconocer, y por tanto admitir, las tendencias de su propia sombra, lo cual significa que no puede «integrar» el desafío que le presenta Pamela. Por tanto la intimación con su yo no tiene validez: él sigue prisionero de su persona, por lo cual es inevitable que las tendencias de su sombra vuelvan a manifestarse: de allí la continuación de *Pamela* y, en el caso de *Clarissa,* la naturaleza de Lovelace, un personaje aún más libertino y equívoco que el Sr. B. La quinta etapa de Jung permite comprender la falta de confianza del Sr. B.

---

[21] Agradezco a Andrew Samuels que me haya sugerido esta posibilidad.
[22] Aquí utilizo la palabra «otro» de un modo más general que Papadopoulos, 1984: en particular, veo al «otro» como un aspecto de la «sombra» más que del «sí-mismo».

Cada una de las etapas sirve para revelar tanto una faceta diferente del dilema que acosa al Sr. B. como uno de los diferentes desafíos con los que se enfrenta. Cada una identifica un aspecto principal de su desarrollo psicológico y, por ende, una línea posible de investigación literaria. Así, abordar un texto desde las cinco etapas propuestas por Jung permite arrojar luz sobre los diferentes aspectos de un dilema psicológico. Esto genera una pregunta inevitable: ¿es posible plantear la existencia en un trabajo literario de un *interés psicológico dominante*?

Observamos que el análisis según la quinta etapa revela hasta qué punto el protagonista efectivo es capaz de integrar el contenido de sus proyecciones, es decir, la naturaleza y las limitaciones de su consciencia, que en un sentido amplio puede generalmente ser adscrito al autor o supuesto autor. Aun así, no es posible considerar que el interés psicológico dominante de *Pamela* sea la ausencia de una figura yoica. Un breve repaso a nuestros hallazgos sugiere que dicho interés psicológico dominante se encuentra en la zona limítrofe entre la tercera y la cuarta etapas, es decir, remite a la tensión existente entre los diversos aspectos del dilema moral y la intimación de una individualidad distinta de las expectativas colectivas.

Sin embargo esto no es siempre así: casi con seguridad diferentes narrativas poseen diferentes intereses dominantes. Adicionalmente el esquema de Jung puede resultar útil también en la crítica literaria como modelo para la discusión y comparación de los intereses psicológicos de trabajos *diferentes*.

Hacia una historia psicológica de la literatura

Si aceptamos que las cinco etapas propuestas por Jung sirven para especificar el interés psicológico dominante de cualquier trabajo literario, es lícito preguntar si podrían también servir como base para una forma de comprensión de la *evolución* de los intereses literarios.

Toda teoría sobre la interpretación psicológica de un texto literario individual debe ir unida a una teoría más amplia sobre la historia de la literatura. Resulta sorprendente que los críticos hayan aplicado la teoría psicoanalítica a textos literarios durante la mayor parte del siglo sin poseer una teoría claramente definida sobre la evolución de la expresión literaria. Lo mismo ha sucedido con los críticos de orientación literaria: sin titubeos describen *todos* los trabajos producidos, desde los primeros mitos registrados a la literatura del siglo XX, como «arquetípicos». Independientemente de los paralelismos que queramos establecer entre un mito babilónico y una novela norteamericana del siglo XX, existe una necesidad evidente de distinguir las «diferencias», es decir, un crítico de orientación junguiana debe establecer diferencias entre los productos de uno y otro periodo literario.

Es necesario hacer una salvedad desde el principio. Aunque la teoría de Jung sobre la retirada de las proyecciones pueda resultar útil para considerar textos individuales, debemos ser prudentes a la hora de utilizar un modelo ontogenético como base de una teoría filogenética. Es posible que encontremos aún más superposición entre las diferentes etapas a nivel filogenético. Aun así, quisiera sugerir que las cinco etapas de Jung referidas a la retirada de las proyecciones pueden proporcionar una vía posible para la comprensión de la *evolución* del interés psicológico dominante en las creaciones literarias.

Mi supuesto es que «el interés dominante» de las tradiciones orales más básicas y los mitos tempranos reside en la *identidad en sí misma*. En el primer caso se puede pensar en los productos de aquellas sociedades tribales en que las personas se sienten totalmente «unidas» con las tradiciones colectivas, incapaces de establecer diferencias entre ellas y el mundo en que viven. Disfrutan de un mayor sentido de totalidad que el hombre moderno, pero es una forma de totalidad indiferenciada e inconsciente, totalmente desprovista de individualidad en el sentido que damos al término actualmente. Pero no se debe considerar a esta «etapa» como propia solo de las sociedades primitivas: también es aplicable a todo texto escrito en que haya poca o ninguna distinción entre lo personal y lo colectivo.

De modo similar, sugiero que las adaptaciones específicas de la cultura oral se ocupan fundamentalmente de cuestiones de *identidad en relación a «otro»*. Los mitos y la literatura existentes sobre Oriente Medio y la Grecia antigua proporcionan los ejemplos más obvios. Los dos relatos épicos sobre la guerra de Troya presentan a un héroe que se enfrenta a «otro» u «otros» (Aquiles contra Héctor; Odiseo contra Polifemo, Circe, Escila, los pretendientes, etc.). Así como la *Ilíada* trata principalmente de la diferenciación de la identidad *cultural* —que no debe ser confundida con la «nacional»—, el interés dominante de la *Odisea* y de las grandes tragedias clásicas es la diferenciación de la identidad *personal*, que no debe ser confundida con la «individual» (por ejemplo, Edipo en la obra más conocida de Sófocles)[23].

Encontramos indicios de un interés dominante por los conflictos morales en las tragedias griegas, pero los ejemplos más claros provienen de la literatura de la Edad Media tardía y del Renacimiento. Consideremos los imperativos morales que subyacen a las *Confesiones* de san Agustín (c. 400), a la *Divina Comedia* de Dante (c. 1300), a las piezas de teatro moralistas como *Everyman* (c. 1512) o, por supuesto, a las obras de Shakespeare (escritas entre 1588 y 1613), la mayoría de las cuales se ocupan principalmente de un dilema moral. Se observa que dicha literatura está invariablemente relacionada con los principios morales de una ideología religiosa dominante: es decir, en la tradición occidental esta etapa abarca el periodo clásico, cuando los dioses del Olimpo representaban a la divinidad no cuestionada del imperio grecorromano, y la mayor parte de los trabajos producidos mientras el cristianismo era la religión dominante en Europa.

El surgimiento de una literatura predominantemente centrada en la investigación tanto de una *realidad social* como de la *consciencia individual*, es un fenómeno relativamente reciente. Sus primeras manifestaciones claras datan del tercer cuarto del siglo XVII, cuando la proyección colectiva representada por la cosmovisión cristiana comenzó a quebrarse. Esto provocó inevitablemente un cambio radical en la consciencia. Forzó a los individuos a encontrar sentido a su propia realidad e identidad. Por vez primera en la historia los escritores comenzaron a percibir un espectro social más amplio del que se había conocido hasta entonces y a investigar las implicaciones de este hecho para el individuo, es decir, a investigar tanto la realidad social como el sentido de la consciencia individual, evidentemente relacionados con nuestros propios intereses de finales del siglo XX. Los aspectos aparentemente conflictivos de esta cuarta etapa quedan ejemplificados por las obras del filósofo francés

---

[23] Esto no es un juego de palabras, *personal* es utilizado en el sentido que Edipo y otros héroes griegos son diferentes de la «multitud», pero siguen siendo «tipos». El hecho de que podamos hablar de un «complejo de Edipo» demuestra que no se trata de un «individuo». Por el contrario *individual* es utilizado para describir a alguien que lucha conscientemente con los dilemas que se identifican en la cuarta y quinta etapa del esquema de Jung, es decir, alguien que es «consciente» de las implicaciones de sus actos.

Jean-Jacques Rousseau. Su *Contrato Social* (1762) comienza con las palabras «el hombre nace libre, pero está encadenado en todas partes», y sus *Confesiones* (escritas en la década de los años 1760, publicadas en 1782 y 1789) comienzan con la afirmación: «Puedo no ser más valioso que mis congéneres, pero al menos soy diferente». En estas dos frases se evidencian las simientes de la consciencia sociopolítica moderna y del individualismo moderno[24].

El esquema esbozado anteriormente descansa, al igual que la teoría de Jung acerca de la retirada de las proyecciones, sobre supuestos referidos a la naturaleza de la cuarta etapa. De modo que necesitamos explicar con más detalle por qué se puede considerar el periodo 1675-1800 como una fuente para la historia tanto de la literatura como de la psicología.

En primer lugar, existe una diferencia fundamental entre la realidad social presentada en los trabajos literarios previos al siglo XVIII y en los publicados desde entonces. La «realidad» implícita en la literatura occidental desde la *Ilíada* (c. 725 a.C.) a *El paraíso perdido* (1667) es una «realidad» esencialmente idealizada que solo refleja el cambio de intereses de una clase privilegiada. El surgimiento de una nueva clase media sólidamente educada durante el siglo XVII condujo de forma gradual a la formulación de ideas nuevas sobre la distribución de la riqueza y la responsabilidad social. Los comienzos de lo que podemos describir, en un sentido amplio, como socialismo alteraron radicalmente la forma en que se percibía la realidad social[25]. La novela *Moll Flanders* de Defoe (1722) es una de las primeras que refleja una preocupación evidente por la realidad social de *base amplia*, preocupación que poco a poco pasó a dominar no solo la novela inglesa sino la consciencia occidental.

Los dilemas y desafíos implícitos en las estructuras profundas de las obras literarias escritas antes del siglo XVIII son «colectivas»: reflejan inquietudes colectivas, no las inquietudes «personales» de los autores.

---

[24] Existen evidentes paralelismos entre el esquema bosquejado y el interés demostrado por Foucault en el periodo de la Revolución Francesa. Véase O'Farrell, 1989; Cutting (ed.), 1994.

[25] Aquí no utilizo la palabra «socialismo» para hablar de una ideología opuesta al capitalismo o al liberalismo burgués, ni para referirme a un movimiento obrero: la utilizo únicamente para indicar el surgimiento a lo largo del siglo XVIII de ideas nuevas sobre las responsabilidades de los privilegiados hacia los menos privilegiados.

Las grandes tragedias de Shakespeare no reflejan sus ansiedades y preocupaciones personales. Esto no quiere decir que con anterioridad al siglo XVIII las personas no tuvieran noción alguna de su individuliadad. De hecho, las obras que se conservan de autores como Safo, san Agustín, Petrarca y Cellini expresan la consciencia de las personalidades concretas de los autores. Pero su forma de autocuestionarse es más *filosófica* que *psicológica*. Por ejemplo, san Agustín puede haber manifestado que «su ser interior era una casa dividida y en lucha consigo misma» (*Confesiones*, VIII, 8), pero carecía de medios para analizar esta introspección más allá de los términos que le ofrecían sus convicciones religiosas. Si bien su experiencia era evidentemente autónoma, no podía interpretarla a la luz de una visión colectiva. Su consciencia —como la de Safo, Petrarca, Cellini e incluso Shakespeare— estaba limitada por sus supuestos acerca de un universo teocéntrico y una estructura social piramidal. Fue a partir del derrumbe de dichos supuestos en el siglo XVIII cuando los escritores puedieron explorar libremente la realidad de sus vivencias interiores, es decir, su individualidad.

En *El paraíso perdido*, si bien es posible referir algunos de los atributos de Satanás a Milton, difícilmente se puede definir a Satanás como la sombra personal de Milton. Por el contrario, mientras las implicaciones psicológicas de la novela de Richardson son de interés colectivo, el propio Sr. B. tampoco puede ser definido como una imagen colectiva de la sombra: esto solo sería posible en relación al *lector actual*. En cuanto a la *novela*, el Sr. B. personifica la «sombra personal» de Richardson. Esto nos lleva al segundo motivo que marca el periodo 1675-1800 como un momento crucial de cambio.

La Princesa de Clèves de Mme. de Lafayette (1678) y *Pamela* de Richardson (1740) son las primeras obras de peso en sus respectivas tradiciones que reflejan las inquietudes personales de sus autores. Significativamente ambas obras reflejan el enfrentamiento de una persona con un personaje que puede ser definido como la sombra personal del autor[26]. Del mismo modo en que no es posible pasar de la consciencia colectiva a la individual sin enfrentarse a la propia sombra, los primeros trabajos literarios que reflejan las inquietudes personales de sus respectivos autores representan un enfrentamiento con la sombra. Por primera vez en la

---

[26] En relación a Mme. de Lafayette, v. Dawson, 1992.

historia de la literatura los escritores comenzaron a proyectar en sus obras aquel dilema personal que les acosaba en el momento de escribir la obra, y la naturaleza de dichos dilemas se relaciona claramente con la de los que siguen aquejando a los individuos hoy en día. A partir de este periodo, la narración literaria se vuelve cada vez más autobiográfica.

Es frecuente considerar la moderna consciencia sociopolítica y el individualismo como opuestos. Jung, Paulo Freire (v. cap. 14) y Andrew Samuels (1993) han demostrado que no es así. Son aspectos inseparables de un cambio fundamental en la consciencia que se produjo entre 1675 y 1899, transformando radicalmente la naturaleza del debate sociopolítico y del sentido de identidad en el individuo. La capacidad de interrogar y de lograr por esta vía reconciliarse con la propia realidad forma parte indivisible de la capacidad de interrogarse y llegar a aceptarse a uno mismo tal como se es en realidad. En otras palabras, psicológicamente este cambio se produjo cuando los individuos comenzaron a investigar su propia *sombra personal*. Nuestro esquema ejemplifica cómo era gradualmente asimilada cada vez una parte mayor de lo que en un tiempo se concebía como «otro» hasta convertirse en parte de la consciencia moderna.

Continuamos atrapados por la maraña de esta «cuarta etapa». Podemos ahora admitir que apenas hemos comenzado a ver el mundo que nos rodea «como es» y que solo estamos empezando a entender nuestras necesidades e impulsos psicológicos más básicos. Únicamente los soñadores pueden creer que la ciencia o los líderes políticos han de descubrir una panacea para todos nuestros males. Nuestras ansiedades y nuestros dilemas surgen de nosotros mismos. El mundo que vemos es de nuestra propia factura. *No podemos* liberarnos totalmente de nuestras proyecciones, y lo más probable es que jamás lo logremos. Todo lo que podemos hacer es tratar de comprenderlas para poder entender mejor las implicaciones de nuestras propias tendencias en conflicto y así lograr integrarnos mejor en el mundo. La quinta etapa comienza cuando uno decide ser más consciente de la naturaleza y extensión de las propias proyecciones. Es un camino, o una meta o un ideal, más que una etapa; aun así se puede argumentar que posee una literatura propia.

Nosotros respondemos a las obras literarias del pasado desde nuestra propia época y lugar en la historia, por lo que debemos distinguir entre aquellos trabajos que reflejan poca o ninguna noción de lo que queremos decir hoy con «realidad», y aquéllos que se ocupan de examinar los aspectos de la realidad social y de la consciencia individual que responden al modo en que entendemos esos términos. No es una novedad decir que el periodo 1675-1800 marcó los inicios del mundo moderno: es mucho lo que se ha escrito sobre los cambios sociales que resultaron de esta era revolucionaria. Lo que sostengo aquí es que no podemos entender plenamente la magnitud de estos cambios si no poseemos una comprensión más plena de la naturaleza de la transformación radical que se produjo en la consciencia individual, y qué fue lo que hizo posibles tales cambios. Y tal vez esto se refleja más claramente en la literatura.

Como en este capítulo no hay posibilidad de investigar a fondo esta hipótesis, mi objetivo es proponer una forma de identificar la evolución de los intereses dominantes en las narraciones literarias. La crítica junguiana ha dependido excesivamente de la noción de imágenes arquetípicas. La psicología junguiana necesita encontrar la manera de distinguir entre diferentes *tipos* de imaginería arquetípica. Sugiero que el esquema de Jung de las cinco etapas de retirada de las proyecciones proporciona una forma de diferenciar en el material arquetípico aquel que se ocupa principalmente de:

1) la identidad en sí
2) la identidad en relación con otro/otros
3) los dilemas éticos o morales
4) la realidad social/la consciencia individual
5) la identidad individual

La historia de la literatura no es solo cuestión de cambios en los estilos literarios o de la evolución de las interacciones sociales: es también una expresión de la evolución de la consciencia humana. Las grandes obras de la literatura son hitos en el camino hacia la manifestación de la *consciencia individual*[27].

---

[27] Es necesario hacer una salvedad fundamental acerca del esquema que se ha bosquejado: los ejemplos que he escogido pertenecen todos a la tradición literaria occidental. No es posible asumir que sea igualmente válida para todas las culturas. De hecho las diversas formas en que las diferentes sociedades han enfatizado uno u otro elemento en cualquiera de las fases puede proporcionar la clave de una mejor comprensión de las diferencias culturales.

Teniendo en cuenta nuestra lectura de *Pamela*, el esquema propuesto sugiere que los conceptos de Jung sobre imágenes arquetípicas específicas exige una especificación mayor. Jung solo se refirió a la sombra. Hace tiempo que se acepta que con ese término Jung se refería a, por lo menos, dos cosas muy diferentes (la totalidad de lo inconsciente y una personificación específica de todas aquellas características que el individuo oculta a los demás con tanta eficacia que ni él mismo es consciente de ellas). Es necesario distinguir más allá, pues existe una diferencia radical entre las figuras-sombra colectivas de los textos anteriores al siglo XVIII y las figuras-sombra personales de los trabajos posteriores a la Ilustración. Es en esta cuarta etapa cuando los escritores comenzaron a ser conscientes de su propia sombra personal y a investigar su propio yo en el sentido que posee hoy el término. De modo similar, existe la necesidad de diferenciar entre las figuras-ánima/ánimus colectivas de la narrativa anterior al siglo XVIII y las figuras-ánima/ánimus personales que surgen cada vez con más fuerza en toda la narrativa posterior.

No existe duda posible acerca de la evolución radical experimentada por las ideas en torno a la «realidad social» y a la «consciencia individual» en los últimos tres mil años. Los cambios en la sociedad y en la relación del individuo con la sociedad han sido documentados desde innumerables puntos de vista. Se ha escrito muchísimo sobre la evolución de las actitudes socio-culturales y la psicohistoria ha abierto nuevos caminos a la investigación histórica. Pero aún carecemos de teorías adecuadas sobre la evolución de la consciencia *literaria* en el mismo periodo[28]. La fascinación del debate contemporáneo por la ideología socio-política ha llevado a enfatizar la «historia social» de la literatura. Pero el dominio social es solo un aspecto de nuestra realidad: el otro es el personal. Las consciencias social y personal son las dos caras de una misma moneda. Para poder entender la evolución de las inquietudes psicológicas es necesario comprender las cambiantes condiciones socio-históricas. Lo opuesto es igualmente cierto: para poder entender la evolución y dirección de las condiciones sociopolíticas también tene-

---

[28] Jaynes, 1982, ofrece una provocativa teoría sobre los orígenes de la consciencia. Los filósofos también han mostrado profundo interés en la cuestión, por ejemplo, Taylor, 1989.

mos que estar al tanto de los cambios que se producen en las consciencias colectiva e individual. Es hora de que la crítica se interese por la «historia psicológica» de la literatura y la desarrolle.

Conclusiones

El objetivo de considerar una narrativa de ficción como la proyección de un dilema que tiene el autor en el momento de escribir no consiste en restringir la lectura exclusivamente a consideraciones de tipo psicológico, sino, al contrario, abrirla para que revele la interrelación que existe entre elementos aparentemente inconexos. Hemos visto que en el núcleo de *Pamela* yace la imagen arquetípica de una virgen, pero que hay mucho más en la novela de lo que esa imagen por sí sola puede revelar. A menudo se ha dicho que Jung estaba tan especialmente interesado en los procesos psicológicos que no tenía mucha idea de la cultura más allá de una diferenciación algo simplista entre Oriente y Occidente. Es posible que esto fuera cierto en lo que a él se refiere como individuo, pero no constituye un limitación intrínseca de los puntos de vista que formuló. Cualquier aplicación de las diversas teorías de Jung a la literatura revela que es necesario que los individuos se sumerjan en su propia tradición cultural. La lectura junguiana de una obra literaria, si bien se arraiga en la investigación de los dilemas humanos cotidianos, también se interesa por las realidades sociales, políticas, nacionales y culturales.

- Mi lectura de *Pamela* subraya la necesidad de establecer a quién corresponden las vivencias que se describen en un texto dado. Los críticos literarios a menudo investigan la psicología de un personaje principal sin considerar en absoluto el papel que juega este personaje en relación al texto en su conjunto. El presente capítulo sostiene que si estamos interesados en las implicaciones psicológicas del texto es necesario identificar al protagonista efectivo y relacionar todos los acontecimientos del texto con dicho personaje.
- Los instrumentos auxiliares de Jung proporcionan una forma de definir la naturaleza del dilema al que se enfrenta el protagonista principal.

- Dicho dilema frecuentemente se manifiesta como un desafío implícito. En *Pamela* se definió como la necesidad del Sr. B. de enfrentarse a las tendencias de su sombra y reconciliarse con su problemático eros. No obstante, hay que insistir en que una de las características definitorias del enfoque junguiano establece que cada texto que se investigue revelará un dilema condicionante diferente.
- Es necesario especificar siempre la naturaleza de cualquier paralelismo que se establezca entre el protagonista de una obra literaria y su autor. El recurso a los conceptos junguianos obedece al objetivo de demostrar que el Sr. B. representa dos aspectos diferentes de la personalidad de Richardson (su persona y su sombra).
- La crítica literaria debería ante todo ser más consciente de lo que he denominado «historia psicológica de la literatura». He propuesto dos maneras para que la teoría de Jung sobre la retirada de las proyecciones pueda resultar útil:
  1) especificar la naturaleza y grado de consciencia implícita en cualquier trabajo dado y poder de esta forma identificar su interés dominante, y
  2) rastrear la evolución de la consciencia literaria.
- Las cinco etapas propuestas por Jung para la retirada de las proyecciones proporcionan una forma de diferenciar entre los diferentes tipos de imágenes e interacciones arquetípicas.
- La crítica literaria de orientación junguiana debe diferenciar las imágenes arquetípicas colectivas (por ejemplo la sombra) y las imágenes arquetípicas que tienen una relación más específica con el individuo (por ejemplo la sombra personal).
- La realidad sociopolítica contemporánea y la consciencia individual son aspectos inseparables de una revolución en la consciencia que comenzó hacia finales del siglo XVII y principios del XVIII y que sigue caracterizando nuestra época: para investigar una de las cuestiones el crítico debe tener en cuenta la otra.

REFERENCIAS

Armstrong, Nancy (1987) *Desire and Domestic Fiction: A Political History of the Novel,* Oxford University Press, Nueva York.
Cutting, Gary (ed.) (1964) *The Cambridge Companion to Foucault,* Cambridge University Press, Cambridge.
Dawson, Terence (1989a) «The Struggle for Deliverance from the Father: The Structural Principle of *Wuthering Heights*», *Modern Language Review* 84, págs. 289-304.
—, (1989b) «An Oppression Past Explaining: The Structures of *Wuthering Heights*», *Orbis Litterarum* 44, págs. 48-68.
—, (1992) «Catherine de Médicis and *La princesse de Clèves*», *Seventeenth-Century French Studies* 14, págs. 191-210.
—, (1993) «Light Encough to Trusten By': Structure and Experience in *Silas Marner*», *Modern Language Review* 88, págs. 26-45.
Doody, Margaret A. (1974) *A Natural Passion,* Clarendon Press, Oxford.
Franz, Marie-Louise von (1971) «The Inferior Function», en Marie-Louise von Franz y James Hillman, *Lectures on Jung's Typology,* Spring Publications, Zúrich, págs. 1-72.
—, (1980) *Projection and Recollection in Jungian Psychology: Reflections of the Soul,* Open Court, La Salle, Illinois/Londres.
—, (1981) *Puer Aeternus* (1970), Sigo Press, Santa Mónica.
—, (1970) *Érase una vez...,* (trad. C. Quintana), Luciérnaga, Barcelona, 1993.
Golden, Morris (1963) *Richardson's Characters,* University of Michigan Press, Ann Arbor.
Hannah, Barbara (1981) *Encounters with the Soul: Active Imagination as Developed by C.G.Jung,* Sigo Press, Santa Mónica.
Jaynes, Julian (1982) *The Origin of Consciousness in the Breakdown of the Bicameral Mind,* Penguin, Harmondsworth.
Jung. C.G. (1922) «Sobre la relación de la psicología analítica con la obra de arte poética», OC 15,6, en *Problemas psíquicos del mundo actual,* (trad. M. I. Purroy), Monte Ávila, Caracas, 1976.
—, (1930) «Psicología y poesía», OC 15, 7, en *Formaciones de lo inconsciente,* (trad. R. Pope), Paidós, Barcelona, 1982.
—, (1932) «*Ulises*: un monólogo», OC 15, 8, en *Realidad del alma,* (trad. F. Vela y F. Jiménez de Asúa), Losada, Buenos Aires, 1940.

—, (1952a) «Respuesta a Martin Buber», OC 18, 96.
—, (1952b) *Respuesta a Job*, OC 11, 9, (trad. A. S. Pascual), Fondo de Cultura Económica, México, 1964.
—, (1956) *Símbolos de Transformación,* OC 5, (trad. L. Rosenthal y E. Butelman), Paidós, Barcelona, 1982.
—, (1967) *Estudios sobre representaciones alquímicas*, OC 13.
—, (1944) *Psicología y Alquimia*, OC 12, (trad. A. L. Bixio), Santiago Rueda, Buenos Aires, 1953.
—, (1955-1956) *Mysterium Coniunctionis,* OC 14.
—, (1973, 1976) *Letters,* G. Adler y A. Jaffé, (eds.), (trad. R. F. Hull), 2 vols., Routledge & Kegan Paul, Londres.
—, (1911-1912) *Transformaciones y símbolos de la libido,* OC B, (trad. L. Rosenthal), Paidós, Buenos Aires, 1953.
Kinkead-Weekes, Mark (1973) *Samuel Richardson: Dramatic Novelist*, Methuen, Londres.
Layard, John (1972) *The Virgin Archetype: Two Essays,* Spring Publications, Zúrich.
Lévi-Strauss, Claude (1958) *Antropología estructural,* (trad. E. Verón), Altaya, Madrid, 1994.
Meurs, Jos van, Kidd, John (1988) *Jungian Literary Criticism: 1920-1980: An Annotated Critical bibliography of Works in English,* The Scarecro Press, Metuchen, Nueva Jersey/Londres.
Miller, Frank (Miss) (1906) «Quelques faits d'imagination créatrice subconsciente», en C.G. Jung, OC 5.
Miller, Nancy K. (1980) *The Heroine Text: The French and English Novel, 1722-1782*, Columbia University Press, Nueva York.
O'Farrell, Clare (1989) *Foucault: Historian of Philosopher?*, Macmillan, Basingstoke.
Papadopoulos, Renos (1984) «Jung and the Concept of the Other», en R. K. Papadopoulos y G. S. Saayman (eds.), *Jung in a Modern Perspective,* Wildwood House, Londres, págs. 54-88 y 290-294.
Pessoa, Fernando (1917/1990) *Obra poética*, Maria A. Galhoz (ed.), Río de Janeiro, Editora Nova Aguilar, págs. 129-130.
Pompa, Leon (1990) *Vico: A Study of the «New Science»*, 2ª ed., Cambridge University Press, Cambridge, págs. 7-14.
Richardson, Samuel (1980) *Pamela: Or, Virtue Rewarded*, Peter Sabor (ed.), introducción de Margaret A. Doody, Penguin, Harmondsworth.

Roussel, Roy (1986) *Conversation of the Sexes*, Oxford University Press, Nueva York.
Schlegel, Friedrich (1790/1991) *Philosophical Fragments*, (trad. Peter Firchow), University of Minnesota Press, Mineápolis.
Shelley, Mary (1992) *Frankenstein,* Penguin, Londres.
Sugg, Richard P. (ed.) (1992) *Jungian Literary Criticism*, Northwestern University Press, Evanston, Illinois.
Tacey, David (1988) *Patrick White: Fiction and the Unconscious,* Oxford University Press, Melbourne/Nueva York.
Taylor, Ch. (1989) *Fuentes del yo,* (trad. A. Lizón), Paidós, Barcelona, 1996.
Warner, William B. (1979) *Reading «Clarissa»: The Struggles of Interpretation,* Yale University Press, New Haven.
Watkins, Mary (1984) *Waking Dreams,* [c. 1976], Spring Publications, Dallas.

14 LAWRENCE R. ALSCHULER

Jung y la política

Jung describió a veces la relación existente entre el yo y lo inconsciente como una *lucha de poder* (OC 9/1, § 522-523; OC 7, § 342 y 381). Cuando en esa lucha un complejo inconsciente *se apodera* del yo se habla de «posesión» (v. Sandner y Beebe, 1984, pág. 310; OC 7, pág. 224). Cuando el yo *se apodera* inconscientemente de ciertos atributos que pertenecen al Sí-mismo se produce la «inflación», (OC 7, págs. 228-229). Jung compara la progresiva transformación que experimenta esta lucha de poder a lo largo del proceso de individuación con una secuencia de regímenes políticos. Describe la originaria unidad inconsciente de la psique como «la tiranía de lo inconsciente». El tiempo en que predomina el yo es equiparado a «un sistema tiránico de partido único». Cuando el yo y lo inconsciente logran «negociar» en «igualdad de derechos» la relación se parece a una «democracia parlamentaria» (OC 18, pág. 621).

Esta acertada metáfora política del proceso de individuación señala las principales cuestiones referidas a la relación entre la psicología junguiana y la política. El desarrollo de este capítulo se centra en tres de esas cuestiones: *1)* la relación existente entre el desarrollo político y el desarrollo psicológico de las personas (Samuels, 1993, pág. 4); *2)* la relación existente entre el desarrollo psicológico de las personas y la democracia (Odajnyk, 1976, págs. 182-187), y *3)* los aportes de la psicología junguiana al estudio de la política (Samuels, 1993, pág. 14). Los diferentes enfoques sobre estas tres cuestiones se pueden agrupar en dos categorías. La primera gira en torno al propio pensamiento político de Jung. Varios de sus escritos se ocupan directamente de la política: *Reflexiones sobre la historia actual*, *Presente y futuro*. Algunos de los mejores estudios sobre el *pensamiento político* de Jung incluyen la obra de Odajnyk (1976), la de D'Lugin (1981) y la de Samuels (1993, esp. caps. 12 y 13).

La segunda categoría relativa a estas cuestiones gira en torno a la utilización de las *teorías psicológicas* de Jung por parte de terceros en la elaboración de sus propios estudios políticos. Algunas son obras pertenecientes a analistas junguianos: Stevens (1989), Bernstein (1989), Stewart (1992); otras pertenecen a especialistas en teoría y ciencia políticas: Steiner (1983), Alschuler (1992, 1996).

Este capítulo pertenece a la segunda categoría, y se centra en el tema de la relación entre el desarrollo psicológico y el desarrollo político de las personas. He consultado tanto las teorías sobre la psique del propio Jung como las de los autores posjunguianos. Mi enfoque consiste en describir en primer lugar el proceso de individuación, considerado como desarrollo *psicológico* de las personas. Luego procederé a compararlo con aquello que el educador brasileño Paulo Freire define como proceso de «conscienciación», que considero una brillante formulación del desarrollo *político* de las personas. Anticipo parcialmente mis conclusiones sobre esta comparación para decir que considero que existen sólidos motivos para creer que la individuación sostiene, aunque no determina, la conscienciación. Si la conscienciación contribuye a la democracia, la individuación proporciona una base psicológica para la misma.

Una crítica al pensamiento político de Jung

Mi ensayo se incluye en la segunda categoría académica, ya que, como especialista en ciencia política, me preocupa el pensamiento político de Jung. Brevemente mencionaré tres de las razones de mi malestar, derivado básicamente del último escrito importante de Jung sobre política, *Presente y futuro* (OC 10).

1) La excesiva importancia concedida a las causas psicológicas de los fenómenos políticos (págs. 60-61). Según Jung, los problemas políticos tienen, básicamente, causas y soluciones psicológicas (pág. 45). Refiriéndose a la Guerra Fría, Jung afirma que la escisión de opuestos en la psique ha generado la división del mundo en movimientos de masa opuestos en el Este y el Oeste (págs. 53, 55, y 124-125). En cuanto a la solución de dichos problemas, Jung sostiene que la experiencia religiosa espontánea del individuo es lo que le preserva de «disolverse en la multitud»

(pág. 48). La superación de la escisión de la psique humana deriva de la retirada de las proyecciones de la sombra (págs. 55-56). Al reconocer la sombra nos inmunizamos frente a la «infección moral y mental» (pág. 125) que da cuenta de los movimientos de masa y de la división política del mundo.

2) El excesivo énfasis concedido a la realidad de la psique (interna) y la comparativa falta de importancia que posee la realidad política (externa). Para Jung los conflictos políticos son principalmente la manifestación externa de conflictos psíquicos (internos) (von Franz, 1976, pág. x). Jung considera que la personalidad individual es el único portador de vida, y que la sociedad y el Estado constituyen ideas que solo pueden acceder a la condición de realidad bajo la forma de conglomerados de individuos (pág. 42).

3) Patologización de la política. Jung considera que los movimientos de masa son el resultado de la escisión patológica de lo consciente y lo inconsciente. Afirma que cuando el ser humano pierde contacto con su naturaleza instintiva el conflicto entre lo consciente y lo inconsciente es inevitable. Esta división se torna patológica cuando la consciencia es incapaz de reprimir el lado instintivo. Jung explica que «la acumulación de individuos que han llegado a ese estado crítico es el disparador de un movimiento de masa que pretende ser el adalid de lo reprimido» (pág. 45).

Lo que me resulta preocupante en estos tres puntos es que a lo largo de su análisis político Jung se centra en el papel del individuo, ya sea el individuo en los movimientos de masa o el individuo como líder político. Parece incapaz de comprender los modos a través de los cuales el sistema político opera tanto en la generación como en la conducción de los conflictos sociales. Más aún, resulta inquietante que Jung juzgue los movimientos políticos de masa como patológicos, en la medida en que dichos movimientos también incluyen las revoluciones Francesa, Americana y Rusa, por no hablar de los movimientos que acabaron con el imperio soviético. El pensamiento político de Jung tiene un carácter unilateral, subraya lo patológico más que lo normal y destaca el comportamiento del individuo sobre el del sistema político. Estos opuestos se podrían superar por medio de una aplicación más holística de la psicología junguiana al estudio de la política.

El desarrollo psicológico de las personas: la individuación

En este apartado me propongo seleccionar en los escritos sobre individuación aquellos elementos que nos permitan identificar sus paralelismos y sus relaciones con el desarrollo político de las personas (del que me ocuparé en el apartado siguiente). En primer lugar, la individuación incluye la ampliación de la consciencia del yo. Cuanta más consciencia más individuación, en un sentido casi cuantitativo denominado «ampliación de consciencia», que eleva el nivel de la misma. Sin embargo, al preguntar «¿consciencia de qué?» descubrimos diferencias cualitativas de nivel. La consciencia de sí remite a la segunda etapa de la individuación, en tanto la consciencia de la existencia en la psique de poderes superiores al sujeto apunta a la tercera etapa.

Mi descripción de la individuación se ajusta a la habitual concepción junguiana sobre la existencia concreta de las tres etapas referidas (Whitmont, 1978, pág. 266; Edinger, 1972, pág. 186). La primera etapa corresponde «al surgimiento de la consciencia del yo» a partir de la unidad inconsciente de la psique; a continuación sigue la etapa de «la alienación del yo»; la tercera etapa de «la relativización del yo» avanza hacia la totalidad consciente (Sandner y Beebe, 1984, pág. 298). Existen muchas analogías e imágenes potencialmente útiles para esclarecer estas etapas. El propio Jung a menudo asimilaba la individuación a las etapas de la transformación alquímica de los metales base en «oro extraordinario». Jacobi describe la individuación como un «viaje nocturno por el mar» que el alma transita en forma recurrente (Jacobi, 1967, págs. 68-70). Whitmont se refiere a la imagen de una «espiral laberíntica en cuyo centro se encuentra el sí-mismo, mientras el yo pasa por una serie de fases recurrentes en dirección a la totalidad» (Whitmont, 1978, págs. 93 y 309).

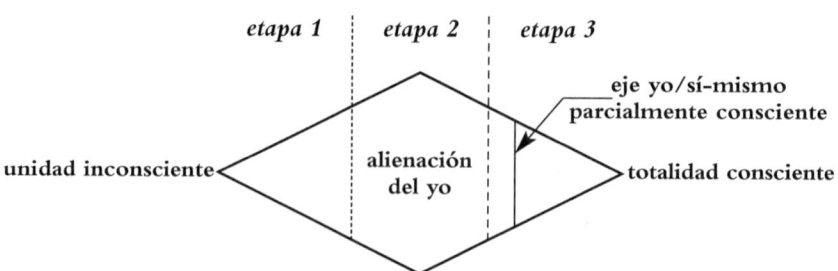

Fig. 3 *El «diamante»: las etapas de la individuación*

La imagen que considero más apropiada para nuestros objetivos incorpora muchos elementos de las analogías utilizadas por otros. Se trata de la imagen de un diamante (Fig. 3) donde el proceso de individuación avanza de izquierda a derecha, desde el punto inicial de «unidad inconsciente», pasando por la «alienación del yo» en el centro, hasta llegar a la «totalidad consciente» en el extremo derecho. La línea superior sigue el camino de lo consciente, mientras que la línea inferior sigue el camino de lo inconsciente. Las diferencias que se observan en la distancia vertical existente entre las líneas representa la relación entre lo consciente y lo inconsciente, el eje yo/sí-mismo.

Es como si al describir el proceso de individuación, Neumann tuviera la imagen del diamante como referencia:

> Hablamos de un eje yo/sí-mismo porque los procesos que tienen lugar entre los sistemas consciente e inconsciente y sus centros correspondientes parecen indicar que ambos sistemas y sus centros, el yo y el sí-mismo, se desplazan de forma convergente y divergente. La filiación del yo significa el establecimiento del eje yo/sí-mismo y la «toma de distancia» del yo respecto del sí-mismo, que alcanza su punto más alto en la primera mitad de la vida, cuando los sistemas se dividen y el yo es aparentemente autónomo. El movimiento se invierte durante la individuación que transcurre en la segunda mitad de la vida, cuando el yo y el sí-mismo vuelven a aproximarse. Pero más allá de esta inversión producto de la edad, el eje yo/sí-mismo normalmente fluye; cada cambio en lo consciente implica al mismo tiempo un cambio en el eje yo/sí-mismo.
>
> (1966, pág. 85)

En la figura del diamante he agregado dos líneas verticales de puntos que separan el proceso de individuación en tres etapas. Ahora podemos referirnos al diamante, presentando los acontecimientos indicadores de las diferencias cualitativas que existen entre las tres etapas. Este esquema de la primera mitad de la vida puede no ser universal, ya que varias analistas junguianas consideran que es más típico y representativo del desarrollo psicológico masculino.

Es necesario aclarar dos conceptos centrales mencionados con anterioridad. Es posible concebir al sí-mismo tanto como necesidad arquetípica de integración entre las partes conscientes e inconscientes de la psique como la imagen arquetípica de esta personalidad integrada. El eje yo/sí-mismo es el término que Neumann utiliza para describir la comunicación bidireccional entre el yo y el sí-mismo, esencial en la integración de la personalidad. Esta comunicación bidireccional se ejemplifica mediante una sucesión de nuestras oraciones y de nuestros sueños.

Etapa 1: surgimiento de la consciencia del yo

El yo comienza a surgir durante la infancia a partir de su origen en la matriz de lo inconsciente. El impulso de individuación establece una tensión inicial de opuestos: entre la unidad primaria (identidad) del yo y el sí-mismo y la separación del yo desde el sí-mismo. La sensación infantil de omnipotencia (inflación primaria) proviene de esta identidad entre el yo y el sí-mismo. La falta de diferenciación entre lo interno y lo externo genera una relación mágica con las personas y los objetos, el «saber» lo que sienten y piensan. Jung asimiló esta experiencia a la *participation mystique*, que actualmente la mayor parte de los psicoanalistas llaman identificación proyectiva (Samuels, 1986, pág. 152). La disolución gradual de la identidad original entre el yo y el sí-mismo genera ampliaciones de consciencia (Edinger, 1972, págs. 21 y 23). Comienza a formarse el complejo del yo, que implica el sentido de «continuidad de cuerpo y mente en relación al tiempo, el espacio y la causalidad» y el sentido de unidad a través de la memoria y la racionalidad (Whitmont, 1978, pág. 232). A medida que emerge de lo inconsciente el yo se convierte en el centro de la identidad y las elecciones personales.

El surgimiento de la consciencia del yo implica inevitablemente una polarización de opuestos, pues el yo elige entre lo que es bueno y malo en referencia al sistema de valores de la sociedad, tal como es mediatizado por los padres:

> La dualidad, la disociación y la represión nacen en la psique humana simultáneamente con la consciencia (...) Las etapas innatas y necesarias del desarrollo psíquico exigen una polarización de opuestos, consciente/inconsciente, espíritu/Naturaleza.
>
> (Edinger, 1972, pág. 20)

En términos clínicos, la disociación es un proceso normal de escisión inconsciente de la psique en complejos, cada uno de los cuales está personificado y es portador de una imagen y una emoción. De acuerdo con Jung, la escisión se produce porque la imagen y la emoción respectiva son incompatibles con la actitud habitual de la consciencia. Jung consideraba que los complejos sentimentalmente acentuados eran «unidades vivas de la psique inconsciente» (1934, págs. 96, 101, 104). El yo da forma a su identidad alineándose de acuerdo con aquello que resulta compatible con las actitudes habituales, y escindiendo y reprimiendo lo incompatible (Sandner y Beebe, 1984, pág. 299).

Sandner y Beebe sitúan la etapa del surgimiento de la consciencia del yo dentro del conjunto del proceso de individuación. El núcleo de cada complejo está conectado al sí-mismo, centro de lo inconsciente colectivo. El sí-mismo genera complejos, los escinde y los reintegra de una forma nueva. De esta manera el sí-mismo hace que el proceso de individuación se aleje del estado original de unidad inconsciente hacia un estado de totalidad consciente (*ibíd.*, pág. 298; v. también Alschuler, 1995).

Etapa 2: la alienación del yo

Para Jung, la tarea de la primera mitad de la vida es la consolidación de la propia identidad del yo y la construcción de una persona como adaptación a las normas externas de la sociedad, el lugar de trabajo y la familia. Según Whitmont, aquellas inclinaciones innatas que no se corresponden con las normas sociales son escindidas de la imagen que el yo tiene de sí constituyendo la sombra. De esta manera el yo, la persona y la sombra se desarrollan a la par, bajo la influencia de los valores sociales y parentales (Whitmont, 1978, pág. 247). Como ya se señaló, esta escisión y formación de complejos inconscientes constituyen aspectos necesarios del proceso de individuación. La escisión alcanza su límite durante la segunda etapa de la individuación, como se refleja en la «imagen del diamante», allí donde la distancia vertical que separa la consciencia del yo de lo inconsciente alcanza su punto máximo. La unilateralidad de la personalidad a la que Jung se refiere con tanta frecuencia corresponde a esta separación extrema.

La unilateralidad de la personalidad cobra su tributo en la mitad de la vida. La crisis respectiva a menudo se experimenta como una falta de sentido, desesperación, vacío y ausencia de propósito. Esta experiencia corresponde a la alienación del yo (desconexión) del sí-mismo (lo inconsciente). Según nos dice Edinger, la conexión entre el yo y el sí-mismo es esencial para la salud psíquica, ya que provee al yo de fundamento, seguridad, energía, significado y propósito (Edinger, 1972, pág. 42). La desconexión entre la consciencia del yo y lo inconsciente, que resulta especialmente evidente en la crisis de la mitad de la vida, resume el estado de alienación entre el yo y el sí-mismo. De acuerdo con Edinger, los problemas de alienación entre el yo y las figuras parentales, entre el yo y la sombra, y entre el yo y el ánimus (o ánima) son formas de alienación entre el yo y el sí-mismo (*ibíd.*, pág. 39).

El yo generalmente vive su alienación en un ciclo de inflación y depresión que genera ampliaciones de consciencia. En la fase de inflación el yo experimenta poder, responsabilidad, elevada autoestima y superioridad, todo lo cual le permite madurar para desempeñar las tareas de la primera mitad de la vida. En la fase depresiva el yo experimenta culpa, baja autoestima e inferioridad, todo lo cual compensa la inflación y prepara al yo para una mayor percepción del sí-mismo (*ibíd.*, págs. 15, 36, 40, 42, 48, 50, 52, 56).

Etapa 3: la relativización del yo

El cambio cualitativo que señala la tercera etapa de la individuación es la adquisición de cierta consciencia sobre la existencia del eje yo/sí-mismo. El cambio se prepara durante la etapa de alienación del yo, en que inflación y depresión se alternan cíclicamente (*ibíd.*, pág. 103). El diagrama del diamante señala la reconexión entre el yo y el sí-mismo mediante una menor distancia entre las líneas superior e inferior. La línea vertical entera representa la consciencia parcial del eje entre el yo y el sí-mismo.

En esta etapa de la individuación el yo integra muchos complejos inconscientes y adquiere una «actitud religiosa». Nos referiremos a estas experiencias oportunamente. En la primera etapa de la individuación el yo emergente comienza a percibir la existencia de opuestos, escogiendo de acuerdo con los valores sociales para construir una imagen aceptable de sí. Los aspectos inaceptables de la personalidad son reprimidos, pasando a lo inconsciente para formar los complejos. En el estado de alienación el yo se separa aún más de lo inconsciente mediante disociación, provocando un mayor crecimiento de los complejos y de la unilateralidad del yo. Los complejos activados se encuentran en la proyección y, por supuesto, en los sueños (Jung, OC 8, pág. 97). Mientras que en las dos primeras etapas de la individuación asistimos a la formación de complejos y la multiplicación de las proyecciones, en la tercera etapa la principal tarea del yo consiste en retirar las proyecciones por medio de la integración de los complejos[1]:

> Solo cuando nuestra propia autoimagen alcanza el desarrollo suficiente somos capaces de percibir a los demás como realmente son. Si no nos encontramos en este estado más propicio, tendemos a experimentar a los demás a través del velo de nuestra propia imaginería, de acuerdo con proyecciones emocionales positivas y negativas (...)
>
> (Perry, 1970, pág. 6)

La ampliación de la consciencia mediante la retirada de las proyecciones descubre el «velo» y abre el camino a relaciones humanas genuinas (*ibíd.*, pág. 7).

El segundo cambio cualitativo que caracteriza esta etapa de la individuación es el desarrollo de una «actitud religiosa». Se denomina «religiosa» porque implica darse cuenta de la existencia de un poder directivo interno y autónomo superior al yo: el sí-mismo (Edinger, 1972, pág. 97). El yo se vive a sí mismo como centro de la consciencia pero ya no como centro de toda la personalidad (consciente e inconsciente). La nueva consciencia del yo y su subordinación al sí-mismo constituye su «relativización». El eje entre el yo y el sí-mismo, hasta entonces siempre inconsciente, a veces incluso desconectado, ahora se reconecta y se hace parcialmente consciente. Cuando esto sucede al estilo de una súbita apertura tras un periodo de depresión puede ser vivenciado como una experiencia religiosa (*ibíd.*, pág. 69, también págs. 48-52). En conclusión, el proceso de individuación describe el movimiento de la psique desde la condición inicial de unidad inconsciente hacia la meta de la totalidad consciente.

El desarrollo político de las personas: la conscienciación

En este apartado me propongo ofrecer un ejemplo del «desarrollo político de las personas», concepto perteneciente a Samuels (1993, pág.

---

[1] De hecho, el ciclo de formación e integración de complejos se extiende también a la tercera etapa.

53), y compararlo con el «desarrollo psicológico de las personas» que acabo de describir como proceso de individuación (Alschuler, 1992). La pregunta en juego es: el desarrollo psicológico de las personas, ¿contribuye o no a su desarrollo político?

Considero que la mejor formulación del «desarrollo político de las personas» se encuentra en el concepto de «conscienciación» de Paulo Freire (Freire, 1972 y 1974). Este educador brasileño formuló sus teorías a partir de los programas de alfabetización de adultos que dirigiera en América del Sur y del Norte y en África desde los años sesenta. Mediante estos programas Freire procuró promover el proceso de humanización entre los pueblos oprimidos, aumentando su consciencia política (1972, pág. 28). La meta de la humanización resulta en muchos sentidos compatible con la meta de totalidad del proceso de individuación. Debemos preguntarnos: «¿Aumentar la consciencia política sobre qué?». Dada la pobreza, represión violenta, explotación económica e injusticia social de los pueblos oprimidos, la tarea consiste en aumentar su consciencia precisamente sobre los problemas de la opresión. La conscienciación avanza a lo largo de tres etapas, cada una de las cuales se caracteriza por la forma en que una persona: *1) denomina* los problemas, *2) reflexiona* sobre las causas de los problemas, y *3) actúa* para resolver los problemas de la opresión (Smith, 1976, pág. 42).

Etapa 1: consciencia mágica

Freire da a esta etapa el nombre de «mágica» porque las personas se sienten impotentes frente a una realidad espantosa y una fuerza irresistible y atemorizadora que modifica o conserva las cosas según su voluntad. Una persona en el nivel de consciencia mágica *denominará* los problemas en términos de supervivencia física, incluyendo la mala salud y la pobreza, o bien sencillamente negará que dichas condiciones constituyen «problemas», puesto que se conciben como hechos normales de la vida. Cuando se *reflexiona* sobre las causas de estos problemas se atribuye la responsabilidad a factores que están más allá del propio control, poderes sobrenaturales como el destino, Dios, o el patrón, o, de modo simplista, a condiciones naturales (por ejemplo, se es pobre porque la propia tierra lo es). Se considera que es inútil *actuar* para intentar resolver los problemas, ya que las causas son incontrolables, todo lo cual conduce a la resignación y a esperar que cambie la suerte.

Comparación. Si comparamos la consciencia mágica con la etapa del surgimiento del yo, es preciso recordar que la conscienciación es un proceso adulto. Sin embargo, en los adultos existen vestigios de etapas más tempranas de la individuación. Los residuos de la identidad entre el yo y el sí-mismo (Edinger, 1972, pág. 6) eliminan la diferenciación entre lo interno y lo externo, entre lo desiderativo y lo causal. La identidad entre yo y sí-mismo también da lugar a proyecciones arquetípicas sobre las personas y los acontecimientos otorgándoles una cualidad numinosa. La naturaleza autónoma y emocional de estas proyecciones evoca temor y fatalismo (Whitmont, 1978, pág. 273), ya que abruman espontáneamente al yo más allá de su voluntad. Las figuras de autoridad, incluyendo a líderes políticos y religiosos como portadores de dichas proyecciones, tendrán un aura de poder sobrenatural.

Etapa dos: consciencia ingenua

Contrastando con la naturaleza conformista de la consciencia mágica, la consciencia ingenua es reformadora. En esta etapa las personas rápidamente *denominan* los problemas, pero solo en cuanto a los individuos «problemáticos». Se nombra a los opresores individuales porque se desvían de las normas y reglas sociales a las que se supone deben adherirse. Por ejemplo, un abogado puede engañar a su cliente, o un patrón puede privar a los trabajadores enfermos de la correspondiente asistencia médica. Alternativamente, el individuo «problemático» puede ser el propio sujeto, el individuo oprimido que no logra estar a la altura de las expectativas del opresor. Puede creer que no trabaja todo lo que la «norma» exige, o que no es lo bastante listo como para hacerlo bien. En esta etapa, en el mejor de los casos, se posee una comprensión fragmentaria de las causas. No se es capaz de comprender las acciones de los individuos opresores y los problemas de las personas oprimidas como consecuencias normales del funcionamiento de un sistema social injusto. De este modo, cuando se *reflexiona* sobre las causas de los problemas se tiende a asumir la culpa de acuerdo con la ideología del opresor que se ha internalizado como propia. O bien, si se denomina como problema la violación de una norma por parte del opresor, las causas serán sus intenciones malas o egoístas.

En esta etapa, la *acción* corresponde a la manera de denominar. Los que se culpan a sí mismos por no estar a la altura de las expectativas del opresor tratarán de cambiar para ser más parecidos a aquél (por ejemplo imitando su manera de vestir, de trabajar, de hablar). Al haber internalizado la ideología del que oprime, que incluye la concepción de la propia inferioridad y de la benevolencia de los opresores, la persona puede percibir peyorativamente a sus pares como inferiores, lo que promueve la «agresión horizontal» entre ellos. O bien, si se ha identificado el problema en la persona del individuo opresor, se procurará frenar o eliminar a las personas que oprimen para restaurar las reglas y su funcionamiento normal.

Comparación. En el proceso de individuación, durante la etapa de la alienación del yo, no se concibe poder superior a la fuerza de voluntad personal. Quienes se identifican con esta fuerza de voluntad experimentan una inflación psicológica que les permite emprender las tareas propias de la primera mitad de la vida. En la etapa de la consciencia ingenua, dada la ausencia de una comprensión sistémica los problemas parecen derivar de la voluntad de los individuos. Cuando una persona oprimida culpa de un problema a la mala voluntad de un opresor está reafirmando su propia fuerza de voluntad para oponerse al opresor. La persona oprimida construye una persona que se corresponde con los valores de la ideología de aquel que oprime. La ideología considera como «bueno» todo aquello que se parezca al opresor, y «malo» todos los rasgos inherentes a las personas oprimidas. También se encuentra en la etapa ingenua aquel que, en concordancia con la ideología del opresor, ha internalizado la visión de sí mismo como inferior y se considera responsable de sus problemas. Esto corresponde a la fase depresiva del ciclo alternativo de la inflación en la etapa de la alienación del yo. La fuerza de voluntad individual es esencial, pero inaccesible al individuo deprimido que experimenta culpa e inferioridad.

Etapa tres: consciencia crítica

En esta etapa el individuo posee una comprensión integrada del sistema sociopolítico, lo cual le permite relacionar los casos de opresión con el funcionamiento *normal* de un sistema injusto y opresivo. El individuo *denomina* los problemas como un fallo en su autoafirmación (colectiva), que a veces se manifiesta en orden a su identidad étnica o de género. Estos problemas tienden a ser concebidos como problemas de la comunidad más que como problemas personales. En suma, el individuo puede *nombrar* al sistema sociopolítico como problema. «Las personas perciben reglas, hechos, relaciones y procedimientos específicos meramente como ejemplos de la injusticia sistémica institucionalizada» (Smith, 1976, pág. 63). Al *reflexionar* sobre las causas, la persona oprimida comprende de qué manera colabora a que se mantenga y funcione el sistema injusto (por ejemplo, creyéndose la ideología de los opresores y agrediendo a otras personas oprimidas). Mediante la desmistificación el individuo rechaza la ideología del opresor y desarrolla una visión más realista de sí mismo, de sus iguales y de los opresores. Si bien admite las debilidades propias y las de sus semejantes, deja de lado la autocompasión en favor de la empatía, la solidaridad y la autoestima colectiva (étnica). Aunque identifique la maldad de los opresores individuales, comprende que el problema implica un desarrollo histórico de intereses consumados y poder político (*ibíd.*).

En la etapa crítica la *acción* puede adoptar dos modalidades: la autoactualización y la transformación del sistema. La colaboración, cooperación y confianza colectiva reemplazan a la agresión entre iguales (otros individuos oprimidos). La identidad colectiva, personal y étnica llenan el vacío dejado por la ideología de los opresores que ha sido rechazada. Las acciones aisladas contra opresores individuales son reemplazadas por acciones colectivas para transformar el sistema sociopolítico. Estas acciones apuntan a crear una sociedad en que sean posibles las relaciones auténticamente humanas. En resumen, el proceso de conscienciación describe el paso de la consciencia política del oprimido desde la deshumanización a la humanización, en tanto las condiciones objetivas de la opresión derivadas del sistema sociopolítico son gradualmente eliminadas, objetivo que nunca se alcanza plenamente.

Comparación. La relativización del yo correspondiente a la tercera etapa de la individuación significa, como hemos visto, que el yo toma en cuenta su subordinación al sí-mismo, centro del conjunto de la psique, conservando su lugar como centro de la consciencia. Este cambio de actitud es tan básico que a menudo se le compara con una conversión religiosa. De modo similar, en la etapa crítica de la conscienciación los oprimidos se dan cuenta de los papeles que juegan dentro de un sistema sociopolítico que sirve a los intereses de los opresores. Este súbito despertar político representa para algunos pueblos oprimidos una «consciencia revolucionaria». El sí-mismo y el sistema político ocupan lugares análogos en los dos procesos de desarrollo personal: el psicológico y el político. En estos procesos tanto el yo como la persona oprimida tienen la capacidad de ejercer cierta influencia sobre este poder superior. Sin embargo, en la etapa crítica de la concienciación esta influencia es para la persona oprimida mucho más abarcadora, capaz de transformar el sistema político tornándolo menos opresor y reorientándolo según normas e instituciones que reducen la injusticia y la explotación.

En ambos procesos las grandes transformaciones descritas dependen de una «desmistificación» previa del yo. El yo alienado vive en un mundo unilateralizado, vivenciado mayoritariamente «a través del velo de (...) proyecciones emocionales» (Perry, 1970, pág. 6). La tarea inicial en la tercera etapa de la individuación es la retirada de las proyecciones, referida en especial a la integración de la sombra. De modo similar, en la etapa de la consciencia crítica la persona oprimida debe ser capaz de captar la ideología de los opresores a través de la cual ha internalizado su propia inferioridad (baja autoestima e impotencia), así como la superioridad (prestigio y poder) de los opresores. La consciencia crítica no puede emerger mientras prevalezca esta mistificación ideológica, ya que el oprimido carece de la autoestima y confianza necesarias para la acción política colectiva. Y mientras el yo permanezca unilateralizado y mistificado no podrá adquirir la fuerza que requiere para «negociar» con el sí-mismo sobre la base de la «igualdad de derechos» (OC 18, pág. 621; OC 9/1, pág. 288).

El desarrollo psicológico y político de las personas: sus implicaciones para la democracia

A partir de la primera comparación puedo concluir que la individuación es un apoyo a la conscienciación en el avance hacia las metas compatibles de totalidad y humanización. A pesar de sus sorprendentes paralelismos, ninguno de los procesos puede ser reducido al otro, ya que describen dos mundos relacionados entre sí pero diferentes: el desarrollo político se refiere esencialmente al mundo «externo», en tanto que el desarrollo psicológico se ocupa del mundo «interno». La relación entre ambos mundos es tema para una investigación futura que quisiera abordar preguntando cuáles pueden ser las implicaciones de la individuación para la democracia[2]. Mi elaboración se basa en la anterior conclusión de que la individuación es un apoyo a la conscienciación. Si logro argumentar de modo convincente la contribución que la conscienciación supone para la democracia, tendré la posibilidad de avanzar la conclusión de que la individuación contribuye indirectamente a la democracia.

En la etapa de la «consciencia crítica», la conscienciación —proceso escogido para ejemplificar el desarrollo político de las personas— *habilita* a las clases oprimidas. Su autoafirmación y confianza colectivas, su solidaridad y la comprensión de las causas sistémicas les permite constituir organizaciones políticas y transformar el sistema político a fin de promover sus intereses. Según un estudio reciente, la habilitación de las clases sometidas es condición *sine qua non* de la democracia (Rueschemeyer, Stephens y Stephens, 1992, págs. 270 y 282). Esta conclusión se basa en el estudio comparativo de testimonios históricos referidos a Europa, América Latina y Caribe. De acuerdo con esta teoría,

> si la lucha por la democracia es una lucha por el poder, depende de las complejas condiciones de la organización de la clase sometida, de las posibilidades de lograr alianzas, de la reacción de los intereses dominantes frente a las amenazas y oportunidades de la democratización, del papel del Estado y de las estructuras de poder transnacionales.
>
> (*ibíd.*, págs. 77-78)

La autonomía ideológica y de organización de las clases sometidas son condiciones clave para su habilitación (*ibíd.*, pág. 50). Como hemos visto, aquellos que en el proceso de conscienciación se encuentran en la etapa de la «consciencia crítica» logran simultáneamente rechazar la ideología de los opresores y adquirir autoconfianza colectiva. Aun sin avanzar en la elaboración de las muchas condiciones causales de la democracia que se presentan en esta teoría, puedo arriesgarme a concluir que la conscienciación contribuye a la democracia. Esto significa que existe una vinculación causal entre la individuación, la conscienciación y la democracia. Creo que este vínculo causal invita a una mayor

---

[2] Odajnyk (1976, cap. 10) es autor de un intento anterior de vincular la psicología junguiana con la democracia.

investigación y augura un papel aún más importante de la psicología analítica en el estudio de la política.

Conclusión: las perspectivas del análisis psico-político junguiano

El presente trabajo, en el que intento relacionar la individuación, la conscienciación y la democracia, es un ejemplo de análisis psico-político junguiano. Jung fue pionero en este campo, definido por la intersección del mundo interno de la psique, incluyendo lo inconsciente, y el mundo externo de la política. Mi análisis sugiere formas posibles de aplicación de las teorías psicológicas (no solo la de Jung) al estudio de la política. Mientras escribía esta conclusión continué reflexionando sobre las razones de mi malestar con el pensamiento político de Jung, y me pregunté en qué etapa del proceso de conscienciación se le podría situar. Fue entonces cuando las razones de mi malestar se hicieron evidentes: el pensamiento político de Jung le situaría en la etapa de la «consciencia ingenua». En todos sus ensayos políticos Jung se centra en el papel del individuo, sea en movimientos de masa o como líderes políticos. Esto es propio de la «consciencia ingenua». Jung *denomina* los problemas políticos en orden a los líderes carismáticos que imponen dictaduras, *reflexiona* sobre las causas de forma unilateral referida a la pérdida del individualismo y *actúa* en el sentido de promover una actitud religiosa en el individuo como protección frente al contagio psíquico. En otras palabras, y como es propio de la etapa de la consciencia ingenua, Jung enfatiza el papel del individuo, sea opresor u oprimido.

Jung sostenía que el paciente en psicoanálisis no puede avanzar más allá de lo que hubiera progresado su analista en su propio desarrollo psicológico (OC 16, § 545). Si aplicamos esta misma idea al análisis político podemos concluir que el estudiante de ciencia política no podrá ir más allá de donde haya llegado el analista político en cuestión en su desarrollo político personal. Cuando pienso en Jung como analista *político* cuyo pensamiento solo alcanzó la etapa de la «consciencia ingenua», debo estimular al estudiante a continuar su búsqueda en otras fuentes. Presento aquí mi visión crítica de las limitaciones en el pensamiento político de Jung a fin de persuadir a los que ahora se inician en el análisis psico-político junguiano a que se alejen del pensamiento político de Jung para concentrarse en la riqueza de recursos de su teoría psicológica.

REFERENCIAS

Alschuler, Lawrence (1992) «Oppression and Liberation: A Pshycho-Politicial Analysis According to Freire and Jung», *Journal of Humanistic Psychology* 32/2, págs. 8-31.
—, (1995) «Re-psychling: The Archetypal Image of Asklepios, the Wounded Healer», *International Journal of Comparative Religion and Philosophy* I/2.
—, (1996) «Oppression, Liberation and Narcissism: A Junguian Psycho-political Analysis of the Ideas of Albert Memmi», *Alternatives* 21/4.
Bernstein, Jerome (1989) *Power and Politics: The Psychology of Soviet-American Partnership,* Shambala Publications, Boston.
D'Lugin, Victor (1981) «C.G. Jung and Political Theory: An Examination of the Ideas of Carl Gustav Jung showing their Relationship to Political Theory», (tesis doctoral), University Microfilms, Ann Arbor, Michigan.
Edinger, Edward F. (1972) *Ego and Archetype: Individuation and the Religious Function of the Psyche,* Penguin, Nueva York.
Franz, Marie-Louise von (1976) «Preface», en V.W. Odajnyk, *Jung and Politics,* New York University Press, Nueva York, págs. xiii-xv.
Freire, Paulo (1972) *Pedagogía del oprimido,* (trad. J. Mellado), Siglo XXI, Madrid, 1997.
—, (1974) *Education for Critical Consciousness,* Seabury Press, Nueva York.
Jacobi, Jolande (1967) *The Way of Individuation,* Meridian, Nueva York.
Jung, C. G. (1934) «Consideraciones generales sobre la teoría de los complejos», OC 8, 3, en *Energética psíquica y esencia del sueño,* (trad. L. Rosenthal y B. Sopsa), Paidós, Buenos Aires, 1960.
—, (1937) «Consideraciones de principio acerca de la psicoterapia práctica», OC 16, 1.
—, (1939) «Consciencia, inconsciente e individuación», OC 9/1, 10.
—, (1946) Prólogo y epílogo al libro *Reflexiones sobre la historia actual,* OC 10, 9 y 13, *Consideraciones sobre la historia actual,* (trad. L. A. M. Baró), Guadarrama, Madrid, 1968.
—, (1949) Palabras preliminares al libro de Erich Neumann, *Psicología profunda y nueva ética,* OC 18, 77, (trad. J. Pérez), CGFE, Buenos Aires, 1960.

—, (1951) «Cuestiones fundamentales de psicoterapia», OC 16, 9.
—, (1953) *Dos escritos sobre psicología analítica,* OC 7.
—, (1957) *Presente y futuro,* OC 10, 14, (trad. P. Simón), Sur, Buenos Aires, 1957.
Neumann, Erich (1966) *Jung and Politics: The Political and Social Ideas of C. G. Jung,* New York University Press, Nueva York.
Perry, John W. (1970) «Emotions and Object Relations», *Journal of Analytical Psychology* 15/1, págs. 1-12.
Rueschemeyer, Dietrich; Stephens, Evelyne H., y Stephens, John D. (1992) *Capitalist Development and Democracy,* University of Chicago Press, Chicago.
Samuels, Andrew (1986) *Jung and the Post-Jungians,* Routledge & Kegan Paul, Londres.
—, (1993) *The Political Psyche,* Routledge, Londres.
Sandner, Donald F. y Beebe, John (1984) «Psychopathology and Analysis», en Murray Stein (ed.), *Junguian Analysis,* Shambala, Boulder/Londres, págs. 294-334.
Smith, William A. (1976) *The Meaning of Conscientização: The Goal of Paulo Freire's Pedagogy,* Center for International Education, Universidad de Massachusetts, Amherst, Massachusetts.
Steiner, Miriam (1983) «The Search for Order in a Disorderly World: Worldviews and Prescriptive Decision Paradigms», *International Organization* 37/3, págs. 373-414.
Stevens, Anthony (1989) *The Roots of War: A Jungian Perspective,* Paragon House, Nueva York.
Stewart, Louis H. (1992) *The Changemakers: A Depth Psychological Study of the Individual, Family and Society,* Routledge, Londres.
Whitmont, Edward C. (1978) *The Symbolic Quest. Basic Concepts of Analytical Psychology,* Princeton University Press, Princeton.

15 ANN ULANOV

Jung y la religión: el sí-mismo en oposición

¿Por qué Jung y la religión?

¿Cómo hemos de responder a este fenómeno del siglo XX, que Jung señalara con un toque de alarma, de la debilidad o ausencia concreta de vehículos colectivos del simbolismo religioso? A lo largo de los siglos, tanto en Oriente como en Occidente, los símbolos, rituales y dogmas religiosos desempeñaron la función de concentrar la energía psíquica de individuos y naciones en forma de tradiciones, que daban testimonio del sentido de la vida y actuaban como fuentes subterráneas, nutriendo las diferentes civilizaciones. Jung percibió que nuestro siglo ya no estaba en contacto cotidiano con el sentido de la existencia que se encuentra en el centro de la vida. Hemos utilizado los recursos de la consciencia del mejor modo posible, intentando desentrañar y controlar nuestras persistentes contradicciones y paradojas espirituales, pero hemos perdido contacto con nuestras raíces y con la vida simbólica que ellas sostienen y alimentan.

¿Dónde nos encontramos ahora? ¿Qué ha sucedido con toda la energía que ya no se canaliza a través de los vehículos religiosos? Según Jung, ha revertido en la psique humana con un efecto desastroso. Privada de la salida adecuada que proporciona, la experiencia religiosa asume formas negativas. En el individuo esta energía mal localizada puede conducir a la neurosis o la psicosis; en la sociedad puede generar todo tipo de horrores, genocidios, holocaustos y *gulags*. Puede dar lugar a ideologías cuya bondad potencial se ve contradicha al forzar a los acólitos a una obediencia atemorizada. Frente a los embalses negativos de energía psíquica, el temor a ser inundados nos lleva a levantar barreras en forma de normas y compartimentos rígidos, generando fundamentalismos religiosos, políticos y sexuales que nos atrapan en certezas imbatibles. ¿Qué sucede entonces? Vivimos aislados y marchitos, lejos de las aguas vivificadoras de la experiencia religiosa, confinados a rutinas monótonas y repetitivas desprovistas de alegría o sentido. En una sociedad así sufrimos una dolencia fatal, incapaces de poner a punto medidas sanadoras frente a la creciente criminalidad, depredación ecológica y enfermedad mental. Todo se tiñe de desesperanza, de un desaliento putrefacto. En opinión de Jung, estos sufrimientos derivan de la imposibilidad de asegurar alguna conexión fiable con la realidad psíquica que en su momento brindaba la religión gracias a sus diversos sistemas simbólicos.

Sin embargo, esta vuelta de energía psíquica a los seres humanos también posee un efecto positivo. Se trata nada más y nada menos que del surgimiento de una nueva disciplina, la psicología profunda, una nueva forma colectiva de explorar y reconocer el hecho de que la naturaleza de nuestro acceso a Dios ha cambiado fundamentalmente. Nuestra propia psique, que forma parte de la psique colectiva, constituye ahora una especie de médium a través del cual podemos vivenciar lo divino. Para Jung el propósito de su psicología analítica consistía en ayudarnos a reestablecer la conexión con las verdades contenidas en los símbolos religiosos, al descubrir sus equivalentes en nuestra propia experiencia psíquica (OC 12, § 13, 14, 15).

La experiencia inmediata y la realidad psíquica

Esta nueva disciplina, la psicología profunda, nos permite estudiar la importancia de nuestra experiencia inmediata de lo divino, manifestada a través de sueños, síntomas, fantasías autónomas, todos los diferentes momentos de comunicación primordial (OC 12, § 6, 31, 37; Ulanov y Ulanov, 1975, cap. 1). El ser humano ha tenido y sigue teniendo experiencias reveladoras de Dios. Antiguamente dichos encuentros eran contenidos por la corriente principal de la tradición religiosa y traducidos en términos de rituales y doctrinas religiosas conocidas y aceptadas. Según Jung, actualmente estos diversos sistemas de creencia han perdido su poder para la gran mayoría de las personas (v. Ulanov, 1971, cap. 6). Los símbolos religiosos ya no funcionan efectivamente como comunicadores de la presencia divina. Los hombres y mujeres se sienten solos y abandonados frente a la eclosión de la alteridad divina y las diversas formas que adopta. ¿De qué manera hemos de responder a esta llamada?

¿Cómo encontrar la forma de establecer una relación con lo divino? Jung responde al desafío señalando el surgimiento en el discurso colectivo del nuevo vocabulario de la realidad psíquica.

Al hablar de realidad psíquica Jung se refiere a la vivencia propia de lo inconsciente, es decir todos aquellos procesos relativos al instinto, la imaginería, el afecto y la energía que se producen en nosotros, entre nosotros, sin que lo sepamos, desde que nacemos hasta que morimos, y tal vez, según especuló, incluso después de la muerte (Jung, 1961, cap. 11; v. también Jaffé, 1989, págs. 109-113). Lograr una relación consciente con lo inconsciente, sabiendo que existe en nosotros y que influye en todo lo que pensamos y hacemos, solos o acompañados, en pequeños grupos o como naciones, es algo que modifica radicalmente todos los aspectos de la vida.

Al observar los efectos de las motivaciones inconscientes en nuestros pensamientos y actos, nuestro yo —centro del sentido consciente de identidad— ingresa en otro mundo con leyes diferentes que rigen su funcionamiento. En nuestros sueños, el tiempo y el espacio se funden en un eterno presente. En un sueño podemos aparecer simultáneamente como nuestro yo de cinco años de edad y con nuestra edad actual, y encontrarnos en una tierra lejana que es al mismo tiempo el jardín de nuestra casa; nuestros actos fallidos, cuando nos encontramos diciendo cosas que parecen impulsadas por un poder secreto; nuestras proyecciones sobre personas, lugares y causas sociales, cuando nos sentimos atrapados por emociones desmedidas y actos compulsivos; nuestros momentos de vida creativa, cuando las percepciones son más frescas y aportan una actitud nueva, la creación de proyectos originales, todo ello prueba la presencia constante de procesos mentales inconscientes. Hay algo que no sabíamos que existía. Dentro de nosotros suceden cosas con las cuales debemos reconciliarnos.

Si prestamos atención a esta dimensión inconsciente de la vida mental, adquirirá una presencia que se tornará cada vez más familiar. Por ejemplo, el mero hecho de recordar nuestros sueños durante un cierto periodo nos demostrará que existen motivos, personajes e imágenes recurrentes que parecen exigirnos una respuesta, como intentando iniciar un diálogo sobre temas o conflictos centrales. Estos patrones dominantes parecerían provenir de un otro que existe objetivamente en nuestro interior. Jung da a esta fuerza dominante de lo inconsciente el nombre de sí-mismo.

El sí-mismo existe en nosotros como una predisposición a orientarse en torno a un centro. Es el arquetipo del centro, una imagen primordial similar a otras imágenes que han fascinado a diferentes sociedades a lo largo de la historia. Como todo arquetipo, forma parte del nivel más profundo de lo inconsciente, que Jung denomina «colectivo» u «objetivo», para indicar que excede nuestra experiencia personal. Podemos vivenciar la existencia del sí-mismo, pero no nos pertenece ni lo hemos originado nosotros; posee su propia vida independiente.

Por ejemplo, algunas tribus aborígenes de Australia rinden homenaje a la Unidad. Saben de su presencia en ellos, sin embargo no se refieren a ello como la Unidad de cada uno, sino como la Unidad que existe en el corazón de todo lo vivo. Cuando respondemos a la predisposición del sí-mismo lo experimentamos como el centro de nuestra propia psique, de la vida misma. Nuestras representaciones del sí-mismo se alimentarán de imágenes provenientes de nuestra biografía personal, que en la terminología de los psicólogos profundos constituye el ámbito de nuestras relaciones con los «objetos»: con los progenitores y todas las personas que nos han influido de manera significativa. Lo que hagamos en este teatro relacional dependerá de cómo nos hayan condicionado las imágenes colectivas del centro dominantes en nuestra cultura particular, en nuestro momento histórico, incluyendo de forma especial la educación religiosa recibida o su ausencia. Pero nuestras imágenes del sí-mismo no se limitarán a estas influencias culturales y personales. También incluirán imágenes universales primigenias del sí-mismo que pueden ascender hasta nosotros desde los niveles más profundos de nuestra vida inconsciente.

El sí-mismo no es ni totalmente consciente ni inconsciente, pero rige el conjunto de nuestra psique situándose en el punto central o eje alrededor del cual gira todo lo demás. Lo experimentamos como la fuente de vida para la totalidad de la psique, y esto significa que se vincula con el centro de la consciencia en el yo como la presencia con mayor autoridad de las que hemos conocido hasta entonces (OC 9/2, § 9 y 57). Si en la vida de nuestro yo —lo que comúnmente llamamos «vida», todas las ideas, sentimientos y elementos culturales de los que somos plenamente conscientes— cooperamos con los enfoques del sí-mismo, surge la vivencia de una conexión con un proceso de centramiento, no solo de nuestro ser más profundo sino de algo que se extiende más allá de nosotros, más allá de nuestra psique, hacia el centro de la realidad.

Si permanecemos inconscientes o nos resistimos activamente a las señales que nos envía el sí-mismo, vivimos el proceso como una derrota del yo, el derrumbamiento de nuestros planes y propósitos con sus metas a largo plazo.

El yo y el sí-mismo, la brecha y las imágenes de Dios

Siempre existe una brecha entre el yo y el sí-mismo, pues hablan idiomas diferentes. Uno es conocido, el otro desconocido. Uno es personal, el otro impersonal. Uno se vale de sentimientos y palabras, el otro recurre a instintos, afectos e imágenes. Uno da la sensación de pertenecer a la comunidad, el otro ofrece el sentido de pertenecer a lo eterno. Nunca llegan a fundirse completamente salvo en la enfermedad (como, por ejemplo, en la manía o en un estado de inflación), se aproximan mutuamente como proviniendo de mundos muy diferentes y, sin embargo, de alguna manera están relacionados íntimamente. La brecha entre ambos puede ser un lugar de locura, cuando el yo cae en él y pierde su conexión con la realidad, o cuando lo inconsciente es invadido por la ambición consciente y lo expeditivo al punto de alejarse del contacto, aparentemente para siempre, dejando que el yo funcione de forma mecánica pero desprovisto de alegría y esencia.

Si logramos ser conscientes de la brecha entre el yo y el sí-mismo, y aceptarla, se transforma en un espacio de diálogo entre los dos mundos. Vivenciamos la conexión en nuestro interior operando en todos los aspectos de nuestra vida. Surge un sentido de compromiso que nos conduce a una vida a la vez excitante y reverente. Ya que es precisamente en esta brecha donde descubrimos nuestras imágenes de Dios. Esas imágenes apuntan en dos sentidos: hacia el sentido que se oculta tras nuestra vida yoica y, atravesando la brecha, hacia el Dios desconocido (Ulanov y Ulanov, 1991, cap. 2).

Jung habla de las imágenes de Dios como inseparables de aquellas imágenes del sí-mismo que expresan su función como centro, fuente, punto de origen y contenedor. Empíricamente las imágenes del sí-mismo y las de Dios no son diferenciables (OC 8, § 231). Esto ha llevado a los teólogos a criticar a Jung por reduccionista y por rebajar al Dios trascendente a la calidad de mero factor de la psique. Él se defendió con vehemencia alegando que el argumento es absurdo (OC 11, § 13-21;

Jung, 1975, pág. 377). ¿Existe acaso la posibilidad de experimentar algo si no es mediante la psique? La psique existe. No podemos obviarla. Influye sutilmente tiñendo todo lo que vemos o conocemos como «objetivo» con nuestra propia tonalidad individual, relativa a la constitución física, la familia, la cultura, la historia, el sistema simbólico. Evidentemente nuestras imágenes de Dios también reflejan este condicionamiento.

Pero ¿es posible que estas imágenes de Dios nos digan algo más? Jung dice que sí. Son las imágenes que nos permiten una visión de lo Todopoderoso (Ulanov, 1986, págs. 164-178). ¿Quién sabe qué es Dios objetivamente? ¿Cómo llegar a saberlo? Solo es posible a través de nuestra propia experiencia de Dios cuando se dirige a nosotros, y de las experiencias de otras personas a lo largo de la historia. Lo inconsciente no es Dios, pero es un medio por el que se manifiesta (OC 10, § 565). Dios se dirige a nosotros utilizando imágenes provenientes de lo inconsciente profundo, así como mediante el testimonio de hechos históricos, de otras gentes, escrituras y comunidades devocionales.

Jung simplemente ofrece otro método para interpretar la tradición religiosa, distinto al familiar, al histórico, al literario y al de la crítica sociopolítica. Cuando aceptamos la realidad de la psique tenemos que agregar un método de interpretación psicológica del material religioso a los otros métodos existentes. Las ideas de Jung proporcionan una forma de investigar los símbolos arquetípicos recurrentes que utilizan y encarnan las doctrinas y rituales religiosos específicos, al asociarlos a experiencias psíquicas equivalentes. Él aplica este método a las tradiciones religiosas orientales y occidentales (OC 11). Dicho método no reduce la revelación a la psicología, del mismo modo en que los otros métodos, sea la crítica histórica, literaria o sociológica, tampoco reducen la existencia de Dios a un hecho histórico, una metáfora literaria o una muestra sociológica.

El Dios trascendente nos habla a través de imágenes de Dios y, al mismo tiempo, las pulveriza, ya que no existe imagen humana capaz de incorporar lo incomprensible de lo divino sino mediante las palabras e imágenes que lo divino comparte con nosotros. Cuando las imágenes llegan pueden evocar un sentimiento negativo tan poderoso que nos sintamos invadidos y avasallados por un fuerza ajena, o bien un sentimiento positivo de ser sanado y bendecido por una visión transformadora.

Jung habla sobre la religión, sus imágenes y símbolos, desde ambos lados de la brecha entre el yo y el sí-mismo. Su aportación a la religión se centra en la relación de la realidad psíquica inconsciente con nuestros votos de fe conscientes. Afirma explícitamente que una de las principales funciones de su psicología consiste en establecer conexiones entre las verdades contenidas en los símbolos religiosos tradicionales y nuestra experiencia psíquica. La vida religiosa nos exige una continua y cuidadosa atención a lo que se revela en aquellos momentos de experiencia numinosa que se producen cuando el yo y el sí-mismo se comunican entre sí. No tenemos control sobre estos momentos primordiales; en todo caso confiamos en lo que significan para nuestras vidas. Esta clase de atención confiada constituye la esencia de la actitud que Jung denomina «religiosa» (OC 11, § 2,6, 8-9). Nuestro yo actúa como receptor y como transmisor de lo que el sí-mismo revela (Jung, 1973 [22 de diciembre de 1942], pág. 326), lo cual no implica que siempre aceptemos plácida y pasivamente lo que nos llega. La conversación con lo divino puede resultar muy ruidosa. Podremos quejarnos de nuestro destino, como Jonás o —tal como hizo Abraham al defender Sodoma—, podemos tratar de convencer a Yavé de que abandone su planificada destrucción. Una actitud yoica apropiada frente al sí-mismo, y lo que esta actitud revela, reside en un acuerdo voluntario. Comienza a desplegarse un proceso de comunicación sostenida, en el que tanto el yo como el sí-mismo emergen como socios más significativos y conscientes. Nadie puede asumir este proceso por nosotros. La sociedad no nos lo puede ofrecer. La raíz de nuestro ser personal y de nuestra conexión más intensa con el sentido de la realidad crece en la confrontación inmediata con el otro misterioso que se apodera de nuestra consciencia.

La religión oficial

En opinión de Jung, los dogmas y credos religiosos ofrecen un nítido contraste con las experiencias inmediatas, que él siempre considera más valiosas. No obstante, concede gran valor a dogmas y credos, siempre y cuando no sustituyan a la experiencia directa de lo divino. Los dogmas y credos funcionan como sueños compartidos de la humanidad y nos ofrecen una valiosa protección frente a la naturaleza abrasadora del conocimiento directo de los fundamentos. Nos brindan diferentes maneras de acoger nuestras experiencias individuales de dichos acontecimientos numinosos, desconcertantes o perturbadores. Al igual que Nicholas von der Flüe, tal vez hallemos refugio en la doctrina de la Trinidad como medio para traducir a una forma aceptable una teofanía tan poderosa, cuya vivencia, según se ha dicho, transformó para siempre su expresión de santidad en un rostro atemorizador (OC 11, § 474; Jung, 1975 [junio de 1957], pág. 377).

Al conectar nuestros encuentros psíquicos inmediatos con lo numinoso y con el conocimiento colectivo de Dios, contenido en los dogmas y credos de la humanidad, cumplimos con lo que Jung destacó como significado radical de la religión (OC 11, § 8; Jung, 1975 [12 de febrero de 1959], pág. 482). *Religio* y *religere* significan que debemos sumar nuestra experiencia individual al conjunto de la posesión común de la tradición religiosa. Eso nos protege de una eclosión excesiva de lo Todopoderoso al ofrecernos la contención suavizadora de los símbolos colectivos de la humanidad. Contribuimos a la continuidad vital de los símbolos heredados con nuestras instancias personales de lo que representan colectivamente, ayudando a impedir que la tradición se vuelva rígida. Si no vivimos la tradición de esta forma, cae en desuso y se transforma en mera reliquia. Podremos hablar sobre ella, pero ya no nos conmueve. Aunque en la vivencia personal de los símbolos atemporales de la tradición somos llevados más allá de nosotros mismos para participar de los misterios antiguos, continuamos al mismo tiempo con nuestra vida yoica cotidiana, pagando impuestos, votando, cocinando, ordenando nuestros armarios, recogiendo a los niños de la escuela, conservando nuestros empleos.

Al estar fundidos con la tradición de modo tan vivo, participamos en nuestros propios grupos personales y nos unimos al conjunto de la humanidad. Nuestra vivencia numinosa secreta, cuando es compartida, nos introduce en la comunidad de la que dependemos para digerir aquello que la vivencia pueda estar representando. No solo formamos parte de la familia humana, sino que, al aportarle nuestras experiencias personales de lo transpersonal, nuestra dimensión inconsciente fluye junto a la de los demás, uniéndonos a los intentos de lo inconsciente para crear una nueva base comunitaria. Nuestras experiencias inmediatas de lo divino vivifican la tradición y nos recuerdan con frescura que nuestra vida compartida depende de una fuente muy profunda de aquello que amamos en común.

La religión también significa que, en tanto que individuos, debemos volver a las experiencias numinosas centrales que marcan nuestras vidas, ya que determinan de modo plenamente consciente nuestras particulares raíces idiosincráticas en la trascendencia. Según Jung, el olvido de dichas experiencias o, lo que es aún peor, el subestimarlas actuando como si fueran indiferentes, nos expone a la locura. Los encuentros con lo sagrado son como llamas. Deben ser compartidos para mantener la lumbre viva, ya que de lo contrario nos consumirán o nos apagarán. La vida religiosa implica una mayor atención, un estado de alerta frente a lo que sucede entre este Tú misterioso y yo (Jung, 1973 [10 de septiembre de 1943], pág. 338).

Para Jung la religión es inevitable. Podemos rechazarla, repudiarla, revisarla, pero no podemos librarnos de ella. Este descubrimiento temprano de Jung ha sido recientemente confirmado por la investigación de Rizzutto (1979). Cuando se le acusó de místico Jung argumentó que él no había inventado la idea del *homo religiosus* sino que se había limitado a expresar lo que toda la gente sabe. Su amplia experiencia clínica con personas afectadas de neurosis o psicosis le reveló que la mitad de sus pacientes enfermaban porque habían perdido el sentido de la vida (OC 11, § 497). Sanar significa revitalizar la conexión con lo trascendente, que aporta la capacidad de ponerse en pie y caminar hacia nuestro destino en vez de ser arrastrados hacia él por una neurosis. Es decir, Jung veía lo numinoso incluso en la patología; esto demuestra cómo nos hemos desviado del Tao, el centro de la vida. La recuperación requiere una remitologización (Ulanov, 1971, págs. 127-136).

El instinto religioso y la sociedad

Nuestro instinto religioso consiste en estar dotados para la relación con la divinidad y ser conscientes de ello (OC 12, § 11). Si reprimimos o suprimimos este instinto podemos enfermar, como cuando interferimos con nuestro apetito físico o con nuestro instinto sexual (Ulanov, 1994). Buena parte de los problemas adictivos que podemos sufrir pueden, *en el fondo*, suponer un desplazamiento al chocolate, la cocaína, el «valium», la bebida o lo que sea, de nuestra necesidad y apetito por conectarnos con el poder y la fuente del ser que existe más allá de nosotros. Es posible entender el funcionamiento de este desplazamiento en todas las adicciones, incluso en aquellas que nos sorprenden, como la adicción a un amante, o a un niño, a quedar embarazada, a los regímenes y dietas, al dinero y el poder, a una causa política o a una teoría psicológica, o incluso a una disciplina religiosa. La energía que nos aporta el instinto religioso debe ser canalizada. Si no se dirige a lo fundamental se tornará maniaca o convertirá en ídolos los bienes materiales. Jung nos recuerda que «no es indiferente que denominemos a algo "manía" o "dios" (...) Cuando el dios no es reconocido, la manía del yo se desarrolla y deriva en enfermedad» (OC 13, § 55).

Nuestro instinto religioso tiene también una función social. Nuestra conexión con la autoridad transpersonal evita que seamos arrastrados por movimientos de masa (OC 10, § 506-508). Nos brinda una referencia externa a la familia, a las convenciones de clase, a las pautas culturales, incluso al alcance que tienen los gobiernos totalitarios en nuestras vidas privadas. Mientras nos sintamos observados y reconocidos por Dios, al margen de la precariedad o vaguedad con que podamos manifestarlo, seremos capaces de encontrar la fuerza para afrontar, cuando sea necesario, las presiones de lo colectivo en salvaguarda de la verdad, de nuestra alma y nuestra fe. Esta capacidad de los individuos ofrece a la sociedad un bastión contra los movimientos que puedan dominarla y destruirla como un fuego no controlado. El hecho de poseer un punto de referencia de este tipo más allá de las necesidades y caprichos personales, y libre de la dependencia de la aprobación ajena, nos convierte en ciudadanos resistentes capaces de contribuir a la vida grupal de modo renovado y sostenido. Esto promueve la salud de la sociedad y nuestro disfrute de la vida comunitaria. Al saber de una conexión con el autor de la vida sentimos una misteriosa fuerza de unión con nuestra propia autoridad como personas, que logramos respetar en los demás tanto como en nosotros mismos. El sentido de ser importantes como personas se opone, en un nivel profundo, a toda pérdida de confianza y esperanza en la capacidad de nuestra sociedad por generar un entorno en el que todos podamos prosperar.

En el contexto clínico, el reconocimiento de la fuerza del instinto religioso puede salvarnos de la humillación y la depresión más abismal. Cuando la mayor parte de la población mundial sufre de desnutrición resulta moralmente perturbador estar obsesionado con el propio peso personal. Pero contemplar este sufrimiento desde una perspectiva más amplia —como proveniente de la desorientación del hambre del alma, que puede ser reorientado hacia una conexión con un objetivo fundamental— es algo que libera a las personas del autodesprecio para poder prestar debida atención a aquello que el sí-mismo procura lograr por medio de molestos síntomas.

El instinto religioso puede yacer oculto tras cualquiera de nuestras perturbaciones, desde el extremo impulso homicida para vengarnos de aquellos que nos amenazan o hieren de modo insoportable, hasta la aparentemente benigna aflicción provocada por el aburrimiento crónico que resulta de la represión de nuestra vida interior. En todos los casos el impulso hacia lo fundamental, hacia la manifestación de lo realmente importante, se mezcla con heridas sufridas en la temprana infancia y con experiencias relacionales distorsionadas. Nuestra energía para vivir desde y hacia el centro ha perdido el rumbo, o bien ya no mantenemos el contacto con ella. Estamos desorientados. Necesitamos ayuda. En opinión de Jung, parte de la ayuda reside en sentir el coraje que exije arriesgarse a una nueva experiencia inmediata de lo numinoso (Jung, 1973 [26 de mayo de 1945], pág. 41).

Individuación

Según Jung, lo que sentimos en nuestra experiencia con lo numinoso son sus efectos sobre el yo (OC 17, § 300). Nos sentimos convocados a convertirnos en la totalidad de lo que somos por algo que está más allá de nosotros mismos. Sentimos al sí-mismo «pesado como plomo», invitándonos a abandonar la identificación inconsciente con la convención social (persona o «máscara» que adoptamos para funcionar socialmente), impulsándonos a admitir incluso aquellas partes de nosotros que preferiríamos negar o ignorar, aquellas que residen en lo que Jung denomina la «sombra» (OC 17, § 303). Estas partes nos enfrentan con el mal. Si nos abrimos a la percepción de la sombra conocemos de primera mano la agonía de san Pablo cuando dijo «el bien que podría, no lo hago, y el mal que no quisiera, es lo que hago». Convertirnos en nosotros mismos también significa abarcar aquello que generalmente consideramos opuesto a nosotros, admitiendo como propio un punto de partida muy diferente a nuestra identidad genérica consciente, manifestado simbólicamente, por ejemplo, como figuras del sexo opuesto en nuestros sueños. Jung denomina a estas figuras ánima en los hombres y ánimus en las mujeres. Ser totalmente lo que somos significa incluir como parte de nuestra identidad yoica lo que dichos aspectos contrasexuales aportan a nuestra consciencia (Ulanov y Ulanov, 1994). Estos aspectos nos disponen sexual y espiritualmente a dialogar con el misterioso centro de la totalidad de la psique que Jung denomina sí-mismo y, a través de ello, con la realidad que simboliza. En suma, esta llamada a vivir e integrar en una vibrante totalidad el conjunto de nuestros aspectos y partes amplía notablemente nuestra identidad yoica para que seamos mucho más vívidamente aquel individuo único que somos.

Esto no es individualismo. El sí-mismo aporta ese centro mayor que excede las necesidades y objetivos de nuestro limitado yo. Jung dice:

> el sí-mismo es como una multitud (...) al ser uno mismo, el uno también es como muchos. No podemos individuarnos sin estar en contacto con otros seres humanos (...) Ser un individuo es siempre como ser un eslabón en una cadena (...) es poco lo que puede existir (...) sin responsabilidades y obligaciones y sin la relación de los demás con uno (...) el sí-mismo (...) nos introduce en la alteridad, las otras personas y lo trascendente.
>
> (Jung, 1988, pág. 102)

El sí-mismo actúa como una fuente comunitaria inconsciente. La percepción del sí-mismo traslada nuestro foco de atención de lo privado a lo compartido o, más exactamente, a la inevitable mezcla de lo público con lo privado, de lo colectivo con lo individual, de lo universal con lo idiosincrático.

La tarea que supone la individuación nos hace apreciar el mundo que nos rodea con un interés renovado y con gratitud. Podemos comprobar que continuamente se nos ofrecen objetos por medio de los cuales descubrir y dar salida a nuestra propia personalidad particular. Llegamos a comprender que somos objetos por medio de los cuales los demás pueden crear y desplegar sus vidas. Nos preocupamos vivamente de la injusticia y la opresión al percibir que, además de las privaciones resultantes, pueden impedir que el amor se despliegue en nosotros o en el prójimo, generalmente en ambos. Y cuando esto sucede dejamos de ver en el otro las oportunidades mutuas que existen para llegar a ser verdaderamente nosotros en compañía de los demás. Esta dinámica vivificadora es sustituida por otra totalmente diferente. Nos empuja a descubrir, no importa por qué medios, quién tiene más y quién menos, quién perjudica a quién, cómo lograr venganza. Así solo se concibe el tener «más» uno a costa del «menos» de algún otro. Se pierde el interés por la respuesta secreta y única que cada cual pueda dar a la misteriosa llamada de la vida, y se instala la lucha y la envidia.

Sin embargo, si estamos transitando nuestra propia individuación, también percibimos el despliegue del proceso en los demás, logrando así un sentido comunitario totalmente renovado. Nos resulta evidente hasta qué punto necesitamos a los demás para lograr enfrentar nuestra propia sombra, para descubrir la alteridad encarnada en el sexo opuesto y reunir el coraje necesario para responder plenamente a la convocatoria del sí-mismo. Nos conectamos con los demás a un nivel más profundo, equivalente a lo que Jung denomina «parentesco».

El cuerpo y lo arquetípico

La percepción del sí-mismo tiene un profundo efecto en la clínica. El analista y el analizando se resitúan en torno a la llamada del sí-mismo. Al tiempo que se trabaja con problemas sumamente graves —impulsos suicidas y homicidas, depresión y ansiedad, escisión esquizoide, heridas narcisistas y fragmentación *borderline*, y los modos en que estos estados psíquicos complican nuestras relaciones domésticas o interfieren con nuestros empleos llevándonos a la desesperación—, analista y analizando ahora procuran descubrir qué puede estar aportando el sí-mismo a través de estas dificultades.

Jung define el nivel personal de lo inconsciente como un conjunto de complejos, núcleos de energía, afecto e imagen que reflejan los condicionamientos de nuestra vida temprana. Insertados profundamente en nuestro interior se encuentran todos aquellos que han tenido un efecto formativo, padres, amigos, amantes, en cualquier edad o momento de nuestra vida. Nuestros complejos reflejan la influencia del medio cultural, de clase, raza, sexo, religión, política y educación. Hay una imagen arquetípica en el corazón de cada complejo. El trabajo con esa imagen nos lleva a través de lo inconsciente personal a un nivel aún más profundo, que Jung denomina «psique objetiva». Los arquetipos constituyen su contenido, y un análisis profundo implica identificar y enfrentar los conjuntos particulares de imágenes primigenias que operan en nosotros.

Por ejemplo, mi complejo materno revelará la influencia de la personalidad consciente e inconsciente de mi madre, su estilo relacional conmigo, su modo de acercarme el mundo. Las imágenes dominantes sobre la maternidad en mi infancia, y la imagen arquetípica específica de la Madre que surge de la capa objetiva de mi psique, también dará forma a mi complejo materno. Si percibo a mi madre como malvada y carencial, y de allí concluyo condenando a la sociedad occidental por generar una cultura que se opone a todas las mujeres que no se ajustan al estereotipo de la madre sacrificada, puedo llegar a descubrir que surgen en mí, desde lo inconsciente, imágenes oníricas y fantaseadas de una madre ideal cuya bondad abundante compensa mi experiencia negativa consciente de la maternidad. Otra persona que haya sufrido a una madre negativa, pero que en vez de culparla a ella se culpe a sí misma, puede descubrir imágenes de una bruja temible, o de una gorgona petrificadora, enviada por lo inconsciente para convencer al yo de que el problema no es de ella, sino que, más bien, deriva de la constelación estilo bruja que rodea a la madre (Ulanov y Ulanov, 1987, cap. 2).

Abrirse camino en el nivel arquetípico de lo inconsciente, y encontrar formas de dialogar a través de la brecha entre el yo y el sí-mismo, nos libera del impulso culpabilizador, sea de nosotros mismos o de los demás. Nos enfrentamos con la vida y con sus incisivas preguntas directamente. ¿De qué forma uniremos el sufrimiento consciente y la compensación inconsciente del mismo? ¿Cómo daremos sentido a la verdad popular que dice que los padres se enfrentan con sus pecados en sus hijos? ¿De qué manera hemos de reconciliar nuestro sufrimiento con la comprensión de que nuestros padres lo hicieron lo mejor que pudieron dados sus propios problemas y enfermedades? Nos introducimos en un espacio amplio de discusión y meditación sobre la dureza de la vida, pero no nos adherimos a la dureza. La vida nos reclama aquí y ahora; quiere ser vivida en y a través de nosotros. Lo sentimos en un profundo nivel corporal. Nuestro espíritu se agita.

Jung se refiere a los polos, instintivo y espiritual, que caracterizan a todos los arquetipos (OC 8, § 417-420). Su mejor definición de arquetipo es la que lo describe como la imagen que nuestro instinto tiene de sí (OC 8, § 277). El instinto posee un soporte corporal, el cuerpo genera energía, energía vital. La imagen corresponde al autorretrato que expresa la forma en que lo vivimos. Del mismo modo, cada arquetipo posee una faceta espiritual que explica —según la maravillosa expresión de Louis MacNeice— la cualidad «inevitablemente plural» de las experiencias numinosas de los seres humanos (encontramos ejemplos en B. Ulanov, 1992, y Ulanov y Ulanov, 1994). Algunos de nosotros podemos sentir que el espíritu nos alcanza por medio del arquetipo de la Gran Madre. Otros lo sienten por la vía de las figuras sabias femeninas; un tercero lo conseguirá a través de un niño maravilloso, o una búsqueda irrefrenable, etc. Lo inconsciente no es una cuestión de credo sino compensadora. Suministra las imágenes necesarias para equilibrar el carácter unilateral de nuestra consciencia, para que podamos incorporar todos nuestros aspectos a medida que nos convertimos en lo que somos.

Al considerar nuestras imágenes de Dios debemos investigar sus bases personales y arquetípicas. Los factores personales deben incluir detalles de nuestra formación y cultura. Los aspectos arquetípicos indicarán cuáles, entre el reservorio de imágenes humanas primigenias, son las que se han constelado en nosotros. Nuestra imagen de Dios bien puede ser el comunismo si nuestros padres fueron revolucionarios devotos, una imagen colapsada tras la caída del comunismo a finales de los años ochenta. Nuestra imagen de lo divino puede estar basada en las escrituras: el Yavé que cuida a su pueblo, que le da vestimentas cuando está desnudo y diseña ropas sacramentales para vestir durante las ceremonias religiosas. Sean como sean nuestras imágenes de Dios, denotan un carácter definido y, por la vía de sus distintas cualidades idiosincrásicas, sentimos el contacto directo del Dios que está más allá.

El cuerpo implica formas específicas y límites, nunca generalidad ni juegos de luces y sombras. El cuerpo es vida concreta. Nuestro cuerpo nos restringe a un determinado tiempo y lugar, permitiendo centrarnos en lo que está aquí y ahora ante nosotros. Esto nos protege de la «cualidad elemental de la indiferenciación cósmica». El cuerpo y su finitud definitiva constituye «la garantía de lo consciente, y la consciencia es el instrumento de creación de significado» (Jung, 1988, págs. 349-350). Desprovistos del cuerpo, podemos fácilmente evaporarnos en la atemporalidad de lo arquetípico, bajo el influjo de no tener que ser ya lo que somos:

> Dejamos de pensar y actuamos como arrastrados por un gran río sin fin. Se es súbitamente eterno (...) liberado de las esperas, de estar atentos,

de las dudas, del tener que concentrarse (...) no se desea perturbar este estado con preguntas tontas, es demasiado agradable.

(Jung, 1988, pág. 240)

Sin embargo, este navegar en una aparente «unidad con el universo» no constituye la vida del espíritu, pues ya no es vida en el cuerpo. Necesitamos ambos, cuerpo y espíritu, de lo contrario los perdemos: se poseen los dos o ninguno. Para que exista vida en el espíritu necesitamos que haya vida en el cuerpo. Necesitamos lo consciente para poder contactar con lo inconsciente. De otro modo lo inconsciente semeja las olas en el mar que crecen, se acercan, alcanzan un clímax, y luego rompen y caen, desintegrándose y retrocediendo. Para que algo suceda lo consciente debe interferir, «coger el tesoro», aprovechar lo que se ofrece (*ibíd.*, pág. 237). Precisamos del yo como centro de lo consciente para conocer al sí-mismo como centro de la totalidad, del conjunto de la psique consciente e inconsciente. Debemos incorporarnos al diálogo que salva la brecha entre ambos. Ese proceso dialogante construye el sí-mismo que nos reclama y da forma a un yo descentrado. Si no logramos involucrarnos en dicho proceso nuestro yo puede ser fácilmente inundado por contenidos arquetípicos, como resulta evidente en todo tipo de fanatismos religiosos o políticos. Bajo el peso de esa presión embestimos contra los demás impelidos por la fuerza de lo arquetípico. Convencidos de ser los dueños de la verdad no admitimos límites en nuestra relación con aquellos que puedan no estar de acuerdo o desafiarnos; podemos segregarlos, dañarlos, oprimirlos, encarcelarlos o asesinarlos; todos estos crímenes pueden cometerse en nombre de nuestra versión sesgada de la verdad y la salvación.

Pero si nos incorporamos al diálogo entre el yo y el sí-mismo entramos en contacto con las imágenes arquetípicas que habitan nuestros propios cuerpos. Esto genera energía, a veces más de la que podemos manejar. Nuestros cuerpos se expanden, tanto física como psicológicamente, adoptando nuevas posturas y actitudes de aceptación y júbilo. Por ejemplo, seremos capaces de alejarnos de una antigua adicción a una sustancia, una bebida, un alimento en particular. Tal vez nuestra tensión arterial se normalice. O quizá desaparezcan los dolores de espalda, o aumente nuestra capacidad de soportarlos. Puede suceder que logremos experimentar éxtasis sexual después de muchos años. Podemos sentir que vivimos en nuestra forma finita, pero en contacto con algo infinito.

Las imágenes de Dios y el mal

Entablar conversación con nuestra imagen de Dios no es una tarea fácil. Rápidamente se hace evidente el carácter parcial de este diálogo, el hecho de estar basado en una pequeña experiencia individual y su perspectiva humana demasiado limitada. La conversación comienza a decaer. Sabemos, más allá de toda duda, que desde nosotros no estamos llegando ni a Dios ni a lo trascendente, o como queramos llamarlo. No podemos salvar la brecha: sólo somos capaces de recibir lo que llega del otro lado desde el misterioso centro de la realidad hacia donde apuntan nuestros símbolos muy humanos. Por ejemplo, la imagen del sí-mismo del propio Jung no puede tomarse como el Dios en nosotros, menos aún el Dios trascendente, ya que también es producto de una teoría meramente humana. No puede sustituir a la realidad que señala —realidad hacia la que intenta conducirnos el sí-mismo—, es decir, aquello en la psique que sabe de lo trascendente.

Tratar de iniciar con nuestra imagen de Dios una conversación y meditación serias supone enfrentar su inadecuación para cubrir la complejidad de la vida humana. Por ejemplo, Jung pregunta «¿Y el mal? ¿Y el sufrimiento de los inocentes?». Jung se diferencia de otros psicólogos profundos por su búsqueda de respuestas a estas preguntas (OC 11). Estas no son preguntas que podamos evitar, ya que la naturaleza de nuestra sombra nos introduce en ellas de lleno. A nuestro alrededor suceden cosas terribles, a nosotros mismos y a los demás. Perdemos el control. Los derechos humanos desaparecen. Podemos sufrir mutilaciones; hay seres que nacen malformados. Las tempestades y las inundaciones destruyen el planeta. El hombre asesina a sus congéneres. ¿Cómo puede existir un Dios piadoso, justo y poderoso con tanto sufrimiento?

La respuesta de Jung finalmente sitúa el mal directamente en Dios. La naturaleza de Dios es compleja y también posee su aspecto de sombra. Necesita de los seres humanos, y de su consciencia de base corporal, para encarnar estos opuestos en la vida divina y ayudarnos a transformarlos. Refiriéndose al libro de Job, Jung supone que Yavé sufre de inconsciencia, olvidándose de consultar a su propia omnisciencia divina. Las quejas de Job frente a su inmerecido sufrimiento hacen a Yavé consciente de los tratos de su propia sombra con Satanás, y finalmente Jung encuentra la respuesta a Job en la figura de Cristo acogiendo en su propia vida el sufrimiento de la humanidad y pagando por ello personalmente.

Jung considera que la figura de Cristo es el símbolo más completo de sí-mismo que existe en la historia de la humanidad, pero se da cuenta de que el mito cristiano debe continuar desplegándose aún más (Jung, 1961, pág. 342). A diferencia de todos nosotros, Cristo está libre de pecado. El mal se escinde hacia la figura opuesta del Diablo o del Anticristo. Jung dice que de este modo el cristianismo no deja lugar para el lado oscuro del ser humano (OC 8, § 232). En su opinión, la doctrina del mal entendido como la falta de bien no logra incorporar la existencia concreta del mal como una fuerza a la que hay que enfrentarse. La doctrina de Dios como el *summum bonum* eleva a Dios a alturas imposibles, aplastando a los humanos bajo la carga del pecado.

Los críticos de Jung cuestionan su lectura de la figura de Cristo como separada del mal. Dicen que, de hecho, Cristo vive toda su vida en las fronteras del mal. Cristo no es ajeno ni al mal ni al pecado, desde su nacimiento en la marginalidad de la pobreza, provocando el asesinato de niños inocentes a manos de Herodes, ni en su enfrentamiento con los demonios de la enfermedad mental al predicar la observancia de las normas, sirviendo como chivo expiatorio y sufriendo el abandono de amigos y vecinos, el rechazo del bien, por no hablar ya de su propio destino de traición, abandono y ejecución (A. Ulanov, 1987, págs. 46-54, y B. Ulanov, 1992, cap. 5).

Jung elabora una solución que le resulta satisfactoria. Puede entenderse como fruto del compromiso con su propia imagen de Dios. Él ve a Dios tanto bueno como malo. Algunos críticos de Jung suponen que proyectó en Dios su propia agresión no integrada (Redfearn, 1977; Winnicott, 1964). Su lectura nos permite servir a Dios aceptando la presencia de opuestos en nosotros mismos: consciente e inconsciente, yo y sombra, persona y ánima o ánimus, finalmente yo y sí-mismo. El símbolo más adecuado de estos opuestos es lo masculino y lo femenino, con lo cual Jung incorpora la sexualidad de base corporal y la contrasexualidad del ser humano a la discusión sobre religión (OC 12, § 192). Esta inclusión es muy importante a la hora de recuperar el peso ineludible del modo de ser femenino, tan descuidado por la historia patriarcal (v. OC 11, § 107, 619-620, 625; y Ulanov, 1971, págs. 291-292). Al luchar por integrar los opuestos encarnamos la lucha de Dios. Las soluciones que logremos elaborar, no importa lo pequeñas que sean, son un aporte a la vida divina. De esta manera participamos del sufrimiento de Cristo y servimos a Dios convirtiéndonos en aquello para lo que fuimos creados. Realizamos nuestra vocación redimiendo nuestro propio dolor ante la falta de sentido, y participando en la vida de Dios.

La función transcendente y la sincronicidad

A través de su forma de trabajar en la solución de los problemas Jung ejemplifica su conocimiento de aquello que, en cierto modo, constituye su método más atrevido, el referido a la función transcendente. Él se incorpora al diálogo entre opuestos, deja hablar a cada parte, soporta la lucha entre los puntos de vista opuestos, sufre la angustia de encontrarse apresado entre ambos, y recibe con gratitud al símbolo resolutivo. Jung dice que la psique posee esta función para poder superar la oposición, alcanzando un tercer punto de vista que incluye la esencia de cada una de las perspectivas en conflicto, al tiempo que las combina en un símbolo nuevo.

De acuerdo con Jung debemos emprender este proceso y colaborar con él si deseamos vivir plena y éticamente (OC 8, § 181-183, y Jung 1963, § 753-755). Contemplar la función transcendente y admirar los símbolos nuevos que surgen con ella no es suficiente. Debemos vivirlos, utilizarlos, devolverlos a la vida personal y comunitaria, para someternos a la actitud religiosa. La función transcendente es el proceso que permite que se produzca en nosotros lo nuevo. Es una empresa costosa, pues sentimos que nuestro yo pierde su anclaje en marcos de referencia seguros. Flotamos a la deriva, aparentemente sin saber nada. Nos asomamos a la brecha que existe entre el proceso del yo y el proceso del sí-mismo. Cuando lo nuevo comienza a surgir como imagen nos detenemos a contemplar, para poder integrar en un nuevo nivel de unidad aquellas partes nuestras y de la vida externa que hasta el momento nos eran desconocidas (Ulanov y Ulanov, 1991). Para alcanzar esa capacidad yoica de reflexión y responder a la creación de lo nuevo debemos renunciar a las certezas de las que hemos dependido hasta entonces.

Así pues, la actitud religiosa implica sacrificio (OC 11, § 390). Ofrecemos la identificación con el punto de vista del yo como la mejor y única autoridad. Entregamos aquello que consideramos como «mío» o «nuestro», sacrificando las demandas del yo sin pretender compensación. Lo hacemos al reconocer una llamada superior, la del sí-mismo. Este se nos ofrece, sacrificando a su vez su vasto estatuto, para residir en nuestra vida cotidiana. El diálogo entre yo y sí-mismo se convierte en nuestra meditación diaria.

Cuando esto sucede la realidad parece transformarse. Se producen extrañas coincidencias que nos impresionan con su amplio e inmediato significado: lo que Jung denominó sincronicidad (OC 8, § 840). El significativo encuentro de acontecimientos externos e internos nos permite percibir aquello que Jung llama *unus mundus*, una totalidad donde materia y psique no son más que dos aspectos de la misma realidad. En la práctica clínica he visto ejemplos impactantes. Un paciente, por ejemplo, luchaba con el terror infantil a ser encerrado en un altillo oscuro como castigo por protestar cuando se le enviaba a dormir por la noche. Finalmente pudo descubrir la clave de un fetiche compulsivo que le había servido como símbolo para salvar la brecha entre su personalidad adulta y su terror infantil a ser encerrado en el altillo. Cuando esta actitud nueva surgió en medio de su lucha entre la fascinación por el fetiche, por un lado, y su humillación consciente y el deseo de liberarse de la compulsión, por el otro, se produjo una sincronicidad externa. El altillo fue destruido por un rayo ¡que solo afectó a esa parte de la casa!

La teoría de Jung vincula estos acontecimientos externos e internos a través de su idea del aspecto psicoide del arquetipo, con sus polos corporal y espiritual (OC 8, § 368 sigs., 380). Cuando nos embarcamos en el diálogo entre los puntos de vista del yo y del sí-mismo entramos en contacto con ambos polos del arquetipo del sí-mismo, disponiéndonos a todo lo que sucede continuamente en el entramado de hechos físicos y psíquicos de la realidad. Cuando el diálogo ha avanzado lo suficiente para demostrarnos que el sí-mismo no es solo el centro de la psique, sino que también simboliza el centro de toda la vida que existe fuera de nuestra psique, podemos entonces abrirnos a la realidad interdependiente de la totalidad, ya no únicamente de aquello que es humano, sino del conjunto de la vida, en lo animado y en lo inanimado (Aziz, 1990, págs. 85, 111, 137, 167).

El método

Jung nos ofrece un método para abordar documentos religiosos de todo tipo, como él mismo ejemplifica al atender no solo al material de la tradición judeo-cristiana sino también a escritos de alquimia, budismo zen, budismo tibetano, taoísmo, confucionismo e hinduismo, elementos de las religiones africanas y de los indígenas americanos y las mitologías de todos los tiempos y culturas (OC 11, 12, 13). Debemos preguntarnos de qué manera se refleja en un determinado documento el diálogo entre el yo y el sí-mismo. ¿Cuáles son los dogmas y rituales del yo que recogen y contienen experiencias numinosas inmediatas, generadoras de nuevos símbolos del sí-mismo? ¿Cuáles son los símbolos dominantes del sí-mismo que apuntan a una realidad más allá de la psique? ¿Cuáles son las principales imágenes arquetípicas empleadas en esta formación de símbolos? ¿Acaso el arquetipo dominante es la transformación del padre y el hijo, como en la eucaristía cristiana, o es tal vez la transformación de madre e hija, como en los antiguos misterios «eleusinos»? Para Jung, por ejemplo, la alquimia retoma el problema de la espiritualización de la materia, que el cristianismo no logró resolver adecuadamente (Jung, 1975, pág. 401). En alquimia el símbolo del sí-mismo es el *lapis* o «piedra» que, a diferencia del símbolo de Cristo, combina bien y mal, materia y espíritu; es el objetivo final de todas las operaciones alquímicas, que simbolizan todas nuestras actitudes.

Jung nos ha legado formas prácticas y espirituales, tenaces y generosas para entrar en contacto con las raíces arcaicas de nuestra religión, sea cual fuere, así como los métodos clínicos necesarios para apreciar adecuadamente e incluir la experiencia de lo numinoso en nuestra actividad como sanadores.

REFERENCIAS

Aziz, R. (1990) *C.G.Jung's Psychology of Religion and Synchronicity,* State University of New York Press, Albany, Nueva York.
Jaffé, A. (1989) *Was C.G. Jung Mystic?,* Daimon Verlag, Eisiedeln.
Jung, C.G. (1916) «La función transcendente», OC 8, 2.
—, (1919) «Instinto e inconsciente», OC 8, 6, en *Energética psíquica y esencia del sueño,* (trad. L. Rosenthal y B. Sosa), Paidós, Buenos Aires, 1960.
—, (1929) «Comentario al libro *El secreto de la Flor de Oro»,* OC 13, 1, (trad. R. Pope), Paidós, Barcelona, 1982.

—, (1932) «Sobre la relación de la psicoterapia con la dirección espiritual», OC 11, 7.
—, (1933) «Hermano Klaus», OC 11, 6.
—, (1934) «Del devenir de la personalidad», OC 17, 7.
—, (1938) *Psicología y religión*, OC 11, 1, (trad. T. M. de Brugger), Paidós, Barcelona, 1981.
—, (1942) «Ensayo de interpretación psicológica del dogma de la Trinidad», OC 11, 2, en *Simbología del espíritu*, (trad. M. R. Cabo), Fondo de Cultura Económica, México, 1962.
—, (1947) «Consideraciones teóricas acerca de la esencia de lo psíquico», OC 8, 8, en *Arquetipos e inconsciente colectivo*, (trad. M. Murmis), Paidós, Buenos Aires, 1977.
—, (1952a) *Respuesta a Job*, OC 11, 9, (trad. A. S. Pascual), Fondo de Cultura Económica, México, 1964.
—, (1952b) «Sincronicidad como principio de conexiones acausales», OC 8,19, en *La interpretación de la naturaleza y la psique*, (trad. H. Kahnemann), Paidós, Barcelona, 1983.
—, (1953) *Psicología y Alquimia*, [1935, 1946, 1944] OC 12, (trad. A. L. Bixio), Santiago Rueda, Buenos Aires, 1953.
—, (1954) «El símbolo de la transformación en la misa», OC 11, 3, en *Psicología y simbólica del arquetipo*, (trad. M. Murmis), Paidós, Barcelona, 1983.
—, (1956) *Presente y futuro*, OC 10, 14, (trad. P. Simnón), Sur, Buenos Aires, 1957.
—, (1958) *Acerca de la psicología de la religión occidental y de la religión oriental*, OC 11.
—, (1959) *Aion*, OC 9/2, (trad. J. Balderrama), Paidós, Barcelona, 1986.
—, (1961) *Recuerdos, sueños y pensamientos,* (trad. de Mª. Rosa Borrás), Seix Barral, 1964.
—, (1967) *Estudios sobre representaciones alquímicas,* OC 13.
—, (1973) *Letters*, vol. I, Princeton University Press, Princeton.
—, (1975) *Letters*, vol. II, Princeton University Press, Princeton.
—, (1988) *Nietzsche's «Zarathustra»*, 2 vols., Princeton University Press, Princeton.
Redfearn, J. (1977) «The Self and Indivituation», *Journal of Analytical Psychology,* 22/2.
Rizzuto, A. M. (1979) *The Birth of the Living God,* Chicago University Press, Chicago.

Ulanov, A. (1971) *The Feminine in Christian Theology and in Jungian Psychology*, Northwestern University Press, Evanston, Illinois.

—, (1986) *Picturing God,* Cowley Press, Cambridge, Massachusetts.

—, (1987) *The Wisdom of the Psyche,* Cowley Press, Cambridge, Massachusetts.

—, (1992) «The Holding Self: Jung and the Search for Being», en *The Fires of Desire: Erotic Energies and the Spiritual Quest,* F. Halligan y J. Shea (eds.), Crossroads, Nueva York.

—, (1994) «Jung and prayer», *Jung and the Monotheisms*, Routledge, Nueva York.

Ulanov, A. y Ulanov, B. (1975) *Religion and the Unconscious,* Westminster, Luisville, Kentucky.

—, (1987) *The Witch and the Clown: Two Archetypes of Human Sexuality,* Chiron, Wilmette, Illinois.

—, (1991) *The Healing Imagination*, Paulist Press, Mahwah, Nueva Jersey.

—, (1994) *Transforming Sexuality: The Inner World of Anima and Animus*, Shambhala, Boston.

Ulanov, B. (1992) *Jung and the Outside World,* Chiron, Wilmette, Illinois.

Winnicott, D.W. (1964) «C.G. Jung. Reseña de *Recuerdos, sueños y pensamientos*», en *Exploraciones psicoanalíticas*, C. Winnicott, R. Shepherd, y M. Davis (eds.), (trad. L. Wolfson), Paidós, Barcelona, 1991.

Apéndices

La obra de Carl Gustav Jung

A. OBRA COMPLETA
(Edición estándar)[1]

VOLUMEN 1: Estudios psiquiátricos
1. Acerca de la psicología y patología de los llamados fenómenos ocultos (1902)
2. Sobre la paralexia histérica (1904)
3. Criptomnesia (1905)
4. Sobre la distimia maniaca (1903)
5. Un caso de estupor histérico en una mujer en prisión preventiva (1902)
6. Sobre simulación de trastorno mental (1903)
7. Peritaje médico sobre un caso de simulación de trastorno mental (1904)
8. Peritaje arbitral sobre dos peritajes psiquiátricos contradictorios (1906)
9. Acerca del diagnóstico psicológico forense (1905)

VOLUMEN 2: Investigaciones experimentales
ESTUDIOS ACERCA DE LA ASOCIACIÓN DE PALABRAS
1. Investigaciones experimentales sobre las asociaciones de sujetos sanos (C. G. Jung y F. Riklin, 1904/1906)
2. Análisis de las asociaciones de un epiléptico (1905/1906)
3. Sobre el tiempo de reacción en el experimento de asociación (1905/1906)
4. Observaciones experimentales sobre la facultad de recordar (1905)
5. Psicoanálisis y experimento de asociación (1905/1906)
6. El diagnóstico psicológico forense (1906/1941)
7. Asociación, sueño y síntoma histérico (1906/1909)
8. El significado psicopatológico del experimento de asociación (1906)
9. Sobre los trastornos de reproducción en el experimento de asociación (1907/1909)
10. El método de asociación (1910)
11. La constelación familiar (1910)

---

[1] Los paréntesis indican las fecha de publicación de originales y revisiones. Los corchetes señalan la fecha de elaboración del texto.

INVESTIGACIONES PSICOFÍSICAS
12. Sobre los fenómenos psicofísicos concomitantes en el experimento de asociación (1907)
13. Investigaciones psicofísicas con el galvanómetro y el pneumógrafo en sujetos normales y enfermos mentales (C. G. Jung y F. Peterson, 1907)
14. Nuevas investigaciones sobre el fenómeno galvánico y la respiración en sujetos normales y enfermos mentales (C. G. Jung y C. Ricksher, 1907)
15. Datos estadísticos del alistamiento de reclutas (1906)
16. Nuevos aspectos de la psicología criminal (1906/1908)
17. Los métodos de investigación psicológica usuales en la Clínica Psiquiátrica de la Universidad de Zúrich (1910)
18. Breve panorama de la teoría de los complejos ([1911] 1913)
19. Acerca del diagnóstico psicológico forense: el experimento forense en el proceso judicial ante jurado en el caso Näf (1937)

VOLUMEN 3: **Psicogénesis de las enfermedades mentales**
1. Sobre la psicología de la *dementia praecox*: un ensayo (1907)
2. El contenido de las psicosis (1908/1914)
3. Sobre la comprensión psicológica de procesos patológicos (1914)
4. Crítica del libro de E. Bleuler *Zur Theorie des schizophrenen Negativismus* (1911)
5. Sobre el significado de lo inconsciente en psicopatología (1914)
6. Sobre el problema de la psicogénesis en las enfermedades mentales (1919)
7. Enfermedad mental y alma («¿Enfermos mentales curables?») (1928)
8. Sobre la psicogénesis de la esquizofrenia (1939)
9. Consideraciones recientes acerca de la esquizofrenia (1956/1959)
10. La esquizofrenia (1958)

VOLUMEN 4: **Freud y el psicoanálisis**
1. La doctrina de Freud acerca de la histeria: réplica a la crítica de Aschaffenburg (1906)
2. La teoría freudiana de la histeria (1908)
3. El análisis de los sueños (1909)
4. Una contribución a la psicología del rumor (1910/1911)
5. Una contribución al conocimiento de los sueños con números (1910/1911)
6. Reseña crítica del libro de Morton Prince *The Mechanism and Interpretation of dreams* (1911)

7. Acerca de la crítica al psicoanálisis (1910)
8. Acerca del psicoanálisis (1912)
9. Ensayo de exposición de la teoría psicoanalítica (1913/1955)
10. Aspectos generales del psicoanálisis (1913)
11. Sobre psicoanálisis (1916)
12. Cuestiones psicoterapéuticas actuales (Correspondencia Jung/Löy) (1914)
13. Prólogos a los *Collected papers on Analytical Psychology* (1916/1917/1920)
14. El significado del padre para el destino del individuo (1909/1949)
15. Introducción al libro de W. Kranefeldt *Die Psychoanalyse* (1930)
16. La contraposición entre Freud y Jung (1929)

VOLUMEN 5: Símbolos de transformación (1952)
[Reelaboración del libro *Transformaciones y símbolos de la libido* (1912)]

VOLUMEN 6: Tipos psicológicos
1. Tipos psicológicos (1921/1960)
2. Sobre la cuestión de los tipos psicológicos (1913)
3. Tipos psicológicos (1925)
4. Tipología psicológica (1928)
5. Tipología psicológica (1936)

VOLUMEN 7: Dos escritos sobre psicología analítica
1. Sobre la psicología de lo inconsciente (1917/1926/1943)
2. Las relaciones entre el yo y lo inconsciente (1928)
3. Nuevos rumbos de la psicología (1912)
4. La estructura de lo inconsciente (1916)

VOLUMEN 8: La dinámica de lo inconsciente
1. Sobre la energética del alma (1928)
2. La función transcendente ([1916] 1957)
3. Consideraciones generales sobre la teoría de los complejos (1934)
4. El significado de la constitución y la herencia para la psicología (1929)
5. Determinantes psicológicos del comportamiento humano (1936/1942)
6. Instinto e inconsciente (1919/1928)
7. La estructura del alma (1927/1931)
8. Consideraciones teóricas acerca de la esencia de lo psíquico (1947/1954)

Introducción a Jung

9. Puntos de vista generales acerca de la psicología de los sueños (1916/1948)
10. De la esencia de los sueños (1945/1948)
11. Los fundamentos psicológicos de la creencia en los espíritus (1920/1948)
12. Espíritu y vida (1926)
13. El problema fundamental de la psicología actual (1931)
14. Psicología Analítica y cosmovisión (1928/1931)
15. Realidad y suprarrealidad (1933)
16. El punto de inflexión de la vida (1930-31)
17. Alma y muerte (1934)
19. Sincronicidad como principio de conexiones acausales (1952)
20. Sobre sincronicidad (1952)

VOLUMEN 9/1: **Los arquetipos y lo inconsciente colectivo**
1. Sobre los arquetipos de lo inconsciente colectivo (1934/1954)
2. Sobre el concepto de inconsciente colectivo (1936)
3. Sobre el arquetipo con especial consideración del concepto de ánima (1936/1954)
4. Los aspectos psicológicos del arquetipo de la madre (1939/1954)
5. Sobre el renacer (1940/1950)
6. Acerca de la psicología del arquetipo del niño (1940)
7. Acerca del aspecto psicológico de la figura de la Core (1941/1951)
8. Acerca de la fenomenología del espíritu en los cuentos populares (1946/1948)
9. Acerca de la psicología de la figura del pícaro (1954)
10. Consciencia, inconsciente e individuación (1939)
11. Acerca de la empiria del proceso de individuación (1934/1950)
12. Sobre el simbolismo del *mándala* (1938/1950)
13. Mándalas (1955)

VOLUMEN 9/2: **Aion (1951)**

VOLUMEN 10: **Civilización en transición**
1. Sobre lo inconsciente (1918)
2. Alma y tierra (1927/1931)
3. El hombre arcaico (1931)
4. El problema anímico del hombre moderno (1928/1931)
5. Sobre el problema amoroso del estudiante universitario (1928)
6. La mujer en Europa (1927)

7. El significado de la psicología para el presente (1933/1934)
8. Acerca de la situación actual de la psicoterapia (1934)
9. Prólogo al libro *Reflexiones sobre la historia actual* (1946)
10. Wotan (1936/1946)
11. Después de la catástrofe (1945/1946)
12. El problema de la sombra (1946/1947)
13. Epílogo a *Reflexiones sobre la historia actual* (1946)
14. Presente y futuro (1957)
15. Un mito moderno. De cosas que se ven en el cielo (1958)
16. La conciencia moral (1958)
17. El bien y el mal en la Psicología Analítica (1959)
18. Prólogo al libro de Toni Wolf *Studien zu C.G. Jungs Psychologie* (1959)
19. El significado de la línea suiza en el espectro de Europa (1928)
20. El amanecer de un mundo nuevo. Reseña del libro de H. Keyserling: *Amerika. Der Aufgang einer neuen Welt* (1930)
21. Reseña de H. Keyserling *La révolution mondiale et la responsabilité de l'esprit* (1934)
22. Complicaciones de la psicología norteamericana (1930)
23. El mundo ensoñador de la India (1939)
24. Lo que la India puede enseñarnos (1939)
25. Apéndice: Nueve comunicaciones breves (1933-1938)

Volumen 11: Acerca de la psicología de la religión occidental y de la religión oriental

RELIGIÓN OCCIDENTAL

1. Psicología y religión (Terry lectures) (1938/1940)
2. Ensayo de interpretación psicológica del dogma de la Trinidad (1942/1948)
3. El símbolo de la transformación en la misa (1942/1954)
4. Prólogo al libro de V. White *God and the Unconscious* (1952)
5. Prólogo al libro de Z. Werblowsky *Lucifer and Prometeus* (1952)
6. Hermano Klaus (1933)
7. Sobre la relación de la psicoterapia con la dirección espiritual (1932/1948)
8. Psicoanálisis y dirección espiritual (1928)
9. Respuesta a Job (1952)

RELIGIÓN ORIENTAL

10. Comentario psicológico al *Libro Tibetano de la Gran Liberación* (1939/1955)
11. Comentario psicológico al *Libro Tibetano de los Muertos* (1935/1960)

12. El yoga y Occidente (1936)
13. Prologo al libro de D.T. Suzuki *La Gran Liberación. Introducción al budismo zen* (1939/1958)
14. Acerca de la psicología de la meditación oriental (1943/1948)
15. Sobre el santón hindú. Introducción al libro de H. Zimmer *Der Weg zum Selbst* (1944)
16. Prólogo al *I Ching* (1950)

VOLUMEN 12: **Psicología y alquimia (1944)**

VOLUMEN 13: **Estudios sobre representaciones alquímicas**
1. Comentario al libro *El secreto de la Flor de Oro* (1929)
2. El espíritu Mercurio (1943/1948)
3. Las visiones de Zósimo (1938/1954)
4. Paracelso como fenómeno espiritual (1942)
5. El árbol filosófico (1945/1954)

VOLUMEN 14: *Mysterium coniunctionis*, I y II **(1955/1956)**

VOLUMEN 15: **Sobre el fenómeno del espíritu en el arte y en la ciencia**
1. Paracelso (1929)
2. Paracelso como médico (1941/1942)
3. Sigmund Freud como fenómeno histórico-cultural (1932)
4. Sigmund Freud. Necrológica (1939)
5. En memoria de Richard Wilhelm (1930)
6. Sobre la relación de la Psicología Analítica con la obra de arte poética (1922)
7. Psicología y Literatura (1930/1950)
8. *Ulises*: un monólogo (1932)
9. Picasso (1932)

VOLUMEN 16: **La práctica de la psicoterapia**
PROBLEMAS GENERALES DE LA PSICOTERAPIA
1. Consideraciones de principio acerca de la psicoterapia práctica (1935)
2. ¿Qué es psicoterapia? (1935)
3. Algunos aspectos de la psicoterapia moderna (1930)
4. Metas de la psicoterapia (1931)

5. Los problemas de la psicoterapia moderna (1929)
6. Psicoterapia y cosmovisión (1943/1946)
7. Medicina y psicoterapia (1945)
8. La psicoterapia en la actualidad (1945/1946)
9. Cuestiones fundamentales de psicoterapia (1951)

PROBLEMAS ESPECIALES DE LA PSICOTERAPIA
10. El valor terapéutico de la abreacción (1921/1928)
11. La aplicabilidad práctica del análisis de los sueños (1934)
12. La psicología de la transferencia (1946)

VOLUMEN 17: El desarrollo de la personalidad
1. Sobre conflictos del alma infantil (1910/1946)
2. Introducción al libro de F. G. Wickes: *Analyse der Kinderseele* (1927/1931)
3. Sobre el desarrollo y la educación del niño (1928)
4. Psicología Analítica y educación (1926/1946)
5. El niño superdotado (1943)
6. El significado de lo inconsciente para la educación individual (1928)
7. Del devenir de la personalidad (1934)
8. El matrimonio como relación psicológica (1925)

VOLUMEN 18/1: La vida simbólica
1. Sobre los fundamentos de la Psicología Analítica (1935)
2. Símbolos e interpretación de sueños (1961)
3. La vida simbólica (1939)
   Complementos a los volúmenes 1, 3 y 4 de la *Obra Completa*

VOLUMEN 18/2: La vida simbólica
Complementos a los volúmenes 5, 7-17 de la *Obra Completa*

VOLUMEN 19: Bibliografía
Los escritos publicados de C. G. Jung
Obras originales y traducciones
La *Obra Completa* de C. G. Jung
Seminarios de C. G. Jung

VOLUMEN 20: Índices generales de la obra completa
B. SEMINARIOS

Conferencias en el Club Zofingia ([1896-1899] 1983)
Análisis de sueños ([1928-1930] 1984)
Sueños infantiles ([1936-1941] 1987)
Sobre el Zaratustra de Nietzsche ([1934-1939] 1988)
Psicología Analítica ([1925] 1989)

C. AUTOBIOGRAFÍA

Recuerdos, sueños, pensamientos (con A. Jaffé) (1961)

D. EPISTOLARIO

Cartas I [1906-1945] (1972)
Cartas II [1946-1955] (1972)
Cartas III [1956-1961] (1973)
Correspondencia Freud/Jung (1974)

E. ENTREVISTAS

Conversaciones con Carl Jung y reacciones de A. Adler, de I. Evans (The Houston films) (1946)
Encuentros con C. G. Jung (1975) [incluye, mejorado, el título anterior]

Bibliografía en español de Jung

A   *Aiom*, (trad. J. Balderrama), Paidós, Barcelona, 1986.
AI   «Acercamiento al inconsciente», en *El hombre y sus símbolos*, (trad. L. Escolar Bareño), Caralt, Barcelona, 1980, (sin ilustraciones); Paidós, Barcelona, 1995 (ilustrada).
AIC   *Arquetipos e inconsciente colectivo*, (trad. M. Murmis), Paidós, Buenos Aires, 1997.
BM   «El bien y el mal en la Psicología Analítica», en *El bien y el mal en psicoterapia*, (trad. L. Bellido), Sígueme, Salamanca, 1968.
C   *Correspondencia Freud/Jung*, (trad. A. Guéra Miralles), Taurus, Madrid, 1978.
CAI   *Conflictos del alma infantil*, (trad. I. G. de Butelman), Paidos, Barcelona, 1982.
CC   *Sobre cosas que se ven en el cielo*, (trad. A. L. Bixio), Sur, Buenos Aires, 1961. Reedición en Ecologic, Buenos Aires, 1987.
CH   *Consideraciones sobre la historia actual*, (trad. L. A. Martín Baro), Guadarrama, Madrid, 1968.
CI   *Los complejos y el inconsciente*, (trad. J. López Pacheco), Alianza, Madrid, 1969. Altaya, Madrid, 1994 [traducción de *L'homme à la découverte de son âme*].
CJ   *Conversaciones con Jung*, (de R. Evans), (trad. H. Mesones Arroyo), Guadarrama, Madrid, 1968.
CM   «La conciencia moral desde el punto de vista psicológico», en *La conciencia moral*, (trad. L. García Ortega), *Revista de Occidente*, Madrid, 1961.
CP   *El contenido de la psicosis*, (trad. I. G. Adam.), Paidós, Barcelona, 1990.
EP   *Energética psíquica y esencia del sueño*, (trad. L. Rosenthal y B. Sosa), Paidós, Buenos Aires, 1960.
FI   *Formaciones de lo inconsciente*, (trad. R. Pope), Paidós, Barcelona, 1982.
I   *Lo inconsciente*, (trad. E. Rodríguez Sadia), Losada, 1938, 1976 (6ªed.).
INP   *La interpretación de la naturaleza y la psique*, (trad. H. Kahnemann), Paidós, Barcelona, 1983 [Falta el artículo de W. Pauli de la edición original].
iF   «Proemio» a Frieda Fordham, *Introducción a la psicología de Jung*, (trad. L. Izquierdo), Morata, Madrid, 1953.
iH   «Introducción» a Esther Harding, *Los misterios de la mujer* (trad. A. Fabré), Obelisco, Barcelona, 1987.
iICh   «Prólogo» a Richard Wilhelm (ed.), *I Ching*, (trad. D. J. Vogelmann), Edhasa, Barcelona, 1979.

Introducción a Jung

ij1 «Prefacio» a Jolande Jacobi, *La psicología de C. G. Jung*, (trad. J. M. Sacristán), Espasa Calpe, Madrid, 1976. [Con prólogo a la edición española].

ij2 «Prólogo» a Jolande Jacobi, *Complejo, arquetipo y símbolo,* (trad. A. Guéra Miralles), Fondo de Cultura Económica, México, 1983.

is «Introducción» a Daitaro T. Suzuki, *Introducción al budismo zen*, (sin traductor), Kier, Buenos Aires, 1976.

iw «Introducción» a Victor White, *Dios y el inconsciente*, (trad. A. Fernández), Gredos, Madrid, 1955.

P *Paracélsica*, (trad. E. García Belsunce), Nilomex, México, 1983.

PA *Psicología y alquimia*, (trad. A. L. Bixio), Santiago Rueda, Buenos Aires, 1953; y Plaza y Janés, (trad. A. Sabrido), Barcelona, 1977.

PDP *Psicología de la demencia precoz*, (trad. I. G. Adam), Paidós, Barcelona, 1987.

PE *Psicología y educación*, (trad. I. G. de Butelman), Paidós, México, 1985.

PF *Presente y futuro*, (trad. P. Simon), Sur, Buenos Aires, 1963.

PPM *Problemas psíquicos del mundo actual*, (trad. M. I. Purroy), Monte Ávila, Caracas, 1976.

PR *Psicología y religión*, (trad. Ilse T. M. de Brugger), Paidós, Barcelona, 1981.

PSA *Psicología y simbólica del arquetipo*, (trad. M. Murmis), Paidós, Barcelona, 1982.

PT *La psicología de la transferencia*, (trad. J. Kogen Albert), Paidós, Barcelona, 1983.

RA *Realidad del alma*, (trad. F. Vela y F. Jiménez de Asúa), Losada, Buenos Aires, 1940, 1968[4].

RJ *Respuesta a Job*, (trad. A. Sánchez Pascual), Fondo de Cultura Económica, México, 1964.

RSP *Recuerdos, sueños, pensamientos*, (trad. Mª. Rosa Borrás), Seix Barral, 1964.

SE *Simbología del espíritu*, (trad. M. Rodríguez Cabo), Fondo de Cultura Económica, México, 1962.

SFO *El secreto de la Flor de Oro*, (trad. R. Pope), Paidós, Barcelona, 1982.

ST *Símbolos de transformación*, (trad. L. Rosenthal), Paidós, Barcelona, 1982.

TDP *Teoría del psicoanálisis*, (trad. F. Oliver Brachfeld), Apolo, Barcelona, 1961. [Reedición en Plaza y Janés, Barcelona, 1983].

TP *Tipos psicológicos*, (trad. A. Sánchez Pascual), Edhasa, Barcelona, 1994.

YI *Las relaciones entre el yo y el inconsciente*, (trad. J. Balderrama), Paidós, Barcelona, 1987. También como *El yo y lo inconsciente*, (trad. S. Monserrat), Luis Miracle, Barcelona, 1936.

Glosario

Alquimia Desde finales de la década de los veinte hasta su muerte, Jung sintió una especial atracción por los escritos de los principales teóricos de la alquimia, como Paracelso. Consideraba que dichos escritos expresan la proyección de procesos psicológicos inconscientes (o solo medianamente conscientes) y que tanto la terminología como las fases de la alquimia se corresponden con imágenes y etapas propias de la psicoterapia: son comunes a ambas las nociones de trabajo conjunto, transformación y objetivo. Jung se refirió a menudo a la alquimia como a una metáfora que describe la tensión existente entre opuestos y su resolución mediante la función transcendente (v. *Proyección* y *Función transcendente*).

Amplificación Expansión del significado de una imagen inconsciente u onírica al relacionarla con un motivo mitológico, religioso o literario existentes o con otro sistema metafórico. Jung concebía este proceso como opuesto al «análisis reductivo», es decir, la descomposición de una imagen en sus causas posibles.

Ánima (En latín, «alma»). Imagen de mujer o figura femenina presente en los sueños o fantasías de un hombre. Vinculado a su principio «eros» (v. *Eros*), refleja la naturaleza de sus relaciones, especialmente con mujeres. Descrito por Jung como «el arquetipo de la vida». Frecuentemente los problemas relacionales son producto de la identificación inconsciente con el ánima o de la proyección del ánima en la pareja, lo que genera un sentimiento de desilusión respecto de la persona real (v. *Posesión*). En sentido amplio, se utiliza también para describir el lado inconsciente, femenino, de la personalidad masculina. Las figuras ánima no son representaciones de mujeres concretas, sino fantasías revestidas de necesidades y experiencias de naturaleza emocional. Algunas figuras ánima características son las diosas, mujeres famosas, figuras maternas, doncellas, prostitutas, hechiceras y criaturas femeninas (por ejemplo, la sirena).

Ánimus (En latín, «espíritu»). Imagen de hombre o figura masculina presente en los sueños o fantasías de una mujer. Vinculado a su principio «logos» (v. *Logos*), refleja la naturaleza de su conexión con el mundo de las ideas y el espíritu. Descrito por Jung como «el arquetipo del significado». Las dificultades generalmente derivan de la identificación inconsciente con el ánimus (v. *Posesión*). En sentido amplio, también se utiliza para describir el aspecto inconsciente, masculino, de la personalidad femenina. Las figuras ánimus no son representaciones de hombres concretos, sino fantasías revestidas de necesidades y experiencias de naturaleza emocional. Algunas figuras ánimus características son las figuras paternas, hombres famosos, figuras religiosas, figuras idealizadas, jóvenes y figuras de dudosa moral (como criminales).

Arquetipo/Imágenes arquetípicas El «arquetipo» es un constructo propuesto por Jung para explicar las «imágenes arquetípicas», es decir, todas las imágenes oníricas y fan-

Introducción a Jung

tasías que presentan una especial similitud con motivos universales propios de las religiones, mitos, leyendas, etc. (v. *Inconsciente*). Los arquetipos son tan universales como las emociones. Aunque las figuras arquetípicas más características son la persona, el ánima, el ánimus, la sombra y el sí-mismo, otras imágenes presentes en sueños y fantasías pueden estar imbuidas de significado arquetípico cuando poseen un fuerte significado emocional (por ejemplo, los grupos numéricos, una montaña, un reloj, un padre dominante, un amigo traicionero). En su última elaboración del tema, Jung describe el arquetipo como una tendencia innata a generar imágenes con intensa carga emocional que expresan la primacía relacional de la vida humana.

Asociación   Idea o imagen que surge espontáneamente a partir de una palabra o imagen-estímulo. Las asociaciones están relacionadas con temas comunes de naturaleza emocional, constituyendo complejos psicológicos impulsados por arquetipos (v. *Complejo*).

Compensación   La consciencia y lo inconsciente poseen entre sí una relación de compensación, de la cual solo parte del significado o motivo es evidente. Nuestras inflaciones y depresiones poseen sus contrarios en lo inconsciente. Jung consideraba que las imágenes y productos inconscientes nos indican aquello que compensa nuestra unilateralidad consciente. Por lo general, las personas se adaptan instintivamente a dicho material compensatorio: por ejemplo, una persona que no fuera consciente de que suele actuar con prepotencia podría soñar que su casa es invadida por alguien con esa característica. El sueño *compensa* su equívoca imagen de sí mismo, proporcionándole de esta manera la oportunidad de reconciliarse con sus tendencias inconscientes. Las dificultades surgen cuando el yo se resiste a ese ajuste, lo que a su vez genera a menudo una identificación (v. *Identificación*).

Complejo   Conjunto de conceptos o imágenes cargadas emocionalmente que actúa como una personalidad autónoma «escindida». En su núcleo se encuentra un arquetipo revestido emocionalmente (por ejemplo, la Madre Terrible). Jung, que adoptó el término de su maestro Pierre Janet, concebía el complejo como la «vía regia a lo inconsciente» (v. *Experimento de asociación de palabras*).

Coniunctio   (En latín, «conjunción»). Encuentro con el «otro», especialmente los opuestos en una secuencia onírica; generalmente símbolo de evolución positiva. En sentido amplio, también se usa para describir el trabajo terapéutico entre analista y analizando.

Constelar   Activación de un complejo psicológico, debido generalmente a una reacción de naturaleza emocional (consciente o inconsciente), ya sea frente a una persona o una situación.

Eros   Principio de conexión o relación entre las personas. Como principio de amor y de vida, Eros fue concebido en oposición a Tánatos, es decir, muerte y destrucción. Jung opuso Eros a Logos, principio de discriminación racional.

Experimento de asociación de palabras   En los inicios de su carrera, Jung desarrolló un *test* de asociación de palabras en el que se pedía a los pacientes sus asocia-

Glosario

ciones inmediatas a una lista de palabras-estímulo cuidadosamente escogidas. Otros investigadores anteriores se habían interesado solo en el contenido de las respuestas concretas. Jung fue el primero en considerar que las respuestas fisiológicas (como el sudor) y las demoras en responder ofrecían información sobre los procesos inconscientes. Sostuvo que incluso las pequeñas demoras con una palabra en particular podían indicar temas emocionalmente cargados en la situación actual del paciente: por ejemplo, si la palabra «familia» generaba la asociación «huida», se podía inferir que el paciente tenía problemas con su familia. El núcleo de asociaciones se centra en torno a un *complejo* (v. *Complejo*).

Función inferior Es la función inconsciente que «compensa» a la función dominante. Inferior no significa «débil», la función inferior se suele manifestar con una fuerza irresistible: por ejemplo, las personas pertenecientes al tipo intuitivo tienen a menudo serias dificultades para habérselas con las experiencias sensoriales cotidianas, capaces de conducirles a un auténtico descontrol (v. *Compensación* y *Tipología*).

Función transcendente Tensión existente entre opuestos en conflicto, en relación dialéctica de mutua influencia, que puede resolverse a través de un tercer término integrador, o nueva síntesis. Jung concebía esta función como centro de crecimiento.

Identificación Mecanismo de defensa por el cual una persona es totalmente dominada por un estado emocional, como un complejo, negándose a admitir —reconocer— los contenidos, emociones e imágenes concretos de dicho estado (v. *Posesión*).

Imaginación activa Método desarrollado por Jung para establecer un diálogo activo en estado de vigilia con lo inconsciente. Estando relajado, como en trance, se centra la atención en una imagen (proveniente de un sueño, por ejemplo), interrogándola acerca de su origen, significado, etc., como si se tratara de otra persona.

Inconsciente En sentido amplio, lo desconocido. La teoría de Jung acerca de lo *inconsciente colectivo* innato y preexistente en los seres humanos contrasta con el concepto de Freud de lo *inconsciente reprimido* como consecuencia de relaciones tempranas. En sus primeras teorías sobre lo inconsciente, Jung proponía que lo inconsciente colectivo estaba organizado por arquetipos o imagos primarias, casi imágenes innatas. De acuerdo con sus últimas concepciones, los arquetipos eran mecanismos (o predisposiciones) innatos de desencadenamiento en la formación de imágenes coherentes durante estados de agitación emocional. En torno a estas imágenes universales (como la Gran Madre y la Madre Terrible) se desarrollan *complejos* psicológicos que constituyen los pilares de la personalidad humana. Originalmente Jung creía que estos complejos constituían la estructura de lo *inconsciente personal*, pero después concibió el arquetipo como núcleo del complejo, unificando lo inconsciente personal y colectivo a través del concepto de un complejo psicológico de elevada motivación. La personalidad de todos los individuos se compone de múltiples complejos: Yo, Madre, Padre, Hermano, Ánima, Ánimus, etc. La integración de estos complejos a través de la percepción consciente es uno de los aspectos de la individuación.

Introducción a Jung

Inconsciente colectivo   V. *Inconsciente.*

Inconsciente personal   V. *Inconsciente.*

Individuación   Proceso que conduce a un conocimiento más consciente de la propia individualidad específica, incluyendo la diferenciación de potencialidades y limitaciones. Jung describe este proceso como propio de la mediana edad y de la adultez tardía, iniciándose con la aceptación de las propias neurosis y flaquezas. Continúa con un despertar de la propia naturaleza escindida (consciente e inconsciente) y la aceptación de la misma.

Inflación   Es una identificación inconsciente —que puede ser pasajera o crónica— con una imagen arquetípica (positiva o negativa) o un ideal o principio que genera actitudes ampulosas o maniacas (v. *Posesión*).

Intuición   Una de las cuatro funciones psicológicas (v. *Tipología*) y una de las dos irracionales. Es la capacidad de captar posibilidades y tendencias sin conocer detalles ni hechos. Una persona perteneciente al tipo intuitivo tenderá a lanzarse en pos de impulsos imaginados, pero puede no ser capaz de ejecutar los pasos concretos necesarios para llevar a cabo un plan.

Logos   Principio de discriminación racional. Jung tomó este principio de la erudición clásica, concibiéndolo como complementario de Eros (v. *Eros*).

Mándala   (En sánscrito, «círculo») Jung utilizó esta palabra con gran elasticidad para describir todo tipo de imágenes circulares, especialmente círculos simbólicos, como las ventanas de roseta, o imágenes oníricas. Consideraba que el círculo simbólico representaba la totalidad psíquica, la meta de la individuación.

Numinoso   Sea como sustantivo o como adjetivo, se utiliza para describir «un agente o efecto dinámico, no resultante de un acto volitivo, que captura y controla al individuo» (OC 6).

Ouróboros   Imagen de dragón o serpiente que se muerde la cola. De acuerdo con Jung, una de las dos imágenes fundamentales de la alquimia (la otra es el círculo). El ouróboros representa la primigenia autocontención de una personalidad no diferenciada, atrapada en sí misma. También constituye la primera fase del desarrollo.

Participation mystique   Término adoptado del antropólogo Lévy-Bruhl, utilizado para describir un tipo de identificación psicológica inconsciente con objetos u otras personas y que genera un fuerte vínculo inconsciente con el/lo «otro».

Pensamiento   Una de las dos funciones racionales. El pensar indica una preferencia por la coherencia lógica y los hechos como base del *conocer*. Las personas pertenecientes al tipo intelectual discriminan y evalúan (v. *Tipología*).

Glosario

Persona (En latín, «máscara» del actor). Como arquetipo de la máscara, Jung consideraba que la persona era parte necesaria, no patológica, del desarrollo individual, especialmente en lo relativo a la capacidad de asumir un papel social, como el de docente, padre, estudiante, etc. Puede convertirse en patológica cuando en un individuo adulto se produce una identificación rígida con la misma.

Posesión Describe aquel estado en que una persona se ve dominada por un poderoso complejo psicológico, por ejemplo un hombre consumido por la fascinación hacia una figura-ánima (cf. Keats, *La Belle Dame Sans Merci*) o, en una mujer, la fascinación hacia una figura-ánimus (por ejemplo, una celebridad o un sacerdote).

Privatio boni Concepción perteneciente a san Agustín según la cual se entiende el mal como la privación del bien. Jung objetaba que esta visión afirma que el mal no existe, a lo que los teólogos han respondido que Jung no interpretó correctamente a san Agustín.

Proyección Situación en la que inconscientemente se inviste a otra persona (u objeto) con nociones o características propias: por ejemplo, un hombre que se siente cautivado y se enamora de una mujer porque se corresponde con su ánima. Los sentimientos, imágenes y pensamientos pueden ser proyectados sobre los demás. También se proyectan los sentimientos negativos: por ejemplo, una mujer enfadada con una amiga imagina que su amiga está enfadada con ella.

Psicoanálisis *1)* Teorías acerca de los instintos y significados inconscientes, desarrolladas por Sigmund Freud y sus discípulos, ampliadas hasta abarcar una gran variedad de motivaciones e imágenes inconscientes, tales como las vivenciadas en relaciones, sueños, obras de arte y otras manifestaciones de la cultura. *2)* Todas las teorías que intentan comprender los procesos inconscientes (v. *Psicología profunda*).

Psicología profunda Todas aquellas formas de psicoanálisis en que la terapia consiste total o parcialmente en la interpretación de los significados inconscientes de acciones, defensas, transferencia y otras situaciones en que aparecen (v. *Psicoanálisis*).

Psique En Jung, la palabra psique es un concepto muy amplio utilizado para describir «la totalidad de los procesos psicológicos, tanto conscientes como inconscientes».

Puer aeternus (En latín, «eterna juventud»). Imagen arquetípica del joven que se niega a madurar (por ejemplo, Peter Pan). En sentido amplio, el término es utilizado para describir a un hombre que se identifica con esta imagen; en tales casos suele existir un intenso apego inconsciente a la madre (real o simbólica) y una resistencia a superar la adolescencia.

La contrapartida femenina es la *puella*, imagen arquetípica de la niña eterna (que se manifiesta a menudo a través de la dinámica niña-mujer propia de la *anorexia nervosa*, o en la «niñez perpetua»). Una mujer que se identifica con la *puella* puede presentar una intensa unión con un padre idealizado, haber tenido una experiencia sexual prematura (en el caso de incesto) o intentar alejarse de una madre invasiva.

Introducción a Jung

Sensación Una de las dos funciones psicológicas irracionales. La sensación es la capacidad de aprehender la realidad o la verdad a través de los sentidos. Las personas pertenecientes al tipo sensorial se sienten muy motivadas por el mundo sensorial y a gusto con la realidad física de las cosas (v. *Tipología*).

Sentimiento Una de las cuatro funciones psicológicas (v. *Tipología*). Función racional que confiere valor a relaciones y situaciones. No debe confundirse con la *emoción*, que Jung describió como sistema de energía instintiva. Las personas pertenecientes al «tipo sentimental» se caracterizan por establecer relaciones personales estrechas y por manifestar preferencias muy definidas.

Sí-mismo *1)* Imagen arquetípica de *totalidad*, vivenciada como poder transpersonal que confiere sentido a la vida; por ejemplo: Cristo, Buda, figuras-*mándala*. *2)* Teóricamente, centro y totalidad de la psique, vivenciado como aquello que gobierna al individuo y hacia lo que se dirige inconscientemente. Principio de coherencia, estructura y organización que rige el equilibrio y la integración de los contenidos psicológicos.

Símbolo Puede definirse como la mejor expresión posible de algo inferido pero no conocido directamente o que no puede ser adecuadamente definido con palabras. No deben confundirse *símbolo* y *signo*. La cruz en el campanario de una iglesia es un *signo* que identifica a este edificio como sitio de culto cristiano. Mientras que la cruz del altar en el interior de la iglesia es para un cristiano un *símbolo* que expresa el misterio inefable del sacrificio de Cristo, para un budista sería un *signo*; es decir, el símbolo solo existe a través de la percepción o interpretación individual. No es posible reducir el significado de un símbolo a una definición fija.

Sombra Jung utilizó este término de dos maneras diferentes: *1)* para describir la totalidad de lo inconsciente, es decir, todo aquello de lo que el individuo no es plenamente consciente, y *2)* para referirse al aspecto inconsciente de la personalidad caracterizado por rasgos y actitudes que el yo consciente no reconoce como propios: en los sueños la sombra aparece frecuentemente representada por personas del mismo sexo. Dado que se tiende a rechazar o ignorar los aspectos menos positivos de la propia personalidad, la mayor parte de las figuras-sombra tienen connotación negativa, pero en individuos con muy baja autoestima la sombra puede presentar atributos positivos. La asimilación consciente de la propia sombra suele provocar un aumento de la energía.

Tao Imagen del centro, símbolo de Dios, y camino hacia Dios (OC 6).

Teleología (En griego, «fin» u «objetivo»). Sistema filosófico que se centra en el motivo o poder que posee una meta o punto de llegada para el proceso de desarrollo hacia un fin. Jung concebía la personalidad humana en términos tanto causales como teleológicos, subrayando la importancia de la *individuación* como objetivo de la vida del ser humano.
Tipos Psicológicos V. *Tipos/Tipología*.

Glosario

Tipos/Tipología   Jung diferenció dos actitudes básicas (*extraversión* e *introversión*) y cuatro funciones: *pensamiento, sentimiento, sensación* e *intuición*. Describió el pensamiento y el sentimiento como «racionales» (porque implican un juicio) y la sensación y la intuición como «irracionales» (porque responden a estímulos). Existen así ocho tipos básicos: por ejemplo, pensamiento extravertido, pensamiento introvertido, etc. La tipología de Jung ha sido desarrollada mediante sistemas de evaluación (como el Indicador de Tipo de Myers-Briggs) que han demostrado ser de gran valor para ayudar a las personas a lidiar con las diferencias que existen entre los individuos, tanto en las relaciones personales como en las organizaciones.

Transferencia y contratransferencia   Describe un tipo de proyección que habitualmente surge en el encuentro terapéutico, como resultado de las aspiraciones y deseos acerca de uno mismo y del otro.

El término *transferencia* se refiere tanto a los complejos psicológicos que se activan en el paciente respecto del terapeuta (reaccionando hacia éste como lo haría frente a su padre, madre o hermana), como al sentimiento generalizado de necesidad, idealización o desconfianza que el paciente siente de modo irracional hacia el terapeuta.

El término *contratransferencia* se refiere a una dinámica similar por parte del terapeuta hacia el paciente. El terapeuta puede trabajar con la contratransferencia para señalar ciertos patrones de relación que existen en el paciente desde siempre hacia figuras importantes y que pueden constituir sus mayores dificultades vitales.

Yo   Jung utilizó la palabra *yo* para describir dos fenómenos significativamente diferentes: *1)* para definir el complejo al cual se adjudica el sentido de *yo*, en cuyo núcleo se encuentra el arquetipo del sí-mismo, y *2)* como centro de la consciencia. Jung dedujo la existencia de una relación dialéctica entre el *yo* y otros complejos de lo inconsciente. Esta relación, cuando se manifiesta en sueños, es inconsciente. La relación entre el *yo* y otros complejos es concebida de diferentes maneras por los distintos autores posjunguianos.

Índice alfabético

actitud religiosa 425-6
actitud simbólica 184, 223
Adler, Gerhard 52, 95, 98
afecto 106, 111, 112, 194, 204-5, 207, 215, 222, 231, 251, 279, 293, 295, 309, 409, 411, 419
Afrodita 175, 350
Agamenón 338n
agape 220
agresión 87, 158-9, 174, 192, 292, 329, 400, 424
Agustín de Hipona, san 130, 377
 −*Confesiones* 377, 379
Ajax 337, 338n
alianza terapéutica 45, 214, 218-9
alienación 292-3, 372, 395, 396
alma 107, 175, 176, 225, 227, 254, 285, 286,
 −pérdida del 225
 −y psicología imaginal 175-7
alquimia 45n, 66, 73, 103, 132, 155, 218, 219-20, 222, 229, 260, 371, 426, 427
ambivalencia 131, 191, 194, 255, 276, 277, 279, 281-3, 289, 301-2, 306, 349
amor 178, 213, 223, 239, 247, 256, 258, 330
amplificación 117, 186, 204, 218, 278
análisis 44-6, 68, 147-9, 156, 165, 168-175, 212, 214, 220-22, 226, 230-1, 273, 278, 283, 288, 318, 404, 419
 −didáctico 108
 −e infancia 198-9
 −objeto del 165
Ananse 339
ánima 40, 65, 95, 113, 151-3, 164, 169, 170, 176, 213, 216, 241-3, 249, 250, 251, 259, 261, 264, 284, 291, 314, 315, 320-2, 368, 382, 396, 417, 424
 −reconocer el 249

anima mundi 176
ánimus 40, 65, 113, 151-3, 259, 274, 282, 291, 314, 315, 320-2, 382, 396, 418, 424
ansiedad 67, 86, 192-3, 220, 245, 263, 270, 277, 286, 287, 298, 313, 314, 328, 419
antropología 61, 62, 218, 335
apego 43, 84, 287
Apolodoro de Rodas 345, 351n
Aquiles 337, 338n, 344, 349, 376
Ares 175
Aristóteles 128, 129, 130, 131, 133
arquetipo 40, 49-51, 64, 105-6, 110-2, 127-8, 129, 137, 138, 140, 148-9, 151, 161-5, 168, 186, 192, 241, 251, 285, 230-1, 335-8, 410, 420-1, 426, 427
 −arquetipo-como-tal 49, 164, 336
 −como categorías de la imaginación 162
 −definición de 49, 110, 161, 162-3, 241, 251, 252, 336
 −e imágenes arquetípicas 49, 163-4
 −Gran Madre/Diosa 110, 112, 164, 171, 223, 330, 421
 −héroe 337-8
 −Jung, acerca de 111, 162-3
 −madre 148, 306
 −Madre Terrible 112
 −pícaro 335, 338-51
 −sanador herido 230, 232, 300, 307
 −teoría 43, 49-50, 66, 69, 335, 426
 −Viejo Hombre Sabio 67, 169, 337
 −y género 314-5
 −y lo numinoso 112
 −y pulsiones 263
arte 175, 364
Asclepio 230,

Índice alfabético

asociación 40-1, 83, 89, 127, 134, 137, 186, 281, 289
asociación de palabras, experimento de 40, 114-5, 205
Asociación Británica de Psicoterapeutas 200
asociación libre 121
Asociación Psicoanalítica Internacional 98
Astor, James 203-4
Atenea 344, 349-51
Autólico 337, 345, 346, 347
autoridad 319, 326, 327, 372, 399

Babcock, Barbara 341
Bachofen, Jacob
 —*El matriarcado* 66
Balzac, Honoré de 62
Bateson, M.C. 316
Baudelaire, Charles 136
Bauer, Ida 93
Bergson, Henri 247
Bernays, Martha 93
Bernheim, Hippolyte 68
Berry, Patricia 167
Bettelheim, Bruno 257, 258, 262, 264, 265
Bion, Wilfred 188, 196, 197, 201, 315, 319
Blake, William 136, 250
 —*Las bodas del cielo y el infierno* 239, 250
Bleuler, Eugen 69, 83
Bosnak, Robert 178
Bowlby, John 43, 188
Breuer, Josef 93
Bruno, Giordano 122, 123, 136
budismo 72, 324, 426-7
Buenaventura, san 130
Byron, George Gordon, lord 136

Calipso 337, 348
Campbell, Joseph 174
capitalismo 136-7
Caribdis 337
Carus, Carl Gustav 65
catexis 245, 246

causalidad 233, 394
Cellini, Benvenuto 379
cíclopes 337, 347
ciencia 103
Circe 337, 348, 350, 376
Cleavely, Evelyn 318
Clínica Psiquiátrica Burghölzli 46, 69, 83, 103
Clínica Tavistock 200, 215
Coleridge, Samuel Taylor 136
compensación 150, 152, 193, 365, 366
 —definición de 168
complejo 68, 69, 114-5, 116, 148, 173, 197, 204, 241, 248-52, 260, 261, 265, 294, 295, 313, 320, 321, 323, 329, 370, 389, 394-7, 419, 420
 —del yo 121, 259, 321, 325, 394
 —contrasexual 321-2, 327-31
 —de Edipo 96, 98, 127, 161, 162, 173-175, 248-54, 260, 261, 377n
 —infancia 323
 —Jonás y la ballena 163
 —materno 261, 292, 293, 330, 420
 —paterno 41, 291
 —y arquetipo 320-1
completud (v. *totalidad*)
comportamiento 59, 67, 139, 149, 150, 195, 248, 276, 285, 288
compulsión 147, 244, 298, 306, 365, 366, 409, 426
 —y repetición 301
concretismo metafísico 164
confucionismo 427
consciencia 45, 143, 149-50, 151, 152, 156, 185, 186, 214, 339, 363, 370, 371-2, 377-84, 391-7, 401, 402, 407, 410, 421, 422
 —aumento de 394, 396
 —colectiva 371
 —crítica 401, 402
 —desarrollo de 65, 369, 371
 —ingenua 399-400, 404
 —mágica 398-9; y causalidad 398
 —política 398, 401
 —y creación de imágenes 136

451

—y el papel de los opuestos 65
—y lo inconsciente 65, 185-6, 391, 392-3
conscienciación 398, 400, 401, 402-3
—y democracia 402-3
contención 197, 278, 287, 296
contrasexualidad 151, 152, 216, 313-32, 424
contratransferencia 44, 50-2, 183, 189, 197, 198, 201, 206, 211, 230-5, 273, 292, 300, 305
—fantasía contratransferencial 274
—Freud, acerca de 44, 211
—peligros de la 211
Copérnico, Nicolás 132
Corbin, Henry 166
Coyote 339
creación de imágenes (v. *imágenes, creación de*)
creatividad 67, 132, 184, 185, 195, 257, 320, 326
crisis de la mitad de la vida 114, 328, 329, 395, 396
cristianismo 172, 340, 377, 424, 427
Cristo 423, 424, 427
cuentos de hadas 61
cuerpo 190, 197, 227, 300, 308, 326, 418, 420-6
—experiencia corporal 302
culpa 93, 194, 255, 258, 396, 400
—papel en la enfermedad mental 67
cultura 253, 254-5, 339
curación 109n

Charcot, Jean Martin 68

Dante Alighieri
—*Infierno* 120, 349
—*Divina Comedia* 377
Darwin, Charles 59
deconstrucción 104, 141, 142, 143, 178
de-integración 202, 205
delirio 254
dependencia 253, 328, 329
depresión 276-7, 328, 329, 396, 416, 419
Derrida, Jacques 140, 141, 178

Descartes, René 128, 133, 134, 176
descenso al inframundo 110, 337
deseo 127, 175, 252, 253, 259, 313, 362-363, 364-5
desesperación 159-60, 223-4, 258, 328, 395
desplazamiento 308, 415
destino 398
destrucción 174, 255, 265
Dickens, Charles 62
diferenciación 235, 301, 369, 376
—de cualidades morales 372
—y género 291
Diomedes 337, 338n
Dionisos 175
Dios 133, 398, 408, 411, 412, 413, 416, 421, 423, 424, 425,
—imágenes de 411, 412, 421, 423, 424
—y el sufrimiento 423-4
disociabilidad 118
disociación 45, 68, 121, 225, 394, 396
dominantes 49, 148
Dostoievski, Fiodor 62
du Maurier, Daphne 62

Eckstein, Emma 94
Edinger, Edward 394-6
—sobre el sí-mismo como «órgano de aceptación» 283
Edipo 41, 174-5, 377n
Edipo Rey 377
—como tragedia de la libido «arreglada» 95
ello 45, 165, 170, 172, 247, 259
—y superyó 185
empatía 113, 196-7, 198, 217, 234, 326, 330
—fallo de la 225, 232
Empédocles 258
empirismo 62, 134
enantiodromia 119-20, 193
energía 63, 204, 239, 247, 255-6, 280, 292, 407, 409, 416, 417
—psíquica 218, 247
—teoría freudiana de la 245

Índice alfabético

–y arquetipo 149, 336
–y dominantes 148
–y libido 253, 255, 256, 273
–y lo inconsciente 154
enfoque prospectivo 207
entorno 199
 –importancia del 194-5,
 –influencia sobre Jung 58
 –suficientemente bueno 196
envidia del pene 315
Epimeteo 342
Erikson, Erik 46, 246, 258, 262, 264
Eros 120, 169, 175, 241, 320
eros 127, 220, 223-4, 226, 247, 253, 255, 256, 257, 258, 262, 288, 366, 384
escena primaria 226
Escila 376
escisión 192, 194, 225, 232, 318, 319, 322, 394-5
escuela arquetipal 48, 51, 52, 118, 161, 163-79, 357
escuela clásica 48, 50, 52, 118, 147-60
 –enfoque de 272
escuela de Londres 48, 206
Escuela de Sabiduría de Darmstadt 71
escuela de Zúrich 48
escuela evolutiva 48, 52, 118, 183-207, 299, 301
esencialismo 143
Eshu 339
especularidad 50, 199, 232, 279, 282, 330, 331
espíritu 65, 131, 223, 254, 255, 394, 426
esquemas filogenéticos (v. *Freud, esquemas filogenéticos*)
Esquilo 346n
esquizofrenia 46, 227, 419
estereotipos 314, 370
Eurípides 346n
existencialismo 137
experiencia numinosa 413, 415, 421, 427
extraversión 109, 149

Fairbairn, W.R.D. 43, 172, 315, 321
falo 315

fantasía 45, 67, 86-7, 95, 118, 139, 152, 192, 249, 250, 272-5, 283, 313, 323, 335, 367, 408
 –clínica 277
 –de muerte 288
 –inconsciente 189, 248, 249, 250, 251, 319
 –reprimida 248
 –sexual 42, 88
Fausto 65
femenino 44, 60-1, 65, 66, 113-4, 171, 289, 291, 315, 320, 322, 332
fenomenología 164, 170
Ferenczi, Sandor 83, 89-92, 97, 211
feto
 –capacidad de aprendizaje 200
 –*foetus spagyricus* 220
Ficino, Marsilio 132
Fichte, J. G. 136
filosofía china 72
filosofía de la *Gestalt* 45
Fliess, Wilhelm 83, 86, 94, 95, 97
folclore 335
Flournoy, Theodore 69, 70
Fluss, Gisela 90
Fordham, Michael 189, 200, 201, 203-4, 205, 206, 217, 228-9, 231-2, 234, 299
 –y de-integración 203
 –y teoría evolutiva 201-3
Forel, Auguste 69
Foucault, Michel 140, 362n
Franz, Marie-Louise von 356n, 362n
Freire, Paulo 380, 390
 –y conscienciación 390, 398
Freud, Emmanuel 87, 93
Freud, John 87, 93
Freud, Julius 87, 89, 90, 93
Freud, Pauline 87, 93
Freud, Sigmund
 –ansiedad de castración 315
 –asociación libre 166
 –«comité secreto» 39
 –complejo de Edipo 162, 173, 260
 –Eros 246-7
 –esquemas filogenéticos 127, 161

–fantasía incestuosa 97
–fantasía inconsciente 248-9
–imágenes psíquicas 137, 139
–obras: *Análisis fragmentario de una histeria* 84; *Análisis terminable e interminable* 91; *El malestar en la cultura* 254, 255, 256; *Estudios sobre la histeria* 93; *La interpretación de los sueños* 89, 94, 252, 256; «Los que fracasan al triunfar» 89; «Los recuerdos encubridores» 87, 89; *Tótem y Tabú* 97, 255; *Tres ensayos para un teoría sexual* 84
–psicoanálisis 98-9, 127, 185, 256, 257-9
–psique 184-5
–recuerdo encubridor 87, 93
–ruptura con Jung 41, 53, 69, 71, 96-97, 264
–sueños 148
–superyó 253, 254, 255
–teoría de la sexualidad 42
–teoría de las pulsiones 244-5, 247
–teoría dual-instintiva 240, 255-8
–teorías, respuesta de Jung a 84-5
–transferencia 83-4
–y Adler 95
–y Breuer 93
–y Ferenczi 83, 87, 90-2
–y Fliess 83, 87-8, 95
–y Gisela Fluss 90
–y Julius Freud 89-90, 93
–y Sabina Spielrein 94-5
–y Stekel 95
función inferior 366n
función transcendente 108n, 258, 280, 325-6, 331, 425
–definición de 64n
–papel en la individuación 64
Fundación C.G. Jung 269

generatividad 175, 258, 291
género 40, 313-32
–estereotipado 370
gnosis 108

gnosticismo 74
Goethe, Johann Wolfgang von 63, 65, 369
–*Fausto* 65
–lo masculino y lo femenino 65
Goodheart, W.B. 223
Grimm, hermanos 62
Groesbeck, C.G. 232
Grotstein, James 315
Guerra Fría
–y escisión de opuestos 390
Guggenbühl-Craig, A. 232
Guislain, J. 67

Hall, G. Stanley 92
Héctor 337-8, 376
Hefesto 350
Hegel, Georg Wilhelm 63
Heinroth, J.C.A. 67
Henry, Gianna 200
Heracles 344
Heráclito 60, 250, 258, 259
hermenéutica 98, 169, 265, 345
Hermes 175, 339-40, 342-7, 349, 350, 352
–epítetos de 345-6n
–atributos de 343, 345
–vínculo con Odiseo 345
Hesíodo 345
Hestia 286, 294
Hillman, James 52, 163-4, 165
–escuela de psicología arquetipal 163-4
himnos homéricos 345
hinduismo 71, 427
hipnosis 68
histeria 68, 85, 88, 93
hombres 319-20, 326-7, 328
–desarrollo de 326
–expectativas culturales sobre 316-7
–imágenes de 322
–y ánima 264
Homero 335, 336, 345, 347-51
–*Ilíada* 338n, 348n, 349
–*Odisea* 335-8, 342-51

Índice alfabético

homosexualidad 92, 96, 221
 –y vínculo masculino 91
Hugo, Víctor 62, 136
humanismo 132, 133, 137
Hume, David 134, 135, 137, 141

Ícaro y Dédalo 175
idealización 113, 192, 223, 318, 363
Ideler, K.W. 67
identidad 151, 315, 369, 372, 376, 394
 –colectiva 401
 –género 320
 –masculina 326
 –personal 159, 376-7, 394, 395
 –y alteraciones 171
identificación 107, 150-1, 192, 193, 205, 222, 324, 325, 330
 –y personalidad múltiple 171-2
identificación proyectiva 112, 196-7, 215, 219, 221, 222, 225, 232, 234, 289, 308, 318, 319, 320, 330, 331, 394
imagen(es) 48-52, 127-43, 148, 150-1, 164, 165, 166, 252, 321, 396-7, 421
 –alquímica 155
 –y arquetipo 162
 –y objetos 167
 –y psicología profunda 137
 –el yo como 168, 174
imagen(es) arquetípica(s) 67, 120-1, 161-165, 171-3, 190, 194, 196, 198, 232, 277, 307, 336, 363-4, 367, 369, 381-384, 393-4, 420, 422, 427
imágenes, creación de 130, 136
 –creación psíquica de 127-43
imaginación activa 45, 71, 119, 152, 166, 168-70, 204, 231, 252, 367-8
imaginería 409
 –alquímica 195
 –atenerse a la 49-51, 119-20, 164-165, 166
imago 167, 178, 217
incesto 41, 221, 252, 253, 259, 260, 270, 274, 302
 –como símbolo 219, 221, 222, 259, 260
 –fantasía incestuosa 41, 97

inconsciente, lo 58, 60, 65, 66, 69, 74, 88, 89, 95, 106, 107, 120, 121, 138, 147-58, 165, 166, 168, 169, 185, 186, 205, 206, 207, 218, 222, 226, 233, 252, 258, 259, 265, 275-8, 305, 325, 336, 363, 365, 382, 389-97, 404, 409, 410, 411, 414, 421
 –colectivo 49, 65, 69, 70, 105, 109, 186, 187, 336, 395, 410
 –diferencias en los enfoques junguiano y freudiano 43
 –inmersión en 278
 –papel en la formación de síntomas 98
 –significado de 156-7
 –y la filosofía oriental 72
 –y represión 43
individuación 46, 66, 72, 73, 106, 118, 122, 149-54, 155-60, 168, 169, 176, 202, 216, 218-9, 220, 225, 227, 241, 259, 264, 296, 320, 323, 325, 331, 389-403, 417, 418, 419
 –como meta espiritual 159-60
 –símbolo de 259
 –como totalidad psíquica 323
 –definición de 64, 157
 –y ansiedad 298
 –y conscienciación 390, 402-3
 –y desarrollo político 397-8
 –y neurosis 323
 –y transferencia 217
individualismo 377, 378, 417
 –pérdida de 404
inflación 107, 150, 232, 327, 328, 389, 396, 400
 –primaria 394
inhibición 67
instinto(s) 65, 223, 253, 255-6, 409, 420
 –y arquetipo 420
 –religioso 108, 415, 416, 417
 –de muerte 255-6
Instituto C.G. Jung 147
Instituto de Psicoanálisis 200
integración 41, 74, 171, 186, 191, 250, 257, 258, 294, 297, 298, 301, 323, 397

–y sombra 402
–y opuestos 191, 258
–psíquica 72, 169, 330, 393
–social 372
interpretación 140, 169-70, 186, 216, 358
–sintética y progresiva 118
intersubjetividad 45, 142
introversión 66, 109, 149
introyección 193, 232, 293, 322
intuición 109, 148, 149, 304
ira 192
irracional, lo 60, 61, 62, 65, 67
Isis 120
islam 166, 172

Jacobi, Jolande 392
Jacoby, Mario 232
James, William 70, 92
Janet, Pierre 68
Jasón 344
Job, libro de 355, 423
Jones, Ernest 39, 93
judaísmo 172
juego 43, 67, 191, 195
  –y desarrollo del sí-mismo 195
Jung, Carl Gustav
  –acerca de la transferencia 211
  –acerca de las imágenes 139
  –acerca del pensamiento racional e irracional 120
  –alquimia 73, 74, 117, 155, 355
  –antecedentes familiares 59
  –antisemitismo 39, 40, 261, 262
  –arquetipos 161, 335
  –episodio Kreuzlingen 96
  –filosofía 138
  –género 113
  –gnosticismo 73-4
  –lo oculto 70
  –obras: «El valor terapéutico de la abreacción» 218; «La psicología de la dementia praecox» 84; *La psicología de la transferencia* 220, 260; *Mysterium Coniuctionis* 260; *Recuerdos, sueños,*

pensamientos 58n; *Reflexiones sobre la historia actual. Presente y futuro* 389, 390; *Símbolos de transformación* 41, 69, 187; *Tipos psicológicos* 71, 137, 264; *Transformaciones y símbolos de la libido* 41, 69, 82, 96, 98
  –Oriente 71-3, 355
  –positivismo 59
  –psicoanálisis 81-99
  –psiquiatría 61
  –religión 148, 407-27
  –su deuda con el Romanticismo 59-71
  –su personalidad número Dos 58, 61
  –su personalidad número Uno 58
  –y Bachofen 66
  –y Carus 65
  –y Freud 81-99
  –y Goethe 65
  –y Hegel 63
  –y Kant 63-4
  –y Keyserling 71-2
  –y las mujeres 60-1
  –y Nietzsche 67
  –y R. Wilhelm 72
  –y Sabina Spielrein 94, 95
  –y Schelling 65
  –y Schopenhauer 63
  –y Toni Wolff 71
Jung, Emilie 59, 61, 70
Jung, Johann Paul Achilles 59
Jung, Johanna Gertrud 61

Kant, Immanuel 63, 65, 70, 128, 135-6, 137-8, 161
  –la cosa-en-sí 64
  –*Crítica de la razón pura* 135, 138
  –y platonismo 64
Kazantzakis, Nikos 349
Keats, John 136, 175
  –y la capacidad negativa 251
Kerényi, K. 342
Kernberg, O. 248
Kerner, Justinus 69, 70
  –*Die Seherin von Prevorst* 69
Keyserling, Hermann 71

Índice alfabético

Khan, Masud 117
Kierkegaard, Søren 137
Klein, Melanie 43, 46, 167, 188-95, 201, 248, 315
—escuela inglesa de relaciones objetales 194
—identificación introyectiva 219, 221, 319
Kohut, Heinz 45, 117, 174, 233, 261
Kübler-Ross, E. 46

Labouvie-Vief, Gisela 315, 326
Lacan, Jacques 43, 178, 313
—y el descentramiento del yo 45
Lambert, K. 232
Laplanche, Jean 42
Layo 41, 174
lenguaje 140, 141, 142, 199, 321
Lestrigones 337, 348
Lévy-Bruhl, Lucien 318
libido 99, 118-9, 187, 245, 246, 247, 253, 256, 273, 339
—definición 118-9
—familiar 42
—teoría de la 96, 247, 253-7
Libro tibetano de los muertos 355n
Liébault, Auguste 68
Locke, John 134, 143n
logos 169, 226, 320
Loki 339, 340
London Convivium for Archetypal Studies 179
López-Pedraza, Rafael 166, 171

Machtiger, H. 231
MacNeice, Louis 421
madre 50, 110-1, 148, 151, 190, 191, 195, 197-200, 203, 240, 253, 292-3, 296, 301-2, 316-7, 328, 420, 427
—y madre arquetípica 110-1
—deseo de poseer a la 253
—devoradora 297
—«suficientemente buena» 111, 196
—problema materno 277
—negativa 420

Makarius, Laura 341
mana 372
mándala 154-5
—como símbolo de totalidad 105
Marx, Karl
—y positivismo 59
máscara 153, 324, 417
masculino 60, 65, 291, 315, 317, 320-1, 322, 326, 327, 332
—y femenino 313
masoquismo 302, 303, 306
matriarcado 66
matrimonio 156, 175, 318
—como relación psicológica 331
—químico 260
Maupassant, Guy de 62
Melville, Herman
—*Moby Dick* 163
Mercurio 220, 294, 297
—como arquetipo de individuación 286
Mesmer, Anton 68
metáfora 142, 300
Miguel Ángel 257
Milton, John 366
—*El paraíso perdido* 378
Miller, Miss Frank 69
Mitchell, Setephen 315
mito 98, 335, 364, 376
—cristiano 424
—de la belleza 326, 327
—del héroe 173-4
mitología 173-5, 218
—héroe-sol 110, 114
—y análisis 173, 218
—y arquetipo 343
muerte 46, 160, 223, 227, 288
—instinto de 192, 193, 247, 255-6, 258
mujeres
—y aspecto 326-7
—y neurosis 328
—y autoridad 319-20, 322, 326-7, 329
—e identidad cultural 322
—desarrollo de las 326
—imágenes de 322
mundus imaginalis 168, 221

457

narcisismo 143, 173, 273
Narciso 173, 364
naturaleza 128, 131, 148, 149, 366, 372, 394
   –y sombra 366, 369, 423
Nausícaa 348
Nerval, Gérard de 136
Neumann, Erich 66
   –e individuación 393
   –*The Origins and History of Consciousness* 66
   –y reducción eidética 171
Neumann, Heinrich 67
neurosis 68, 82, 83, 84, 86, 87, 253, 260, 323, 324, 325, 327, 328, 415
Nietzsche, Friedrich 62, 63, 66, 67, 128, 137
   –*Así habló Zaratustra* 81
   –y lo dionisiaco 67
niño
   –abuso sexual del 42, 271, 289
   –desarrollo del 84, 187, 189, 192-3
   –imagen infantil 277
   –y entorno 199-200
numinoso, lo 52, 226, 414, 417

objeto 167, 188, 189, 194, 199, 215, 410
   –bueno 276
   –externo 196, 197
   –interno 196, 197, 321
   –objeto-sí-mismo 233, 282
   –transicional 296
Odajnyk, V. Walter 164-5
Odiseo 174, 335-51, 376
   –como excepción a la norma del héroe 337-8
   –legado arquetípico de 344-8
Ogden, Thomas 248, 315, 319
ontología
   –helénica 130-1
opuestos 63, 72, 121-2, 155, 193, 227, 257, 258, 320-1, 325-6, 331, 350, 394, 396, 425
   –conflicto entre 154-6
   –escisión de 390
   –síntesis de 155, 191, 259

Orbis Pictus 71
orden simbólico 321, 328
Oriente 71, 72, 154, 390
Osiris 120
Otro 189, 213-4, 305, 313, 314, 315, 319, 320-1, 372

Pablo, san 417
Pacifica Graduate Institute 179
padre 88-9, 151, 240, 255, 271, 276, 278, 291, 297, 337, 427
   –«demasiado bueno» 282
Papenheim, Berta 93
Paracelso, Philippus Aureolus 132
paranormal, lo 61, 70
parapsicología 64, 70, 71
Paris, Ginette 175
Parménides 60
participation mystique 198, 235, 318, 394
patriarcado 66
Pausanias 345, 346n
Pelton, Robert 341
pensamiento 66, 109, 132-3, 149, 154, 184, 187, 304
Perséfone 175, 241
Perseo 344, 351n
persona 259
   –desarrollo político de la 389-91, 397-402, 403
persona (como imagen o «máscara») 67, 153, 324-5, 330, 363, 368, 369, 374, 384, 395, 400, 417, 424
   –y ánima 153
personalidad 149, 153, 171, 186, 187, 227, 315, 362, 363, 367, 368, 384, 391, 393, 394, 395, 396, 397
   –desarrollo de la 49, 51, 86, 95, 186
   –integración de la 274, 393-4
   –modelo disociado de Jung 315
   –múltiple, desórdenes de 68, 115, 171-2
   –papel de la imaginación en la 127, 137
   –papel de la sexualidad en la 82, 83
   –personalidades diferentes 362

Índice alfabético

–subpersonalidades 45, 314, 321
personificación 169-73, 188, 357, 363, 368, 382
 –y sombra 363, 369
Petrarca, Francesco 379
Piaget, Jean 130, 263
pícaro 335-51
 –como símbolo 341
piezas de teatro moralistas 377
Pigmalión 175
Pitágoras 60
Platón 60, 128-34, 254, 258, 336
 –alegoría de la caverna 129
 –*Banquete* 258
 –*La República* 129
Plotino 130
Plutón 241
poder 229
 –habilitación política 403
 –masculino 314, 317
Poe, Edgar Allan 62
Polifemo 376
politeísmo 172
política 234, 390-1
Porfirio 130
posesión 107, 151
 –por el ánima/ánimus 152
posición esquizoparanoide 114, 190, 248-9
positivismo 59, 61
 –y Romanticismo 61-2
pre-edípico 112, 114
Princesa de Cléves, La 379
proceso simbólico 296
Proclo 130
Prometeo 339, 340, 342-3
protagonista efectivo 360-1, 373-4
 –identificación del 358
Proust, Marcel 62
proyección(es) 148-52, 155, 177, 193, 204, 205, 215, 216, 219, 223, 226, 231-2, 241-2, 251, 286, 305, 308, 314, 318-20, 362, 368, 370, 371, 372, 377, 378, 380, 383, 384, 396, 399, 402, 409

–consciencia de 380
–integración de 106, 375
–retirada de 72, 150, 152, 215, 218, 232, 372-3, 376, 377, 381, 384, 391, 397, 402
–y transferencia 215-6
psicoanálisis 84, 98-9
 –contribuciones de Jung al 42-6
 –contribuciones de Klein al 191
 –Jung, acerca del 85
 –objetivo del 185
 –y filosofía de la búsqueda 253, 257
 –y teoría de la libido 257
psicología arquetipal 48, 161, 163-6, 179, 284-6
psicología del yo 169, 172, 175, 178, 246
psicología humanista 43
psicología junguiana
 –su énfasis en la síntesis 106
 –escuelas de 48-53
psicología profunda 57, 70, 137, 138, 175, 295, 369
 –y androcentrismo 314
 –y contrasexualidad 315
 –y religión 408
psicopatología 61, 137
 –e impulso sexual no satisfecho 67
 –y creación de imágenes 127
psicosis 46, 83, 407, 415
psicoterapia 68-9, 273-4, 318, 329-30
 –profunda 295
 –y la transferencia 211
 –y lo femenino 44
 –y terapia de pareja 330-1
Psique 120, 175, 241
psique 123, 124, 137, 138, 151, 161, 191, 202-5, 207, 284, 285, 305, 308, 389-392, 393, 395, 408, 412, 425, 426
 –como diálogo entre lo consciente y lo inconsciente 104
 –e imagen 127, 139
 –e individuación 397
 –Jung, acerca de 104, 185-6
 –naturaleza prospectiva de la 203
 –psique objetiva 419

459

–y consciencia 159
–y fantasía 139
pulsiones 167, 189, 244, 247, 258, 262-3, 380
    –teoría de las 99, 239, 244, 245, 247
Pushkin, Alexandr 364

racismo 177-8
Racker, H. 234
Radin, Paul 339
Rank, Otto 252
Raven 339
raza 40, 117, 178, 419
razón 59, 129-31, 134, 135-6, 138, 254
recipiente 155, 213, 219, 407, 411
recuerdo encubridor 87, 93
reducción 171, 174
    –eidética 170
reflexio 274
regresión 107, 118-20, 280-1
    –en análisis 187, 278
    –maternal 278
relaciones objetales 166, 201, 263, 315, 318
    –escuela inglesa de 43, 188, 194
religión 172, 407-27
Renfrew Center for Eating Disorders 269
represión 43, 66, 96, 123, 394
    –política 398
    –del recuerdo 93
resistencia 97, 233
Ricardo de San Víctor 131
Ricoeur, Paul 185
Richardson, Samuel 368-9
    –*Clarissa* 369, 374
    –*Pamela* 359-84
Romanticismo 59-61, 62, 65, 70
Rose, Jacqueline 319
Rousseau, Jean-Jacques 378
Rycroft, Charles 43, 44

Safo 379
Samuels, Andrew 234, 380
    –*Jung y los posjunguianos* 299

Satanás 379
    –como sombra 369
satisfacción de los deseos 152
Schelling, F. W. von 65, 136
Schiller, Friedrich 63, 66
Schlegel, Friedrich 355
Schopenhauer, Arthur 63, 65, 66, 70, 71
Schwartz-Salant, N. 233-4
Searles, Harold F. 176
secreto de la Flor de Oro, El 72-3
sensación 109, 129-31, 134, 135, 149
sentimiento 66, 109, 148, 154, 186, 247, 304
sexo 223, 316
sexualidad 82-5, 220, 313, 319
    –infantil 91, 96, 99, 252-3, 261
Shakespeare, William 377, 379
Shelley, Percy Bysshe 136
sicigia 65
sida 178
Silberer, Herbert 73
símbolo(s) 66, 108, 116, 119, 120, 154, 170, 177, 300
    –y curación 278
    –propósito del 119
    –religioso 408, 413
    –creación de 335, 427
    –poder transformador del 155
sí-mismo 45, 49-51, 116-8, 149, 158, 168-9, 193, 202-3, 216, 233, 273-4, 321, 409-10, 418, 419, 420
    –como agente estructurador 117
    –como fuente de la comunidad 418
    –definición de 50, 393-4
    –desarrollo del 199, 240
    –patologías del 187
    –visión fenomenológica del 202
    –y el enfoque clásico 273
    –y el otro 189
sincronicidad 105, 150, 233, 425, 426
    –artículos de Jung sobre 70
sintonía 199
socialismo 378
Sociedad Británica de Psicoanálisis 188
Sociedad de Psicología Analítica 189, 200

Índice alfabético

Sófocles 95, 346n
sombra 67, 121, 150, 155, 171, 193, 221, 232, 338, 363-71, 373-4, 379-80, 382, 384, 391, 395, 417, 419, 423, 424
 —colectiva 67, 369, 379, 382
 —consciencia de la 417
 —definición 363
 —personal 67, 379, 382
 —admisión de la 150, 367
 —y Dios 423
Sontag, Susan 170
Spielrein, Sabina 74-5, 260, 264-5
Stanford, W.B. 337
Stekel, Wilhelm 95, 98
Stern, Daniel 199, 299
Stevenson, Robert Louis 62
Storr, Anthony 337
sublimación 67
sueño(s) 65-7, 85, 86, 93-4, 118, 127, 137, 148, 149, 150, 152, 158, 167, 280, 281, 356, 357, 408
 —análisis de los 372
 —e imágenes 166, 167
 —e imaginación activa 367
 —e imaginería 420
 —e interpretación 93-4, 98, 178
 —ensueño diurno 152, 192, 367
 —y personalidad 167
 —y sanación 159
 —y símbolo 297
 —yo del 358
Suiza 57-9
Sullivan, H.S. 363
superhombre 67
superyó 45, 172, 185, 223, 247, 253-4, 255
Swedenborg, Emanuel 70

tabú 341
Tánatos 178
Tao 415
taoísmo 71, 72, 427
Telémaco 174
teoría freudiana
 —como falocéntrica 315

teoría de las pulsiones (v. *pulsiones*)
Teseo 344
Tetis 349
Thor 339
tipología 66, 95, 109, 149, 275
Tiresias 175, 337
Todorov, Tzvetan 177
Tomás de Aquino, santo 130
totalidad 60, 105, 106, 122, 149, 150, 151, 153, 155, 156, 158, 160, 294, 376, 392, 393, 395, 397, 398, 402, 426
transferencia 49-52, 83-4, 155, 183, 184, 189, 197, 198, 199, 201, 204, 205, 206, 212-3, 217, 227-9, 258, 242n, 273, 275, 282, 284, 300, 305, 307
 —y contratransferencia 211-35
 —afirmaciones de Jung sobre 212-3
 —alucinatoria 228-9
 —como atracción libidinal 229
 —como proyección 213, 215
 —como puente 305
 —como seducción 83-4
 —e individuación 213
 —erótica 234
 —idealizante 112
 —infantil 183, 203, 204, 217
 —Jung, sobre la 214, 215, 217, 230
 —reciprocidad necesaria en la 205-6
 —sintónica 205, 308
 —y neurosis 83-4
 —y relación «real» 214
transferencia/contratransferencia 45, 52, 67, 205, 214, 233, 234, 235, 309
 —como imaginación activa 231
transformación 216
 —instinto de 265
transformación simbólica 52
trastornos alimentarios 269, 270, 271, 273, 295, 298, 301
trauma 86, 115, 325
 —sexual 85
 —y evolución 107

Unidad 410
universalismo 142
unus mundus 104, 105, 106, 112, 426

Vico, Gianbattista 371
Virgilio 366
voluntad 65, 254
von der Flüe, Nicholas 414

Waelder, Robert 247, 248, 254
Wagner, Richard 62
Wakdjunkaga 339
Watkins, Mary 169
Whitmont, Edward 113, 392, 395
Wilde, Oscar 62
Wilhelm, Richard 72
Winnicott, D. W. 43, 44-6, 188, 195, 198-9, 201, 240, 424
 —y «espacio potencial» 259, 326
 —y la madre «suficientemente buena» 111
Wolf, Naomi 326-7
Wolff, Toni 71, 213, 260
Wordsworth, William 240
Wundt, Wilhelm 59

yo 45, 116, 147, 165, 168-9, 170, 172, 175-6, 222, 246, 247, 259, 295, 321, 328, 363, 369, 389, 392-3, 394, 401, 402, 409, 410-1, 413, 422, 424, 425
 —alienación del 392, 395, 396, 400
 —consciencia del 295, 303, 392, 394, 395, 397
 —descentramiento del 45, 178
 —desmitificación del 402
 —e individuación 168-9
 —emergencia del 394-5, 396, 399
 —fuerza del 329, 402
 —heroico 173-4
 —imaginal 174
 —manía del 416
 —relativización del 168, 392, 396-7, 401
 —y arquetipo 294, 399
 —y lo inconsciente 104, 107, 389
 —y sí-mismo 117, 151, 159, 168-9, 392-7, 399, 411, 413, 420, 422, 425-6
 —y sombra 151
yoga 72

zen 72, 426-7
Zeus 175, 340, 344